珍藏本
纪念版

汉译世界学术名著丛书

金融资本

——资本主义最新发展的研究

〔德〕鲁道夫·希法亭 著

福民 等译

王辅民 校

商务印书馆
SINCE 1897 The Commercial Press

2017年·北京

Rudolf Hilferding

DAS FINANZKAPITAL

Eine Studie Uber Die Jüngste Entwicklung Des Kapitalismus

Die Europäische Verlagsanstalt 1968

本书根据德国欧洲出版社 1968 年版译出

汉译世界学术名著丛书
（120年纪念版·珍藏本）
出 版 说 明

2017年2月11日，商务印书馆迎来120岁的生日。120年前，商务印书馆前贤怀揣文化救国的理想，抱持“昌明教育，开启民智”的使命，立足本土，放眼寰宇，以出版为津梁，沟通中西，为中国、为世界提供最富智慧的思想文化成果。无论世事白云苍狗，潮流左右激荡，甚至战火硝烟弥漫，始终践行学术报国之志，无改初心。

迻译世界各国学术名著，即其一端。早在20世纪初年便出版《原富》《天演论》等影响至今的代表性著作，1950年代后更致力于外国哲学和社会科学经典的译介，及至1980年代，辑为“汉译世界学术名著丛书”，汇涓为流，蔚为大观。丛书自1981年开始出版，历时三十余年，迄今已推出七百种，是我国现代出版史上规模最大、最为重要的学术翻译工程。

丛书所选之书，立场观点不囿于一派，学科领域不限于一门，皆为文明开启以来，各时代、各国家、各民族的思想与文化精粹，代表着人类已经到达过的精神境界。丛书系统译介世界学术经典，引领时代思想，为本土原创学术的发展提供丰富的文化滋养，为推动中国现代学术和现代化进程做出了突出的贡献。

为纪念商务印书馆成立120周年，我们整体推出“汉译世界学术名著丛书”120年纪念版的珍藏本，寄望既利于文化积累，又便于研读查考，同时向长期支持丛书出版的译者、编者和读者致以敬意。

两甲子后的今天，商务印书馆又站在了一个新的历史时间节点上。我们不仅要铭记先辈的身影和足迹，更须让我们的步伐充满新的时代精神。这是商务人代代相传的事业，更是与国家和民族的命运始终紧密相连的事业。我们责无旁贷，必须做好我们这代人的传承与创造，让我们的努力和成果不仅凝聚成民族文化的记忆，还能成为后来人可以接续的事业。唯此，才能不负前贤，无愧来者。

商务印书馆编辑部

2017年10月

中译本前言

王辅民

一

鲁道夫·希法亭(1877—1941)出生于奥地利维也纳的一个职员家庭。早在维也纳大学学习医学期间,他便参与组织了社会主义大学生小组,并开始了他的社会主义活动。1902年,他参加奥地利社会民主党。同时经常为《新时代》等社会主义杂志撰稿。1904年,他与马克斯·阿德勒一起编辑出版《马克思研究》丛刊,该刊成为奥地利马克思主义的理论阵地,并在第一卷上刊载了他驳斥庞巴维克的攻击并捍卫马克思劳动价值理论的著名论文。1906年他在德国社会民主党党校执教,后又在该党机关刊物《前进报》任编辑。1910年,希法亭出版了他的关于帝国主义理论的巨作《金融资本》,成为当时最负盛名的马克思主义理论家之一。第一次世界大战爆发后,他应征入伍,奔赴意大利前线。他战后重返柏林,思想急剧右倾,先是参加德国独立社会民主党和出任该党《自由报》主编,后于1922年成为德国社会民主党右翼首领并主持该党理论杂志《社会》,积极宣扬机会主义观点,成为第二国际时期机会主义的代表人物之一。1923 年和 1928—1929 年他两次出任政府财政部长，1924—1933 年为帝国议会议员，努力维护资本主义制度。希特勒上台后，希法亭被迫流亡丹麦、瑞士和法国，1940 年被盖世太保逮捕入狱，1941 年 2 月死于非命。

希法亭写作《金融资本》的时期，正是资本主义经历了深刻变化，由自由竞争阶段过渡到垄断阶段即帝国主义阶段的时期。他在《金融资本》一书中，基本上运用马克思主义的原理，对资本主义发展的这一最新现象进行了深入的和系统的研究，“作了一个极有价值的理论分析”[①]，为科学的帝国主义理论奠定了初步基础，进一步丰富和发展了马克思主义。但是，另一方面，随着向帝国主义的过渡，工人运动内部的机会主义思潮迅速泛滥开来，也对当时的希法亭产生一定影响，并在他的书中留下明显的痕迹，出现“某种把马克思主义同机会主义调和起来的倾向”。[②]

希法亭在本书前言中，一开始就指出：“‘现代’资本主义的特点是集中过程，这些过程一方面表现为由于卡特尔和托拉斯的形成而‘扬弃自由竞争’，另一方面表现为银行资本和产业资本之间越来越密切的关系。我们后面将详细说明，由于这种关系，资本便采取自己最高和最抽象的表现形式，即金融资本形式。”(第 1 页)[③]《金融资本》一书正是基本上按照这样两条线索展开论述的。但是，在正文中却出现了颠倒，第二个方面变成了主线，成为分析的

① 《列宁选集》第 2 卷，第 738 页。

② 同上，第 738 页。

③ 以下凡摘自《金融资本》的引文，只注明本书中的页码。

主要对象，在第一和第二两篇中用全书半数的篇幅首先加以论述。第一个方面被放在第三篇中加以考察。第四篇和第五篇则在前面分析的基础上，研究了资本主义的最新发展对危机以及对各主要阶级的政策的影响。前四篇属于理论部分，最后一篇是政策部分。

二

希法亭是以货币作为始基范畴而展开自己的论述的。他从货币开始，有着很深的认识根源。他认为，在存在私有制和分工的社会里，社会被分解为各个互相隔离的个人，只有交换活动才把他们联系起来，从而协调他们的生产和其他活动。因此，理论经济学的任务是研究交换的规律，只有在此基础上，才能正确说明其他经济现象。很明显，这是一种典型的流通决定论，完全背离了马克思关于“一定的生产决定一定的消费、分配、交换和这些不同要素相互间的一定关系”[①]的学说。希法亭正是在上述这种思想指导下，开始帝国主义理论研究的。他明确指出，对金融资本的研究应从流通入手，先阐明货币问题，由此才能理解信用；而理解了信用，才能说明银行资本和产业资本的关系，从而最后说明金融资本。另一方面，与上述观点相联系，他把金融资本规定为归银行支配和由产业资本家使用的货币形式的资本。他在另一处还明确指出，高利贷资本、银行资本和金融资本是一个否定之否定的发展过程（参见第254页）。对金融资本的这种理解，也促使他从货币开始探索金

① 《马克思恩格斯选集》第2卷，第102页。

融资本产生的历史。流通决定论是奥地利马克思主义学派共同的思想特征和理论基础之一，希法亭把它用于帝国主义理论研究也是毫不奇怪的。正是这种错误的方法论，造成希法亭的帝国主义理论的根本缺陷；希法亭在其他一些具体问题上的错误，也大都同这一基本理论错误联系在一起。

希法亭对货币理论的论述，就明显地暴露出流通决定论的影响。他的基本观点是：货币是从流通中产生的，因而首先是流通手段；只是在货币进入流通和作为流通手段执行职能之后，才具有价值，才成为价值尺度和一般等价物，从而才成为支付手段。他在此基础上，还进一步建立起自己的纸币理论，并试图以此来说明所谓实行强制通行的纯纸币本位制的资本主义发展的新现象。他指责马克思把纸币归结为金符号是不对的，认为纸币不必同金属货币相联系，可以完全不依赖金的价值而直接表现商品的价值。这是因为纸本身虽然没有价值，但却由于执行流通职能而获得价值，即所谓“社会必要流通价值”，并成为价值尺度。纸币价值决定的公式是：社会必要流通价值$=\frac{\text{商品价值总额}}{\text{货币流通速度}}+$到期的支付额$-$相互抵消的支付$-$同一货币交替执行流通手段和支付手段职能的流通次数。可以看出，希法亭背离马克思的科学劳动价值理论和货币理论已经到了多么遥远的地步。马克思指出，货币也是商品，由于生产它耗费了人类劳动而具有价值。“交换过程给予它的，不是它的价值，而是它的特殊的价值形式。”[①]正因为它是商品和具有价

① 《马克思恩格斯全集》第23卷，第108页。

值，所以才能在交换中作为一般等价物并成为价值尺度；在此基础上，才能进一步成为流通手段并执行其他职能。马克思早就批判过“在进入流通过程时，商品没有价格，货币也没有价值”的看法是“荒谬的假设”。[①] 而建立在这种荒谬的假设基础上的希法亭的纸币理论，也只能是荒谬的理论。事实上，他的纸币价值决定就是一个循环论证：货币价值的求得以商品价值总额已知为前提，而商品价值总额又只有通过货币价值才能计算出来。因此，这种理论是根本无法进行科学论证的臆造理论。列宁正确地指出，希法亭“在货币论的问题上犯了错误”[②]。

三

希法亭把信用和股份公司看作促进金融资本产生的有力杠杆，通过对两者的分析，揭示了银行资本和产业资本结合的机制和金融资本的形成过程。

希法亭在马克思将资本主义信用区分为商业信用和银行信用的基础上，概括了资本主义最新发展的状况，又将银行信用按使用目的区分为流通信用即代替商业信用的银行信用和资本信用即向生产资本家提供新资本的银行信用，同时还进一步将资本信用按资本回流方式区分为流动资本信用和固定资本信用，通过这些概念的提出和分析，阐明了银行资本和产业资本利益的趋同及关系

① 《马克思恩格斯全集》第 23 卷，第 143 页。

② 《列宁选集》第 2 卷，第 738 页。

的密切化。他指出，随着资本主义的进一步发展，银行职能和信用也发生了变化，银行由主要是支付中介向主要是将闲置货币转化为货币资本的中介演变，信用则由流通信用向资本信用倾斜以及在资本信用内由流动资本信用向固定资本信用倾斜。如果说，过去银行向产业提供的主要是流通信用或流动资本信用，因而银行和产业还处于一种暂时的利害关系，那么，现在银行向产业提供的主要是资本信用特别是固定资本信用，便会有越来越多的银行资本长时间地束缚于产业之中，使银行和产业"由暂时的利害关系变为长远的利害关系；信用越大，特别是转化为固定资本的比重越大，这种利害关系也就越大和越持久"(第 89 页)。随着这种趋势的发展，银行对产业的影响和控制能力不断扩大，而产业对银行的依赖也相应加强。有人指责希法亭的概括只是依据德国的情况，因而没有普遍意义。但是，后来西欧一些国家也相继在不同程度上发生了类似德国在银行职能和信用方面的变化，从而至少证明，在从自由竞争向垄断过渡的时期，希法亭的概括还是在一定程度上反映了时代的特点。

如果说，信用本身的发展已使银行和产业的关系密切化，那么，在信用充分发展基础上建立起来的股份公司，则更是为银行资本和产业资本的直接结合创造了良好的条件。

在希法亭生活的时期，股份公司已经成为普遍的企业形式，虚拟资本及其运动成为最引人瞩目的经济现象。希法亭提出的"创业利润"，便是对这种现象进行理论概括的一个重要范畴。他从马克思关于虚拟资本和收入资本化的理论出发，进一步发展了马克思的思想，从而为完善马克思主义股份公司理论做出了贡献。

他指出，股份公司的建立使资本家从企业家的职能中解放出来，他投入股份公司的资本成为股票形式上的货币资本并获取股息收入。在股份制度尚不发展和股票不进行自由买卖时，股份资本等于现实资本，股息也等于利息加企业主收入的平均利润；但是，随着股份制度特别是交易所的普遍发展，股票成为商品，股息也由于竞争而趋于利息水平。这时，原先股息中所包含的相当于企业主收入的部分，便按照利息率资本化为股票价格中超过票面价值的部分。这种由带来利润的资本向带来利息的资本的转化所形成的差额，就是归创业者所有的创业利润。它不是欺诈，而是反映了不同资本家集团对利润的争夺，是一个“特殊的经济范畴”。不仅在创建股份公司和把个人企业变为股份公司时会产生创业利润，而且在股份公司追加投资和增发新股票时也会产生创业利润。巨额创业利润的诱惑，使银行产生对产业进一步渗透和控制的强烈冲动，而它的不断积聚和集中所造成的强大实力，又使它与产业在创业利润的争夺中占优势地位，往往不仅掌握了股票发行权，而且还垄断了新股份公司的创业活动。与此相应的是，银行的职能也发生了进一步的变化，产生了希法亭所说的第三种职能即发行活动。银行这时已不再是通过信用关系向生产资本家提供资本，从而获得利息；而是通过发行股票向市场提供可以转变为产业资本的货币资本，从而获得更为优厚的创业利润。而且银行力量愈强，愈是造成股息的利息化，也就愈能更多地获取创业利润。此外，由于银行日益攫取发行活动并把发行的股票等有价证券推销到自己顾客中去，交易所的主要职能便被剥夺，从而使交易所的作用降低。

银行和资本巨头并不以攫取创业利润为满足，而是积极利用股份制度所提供的有利条件，进一步侵吞广大小额股票持有者和其他中小企业家的利益，加紧对他们的控制，极力扩充自己的势力。它们在这方面的共同利益，又产生了二者合流的趋势。希法亭通过“金融技术”的有关概念的阐述，对此做了深刻的揭示。他提出资本“渗水”的概念，揭露了银行和资本巨头以低于票面价值发行股票的办法，掌握更多的股票数额，以便在新创公司里取得表决权和控制权；而这种活动又有利于它们隐瞒企业经营状况，以便克扣股息和进行股票投机。他对“整理”和“改组”的分析，揭露了它们通过这种活动降低亏本企业的股份资本额以达到获利和实行控制的目的。希法亭关于银行和资本巨头建立控制体系和实行个人联合的论述，具有重要意义。他指出，股份制度本身的特点，一方面使它们通过掌握大量股票而对小额股票持有者拥有无限的权力，另一方面股票的分散化又使它们实际只需持有三分之一、四分之一或更少数额的股票便可取得对公司的控制，而通过这个公司又可以控制一系列的附属公司等等，从而形成庞大的控制体系，使它们的力量和势力范围极大的膨胀开来。希法亭这里揭示了资本主义最新发展的一个重要特点即参与制，虽然他还没有使用这个术语。希法亭认为，随着股份公司和资本集中的发展，银行将越来越多的资本投于股份公司，必然造成银行与产业之间的个人联合，“控制银行的虚拟资本的所有者与控制产业的资本所有者，越来越合而为一。如我们已经看到的，当大银行愈益获得对虚拟资本的支配权时，更是如此”（第 253 页）。这种关系进一步发展的结果便是：银行与产业的关系更加密切，银行资本和产业资本日益结合为金融资本，金融资本越来越取得对整个社会的统治。

此外，值得一提的是，希法亭对当时鼓吹由于股票的出现而使“资本民主化”的修正主义思潮做了强有力的批判。

希法亭的上述理论有一定价值和可取之处，一些具体论述还曾受到列宁的重视和赞赏。但从总体上看，他的理论却是一个流通决定的体系。这一点，我们后面还要详加论述。此外，他谈信用，却忽略了对借贷资本的分析，从而不理解借贷资本的实质。他过分强调银行对产业的支配，不能说与此无关。正因为他不理解借贷资本的特点，把借贷资本量与货币量等同起来，看不到同一货币可以多次转化为借贷资本从而使借贷资本总量大大超过流通中的货币量，加之又从根本上忽略了利润率下降对利息率的影响，所以便得出否认利息率下降趋势的错误结论。

四

希法亭论述金融资本的形成之后，在第三篇中开始分析垄断问题。

他把垄断形成的原因归结为克服利润率平均化的障碍，应当指出，它虽然是一个重要原因，但却不是最基本的原因。希法亭认为，随着资本主义的发展和技术进步，企业固定资本相对投入加大和增长加快，资本有机构成迅速提高，从而造成企业利润率降低。企业为了自己的生存，必然要求至少获得平均利润。然而，造成利润率降低的同一原因，也同时造成了资本自由转移的困难，从而造成利润率平均化的障碍。于是，便产生了通过联合和垄断以阻止利润率下降的趋势。这使人想起马克思关于对利滑率下降趋势起反作用因素的论述。马克思指出,由于股份公司资本有机构成高和利润率低,股份资本只获得相当于利息的股息,因此不参加利润率平均化过程,从而成为阻止利润率下降趋势的一个因素。① 马克思和希法亭何以有如此不同呢?我认为这主要是两人所处的时代不同,因而由此出发的情况和条件不同造成的。马克思讲的是股份公司初期的情况,那时少数大股份公司比一般企业具有大得多的资本实力,可以暂时忍受低于平均利润的收入,以便在竞争中获胜,从而在以后较长时间内获得超额利润。希法亭讲的是股份公司已经成为企业普遍形式时的情况,彼此间已无多少优势可言,企业如不能迅速获取平均利润,便不能生存下去。因此,希法亭虽与马克思的论证不同,但却是反映了资本主义最新发展的特点,也同样是正确的。

银行的促进也是产业垄断形成的一个重要的外部原因,希法亭对此做了论述,他指出,由于银行从产业的联合和垄断中可以获得很多好处——例如,因削弱竞争而使银行投入企业的资本更安全,因提高企业的利润率而使银行扩大产业贷款以瓜分更多的利润或通过增发股票和创建新企业攫取高额创业利润等等。——所以便积极促进企业的联合和建立垄断组织。另一方面,它的实力地位也为垄断的形成创造了良好条件,不仅能满足垄断组织对信用的大量需求,而且还能利用自己同许多企业的关系促使它们达成协议,乃至可以通过胁迫或购买的手段促成垄断。

希法亭对联合和垄断的形式做了详细区分,特别是提出了联合制的概念,具有重要意义。他指出,利润率平均化的障碍,在一

① 参见《马克思恩格斯全集》第25卷,第267—268页。另见第292、494页。

些生产上互相衔接的部门之间,特别是重工业的一些部门之间,还表现在随经济周期的运动,一个部门的利润率上升使另一部门的利润率下降,反之亦然。于是,为了克服利润率平均化的障碍和周期波动的影响,这些企业之间便实行了联合。这种不同部门之间的纵向联合,就是联合制。这是资本主义垄断时期的一个极其重要的特点。希法亭强调指出联合制的重要作用:保证联合企业更稳定和更高的利润率,加强了它们抵制危机的能力和竞争力量。这一点曾受到列宁的肯定并加以引用。

他通过卡特尔和托拉斯的区别和联系的分析,阐明了垄断的发展过程。他指出,卡特尔和托拉斯的区别在于是否保持有关企业的独立性。然而,这不是绝对的,两者对企业的独立性或是限制或是取消,只有程度上的差别,这种差别取决于共同协定的内容。事实上,这种协定的内容经历了一个对企业独立性限制越来越严从而卡特尔越来越接近于托拉斯的发展过程:协调价格,确定产量,建立共同的销售机构成为辛迪加,统一采购原材料,对企业的技术和生产进行干预,最后到完全取消企业的独立性成为托拉斯。这样,垄断组织便由开始较为松散的低级形式逐渐过渡到比较牢固的高级形式。当然,这不是说实践中不可能超越某个阶段而发展。此外,这种发展也不是直线式的,而是随经济周期的转换可能出现复杂的情况:繁荣时期会迅速发展;萧条时期会出现很大困难,甚至在组织不稳固时还可能发生解体。

希法亭在论述垄断企业内部的关系、垄断企业之间的关系以及垄断企业与局外企业的关系中,阐明了他对垄断与竞争关系的看法。他认为,在卡特尔中,企业成员还保持一定独立性和具有自己特殊的利益，因而也还存在着竞争，只不过卡特尔把这种竞争变为潜在的，不再起降低价格的作用。卡特尔之间存在着激烈的竞争，这种竞争是在高于非卡特尔部门的利润率的基础上进行的。垄断企业虽然使局外企业处于依附地位，但它不可能完全排除和绝对控制局外企业，因而两者之间也还存在着竞争，尽管垄断企业占据优势。另一方面，垄断企业出于转嫁危机等方面的原因，也还需要有局外企业的存在。因此，垄断不可能消灭竞争，从而也不可能消灭危机。希法亭的这一结论对当时反对机会主义的斗争具有重要意义。但是，他的观点是不彻底的和矛盾的，当他预测垄断发展的趋势时，又将马克思主义同机会主义调和起来，宣扬总卡特尔可以消灭竞争和危机的谬论。这一点，我们留待后面再加分析。

但是，希法亭的垄断理论是很不完备的，有着严重缺陷。鉴于垄断是马克思主义关于帝国主义理论中的核心问题，具有特殊重要的意义，因此，我们将在下面集中做一些稍微详细的分析。

五

如果我们从总体上和与其他重要问题的联系中来进行观察，希法亭垄断理论的缺陷和严重不足便清楚地暴露出来了。

第一，希法亭没有从生产的集中这一根本的原因阐明垄断的产生。我们不妨把列宁的论述同希法亭的说法对照一下。列宁指出："集中发展到一定阶段，可以说，就自然而然地走到垄断。"[①]希

---

① 《列宁选集》第 2 卷，第 740 页。

法亭和列宁论述上的差别，实际反映了两者认识深度上的差别。列宁所揭示的生产集中，是垄断产生的最根本的原因；虽然希法亭的论述也是以生产的集中为大前提，但却把垄断的成因归于为克服利润率平均化的障碍。相对说来，这是属于较浅层次上的原因。

第二，希法亭没有把垄断理解为帝国主义的经济实质，对垄断的重要性和意义认识不足。列宁论述了垄断，希法亭也论述了垄断，似乎没有什么差别。但是，希法亭虽然注意到垄断，甚至把它看作是帝国主义时期的重要现象，却没有像列宁那样把它看作是"唯一的最重要的现象"。[①] 希法亭虽然也论述了垄断的形式以及垄断的作用等问题，但却没有像列宁那样把它作为"资本主义现阶段一般的和基本的规律"[②]从而作为帝国主义的经济实质加以阐述。正是这种认识上的差异，才决定他没有像列宁那样首先和着重地阐述生产的集中引起垄断，而是首先和着重地从流通阐述金融资本的产生，只是后来才开始谈到垄断。这一点，我们在前面第一部分中已做了具体说明。

第三，与上述问题相联系，希法亭没有把生产的集中引起垄断作为金融资本产生的最深厚的基础和更深刻的原因揭示出来。他在论述垄断问题的第三篇中，在阐明银行和垄断组织相互促进的关系之后，为金融资本下了定义（参见第 252 页）。因此，不能说希法亭没有涉及垄断对金融资本形成的作用。但是，列宁指出："这个定义不完全的地方，就在于它没有指出最重要的因素之一，即生

① 《列宁选集》第 2 卷，第 740 页。

② 同上书，第 743 页。

产集中和资本集中发展到很高的程度,就会造成垄断,而且已经造成了垄断。"[①]似乎有这样一种看法,好像希法亭的问题不是出在对金融资本形成的论述上,而是在为金融资本下定义时一时疏忽忘记把刚才说过的东西概括进去。这是不对的。问题不在于是否论述了垄断对金融资本形成的作用,而在于是否把这种作用当作"最主要的因素"。如果希法亭有此认识,那么他绝不会把此最重要的东西排除在定义之外。此外,希法亭也没有把它纳入金融资本形成机制之中,因而没有使两者有机结合起来。我们前面把希法亭金融资本形成的理论称作流通决定的体系,现在可以稍事展开论述了。我们前面提到,希法亭把金融资本产生的原因归结为信用和股份公司,由于股份公司又是在信用基础上建立起来的,因而进一步把它归结为信用;又由于他同样地不是把信用看作是生产决定的而是看作流通过程的结果,于是便把金融资本产生的最终原因归结为流通。他在从信用开始观察金融资本的产生时,就明确地说:"希望能够通过这一途径,探索那种作为资本主义信用最终取得对社会进程的统治的力量,如何由流通本身中成长起来的秘密。"(第53页)这样,希法亭便把自己对金融资本产生的根源及其形成过程的基本观点和盘托出了。这里还应指出希法亭金融资本定义中与此相联系的另外两个缺陷:一、片面夸大了银行对产业的支配;二、不是把金融资本看作银行资本与产业资本的有机结合,而是把它归结为银行贷予产业的货币资本。与希法亭的定义相对照,列宁的定义反映了本质关系:"生产的集中;由集中而成长

① 《列宁选集》第2卷,第768页。

起来的垄断;银行和工业的融合或混合生长——这就是金融资本产生的历史和这一概念的内容。”①

第四,希法亭对垄断与危机的关系做出错误的结论。他否认资本主义经济危机是普遍的生产过剩危机,否认群众消费不足是危机的重要原因,而是把危机仅仅看作流通韵破坏,因而便从流通出发把危机的原因归结为价格紊乱所造成的比例失调。当然,比例失调也会造成局部危机,但用局部危机取代普遍生产过剩危机,用局部危机的原因取代普遍生产过剩危机的原因,则是完全错误的。希法亭在垄断与危机关系上的错误,也是与他的错误的危机理论联系在一起的。关于垄断与危机的关系,希法亭的基本观点有两条。一、垄断的产生使危机缓和。他避开对资本主义基本矛盾的分析,看不到随着向垄断阶段的过渡,资本主义的内在矛盾会日益激化,从而危机也将进一步加深;而是片面强调垄断所造成的企业规模和积聚力量的扩大使企业抵抗危机的能力增强等等因素,使危机的发生变得困难,从而造成危机的缓和。二、垄断的进一步发展将导致危机的消灭。他认为,随着资本主义的进一步发展,垄断也有无限扩大的趋势,直至最后形成囊括整个社会生产的总卡特尔。与此相应,银行也有向中央银行集中的趋势。两种趋势合流,形成金融资本的绝对统治。这时,整个社会生产和流通便由一个主管机构自觉加以调节,危机也就随之而消失了。这种与他的关于垄断不能消灭竞争和危机的正确观点相矛盾的思想,后来愈益占了上风,直至最后发展为“有组织的资本主义”的系统的

①《列宁选集》第2卷,第769页。

机会主义理论。他的比例失调危机论，则为他的上述观点增添了理论色彩并赋予某种所谓“根据”。因为比例失调确实可以通过垄断组织对生产的调节而取得一定程度的改善，从而使某种局部危机现象缓和；而由此便会造成一种假象，似乎无需根本改变资本主义的生产关系，垄断的发展便会通过加强自身的调节能力而最终克服危机。但是，资本主义的自我调节是有一定限度的。只要资本主义制度还存在，从而资本主义基本矛盾还存在，这一基本矛盾就必然会强制地为自己开辟道路，矛盾的激化和危机的深化是不可避免的。《金融资本》出版后不久的 1913 年的危机，特别是 1929—1932 年的大规模危机，提供了充分的历史证明。

最后，希法亭完全忽视了垄断必然引起腐朽的趋势。垄断引起腐朽是资本主义最新发展的一个十分明显的现象，即使资产阶级学者霍布森也已经察觉到并在自己的著作中对此做了说明，希法亭却对此视而不见。马克思在资本主义垄断刚刚出现的时候，也指出了这种趋势：“它（指股份公司——引者）在一定部门中造成了垄断，因而要求国家的干涉。它再生产出了一种新的金融贵族，一种新的寄生虫——发起人、创业人和徒有其名的董事；并在创立公司、发行股票和进行股票交易方面再生产出了一整套投机和欺诈活动。”[①]马克思的论述也仍然未能引起希法亭的重视。所以，列宁不无讽刺地说：“马克思主义者希法亭的缺点之一，就是他在这一点上比非马克思主义者霍布森还倒退了一步。”[②]

① 《马克思恩格斯全集》第 25 卷，第 496 页。

② 《列宁选集》第 2 卷，第 817 页。

上述这一切，不仅直接反映了希法亭帝国主义理论内容上的根本缺陷，而且也同时暴露出他的帝国主义理论的方法、结构和体系上的严重错误。

六

希法亭在最后一篇即政策部分中，深刻揭示了帝国主义政策的实质，同时对无产阶级的政策和策略做了精辟的论述。

他正确地指出，金融资本的贸易政策必然是以保护关税取代自由贸易，变培育性关税为卡特尔关税。垄断组织的切身利益，要求通过保护关税排除外来竞争，保证它们通过限制产量和提高价格来谋取超额利润；而超额利润反过来又可以支持它们用较低的价格出口商品，以扩大在国外的销售市场。这种卡特尔保护关税，与自由贸易时期后进国家为了保护民族工业的发展而采取的培育性保护关税不同，使保护关税的职能发生了根本的变化，“从抑制外国产业占领国内市场的手段变成了国内产业占领外国市场的手段，由弱者手中的防御武器变成了强者的进攻武器。”（第 358 页）希法亭的论断已被事实所证明。甚至一向实行自由贸易的英国，后来也开始采取保护关税的措施，从而证实了希法亭的预言，有力地驳斥了伯恩斯坦的攻击。

希法亭将金融资本的经济扩张区分为经济区的扩张和资本输出。他指出，自由资本主义时期的自由贸易政策，把整个世界市场联结成为一个唯一的经济区；而垄断时期推行的保护关税政策，却将世界市场分割为各个按国家分离开来的经济区，同时也限制了经济区。然而,经济区的大小对金融资本的发展具有越来越重要的意义,于是便产生了扩张经济区的激烈角逐。希法亭这里实际谈到帝国主义对殖民地的争夺,但却未注意世界领土已被分割完毕这一重要历史事实,从而忽略了帝国主义时期的这一重要特点。

希法亭认为,经济区的扩张有一定局限性,资本输出成为更重要的扩张形式。他在资本输出问题上的贡献在于,阐明了资本输出同金融资本的必然联系,把资本输出看作金融资本的本质特征之一。他从卡特尔一方面由于获取大量超额利润而使资本积累迅速增大以及另一方面由于限制生产而使投资机会减少的矛盾,论述了资本输出的必然性和迫切性。他同时也提出,由于股份制度和银行的发展以及银行资本和产业资本的结合,便集中了大量可以离开所有者而长期移植国外的资本,并有计划地建立资本输出组织,从而为资本输出提供了有利条件,促进了资本输出的迅速发展。此外,金融资本也使资本输出日益由借贷资本输出向产业资本输出转变。这是因为后者比前者具有更大的作用,一方面使垄断组织可以利用被输入国的丰富资源和廉价劳动力生产更多的利润,另方面又可避开被输入国保护关税的障碍而进一步占领世界市场。希法亭还注意到资本输出促进了资本国际化、缓解了输出国资本的“过剩”并带来收入的增加以及促进被输入国资本主义生产关系的发展等作用。

希法亭认为,金融资本的经济扩张必然导致帝国主义的殖民政策,而暴力方法则是殖民政策的本质和不可缺少的组成部分。帝国主义的殖民掠夺,使帝国主义国家和殖民地之间的矛盾激化,引起被压迫民族的反抗和斗争。帝国主义列强之间对新的投资场所和势力范围的争夺,则导致它们之间的武力冲突。希法亭曾预言德美之间的矛盾将以武力解决,第一次世界大战的爆发做了历史的验证。

希法亭接着转入对金融资本对内政策的论述。他指出,随着资本主义向垄断阶段的过渡,资产阶级已不像自由资本主义时期那样,力图削弱作为发展障碍的国家权力;而是相反越来越露骨地攫取国家政权,利用一切手段强化国家机器,把国家变成对外进行经济掠夺和武装干涉、对内剥削和压迫无产阶级的工具,从而深刻地揭露了帝国主义国家的阶级实质。希法亭同时还指出,与此相应,资产阶级所宣扬的也不再是以往的自由、平等、和平与人道的理念,而是国家强大和寡头统治的政治理想;已不再是追求建立民族国家的民族思想,而是谋求统治世界的本民族优于从而应该统治其他民族的种族主义思想,由此预示了未来的法西斯制度。

希法亭对无产阶级所应采取的政策和策略做了十分正确的论述。他强调指出,无产阶级既不能因为金融资本的帝国主义政策一时难于阻挡和取得胜利而采取宿命论的态度,在自己敌人的政策面前投降;也不能出于这样的认识——帝国主义政策会为社会主义准备条件和促进无产阶级革命的最终胜利——转而采取支持的立场;同样,也不能用自由资本主义时期的政策即自由贸易同帝国主义政策相对立;而是只有通过反对帝国主义政策的不断斗争,才能最后取得无产阶级事业的胜利。无产阶级对金融资本帝国主义政策的回答,只能是社会主义。希法亭的论述受到列宁的高度评价,并多次引用进行反对机会主义的斗争。

希法亭当时作为马克思主义者,对帝国主义必然灭亡和社会主义的必然胜利做了论证。他指出，金融资本通过少数最大的资本集团控制了整个社会生产，生产的社会化达到资本主义所能允许的最大限度，使通过剥夺克服资本主义变得简单易行，从而为社会主义创造了物质条件。另一方面，金融资本明目张胆地攫取国家政权，把国家变成为自己剥削利益和推行帝国主义政策的工具，必然促使无产阶级认识自己的阶级利益，走上通过夺取政权求得彻底解放的道路；同时，金融资本也使广大中间阶层沦落，促使它们在政治上也向无产阶级靠拢；从而为社会主义准备了阶级力量的前提。在经济和政治权力高度集中于金融寡头的金融资本时代，必将爆发伟大的无产阶级革命，结果必然是“金融巨头的独裁统治将最终转化为无产阶级专政”（第433页）。

*　　*　　*

如何对待像希法亭这样经历复杂的人物所写的又是良莠参差的复杂作品，是过去一直没有得到很好解决的一个问题。希法亭一度曾是马克思主义的权威，他的《金融资本》也常常被与《资本论》相提并论，甚至被誉为“《资本论》的续篇”。后来希法亭堕入机会主义泥坑并随第二国际的破产而声名狼藉，他的《金融资本》也与之俱损，又常常被纳入修正主义理论名下而大张挞伐。过去苏联和我国的一些经济学说史教科书几乎都是这样做的。这不能认为是一种正常现象。我认为，我过去在评论考茨基的一篇文章中说过的一段话，在这里也是适用的：“不因编者（作者）的权威而过誉，也不把编者（作者）后来政治观点的变化与理应受到的批判加诸其早期的活动和作品而溢恶，坚持实事求是的精神和对具体问题进行具体分析的方法，是唯一可取的态度。”①

本书根据西德欧洲出版社1968年德文版译出，翻译时参考了英国Routledge & Kegan Paul出版社1981年出版的Morris Watnick和Sam Gordon翻译的英译本。

参加本书翻译的有：福民译前言及第1—10章。其他各章分别由张雷声（第11—12章）、杨尧军（第13—15章）、刘英骥（第16—17章）、李晓峰（第18—20章）、姜兵（第21、25章）、狄承峰（第22章）、陆跃详（第23—24章）等翻译。全书最后由王辅民校改和定稿。

在翻译和出版过程中，曾受到华飞和马健行等同志的大力支持，在此谨表谢意。

① 《考茨基编〈剩余价值理论〉功过是非的再评说》，载《学术月刊》1987年第3期。

目　　录

第三篇　金融资本和对自由竞争的限制

第四篇　金融资本和危机

第五篇　论金融资本的经济政策

前　　言

本书试图科学地阐明最近资本主义发展的经济现象。即是说，试图把这些现象纳入从配第开始和在马克思那里达到其最高表现的古典政治经济学的理论体系之中。“现代”资本主义的特点是集中过程，这些过程一方面表现为由于卡特尔和托拉斯的形成而“扬弃自由竞争”，另一方面表现为银行资本和产业资本之间越来越密切的关系。我们后面将详细说明，由于这种关系，资本便采取自己最高和最抽象的表现形式，即金融资本形式。

笼罩一般资本关系的神秘现象，在这里是最难看透的。金融资本的特有运动看似独立的，其实不过是一种反映。它借以实现的多种多样的形式，它对产业资本和商业资本的分离性和独立化，都是需要加以分析的过程。特别是在迅速增长和金融资本在资本主义现阶段所起的影响越来越强有力，不掌握金融资本的规律和职能的知识就不可能理解目前的经济趋势从而任何一种科学的经济学和政策的时候，尤其如此。

因此，对这些过程的理论分析，必然导致对这些现象相互联系的探索，从而导致对银行资本及其同其他资本形式关系的分析。必须研究产业企业借以创建的那些法律形式是否具有特殊的经济意义，这也许有助于阐明股份公司的经济理论。但是，在银行资本和产业资本的关系中，只能看到货币资本和生产资本的基本形式所能揭示的关系。于是产生了信用的作用和本质的问题。这个问题又只有在弄清货币的作用时才能回答。后者由于下述情况而更加重要：自马克思的货币理论提出以来，首先由荷兰、奥地利和印度形成的货币制度所提出的一系列重要问题，迄今的货币理论似乎还没有找到任何答案。这种情况使敏锐地认识到现代货币现象的症结的克纳普，试图放弃任何经济的说明而代之以法律术语的解释。这种解释虽然不能说明什么，即不能提供科学意义上的理解，但看来至少提供了一种无偏见和预断地加以记述的可能性*。较深入地论述这些货币问题之所以更为必要，是因为在货币问题上仅仅用经验正确地证明经济学体系基础的价值理论是不够的，同时也因为只有从货币的正确分析中才能认识信用的作用，从而认识银行资本和产业资本关系的基本形式。

因此，这部著作的内容划分便由自身而产生了。在货币的分析之后是信用的研究，接着是股份公司的理论及银行资本对产业资本所占的地位的分析。这就导致对作为"资本市场"的证券交易所的研究，而由于商品交易所体现了货币资本和商业资本的关系，因而必须受到特别的考察。随着产业集中的进展，银行资本和产业资本之间的关系越来越错综复杂，有必要对在卡特尔和托拉斯中达到顶点的这些集中现象及其发展趋势加以研究。奢望形成垄断联盟以"调节生产"从而使资本主义继续存在下去，奢望它特别对周期性的商业危机起巨大作用，也使对危机及其原因的分析成

* 见克纳普《国家的货币理论》(1905)。——译者

为必要；理论部分以此而告结束。但是，因为试图从理论上把握这种发展同时对社会阶级划分发生巨大影响，所以在最后一篇对资产阶级社会中各大阶级的政策的主要影响加以探索，看来是适当的。

马克思主义常常受到指责，说它忽视了对经济理论的进一步的发展。这种指责在一定程度上的确不乏其客观的正当理由。但是，也同样必须指出，这种疏忽是很容易解释的。由于应该加以研究的现象极其复杂，政治经济学理论肯定属于最困难的科学部门。但是，马克思主义者的处境特殊，他们被排除于为科学研究提供必要时间的大学之外，不得不在政治斗争的空闲时间内从事科学工作。但是，要求战斗者构筑科学大厦的工作进展得像安定的泥瓦匠那样快，是不公平的，是对他们的工作能力的不尊重。

在最近一个时期进行的大量的方法论论争之后，即使对经济政策不需要加以论证，但作一个简短的说明还是必要的。有人说，政策是一种规范学说，归根结底是由价值观决定的。因为这样的价值判断不是科学的事情，所以政策的论述便被置于科学考察的范围之外。深入研究认识论对规范科学和规律科学即目的论和因果论的关系的解释，这里自然是不可能的。当麦克斯·阿德勒在《马克思研究》第一卷中*详细研究了社会科学的因果关系问题之后，我更应该放弃这样做。这里只需指出，对马克思主义来说，政策考察的目的也只能是揭示因果联系。对商品生产的社会规律的认识，同时指明了决定社会各阶级意志的决定性因素。按照马克

* 指阿德勒的论文《关于科学争论中的因果关系和目的论》(1904)。——译者

思主义的观点，揭示阶级意志如何决定，是科学的即记述因果联系的政策的任务。像理论一样，马克思主义的政策也是独立于价值判断的。

因此，把马克思主义同社会主义本身等同起来是一种错误观点，即使这种观点在内部和外部（intra et extra muros）都十分流行。因为从逻辑上仅仅作为科学体系来考察，即撇开它的历史作用不论，马克思主义不过是一种社会运动规律的理论，即对马克思主义历史观的一般表述。而马克思主义经济学把这种理论运用于商品生产的时代。社会主义的结论则是在商品生产的社会中为自己开辟道路的各种倾向的结果。但是，对马克思主义正确性的认识，其中也包括对社会主义必然性的认识，根本不是作出的价值判断，也同样不是对实际行动的指示，因为认识的一种必然性同献身于这种必然性是不同的两码事。某人坚信社会主义的最后胜利而献身于为社会主义而进行的斗争，是完全可能的。而对马克思主义作出的社会运动规律的认识，总是给予掌握了它的人以优势；但在社会主义的反对者中间，那些对社会主义的认识体会最深的人，肯定是最危险的。

但是，另一方面，把马克思主义和社会主义等同起来也是容易理解的。维护阶级统治是与使服从于这种统治的人相信这种统治的必然性的条件联系在一起的。对这种统治的暂时性的认识本身，就是克服这种统治的一个原因。统治阶级对承认马克思主义的结论的不可遏制的厌恶，即由此而来。此外，马克思主义体系的复杂性，也要求花费很大精力去进行研究，只有不是一开始就相信结论的有害无益的人才能承担。因此，马克思主义作为逻辑上科学的、客观的和摆脱了价值判断的科学，按照自己的历史地位，必然为它以自己的研究成果支持其胜利的阶级的代表所掌握。只是在这种意义上，它才是无产阶级的科学，并与资产阶级经济学相对立，同时又始终不渝地坚持一切科学的研究成果的客观的普遍适用性的要求。

这部著作的基本要点，在四年之前已经大体就绪。外部的情况却一再推迟了它的完成。不过，我想指出的是，论述货币问题的那几章，在克纳普的著作*出版之前就已经完成，只是作了一些无关紧要的修改和批判性的增补而已。这一章也极容易造成一些困难，因为遗憾的是，在货币问题上，不仅兴致极易消失，而且理论的理解力也极易消耗殆尽。此外，富拉顿也已经意识到这一点，他忧郁地说："的确，这不是一个能有效地或直接地诉之于广大公众的题目。它是这样一个题目，对它的认识的进展过去总是非常缓慢的，而且也必将总是非常缓慢的。"** 自那时以来，情况也的确没有变得更好些。因此，我们得立即作出保证：在读懂最初的说明之后，下面的研究渴望不会引起不耐烦的读者对难懂的特别抱怨。柏林—弗里德瑙。

鲁道夫·希法亭

于 1909 年圣诞节

* 指克纳普的著作《国家的货币理论》(1905)。——译者

** 见富拉顿《论流通手段的调整》，1845 年伦敦第 2 版第 5 页。——译者

第一篇

货币和信用

第一章　货币的必然性

人的生产共同体原则上可以通过两种方式构成。第一，它可以自觉地加以调节。社会（它的范围包括自给自足的家长制家庭，共产主义部落，社会主义社会）为自己创立一些机构，这些机构作为社会意识的代表规定生产的规模和方式，把所获得的社会产品在成员之间进行分配。依据现有的自然和人工的生产条件决定制造新产品的方式、地点、数量和手段的，是家长或社会主义社会的地方的和全国的委员会。他们或者由现身经验而熟知家庭的需要和资源，或者借助有组织的生产统计和消费统计的一切手段，把握社会的需要，从而以自觉的预见、按照他们自觉地代表和领导的共同体的需要，组织整个经济生活。这样组织起来的共同体的成员，在生产中自觉地作为一个生产共同体的部分彼此发生关系。他们的劳动安排和产品分配，服从于中央的监督。生产关系表现为直接的社会关系。就其涉及经济生活而言的个人之间的关系，表现为由社会制度决定的、脱离开个人意志的社会关系。生产关系本身直接被理解为由全体自觉地确定的和所意欲的。

缺乏这种自觉组织的社会，情况就不同了。它被分解为彼此独立的个人，他们的生产不再表现为社会的事情，而是表现为他们的私事。于是，他们成为被分工的发展强制发生相互关系的私人所有者;使他们发生这种关系的活动,是他们的产品的交换。这里,只有通过这种活动,才能在被私有制和分工分为各个原子的社会中产生联系。但是,交换只是作为社会联系的中介,才形成理论经济学的分析对象。因为即使在社会主义社会里,也可以发生交换。但是,这是社会以某种方式有意识地统一了分配标准之后的交换。因此,这种交换似乎是对社会分配的私人校正,是服从于主观情绪和考虑的私人活动,而不是经济学分析的对象。它对理论经济学所起的作用,同儿童活动室中洛特和弗里茨两个孩子之间的玩具交换一样,这种交换与他们的父亲在玩具商店里购买是根本不同的。因为这后一种交换只是一切交换活动总和中的一个元素,只有通过这种总和,社会才能实现像它现在这样的生产共同体。因此,在每一个这样的交换活动中,生产共同体必然被表现出来。因为只有通过这样的交换活动,被分工和私有制分解了的社会才联结为一个整体。

因此,如果马克思在一个地方说,上衣在交换关系内部比其外部有更多的意义,那么,我们也可以说,交换关系在一个一定的社会联系内部比在另一个社会联系内部有更多的意义。[1] 只有在交换才产生社会联系的地方,即在私有制和分工使个人一方面相互分离和另方面彼此制约的社会里,交换才获得社会的规定性,才必须执行使社会生活过程成为可能的职能。在自觉进行调节的共产主义社会里,社会的中央机关自觉地决定生产的对象、数量、地点和人员,这在这个社会的所可能有的交换活动的过程中,都必须加以贯彻。总之,通过交换告诉商品生产者的东西,同自觉地调节生产、决定劳动秩序等等的当局必须告诉社会主义社会成员的东西,是一样的。理论经济学的任务，就是发现这样决定了的交换的规律。由这种规律所必然产生的进行商品生产的社会中的生产调节，正像由社会主义当局的法律、命令和规定中必然产生社会主义经济的不受干扰的运行过程一样，只是这种规律不是直接自觉地规定人们在生产中的行动，而是按自然规律的方式通过“社会的自然必然性”[2] 发挥作用的。

但是，即使是应该由独立的手工业者或是资本主义企业家来生产的问题，也必须通过交换来回答。这就是回答商品生产内部由于从简单商品生产向资本主义商品生产的进步而必然发生的交换关系的变化问题。但是，交换只有在不同的社会形态中才有质的区别。例如，交换在社会主义社会和在进行商品生产的社会就根本不同。但是，在进行商品生产的社会本身的内部，在质上是相同的，不同的只是进行交换的商品的量的关系。在商品生产内部，交换的基础是支配交换比例的一个客观的社会因素，即体现于交换物中的社会必要劳动时间。在共产主义社会里，交换的基础仅仅是主观的等同、方向相同的意志。这里，交换是偶然的，不能成为理论经济学的考察对象。它不能进行理论的分析，而只能从心理上来理解。但是，因为交换总是表现为两物之间的量的关系，所以人们从未注意到这种区别。[3]

使交换活动成为社会物质变换中介的，正是社会物质变换的必然性。因此，虽然个别的或分散的交换活动可能表现为偶然的，但是只要它使社会的物质变换成为可能，只要它保证社会的生产和再生产，就能长期地和大量地进行。因此，社会生产是个人交换活动的条件，个人只有通过交换活动才能同社会联系起来，并从必须在他们中间进行分配的整个社会生产的结果中取得一个份额。这种对整个社会生产的关系，使个别交换超脱于偶然的、任意的和主观的范围，把它变成为某种合乎规律的、必然的和客观的东西，变成为社会物质变换的条件，从而变成为个人的生活必然性。因为建立在私有制和分工基础上的社会，只有通过彼此进行交换的个人的关系才可能存在，只有通过它在经济上所知道的唯一社会过程的交换过程，才能成为其社会。只有在这种社会内部，交换活动才成为一种特殊的分析的对象，这种分析所探讨的问题是，中介社会物质变换的交换过程具有怎样的性质。

在这样的交换活动的内部，货物成为商品，即成为这样一种东西：它不再用于个人需要，它的兴衰也不再是个人需要造成的；而是用于社会，其全部可能是比奥德赛的命运更变化多端的命运（同纽波特的长着如同百眼怪物阿尔戈斯*般眼睛的税吏相比，圆眼巨人波吕斐摩斯*现在算得了什么呢？或者同德国的肉畜监察员相比，美丽的基尔克**算得了什么呢？），这取决于社会物质变换的必然性。货物之所以成为商品，是因为这种货物的生产者处于他们必须作为独立商品生产者的彼此对立的一定社会关系之中。只有在这种形式中，货物这种一般自然的和完全不成问题的东西，才是社会关系的表现，从而赢得社会性质。它作为劳动产品，现在不仅仅具有自己的自然属性，而且同时也成为社会的事实。现在重要的是寻求这个作为生产共同体即劳动共同体的社会的规律。因

* 希腊神话中的人物。——译者

** 荷马史诗《奥德赛》中把人变为兽的妖女。——译者

此，从新的观点来看，个别劳动表现为这个生产共同体所支配的总劳动的一部分。只有从这种观点来看，劳动才表现为形成价值的劳动。

交换活动是可以进行分析的，因为它不仅是个人的需要，而且也是使个人需要仅仅成为自己的工具并同时限制个人需要的社会必然性。只是在社会必然性所许可的限度内，个人需要才能得到满足。个人需要是前提条件，因为如果没有个人需要的满足，人类社会便是根本不可思议的。但是，交换不再像集体主义社会中那样执行满足个人需要的职能，而是在通过交换将个人限定在社会生产的限度内，个人需要才得以满足，即参与决定交换。交换仅仅表现为两物之间的量的关系。[4] 如果这种量是一定的，交换也就是一定的。而一般在交换中所置换的量，仅仅被看作社会生产量的一部分。社会生产量在量上又是由社会为制造总产品所必需耗费的劳动时间决定的。这里，社会被理解为用自己的全部劳动力来制造产品的统一体，进行自己劳动的个人仅仅被看作是社会的器官。个人作为这样的器官，仅仅按照自己的劳动力符合社会平均劳动力（假定它的强度和生产率是既定的）的程度，参与产品的分配。如果个人劳动过于缓慢，或者他制造了无用的东西（即使是一般有用的东西，但它在社会的物质变换中又太多），那么，这种劳动便缩减为平均劳动（社会必要劳动时间）。因此，如果总产品的劳动时间总额是既定的，那么，交换必须反映这个事实。如果在交换中，商品的量的关系同制造这些商品所耗费的社会必要劳动时间的量的关系相等，这一事实便以最简单的方式表现出来。于是，商品按照它们的价值彼此交换。

如果商品生产和商品交换的条件对所有社会成员都是相等的，如果他们全都是自己生产资料的独立的占有者，用这些生产资料制造产品并在市场上进行交换，那么，这种关系便实现了。这种关系是最简单的关系，是理论考察的出发点。只有从这种关系出发，一些形态变化才能被理解。但是，这些形态变化总是必须满足这样的条件：不管个别交换怎样形成，交换活动总额必须实现总产品的交换。形态变化只有通过社会成员在生产中的地位变化才能发生。形态变化必然由此而发生，因为只有在交换活动中，不仅生产的社会联系得以实现，而且生产者的社会联系也才得以实现。社会的一部分人的财产被剥夺，另一部分人垄断占有生产资料，当然使交换发生形态变化，因为社会成员的这种不平等只能在交换中表现出来。但是，因为交换活动是一种平等关系，所以不平等在这里表现为平等，但不是价值的平等，而是生产价格的平等；从而劳动耗费（同时，资本家对作为他人劳动耗费的劳动耗费是漠不关心的）的不平等表现为利润率平等。这种平等只不过表现了这样一个事实：在资本主义社会里，决定性因素是资本；因此，个别交换活动不再服从于等量劳动对等量劳动的条件，而是服从于等量资本产生等量利润的条件。劳动等式被利润等式所代替，产品不是按它们的价值出卖，而是按生产价格出卖。

因此，如果交换是由社会决定的，那么，另一方面，社会和个人只是从已经完成的交换中才知道社会的规律。因为个人劳动首先仅仅是由个人意愿产生的他个人的劳作，即私人劳动，而不是社会劳动。个人劳动是否同社会的物质变换的条件（他的劳动仅仅是其中的一个部分条件）相一致，只有在将所有这些部分条件相互比较，它们的总和满足了社会的物质变换的总条件时，才能得到证明。

商品是社会必要劳动时间的物化。但是，这种劳动时间本身，并不像在洛贝尔图斯的社会中那样直接表现出来。在那里，中央当局对每一个产品直接规定社会通用的劳动时间。它仅仅表现为一物同另一物在交换中相等。因此，在这种交换中，一物的价值，它的社会生产时间，并不作为本身表现出来，即不表现为8小时、10小时或12小时的劳动，而是表现为另一物的一定量。因此，后者作为像它的直接存在的具有它的一切自然属性的物，充作另一物的价值表现，即充作另一物的等价物。例如，在一件上衣＝20米麻布的等式中，这20米麻布是一件上衣的等价物。这些麻布与这件上衣相等，因为它们也是社会必要劳动时间的物化；作为这样的东西，一切商品都可彼此作为等价物。

因此，价值这种社会关系在另一物（它的使用价值与应表现其价值的商品的使用价值不同）中的表现，是直接由商品生产的性质产生的，是与后者分不开的。因为只是由于一个人的货物成为商品，并因此而成为另一个人的货物，商品生产所固有的其成员之间的社会关系，他们作为他们物的交换者的相互关系，才产生出来。只是在交换完成之后，生产者才知道他的商品是否真正满足了社会需要，他是否正确地花费了劳动时间。他不能通过一个以社会名义对他的工作进行评论（像中间商对他的织工的劳动进行评论那样）的人的认可或否决，证实自己是否是商品生产社会的完全合格的成员，而只有通过他在为之而进行的交换中所获得的物，向他证实他的社会能力。因为社会把自己的事情建立在物的基础上

（尽管施蒂纳正是把他的无政府主义建立在这个基础上），而不是建立在人及其集体意识的基础上。因此，能向生产者提供这种证实的物，必须有能以社会名义讲话的必要的资格证明。获得这种资格证明，正像其他机关获得自己的资格证明一样，是给予这种资格证明的人以共同的活动。人们互相联合并授权他们中间的某个人，使他以他们的名义从事一定的活动。同样，商品也必须联合起来，以便从自己方面授权给某商品，使它以它们的名义在这个商品界中授予市民权（完全的市民权和不完全的市民权）。能够使商品互相联合的唯一形式，就是商品交换。因为相当于社会主义社会中的社会意识的，就是资本主义社会中市场上商品的社会活动。市民世界的意识归结为市场报告。只是由于交换的完成，个人才知道整体的规律。只有在个人成功地进行了交换时，他才证明他生产了社会必要的东西，然后他才能重新开始生产。商品的共同行动授权以表现所有其他商品价值的物，就是货币。随着商品交换本身的发展，这种特殊商品的合法身份也同时发展起来了。

A 和 B 只有通过他们产品的互相交换，才作为商品所有者发生社会关系。当上衣同 20 米麻布相交换的时候，这种关系便成立了。如果商品生产一般化了，那么，裁缝就必须通过交换来满足他的一切需要。他不只是发生同麻纺织者的一种关系，现在还发生了大量其他关系。一件上衣＝20 米麻布，但也等于 5 磅糖、10 磅面包等等。但是，因为所有的商品生产者都发生了这样大量的关系，所以我们最后便得到无数的交换等式，在这些等式中，商品彼此相等互相衡量它们的价值。但是，由于它们互相衡量，它们同时也就越来越频繁地以一种商品来衡量它们的价值。于是，这种商品便成为所有商品的一般价值尺度。

简单的价值表现，例如1件上衣＝20米麻布已经表现了一种社会关系。但这只能是偶然的和个别的。为了成为真正的表现，价值等式不应是个别的；只要商品生产已经成为社会生产的一般形式，在无数的交换即无数的价值等式中，便实现了社会的物质变换，从而实现了劳动者的社会联系。交换中商品的共同活动，使个别人的私人的、个别的和具体的劳动时间转化成为表现价值的一般的、社会必要的和抽象的劳动时间。由于商品在交换中全面地互相衡量，它们同时也就越来越频繁地趋向以一种商品来衡量。这种商品为了成为货币，只需按照习惯被固定为价值尺度。

因此，为了一般地使社会生产和再生产成为可能，价值的交换是必要的。只有如此，私人劳动才成为社会承认的和验定的，物的相互关系才成为它们生产者的社会关系。因此，不管交换可能怎样进行，交换都必然是等价的，商品交换无论是直接进行的或是通过货币的中介，都是如此。因此，货币作为价值是商品，同任何其他商品一样。货币具有价值的这种必然性，是直接由进行商品生产的社会性质中产生的。[5]

因此，货币是同所有其他商品一样的商品，从而是价值的物化。货币同所有其他商品的区别是：它是所有其他商品的等价物，即是表现所有其他商品价值的商品。货币成为这样的商品是整个交换过程的结果。[6] 因此，它被授权成为价值尺度。货币商品，即带有其一切自然属性的这个特定的物体，现在是价值的直接表现，即仅仅是由商品生产的社会关系及其物的表现中产生的这种属性的直接表现。我们同时看到，共同的价值尺度(任何其他商品的价值都可以直接由它来表现，从而都可以随时直接同它相交换）的必然性，如何从交换过程本身中、从商品彼此不断等同的必然性中产生出来。因此，货币一方面是商品，而另一方面这种商品总是被推到等价物的特殊地位上。这是由于授权货币商品作为自己唯一的和普遍的等价物的所有其他商品的活动而产生的。

因此，一切商品的交换价值，都在货币商品中，在它的使用价值的一定量中，社会有效地表现出来。于是，通过以货币商品来衡量所有其他商品的相互活动，货币商品便表现为社会必要劳动时间的直接体现。“作为一种分离出来的特殊商品的商品交换价值，就是货币。”[7] 因此，一切商品通过它们向货币的转化而获得自己的社会验定。

按恩斯特·马赫的说法，自我不过是以自己的网形成世界图像的感觉的无数条线密集于一身的网的网结。同样，货币也是由个别交换活动的无数条线织成的商品生产社会的社会联系之网的网结。同时，在货币中，人们的社会关系成为物，成为闪耀着神秘色彩的东西，它的使人迷惘的光，至今仍然使不愿在它面前完全闭上眼睛的如此众多的经济学家眼花缭乱。

由于商品在交换过程中彼此发生关系，它们便归结为社会必要劳动时间的产品，并作为这样的产品而相等。在交换过程中，把作为使用价值的商品同个人的特殊需要联结起来的纽带被切断了。在交换中，商品仅仅被看作交换价值；只有通过交换的进行，从而在交换完成之后，它才重新成为使用价值，同另一个人的个人需要产生一种新的联系。货币的使用价值不过是社会必要劳动时间的物化，即交换价值。通过货币，商品直接表现为交换价值。因此，商品的交换价值便通过货币而对它自己的使用价值独立化了。只是在货币中已经包含了商品的交换价值之后，货币向商品的转化才把商品作为使用价值来实现。然后。商品作为使用价值离开流通和归之于消费。

货币能够成为一般等价物，仅仅因为它是商品即具有交换价值。但是，任何商品作为交换价值，都是所有其他商品的价值尺度。由于一切商品在自己的相互活动中都同一种商品发生关系，这种特殊的商品便成为交换价值而相应存在，作为一般等价物而存在。一切商品都是交换价值；这就是说，在被分工和私有制分解为各个原子的社会里，即在没有共同意识但却是生产共同体的社会里，生产者只有通过他们的物质产品才彼此发生关系。这一点现在表现为：生产者的劳动产品作为交换价值，只表示同一个对象（货币）的不同量。一般劳动时间，即生产共同体的经济表现，它本身表现为一种特殊的东西，即一种同所有其他的商品相并列的在他们之外的商品。

在交换过程中，商品证明自己是使用价值，证明它满足了需要，而且是按社会所需要的规模来满足的。如果它做到了这一点，那它便因此而成为满足同样条件的所有其他商品的交换价值。这反映了它向货币即交换价值的一般代表的转化。由于它成为货币，它也就成为所有其他商品的交换价值。商品必须成为货币，因为只有这时它才作为使用价值和交换价值、作为原本如此的两者的统一而社会地表现出来。但是，由于一切商品都通过它们作为使用价值的让渡而转化为货币，货币便成为所有其他商品的转化了的存在：只有作为所有其他商品向货币的这种转化的结果，货币才成为一般劳动时间的直接对象化，即成为个人劳动全面外化、扬弃的产物。

因此，货币的必要性来自通过作为社会必要劳动时间的产品的商品交换才知道自己规律的商品生产的社会的本质，来自生产者的社会联系被表现为规定他们参与生产和产品分配的份额的他们产品的价格。这个社会的真正调节是通过价格规律进行的，价格规律要求一种商品作为商品本身的交换手段，因为只有这种商品才体现了社会必要劳动时间。交换手段必须具有价值这一点，是直接由货物在其中成为商品和作为商品必须进行交换的社会的性质中产生的。“使货物成为商品的同一个过程，也使商品成为货币”。

社会联系具有盲目性，它通过商品交换而形成；只是在本来确定了社会联系的生产过程已经成为过去而无法改变的时候，才在交换过程中证明是否社会正确地建立了这种联系。这些都意味着资本主义生产方式的无政府状态。之所以是无政府状态，是因为这里从一开始就没有按照自己的目的进行生产的任何自觉性，而是社会联系按照自然规律（它不顾参加者的意志而发生作用，虽然它是由于他们自己社会的因而是他们意识不到的活动才存在）的方式，强加于那些只意识到自己而意识不到社会的个人成员。这种活动绝不是出于建造社会联系的意识和意图而采取的，而是始终仅仅服务于个人需要的满足。因此，从这种意义上也可以说，通过货币即从一种自身有价值的物来中介交换的必然性，是从商品生产社会的无政府状态中产生的。

因此，货币一方面是商品交换的产物，另一方面又是产品作为商品交换的一般化的条件。由于货币成为商品的价值尺度，所以货币便使商品能够直接进行比较。之所以如此，是因为货币作为价值同商品是一样的，货币在价值形式中则是商品的对立物——等价物，即表现价值的使用价值。

因此，货币是由交易往来自发产生的，并仅仅以此为前提。交易往来使那种按其自然属性最适合作为货币的商品成为货币。这种例如像黄金的商品的使用价值，使黄金成为货币材料。黄金天然不是货币（而只是由于一定的社会条件才成为货币），但货币天然是黄金。因此，无论是国家或是法制，都不能任意决定货币的性质和货币的材料。国家或法制首先仅仅使货币成为铸币。它改变的不过是黄金量的分割。如果说黄金量的分割或衡量最初是按重量进行的，那么，现在则是按其他任意的标准进行的，从而是按照必然建立在自觉地协商基础上的标准进行的。因为代表商品生产社会最高意识的组织是国家，所以这种协议需经国家认可，以使它具有一般社会有效性。这里的情况与确定其他标准，例如确定长度的标准，相类似。只是这里所涉及的是价值标准，而价值总是仅仅体现在某一物中，在每种物中则按其生产时间不同而有不同体现。因此，国家也必须同时宣布这种物即货币材料。只是在协议的范围内部，例如在国家内部，这种标准才是适用的。在国境之外，它就不适用了。在世界市场上，按其重量来计算，金银被看作是货币。[8] 关于一定货币的协议，也可以不经国家干预而由私人来达成，例如由一个城市的商人们来达成。这时，它当然只适用于这个范围。[9]

因此，黄金由国家按某种方式加以分割，每一块都由国家铸造，加上标记。现在，一切价格都由这种标准来表现。这样，国家便制定了价格标准。黄金执行价值尺度的职能，因为它是商品，从而是价值，即是社会必要劳动时间的体现。作为这样的东西，它的价值随它的生产时间的变化而变化。作为价格的标准，黄金被分割为具有同样重量的小块，这种分割按其意义来说是不变的。铸造不过是证明，这样加盖标记的货币，含有货币材料（例如黄金）的一定重量。这同时是显著的技术简化。货币不必再加衡量，而是只要点数就行。这样。现在可以用一种便利的方式，表示交换中所必要的任何价值量。

第二章 流通过程中的货币

流通过程采取如下形式：商品—货币—商品，即 W—G—W。社会的物质变换在这一过程中得以实现。A 出卖他的对自己没有使用价值的商品，购买另一种对自己有使用价值的商品。在这一过程中，货币只不过起一种证明的作用：商品的个人的生产条件适应社会的生产条件。这一过程的意义在于满足各个个人的需要，而这只有通过商品的全面转手才有可能。商品的价值为其他商品的价值所代替。商品被消费，退出流通领域。

如果说商品经常地退出流通领域，那么，货币却继续不断地停留在这个领域之中。商品让出的地方，被价值相等的货币占据了。于是，商品的循环过程便形成货币的流通。这时产生了流通所必要的货币量的问题。这里涉及的是货币和商品的实际对立。因此，流通手段的量首先决定于商品的价格总额。假定商品量已定，流通货币量就随着商品价格的波动而增减，至于价格的变动是由实际的价值变动或只是由市场价格的波动而产生，是无关紧要的。[10] 只要买和卖在空间上相并行，便总是适用的。相反地，如果买和卖只是在时间上相继发生的一个系列上的环节，那么，下列等式便是适用的：商品价格总额除以同名货币的流通次数＝执行流通手段职能的货币量。这里，流通手段的量决定于流通商品的价格总额和货币流通的平均速度这一规律，还可以表述如下：已知商品价值总额和商品形态变化的平均速度，流通的货币或货币材料的量决定于货币本身的价值。[11]

我们已经看到，货币其实就是通过物表现出来的社会关系。这种物充当直接的价值表现。但是，在 W—G—W 的关系内部，商品价值总是被另一种商品价值所代替。因此，货币表现仅仅是转瞬即逝的。它表现为单纯的技术辅助手段，这种手段的利用造成的额外费用，必须尽可能地加以避免。与此同时，排除货币的努力也同货币一起增长起来。[12]在商品流通内部，货币首先表现为商品转化成的固定的价值结晶，然后又作为商品的单纯等价形式而消失。[13]

货币作为价值结晶是必要的，作为等价形式是多余的。但是，它之所以是必要的，因为唯其如此，商品价值才被社会有效地表现出来，商品才能从货币重新转化为一切其他商品。但是，既然货币表现仅仅是转瞬即逝的，本身并不那么重要（例如，当 W—G—W 过程被中断而货币本身还应当被保持或长或短的时间，以便后来使 G—W 过程成为可能时），所以只考察货币的社会方面，即它作为价值与商品相等的属性。这种社会方面是通过货币材料，例如通过金币，物质地表现出来的。但它也可以通过自觉的社会调节或国家调节（因为国家是进行商品生产的社会的自觉器官）直接表现出来。国家可以规定一定的符号（例如将带有标志的纸片作为这种符号）作为货币的代表，即货币符号。

很明显，这些符号只能执行两种商品之间流通媒介的职能。它们不能用作其他目的、其他货币职能。因此，它们必须整个地进入流通，因为只有在流通内部，货币的价值存在才始终是转瞬即逝的，因为这是不断为商品价值所代替的形式。但是，这种流通的量却是急剧波动的。因为像我们知道的，在货币流通速度保持不变时，流通量取决于价格总额。价格总额经常变动，一年内的周期波动（例如，土地产品进入流通以及它的量使价格总额增长），或繁荣与萧条的周期内的价格波动，在这里起着特殊的作用。因此，纸币量必须始终保持在流通所必要的最低限度货币量以下。但是，这个最低限度可以由纸币来代替，[14]因为它始终是流通所必要的，所以不需要黄金来代替它。因此，国家可以使这种纸币强制通用。于是，在流通的最低限度的范围内，社会关系的物的表现便被一种自觉调节的社会关系所代替。这之所以是可能的，正是因为金属货币也是一种社会关系，尽管是隐藏在物的外壳之下。要把握纸币的性质，就必须理解这一点。[15]我们已经看到，进行商品生产的社会是无政府主义的，由这种无政府状态产生了货币的必然性。对于流通的最低限度的情况来说，这种无政府状态立即被排除了。因为一定价值的最低限度的商品，是无论如何都必须被出卖的。排除无政府主义生产的影响，表现在以单纯的价值符号代替黄金的可能性之中。

但是，这种自觉的调节以流通的最低限度为限。只有在这一限度内，货币符号才充当货币的全权代表，纸片才成为金符号。因为流通量经常波动，所以除了纸币以外，金币也必须能够经常地进入和退出流通。如果这一点不能做到，那么，纸币的名义价值和它的实际效用之间便出现了差距，于是纸币贬值。

为了理解这一过程，我们首先假定有一种纯粹的纸币本位制

(这里始终是以国家的强制通用为前提)。我们假定,在某一定时间内,流通需要500万马克,为此必须有大约36.56磅金。于是,我们便有了以下述图示表示的整个流通:W(500万马克)—G(500万马克)—W(500万马克)。如果黄金用纸符号来代替,那么,不管可能把什么东西印到这种符号上,它们的总额必须始终代表商品的价值总额;因此,在本例中,等于500万马克。如果印在5 000张相同的纸片上,那么,每一张将等于1 000马克;如果印在100 000张上,那么,每一张等于50马克。假定流通速度始终保持相等,如果商品价格总额增加一倍而纸片数量不变,那么,它们就值1 000万马克;如果价格总额下降一半,那么,它们只值250万马克。换句话说,在实行带有强制通用的纯粹纸币本位制的条件下,如果流通时间保持不变,纸币的价值便决定于必须在流通中加以销售的商品的价格总额。这里,纸币同黄金的价值完全无关,它根据下述规律直接反映商品的价值:整个纸币量代表与$\frac{\text{商品价格总额}}{\text{同名货币的流通次数}}$相等的价值。我们立即看到,与出发点相比,不仅可以出现纸币的贬值,而且也可以出现纸币的增值。

当然,不仅纸可以充当货币符号,而且一种自身具有价值的物质也可以充当货币符号。例如,可以把银用于流通。如果由于银的生产费用降低而出现银的贬值,那么,商品的银价便提高,而在其他情况相同的条件下,商品的金价仍然保持不变。银本身的贬值表现为它同金的关系。实行银本位制的国家的汇率同实行金本位制的国家的汇率相比,呈现出贬值。在实行自由铸造的条件下,具有法定支付力量的银铸币,发生同未加铸造的金属程度完全相同的贬值。如果自由铸造[16]被停止,情况就不同了。在我们的例子中,如果投入流通的商品的价格总额现在从500万马克提高到600万马克,铸造了的因而适用于流通的银币价值按其金属价值例如只有550万马克,那么,每个银铸币现在在其流通内部的估价中将会提高,达到其总和等于600万马克。因此,它们作为铸币的估价超过它们的金属价值。一种像勒克西斯和洛茨这样重要的货币理论家都不能说明的现象,即荷兰和奥地利的银盾以及后来印度的卢比何以能提高估价,按照我们前面的叙述,便不再是一个谜了。[17]

纸币的价值是由处于流通中的商品总额的价值决定的。这里,价值的纯粹社会性质表现在:一种像纸这样本身没有多少价值的东西,由于执行一种纯粹的社会职能即流通,便获得了某种价值。这种价值不是由自己的转瞬即逝的微小价值决定的,而是由将自己的价值反映在纸片上的商品总额的价值决定的。本身早已冷却的月亮之所以能发光,仅仅因为它从火红的太阳那里得到了光。同样,纸币之所以有价值,仅仅因为劳动的社会性质赋予商品的价值。使纸成为货币的是被反映的劳动价值,正像让月亮发光的是被反映的阳光一样。纸的价值证券就是商品的价值证券,正如月亮的月光就是太阳光一样。

自1859年以来,奥地利发行了不兑换的纸币。银盾对纸币便获得了贴水。这正是因为纸币的发行超过流通所必要的数量。因此,便出现了我们前面所描述的情况:一盾能买多少商品,不再取决于银的价值,而是取决于处于流通中的商品总量的价值,后者决定纸币总额的效用。如果整个流通的价值等于5亿盾,却印了6

亿纸盾，那么，纸盾只能购买像以前 5/6 银盾所能购买的那样多的商品。这样一来，银盾本身便成了商品，因为人们只用纸盾支付，而把银盾出卖到外国。他们以此得到 5/6 纸盾，可以用来偿还自己以前的银盾债务。银从流通中消失。银盾和纸盾之间比例的变化，现在可以通过两种方式发生。一是在银盾价值不变的条件下，商品销售由于商品流通的发展而增加。如果不新发行纸币，那么，只要流通的商品总额为其销售需要 6 亿盾，纸币就可以重又达到它原有的效用。如果商品总额增加，纸盾也可以提高到超过它的出发点。如果商品总额要求 7 亿盾而只有 6 亿纸盾投入流通，那么，纸盾现在就值 7/6 银盾。倘若存在自由铸造银币的情况，那么，私人就会铸银，直到有足够的银盾进入流通，使纸盾和银盾一起满足 7 亿盾商品流通的需要。于是，纸盾和银盾等值。如若自由铸造继续存在，纸盾便不再由商品价值决定，而由银来决定，因此又成为银符号。

类似的过程也可以通过另一种方式发生。首先，商品流通量保持不变，于是纸盾只值银盾的 5/6。但是，现在银的价值出现下跌，降低 1/6。这样，用银盾可以买到同用纸盾一样多的商品。银贴水消失了，银仍然停留在流通中。如果银的价值下跌更多，比如降低 2/6，那么，购买银并将它在奥地利铸造，就成为有利可图的了。这种铸造将一直进行到纸盾和银盾的总额达到足够量，以致它们虽然按其购买力减少 2/6，但却能满足流通的需要。我们曾经假定有 5 亿盾（原有的效用）的商品流通，可是却有了 6 亿盾纸币，因此，这些纸币只值原有盾的 5/6。现在补充以只值 4/6 的银盾。为了使商品流通，我们现在需要 6/4×5 亿盾，或者说，7.5 亿盾。这由6亿纸盾和1.5亿新铸造的银盾构成。但是,国家想阻止自己的货币贬值。为此,它只需要停止自由铸造银币就行了。这时,它的盾便保持与银价无关。它的效用仍然是原盾的5/6。银的价值的下降并没有在银币上表现出来。

这是与传统理论相矛盾的,按照传统理论,一银盾在一切情况下都只是1/45磅的一块银,因此必定具有同样的价值。如果我们知道,在禁止自由铸造的条件下,货币的效用只是进入流通的商品总额的价值的反映,那么,这便容易解释了。因为按照我们的假定,银的价值降低2/6,而奥地利盾只比考察的出发点低1/6,所以仍然处在流通中的奥地利银盾便比等量银的价格高1/6。因此,它增值了。实际上,这种现象1878年在奥地利出现过。其原因是:一方面,纸盾的价值由于流通的发展而必然提高,因为纸币总额没有按同样的比例增加;另一方面,银的价值下跌,表现为伦敦银价的跌落。

实际情况也完全与这种例解相符。在荷兰,1873年5月停止自由铸造银币。金属银同黄金相比出现贬值,而铸造的荷兰银币却大大增值。"截止到1875年初,伦敦银价下跌至约57.5便士,而荷兰货币的价值对英国货币的价值却提高到如此程度,以致1英镑不再像以前那样为12盾,而是只有11.6盾。这一事实表明,荷兰盾的价值已经提高到超过它的含银量大约10%"。这样,在1875年才实行了以10盾金币为法定支付手段。[18]"1879年,银盾的含银量已经只值96.85克里泽;后来继续跌落,1886年到91.95克里泽,1891年到84.69克里泽"。[19]

奥地利币制的发展简单叙述如下:"根据1857年9月19日和

1858年4月27日的公告，自1858年11月1日起，帝国本位制在法律上以及首先在实践上，是以500克纯银为45盾法定含量的银本位制（以1 000克纯银为90盾法定含量）。但是，银的现金支付（从发行银行方面）只存在很短一段时间（到1858年底）。此外，由于持续的政治和财政危机（这正是滥发银行券的结果——希法亭），到1878年，银对纸币便出现了贴水，遂把银币从交易中排挤出来。1871年，银贴水还超过20%；但是，在70年代期间，由于世界市场上银价猛跌，它逐渐降低了。自1875年起，银价已是如此之低，致使它不断接近它的铸币价格（以500克银为奥地利货币45盾），最后在1878年达到了这个水平。自于伦敦对维也纳交易所外汇汇率的发展，把银输送到维也纳和克莱姆尼茨的造币局铸成奥地利银币便成为有利可图了。事实上，1878年，奥-匈关税区的银的输入也大为增长了。由于前面已经说明的理由，这一年和后一年，奥地利银币的铸造达到了前所未有的程度。”[20] 为了防止货币贬值，1879年初便停止自由铸银。停止铸银的结果是，奥地利盾摆脱了银价的似乎是机械的影响，相反地却差不多完全独立于奥地利银盾含银量的价值而发展。100银盾所含纯银，以伦敦银价和伦敦外汇汇率为基础，在维也纳平均具有如下价值：

1883年	97盾64克里泽
1887年	91盾
1888年	86盾8克里泽
1889年	82盾12克里泽
1891年	84盾70克里泽

在相同的前提下，奥地利货币100盾的价值折合金盾[21]为：

1883年	82盾38克里泽

1887 年	72 盾 42 克里泽
1888 年	69 盾 34 克里泽
1889 年	69 盾 38 克里泽
1891 年	73 盾 15 克里泽

相反，奥地利货币 100 盾的实际流通价值，上述各年的平均值是："84.08、79.85、81.39、84.33 和 86.33 金盾"。[22]换句话说，奥地利银盾在上述年份增值了，即是说，它们的购买力高于其中所含银的购买力。在这些年份，对 100 银盾的差额是：

1883 年	1 盾 70 克里泽(金盾)
1887 年	7 盾 43 克里泽(金盾)
1888 年	12 盾 5 克里泽(金盾)
1889 年	14 盾 95 克里泽(金盾)
1891 年	13 盾 18 克里泽(金盾)

由这张表可以看出，银盾的市价不只是像施皮茨米勒认为的那样，差不多独立于银价而运动，而是完全独立于银价而运动。

施皮茨米勒称这种本位制为"信用本位制"，但他不能说明它的市价是由什么决定的。他说：

"因此，奥地利银盾或纸盾的购买力和交换力，在 1879 年到 1891 年期间，首先不是由货币金属的价值决定的。不仅如此，在这期间，正如卡尔·门格尔正确强调指出的(见 1889 年 12 月 12 日《新自由报》)，奥地利盾表现为一种不能由任何现有实际铸币的内在价值所表示的交换价值。

"因此，奥地利的本位制实际上不是银本位制。它即使被称作跛行银本位制，也只是不确切的意义上的说法。毋宁说是一种信用本位制。它的估价，在国际交易中，首先是受奥-匈关税区的国际收支差额制约的；在国内交易中，除此之外，

还受其他影响关税区内价格形成(原文如此!)因素的制约”。(见第341页)

他的不确切之处可以从下面的引文中看出来：

“如果认为被用于奥地利本位制上的‘信用’完全(!)不依赖于银市场上的价格形成，那无论如何都是错误的。相反地，在对从1879年到1891年过渡时期我们的本位制进行估价时，下述情况无疑起着一定的(!)作用：停止为私人铸银只是基于一种随时可以撤销的行政命令；此外，为国家考虑的铸造还继续进行。因为上述因素使我们的本位制的未来呈现为一种不确定的东西。特别是，从1885年到1888年银价重新下跌与我们外汇汇率的急剧上涨相并发，的确不是偶然的”。(第311页)

如果指明关于本位制未来的完全不确定的意见如何能随时变成数学上一定的行情涨落，那倒是饶有趣味的。事实上，这种主观的影响根本不起作用，而是只有社会流通需要的客观状况才有意义。

黑尔费里希倒是更接近于正确的解释，他说：

“铸币(即指在实行禁止自由铸造的本位制的条件下)的追加价值，是建立在如下的基础之上的：只有被铸造的金属才执行货币的职能，而不包括未被铸造的金属；国家拒绝应人要求把金属变成铸币。

“不可兑纸币的价值，也是仅仅建立在如下基础之上的：这种纸币由国家宣布为法定支付手段，可以被用于偿还现有债务以及享有国家赋予的执行经济上完全不可缺少的货币职能的特权。

> “这两种货币的价值，既不是建立在它们材料本身价值的基础上，也不是建立在它们像可以兑换的银行券那样包含着提出某种要求的权利的基础上，而是仅仅建立在赋予它们的作为法定支付手段的性质上。”(《货币》，第81页)

正像黑尔费里希正确地强调指出的那样，在实行银本位制条件下停止自由铸造，是银币摆脱它的材料价值的条件和原因。但是，至于铸币现在所获得的价值量，他却并没有说出任何东西。而这一点恰恰是具有决定意义的。这种量是由社会必要流通量决定的，而后者归根结底又是由商品总额的价值决定的。黑尔费里希的主观主义的价值理论妨碍他认识这一点。

黑尔费里希反对施皮茨米勒等人主张的信用假说，则是完全正确的：

> “在实行自由本位制的条件下，在一切种类的货币中，铸币的材料价值都低于它的货币价值。这里，把货币价值较高归结为信用的观点，是完全站不住脚的，因为根本就不存在不足值货币可以与之兑换并通过信用途径从中推导出自己价值的足值货币。在1873年到1875年的荷兰币制中，1879年到1892年的奥地利币制中，以及1893年到1899年的印度币制中，都根本没有足值货币。荷兰和奥地利的银盾以及印度卢比的超过材料价值的货币价值，是一种完全独立的价值，而不是由任何其他价值物中推导出来的。它不是建立在足值货币

的比率的基础上，更不是建立在要求足值货币的权利的基础上，而仅仅建立在赋予铸币作为法定支付手段的性质以及限制铸造的基础上。对1879年起的奥地利本位制，迄今还有一部分模糊不清。这种状况表明，到目前为止，理论是多么严重地囿于下述概念：不足值货币必定是信用货币，至少必须从一种足值货币推导出自己的价值。在停止自由铸银以后，已被铸造的奥地利银盾的价值提高到超过自己所含银的价值。这种现象使人目瞪口呆。其主要原因是，人们看不到银盾是从哪种具有较高材料价值的货币中，推导出超过自己含银价值的货币价值。因此，便陷入这种奇特的解释：只有通过银盾和纸盾的联系，银盾的价值才能保持在它的纸币价值以上。”（《货币》，第382页以下）

我们在印度也看到与奥地利货币制度中相类似的现象。1893年，过去一直通行的自由铸银被停止了。这样做的目的是把卢比的市价提高到16便士。在实行自由铸造时，这一市价相当于大约43.05便士的银价。这就是说，在这一价格条件下，卢比中所含的银，如果将其熔化和出售，在伦敦（世界）市场上便得到16便士的价格。停止自由铸造的结果如下：卢比的市价提高到16便士，而以前是14⅞便士。相反地，在短短几天内，银价便从造币局关闭前的38便士下降到7月1日的30便士。从这时起，卢比市价又开始下跌，而银价则提高到34¾便士。在1893年11月1日美国停止购银（每月4.5百万盎司）之前，银价则围绕这一价目波动。此后，银价又下跌，1897年8月26日跌至谷底23¾便士。相反地,1897 年 9 月初,印度货币的价值达到 16 便士的理想高度,而卢比中所含金属价值约为 8.87 便士。

> “一开始就取得了成就:从印度造币局对私人铸造关闭时起,卢比的市价已经常保持在熔银价值以上,而且大大高于铸造费用。从 1896 年中起,银价和卢比市价之间的最后联系也消失了,它们的运动之间虽然后来大大削弱但还存在着的平行关系也最终被消灭了。”[23、24]

使货币理论家伤脑筋的问题是:在实行禁止自由铸造的本位制下,什么是价值尺度。[25]显然,不是银(在实行禁止自由铸造的金本位制的条件下,可以出现完全同样的现象)。[26]货币市价和金属价格呈现出完全不同的运动。自图克的证明以来,数量论理所当然是站不住脚的。此外,根本不能使金属量和商品量双方联系起来。在 x 千克金、银或纸币同 a 百万双皮靴、b 百万盒鞋油,c 公担小麦以及 d 百升啤酒之间,究竟应该有什么关系?货币量和商品量双方的关系,已经是以一个共同的东西为前提,这正是应当加以说明的价值关系。

把国家政权请出来,也同样是不够的。首先,国家怎么能够赋予一张纸片或一克银对酒、皮靴、鞋油等等更大的(哪怕只大一赫勒的百分之一)购买力,仍然是完全神秘莫测的。再者,国家在做这种尝试时总是遭到失败。印度政府想赋予卢比以 16 便士市价的意愿,对印度政府毫无裨益。卢比对此毫不相干。国家的最新成就仅仅是,使卢比的市价首先成为完全不能加以计算的东西,因为它现在不再同银价相关。对奥地利国家来说,银盾的增值没有经过任何自觉的干预，而是好像不知不觉地一下子突然出现的。使理论家迷惑不解的[27]是这样一种情况：货币好像仍然保持着自己作为价值尺度的性质。当然，一切商品仍然通过货币来表现和“衡量”，货币仍然表现为价值尺度。但是，这种“价值尺度”的价值量，却不再由形成它的商品的价值来决定，即不再由金、银或纸的价值来决定。实际上，这种“价值”毋宁说是由流通的商品总价值决定的（在流通速度保持不变的条件下）。真正的价值尺度不是货币，而是货币的“市价”，即由我想称之为社会必要流通价值来决定的。如果我们还要考虑以前为了简化而忽略和以后将详加叙述的货币的支付职能，那么，社会必要流通价值便通过下述公式而得到：$\frac{\text{商品价值总额}}{\text{货币流通速度}}$加到期的支付额，减互相抵消的支付，最后减同一货币交替执行流通手段和支付手段职能的流通次数。这是一个标准，它的量当然不可能事先计算出来。唯一能解这道算题的数学大师是社会。这一量是变动的，货币市价随它的变动而变动。1893年到1897年印度卢比的市价变动，以及奥地利币值的波动，都十分清楚地表明了这一点。只要一种足值的商品（金、银）作为货币重又执行价值尺度的职能，这种波动就会避免。我们已经看到，为做到这一点，完全没有必要使纸币或不足值货币退出交易，只需要把它压缩到流通的最低限度。超出这一最低限度之外的波动，由足值货币的出现来消除。

禁止自由铸造的本位制或“镶金边的银本位制，金边制”（人们这样称呼印度和类似的本位制）的令人瞩目的历史，只有在用马克思主义货币理论的观点进行考察时，才失去神秘的色彩。另一方面，如若以“金属”论的观点进行考察，它仍然是混沌不清的。克纳普以极其敏锐的目光揭露了“金属”论的许多缺点（他没有顾及马克思的理论，明显地把它同“金属”论混为一谈了），但他本人并没有从经济上说明这一现象，只是建立一个货币分类的精巧的体系，而未深入探讨它们的产生或发展。这是一种特殊的法律说明，术语学占很大篇幅是其特点。货币价值和货币购买力的经济基本问题，被完全置于考察范围之外。克纳普好比货币理论上的林奈，而马克思这里也就是达尔文。但是，这个林奈却在达尔文之后很久才出现。

克纳普是下述理论的最彻底的门徒，这种理论因为不能说明纸币本位制的现象，便将在实行强制通用的纸币条件下纸币发行量的影响这一引人瞩目的现象，简单地转移到金属货币上，从而转移到一般通货（金属加包括国家纸币在内的银行券）上。这种理论只考察数量关系，却忽视了价值（包括商品价值和货币价值）的决定因素。它的错误特别产生于英国自 1797 年停止现金支付以来的纸币经济的经验。“这次争论的历史背景是：18 世纪的纸币的历史，罗氏银行的破产，18 世纪初期至中期北美洲英国殖民地地方银行券随价值符号量的增加而造成的贬值；以及后来独立战争中美国中央政府用法律强制流通的纸币（Continental bills），最后是规模更大的法国阿西涅币的试验。”[28]

李嘉图虽有敏锐的目光，但也没有避免这一错误结论。这是心理学上一个有趣的事例，说明感性印象对抽象思维具有强大影响。因为在所有其他地方，李嘉图恰恰是从影响价格的数量关系（从需求和供给作为价格决定的因素）追溯到形成数量关系的基础并支配数量关系的东西，即追溯到价值。只是在货币问题上，他却把已经发现的价值概念撇到一边。他说："如果在这些国家中任何一个国家发现了一座金矿，那个国家的通货就会由于贵重金属流通数量的增加而减低其价值，因而不能再与其他国家的通货具有相同的价值。"[29]这里，仅仅数量就使金的价值降低，金被完全片面地仅仅理解为流通手段。于是，由此自然得出结论：一切金都立即全部地进入流通。既然仅仅数量是决定性的，因此金便可以直接了当地同银行券等同起来。虽然李嘉图字面上首先以银行券是可兑现的为前提，但银行券在他眼里却是强制通用的国家纸币，这也是与当时英国币制的情况相一致的。因此，他可以说：如果在任何一个国家，不是发现了一个矿藏而是设立了一个像英格兰银行这样的银行，有权发行纸币作为流通媒介；在……发行了大量纸币以后，通货的数额就大为增加，其影响将与发现金属矿的情况相同。[30]因此，在这里，英格兰银行的作用便同发现一个金矿的作用等同起来了，因为两者都增加了流通媒介。[31]

然而，这样等同起来，既不能正确认识金属货币流通的规律，也不能正确认识银行券流通的规律。克纳普又完全被上述稳定的"纸币本位"以及银币同它的金属价值相脱离的新现象所左右。后面这种情况，是银币（从而金属货币）和纸币所共有的。但是，纸币的价值似乎是由发行它的国家决定的。因为在这一方面，银在禁止自由铸造条件下同纸币是相一致的，所以便产生一种幻觉：纸币（以及金属货币，从而货币一般）是由国家决定的。明显不是经济理论的国家货币论产生了。作为这种理论基础的幻觉，有必要进行如下的批判：

> “国家发行强制通用的纸币……这种干预，似乎废除了经济规律。过去国家规定造币局价格只是给金的一定重量起一个教名，而制造铸币只是把自己的印记加印在金上，现在国家似乎用自己的印记的魔术点纸成金。因为纸票有强制通用的效力，所以谁也不能阻止国家任意把大量纸票硬塞到流通中去，并在它们上面印上任意的铸币名称，如一镑、5镑、20镑。纸票一进入流通，就不可能再抛出来，因为不仅国境界碑阻止它们流出，而且它们在流通之外便失去一切价值，不论是使用价值或交换价值。它们离开自己的职能存在，就变成一文不值的废纸。可是，国家的这种权力纯粹是假象。国家固然可以把印有任意的铸币名称的任意数量的纸票投入流通，可是它的控制同这个机械动作一起结束。（注意：克纳普的理论也正是在开始出现经济问题的时候而告终的。）价值符号或纸币一经为流通所掌握，就受流通的内在规律的支配。”[32]

因此，需加以说明的困难来自下述情况：不同的货币职能和不同的货币种类（国家纸币和信用货币——见下面的叙述）被混在一起。如果说数量论（李嘉图也没有避免这种错误）的错误，是把国家纸币的规律一般地同货币流通规律以及特殊地同银行券（信用货币）流通的规律混为一谈，那么，现在却发生了相反的情况。因为数量论理所当然地被看作是已被驳倒的理论，所以人们害怕，在数量的影响具有决定意义的场合，即在实行纸币本位制和“不足值”货币本位制的条件下，承认数量对货币市价的影响。人们抓住各种各样的解释，因为不了解社会的决定因素而求助于一些主观主义解释的尝试，试图把国家纸币的价值归结为某种信用估价。但是，另一方面，由于人们在金属价值上必然执着于货币的自身价值，而又不想被迫像克纳普那样完全放弃对经济内容的解释，所以，货币增值问题仍然不能清楚地加以说明。在李嘉图那里，货币价值的每一种变化都是由数量的变化来解释的。因为按照他的理论，价值变动是一种很经常的现象，货币价值按照货币数量的增加或减少而降低或提高，因而在实行任何本位制的条件下都经常发生货币的增值和贬值，所以，对于他来说，货币增值便不再成为问题。他说：

“它（指纸币——译者）虽然没有内在价值，但只要限制它的数量，它的交换价值就会等于面值相等的铸币或其内含生金的价值。根据同一原则，在限制数量之后，减色铸币也会像具有法定重量和成色一样按表面所标价值流通，而不按其实际含有的金属量的价值流通。因此，在英国铸币史中，我们看到通货贬值从不与其减色成同一比例，原因是通货数量的增加从不与其内在价值的减少成比例”。（《政治经济学和赋税原理》，商务印书馆 1976 年版第 302 页）李嘉图的错误在于，他把适用于禁止自由铸造本位制的规律，也直截了当地转用于自由铸造的本位制上。大多数德国货币理论家也同样把两种本位制混为一谈，只不过是颠倒过来罢了。正因为如此，他们对数量论感到有愧，在银行券流通问题上总是又退回到数量论的旧观点，而在禁止自由铸造本位制问题上则又厌恶数量的解释。

相反地，在富拉顿那里，提出禁止自由铸造本位制的一个有趣的和基本正确的问题。他假定一个没有贸易往来和没有经常重新铸币设施的民族，通过一种老的和不足值的(debased)金属通货进行它的内部流通。这种通货只有通过限制它的量。才能保持高的购买力。这个民族同时还耗费大量贵金属用于奢侈和修饰的目的，每年将50万工业产品输出到占有矿藏的国家，以满足自己每年贵金属的需要。现在，由于开采方法的完善或发现新的富矿，矿业国家金银生产的费用压缩到一半，接踵而来的是生产翻番，当地金属价格相应下跌。上属民族的商人便能够用同量的出口商品，进口价值100万的这种金属，而不再是50万。结果如何？这与某种其他同样耐用商品供给过剩的结果，肯定没有任何本质的区别。由于该国以前每年用于奢侈目的的金银消费，通过进口价值50万这种金属而完全得到满足，所以，在价格降低创造出新的需求之前，购买者不会增多。因此，以贬值了的通货估价的新进口的金属储备的价格，便按照商人实现他们商品的快慢，或快或慢地下降了。但是，在整个这一段时间内(直到金属价格由于竞争而还原到它的生产费用为止)，除了以该国当地的通货衡量的金银外，所有其他商品的价格将仍然保持不变。只要某些过剩的金属价值不能被用于同在不利条件下获取金银的第三国进行交换活动，进口国从这些周期性获得的金属财富中，除了金银用作家庭用具更其流行外，并没有得到任何好处。

于是，在这里，奥地利银盾增值的情况便从理论上构造出来了，只是富拉顿并没有揭示由社会流通最低限度作出的量的规定。

然后，富拉顿研究了我们现在称之为自由铸造条件下的完全不同的关系。他探讨了同样情况在这样一个国家所具有的影响：这个国家有着广泛的贸易关系，它的货币制度处于良好状态，因而具有足值的金属货币流通、不受限制的金属贸易以及有义务铸造货币金属的造币局。于是，矿产供给加倍的结果便完全不同了。金属条块的市场价格可能不会提高，因为以同样金属的铸币衡量的金价不可能发生变化。它们可以一起降低或提高，但不可能出现相互背离。因此，由于进口增加，既不会出现市场上金块供给的急剧增加，也不会出现增加消费的吸引力，至少在初期是如此。所有金属条块都被送往造币局进行铸造，使进口者的财富大大增加。他们现在按照已经达到的资金规模，立即成为市场上各种生产设备和生活消费品的竞争者。但是，由于这些奢侈品的供给总是有限的，绝不会因进行流通的铸币的泛滥而增加，于是便出现下述不可避免的结果：首先是利息率下跌；其次，土地价格和所有生息的有价证券上涨；最后，所有商品价格持续地普遍提高，直到同铸币的降低了的生产费用的水平相适应为止。这时，它对利息率的影响便停止了，铸币的新储备被旧储备所吸收，突然到来的财富和繁荣的幻影消失了，除了在每一次买卖中必须支付的铸币的数量和重量更大以外，再也没留下其他痕迹。[33]

但是，还必须提一下一种有特点的货币增值情况。之所以说有特点，是因为这种货币增值未经任何国家的干预，是完全自动发生的。美国 1907 年秋发生最近一次信用危机时，突然产生对货币的贴水，不仅对金币，而且也对金银铸币、国家纸币（美钞）以及银行券等一切种类的法定支付手段。开初，贴水超过 5%。1907 年 11 月 21 日《法兰克福报》的纽约通讯报道了这一事实：“在大部分美国商业区，现金支付已经完全停止。那里支付的是私人货币证券。在其他地区，部分用这种私人证券，部分用现金。在许多地方，现金其实只是作为辅币流通。美国77个城市中已经发行了非常货币，即票据交换所的证券或特别为应急发行的银行券，但大部分是前者。危机之前大概只有12个美国城市有票据交换所，而现在却在上百个地方建立了这种机构。一旦纽约爆发危机，该地的金融机构便联合起来共同防御面临的危险。与只发行大面额交换所证券的纽约的做法不同，其他地方的交换所则创立了一种供一般交易用的非常货币，而且是适应小额交易需要的1、2、5和10美元面额的小票。这些货币证券在交换所所在地及附近地区畅通无阻地进行流通，工人接受它作为自己的工资，商人接受它让渡商品等等。它们不断转手，即使对现金蒙受贴水的损失，也大都是微不足道的。可以举一个例子说明，即使在纽约，现金匮乏业已到了何种程度：甚至强大的美孚石油公司，也不得不用单独的证券向它的工人支付工资。只有在同政府机构的交易中，才不能使用非常货币。国库是建立在法定支付手段（Legal Tender）基础上的，因此，必须取得现金。这是对现金贴水的最主要的原因。当最近几天美国糖业公司在这里不能筹措到足够的现金以便从海关取回所运的砂糖时，它不得不使几个商店歇业一两天。”

这种现象的特点在于，对于交易的需要来说，现有流通量是太小了。信用危机唤起对现金支付的强烈需要，因为信用货币（票据、背书转让等等）对支付的抵消受到阻碍，于是产生了对现金的渴求。流通要求更多的现金，而现金却从流通中退出，被作为准备金而贮藏起来。[34] 人们试图创造新货币代替消失了的货币。这种新货币就是交换所的证券，即实际上在进行票据交换的一些银行的共同保证下发行的钞票。人们反对或至少不顾法律，将钞票发行的法律限制直接了当地摧垮了，正像英国在同样情况下停止皮尔法令一样。这种信用货币不具有法定支付力，而现金又不够。于是货币增值，持续地增值（这造成“贴水”），直到欧洲黄金的输入、正常信用关系的恢复以及危机之后立即出现的流通大紧缩，消除了“货币饥渴”并把它变成为货币湧流为止。贴水的额度是变化的，由社会流通价值决定。它的特点是：贴水对纸币和金属货币是完全一样的。这是它同黄金价值的某种提高毫不相干的最好证明。

大家都知道，对于国家来说，发行强制通用的纸币常常成为国家通常所缺少的支付手段。纸币首先把足值的金属货币从流通中驱逐出去，使之流往外国，用以支付军费开支等。[35]在继续发行纸币的情况下，便发生纸币贬值。因此，数量论适用于禁止自由铸造的本位制。这一理论也是通过对18世纪转变期美、法、英各国货币混乱的经验总结而表述的。在这种情况下，人们也可以谈通货膨胀，通货充斥以及（在特殊情况下）缺少流通手段。相反地，在自由铸造的条件下，即使以强制通行的纸币填满流通的最低限度，通货膨胀也不可能发生。信用货币出现过剩时，便立即退回到发行所；金币也是一样，被送到银行地下室作为黄金财宝贮藏起来。同时，黄金作为一般等价物是普遍适用的和始终被人们所追求的价值和财富积累的形式。贮藏强制通用的纸币是没有意义的，因为它只是在国内流通中才表明为价值。黄金是世界货币，形成一切发行的准备金，因此，黄金的积累总是表现为合理的。黄金即使在流通之外也是独立的价值承担者，而纸币只有在流通内部才获得某种“市价”。

纸币过量发行,仅仅表现在纸币对它所代表的金属发生贬值。但是,在某一定时刻内,与流通所必要的数量相比,纸币不多也不少。假定流通需要100万盾,而国家却通过它的支付把200万盾塞入流通。现在价格名义上提高到二倍,需要200万盾纸币。这些纸币贬值了,因为它们发行过量。但是,既然它们已经发行了,所以它们现在也要求流通。因此,它们不能自动地退出流通。在商品总额保持不变的条件下,纸币总额只有通过国家对它们部分地加以废除才能变小。因此,剩下来的货币总额的市价便相应提高。对于国家来说,这当然意味着,所遭到的损失与它当时通过发行这部分纸币所获得的利益相等。这里重要的是:在实行禁止自由铸造以及在无值或不足值的支付手段的条件下,整个数额的货币必然停留在流通之中,不能从流通中脱离出来。因为不管发行的规模如何,它们的市价都是从处于流通中的商品那里得到的。在实行自由铸造的条件下,情况就不同了。这里,黄金按照当时的需要进入或退出流通,而多余的部分则作为价值的承担者贮藏于银行之中。因此,在这里,数量论的那种价值的变化来自处于流通中的货币(足值的金属货币)太多或太少的看法,从一开始就被排除了。

因此,在实行纯纸币本位制的条件下,若流通时间保持不变,由纸币所代表的价格总额与商品价格总额成正比,与发行的纸币单位量成反比。在实行禁止自由铸造的条件下,当不足值金属进行流通时,这一规律也是适用的。只是在这里,世界市场上的金属价格决定贬值的下限。即使在增加发行的情况下,铸币也不可能降到这一价值之下。此外,即使在实行金本位制的条件下,如果自由铸造即私人享有随时铸造他们拥有的金的权利被取消，那么，这里也可以出现铸币对未加铸造的金属的估价的提高。[36]在所有这些情况下，流通手段都不是货币符号即金符号，而是价值符号。但是，流通手段的这种价值并不是通过某单个商品的价值获得的，例如像在实行混合本位制条件下仅仅作为黄金代表的纸币从黄金那里获得这种价值一样，而是在货币流通速度不变时，纸币总量具有与处于流通中的商品总量同样的价值。因此，纸币总量的价值只不过是社会总流通过程的反映。在这种流通中，所有在一定时刻进行交换的商品，都是作为一个价值额，即纸币量由于社会交换过程而作为同样的单位与之对立的单位，而发生作用的。

但是，由上面的叙述中也已经看出，这样一种纯粹的纸币本位制不能长久地适合流通手段的需要。因为纸币的价值是由当时流通的商品价值总额决定的，而后者又经常波动，所以货币的价值也是经常波动的。货币不再是商品价值的尺度，而是相反，货币价值由当时的流通需要来衡量，从而，在流通速度不变的情况下，由商品价值来衡量。因此，纯纸币是不可能持久的，因为这样会使流通经常发生波动。

抽象来看，纯纸币本位制的情况可以作如下设想。假定有一个封闭的商业国，它按照能满足平均流通需要的量发行强制通用的国家纸币。这种纸币总额是不能增加的。除了通过这种纸币外，还通过银行券等来满足流通的需要，正如在实行金属本位制条件下的情况一样。仿效现在大多数发行银行的立法，纸币充当一般按银行方式加以担保的银行券的准备金。纸币不增加，便保证纸币不受贬值。于是，像现在的黄金一样，纸币也按照流通状况，在流通规模减小时流入银行或为私人所贮藏，在流通规模扩大时又流回流通之中。流通中总是保留有当时所必需的最低限度的流通手段，而流通的波动则有银行券的增减加以平息。因此，这样一种国家纸币便具有价值的稳定性。只是当信用崩溃、货币危机爆发的时候，现有纸币量可能也许不够用了，纸币就会获得贴水，正像美国最近的货币危机时黄金和美钞的情形一样。但是，实际上，这样一种纸币本位制是不可能的。首先，这种纸币只是在一国内部才适用。为使国际收支差额平衡，需要的是金属即带有自己价值的货币。一旦情况如此，为了避免对贸易往来的干扰，国内流通的货币价值也必须与国际支付手段保持在同一水平上。例如，奥地利货币的制度和政策满足了这一要求，金属不必同时进入国内流通。马克思好像已经预见到货币制度领域内的这种最新的经验，他说："全部现代产业史都表明，如果国内的生产已经组织起来，事实上只有当国际贸易平衡暂时遭到破坏时，才要求用金属来结算国际贸易。国内现在已经不需要使用金属货币了，这已由所谓国家银行停止用现金支付的办法所证明。而且每当遇到紧急情况，这个办法总是被作为唯一的救急手段来使用。"[37]

其次，这种纯纸币本位制由于下述情况而实际遭到失败：任何许诺不再增发这种国家纸币的保证，都是靠不住的。带有自己价值的货币即黄金，作为财富的始终有效的形式上的贮藏手段，总是必要的。[38]

因此，货币以及像黄金这样具有自身价值的货币材料，要想不受阻碍地进行流通，在流通中就绝不能完全被单纯符号所代替。

实际上，在纯粹的纸币本位制中，也总是有足值的货币在流通，例如用于对外支付。始终仅仅是流通按经验不能下降到其下的最低限度，才能为纸币所代替。但是，这同时也证明，货币正如商品一样，不具有任何想象的价值，而价值必定是一个客观的量。绝对纸币本位制的不可能性，对于客观的价值学说，对于只有在这种价值学说基础上才能说明纯粹的纸币本位制和一般的禁止自由铸造的本位制所呈现的独特现象，是一个严格的验证。

相反地，在流通最低限度的范围内，具有十足价值的货币即黄金为相对无价值的符号所代替是合理的。因为在W—G—W的过程中，对于其内容，对于社会的物质变换，货币是多余的，只形成可以加以节约的无谓费用。[39]只有在这一范围内，处在流通之中，纸币才不是商品价值的代表，而是黄金的代表；不是商品符号，而是黄金符号。在这一限界内，马克思的论述也是适用的："在W—G—W过程中，只要这个过程表现为只是两个形态变化的过程中的统一或直接的相互转化，——这个过程在价值符号发生作用的流通领域内就是这样表现的，——商品的交换价值在价格上得到的只是观念的存在，在货币上得到的只是代表性的、象征性的存在。这样，交换价值只是表现为想象的或用物代表的东西，它除了在商品本身中物化着一定量的劳动时间以外不具有任何现实性。因此，表面上看来，价值符号直接代表商品的价值，它不表现为金的符号，而表现为在价格上只表示出来、在商品中才实际存在的交换价值的符号。但是，这个表面现象是错误的。价值符号直接地只是价格的符号，因而是金的符号，它间接地才是商品价值的符号。金不是像彼得·施莱米尔那样出卖自己的影子，而是用自己的影子购买。因此，价值符号起的作用，只是在过程内部对另一个商品代表一个商品的价格，或对每个商品所有者代表金。某种相对没有价值的东西，如一块皮、一片纸等等，最初按照习惯变成货币材料的符号，可是，只有在它作为象征的存在得到商品所有者公认的时候，就是说，只有在它取得法定存在而具有强制通用的效力的时候，它才肯定为货币材料的符号。强制通用的国家纸币是价值符号的完成形式，是直接从金属流通或简单商品流通本身中产生出来的纸币的唯一形式。”[40]

因此，我们关于没有黄金作补充的纯粹纸币的假定，只不过重新表明，商品彼此直接充当它们自身交换价值的表现是不可能的。相反地，这里也显示出发展为一般等价物的必然性，这种等价物本身必然仅仅是商品，从而是价值。

很明显，在实行铸币时，为保证它的正当性，已经需要生产者的共同行动了，在实行纸币时就更为如此。为此而建立的自然机关是国家，即资本主义社会所熟悉而同时具有强制力量的唯一自觉的组织。这里，黄金的社会性质直接表现为国家进行社会调节的性质。因此，铸币和纸币的流通能力便同时限定在国界以内了。金银按其重量执行世界货币的职能。

第三章　作为支付手段的货币。信用货币

我们上面考察了作为流通手段的货币，证明了它的客观价值的必然性，指出了这种必然性的限界以及由货币符号代替的可能性。在流通过程 W—G—W 中，同一价值量总是双重地存在着，一方面作为商品，另一方面作为货币。但是，商品应首先能够卖出，然后才被支付。商品价值由货币代替之前，商品的换位已经完成。出卖者成为债权人，购买者成为债务人。由于出卖和支付的分离，货币便获得一种新的职能，即货币成为支付手段。商品和货币这两种等价物在出售过程的两极同时出现的现象便告停止。支付手段进入流通，但却是在商品已经退出流通之后。货币不再中介这个过程，而是独立地结束这个过程。如果欠债的购买者没有货币，那他为了能够支付便不得不出卖商品。如果他不支付，便强制拍卖他的财产。因此，商品的价值形态即货币，现在由于流通过程本身的状况所产生的社会必然性而成为出卖本身的目的。货币作为流通手段沟通买者和卖者之间的社会联系，因此，这种联系本身只有通过货币的中介才能产生；而货币作为支付手段表现为一种社会联系，这种联系在货币发生作用以前就已经形成。商品在它的价值由货币代替之前，已经消失，也许早已被消费。支付期与支付

义务产生期是完全不同的。在商品交换过程中,作为支付而付出的货币,不仅仅是中介的、转瞬即逝的以及可以直接代替的经济形式。在内容上,也只有通过支付才能完成这个过程。因为在W—G—W中,如果G被提供信用,那么,出卖了商品的第一个商品占有者,只有在G被支付时才能完成他的第二个形态变化G—W。以前的简单过程现在分为时间上彼此分离的两个组成部分。

另一种情况也是可能的:这个商品所有者反过来也通过拖欠G完成购买G—W,同时等待因出卖自己的商品而收回G。于是,他的支付便依赖于他的商品买主的支付。如果没有支付,那他便遭到破产,也迫使他的债权人破产。因此,要使整个已经完成的交换过程以后不致失效,作为支付手段的货币必须回流。如果货币没有被支付,那么,商品虽然已经出手,但由于这种出手所造成的社会联系却不能折返回来了,对于个别商品占有者来说,它此后便成了零。商品占有者不能再重新据有他所让出的价值,也不能获得任何价值或支付已经得到的价值。

货币作为支付手段的职能,是以买者和卖者双方同意延期支付的协定为前提条件的。因此,在这里,经济关系来自一种私人活动。除了买和卖之外,还产生了债权人和债务人的第二种关系,即两个私人之间的义务。

另一方面,货币作为支付手段只代表已经完成的买和卖。货币首先只是在观念上执行价值尺度的职能,支付是后来才进行的。如果买和卖在同一个人那里进行,那它们便可以互相抵消,只需以货币支付差额。因此,在这种意义上,货币也仅仅是价值的代表,可以被代替。但是,货币作为流通手段仅仅中介商品交换,即一个商品的价值为另一个商品的价值所代替，这样过程便完全结束了。这个过程是一个社会过程，是社会的物质变换借以实现的活动，因此，在一定范围内是绝对必要的。因为金币在这里只是进行中介，所以它可以由社会（国家）认可的符号所代替。如果货币作为支付手段发挥作用，那么，一个价值被另一个价值直接代替的现象恰恰消失了。卖者交出了商品，但却没有得到社会有效的等价物即货币，也没有得到同样价值的其他商品（它使货币在这种交换活动中成为多余的）。他只有买者的支付约定，但在这一约定背后并没有社会保证，[41]而只有买者的私人保证。他交出商品换回一个约定，这是他的私事。这种约定的价值如何，只有在支付日当这一约定能实际转变为货币的时候，才显现出来。因此，卖者交出商品换回一种支付义务，即一张“票据”。这张票据本身也可以被别人认为是可靠的，他们也就会把商品卖给我们的票据所有者。一些人由于一种把支付约定当作完全可靠的东西接受下来的品性，因而只是根据虽然大多数都很有根据但却是他们私人的见解，而结合成一个圈子。在这个圈子内，票据执行着流通手段或支付手段的职能，简言之，执行货币——信用货币的职能。对于这个圈子的人来说，只有在信用货币转变为货币的时候，所有这些交换活动才最终完成。

因此，同作为由流通中产生的社会产物的强制通用的国家纸币相反，信用货币是私人保证的，而不是社会保证的，因而必须能经常转变为货币，进行兑换。如果这种兑换性遭到怀疑，那么，这种支付手段的代替物便失去任何价值。因此，货币作为支付手段只能由支付凭证所代替。这些凭证在它们通过相互往来不能抵消的限度内，必须加以兑换。

这一点构成票据流通和强制通用的国家纸币流通之间的区别。国家纸币流通是建立在商品流通的社会最低限度的基础之上的。票据流通则占据了这种最低限度之外的地盘。它是建立在当时实际完成的而且是按一定货币价格完成的商品出卖的基础之上的。票据是私人的债务证书，它或者同另一个债务证书相抵消，或者用货币来支付，从而私人债务证书才变成为社会公认的等价物。这种债务证书是由货币作为支付手段的职能产生的。它代替货币，而且是通过信用，通过缔约者之间的私人关系，而这种关系的背景是对他们的支付能力和社会地位的信任。国家纸币并不是以私人交换过程的完成为前提的，相反地，交换只有通过国家纸币才能完成。国家纸币在这里起纯粹流通手段的作用，从而完成交换，使之在社会范围内有效。交换不必像在票据往来的情况下那样（就票据不能互相抵消而言），只有通过现金支付才能在社会范围内有效。

国家纸币并不是建立在信用关系基础之上的，把它称之为国债或信用货币是完全错误的。

国家纸币和票据的不同的发展可能性，是建立在这样的事实基础上的：票据只对私人负义务，国家纸币则对社会负义务。国家纸币总额始终是一个统一体，其中每一个别部分都对其他部分负有同样共同的责任。它只能整个地贬值或增值。它的贬值以同样的方式涉及所有社会成员。社会保证同样适用于整个总额，从而适用于它的每个组成部分。社会通过它的自觉的机关即国家，提供作为流通手段的货币的代替物。信用货币则是私人的创造，它建立在私人交换活动的基础上，只是因为它随时可以兑换货币，而且只有在它随时可以兑换货币的时候，它才有货币的效用，才执行货币的职能。因此，如果这种私人交易不能社会有效地完成，即是说，如果在支付期不能进行现金支付，那么，每张个别的票据都会发生贬值(但任何票据都不会增值)。它可以变成完全没有价值的东西。但是，始终只是个别人的票据成为无价值的，贬值总是只涉及其他个别人，而他们自己的债券并不因此而变化。

不可兑的纸币必须始终限制在流通过程的最低限度。信用货币量只依赖于商品(货币对它执行支付手段的职能)价格总额。在价格既定的条件下，它的数额只依赖于信用关系的扩展程度，而后者本身又是极其变化不定的。但是，由于信用货币必须始终是可兑的，所以它绝不能按照并通过它同商品的比率而贬值。可兑的信用货币绝不会由它的数量产生贬值(像不可兑的国家纸币那样)，而只能由兑换性失灵而产生贬值。即使对可兑性只产生些微小的怀疑，就会立即加以验证。那些曾经沉溺于精巧媚人的"小纸片"之中而完全忘记了黄金的商品所有者，便全都向黄金蜂拥而去。初恋常新(On revient toujours à ses premiers amours)。

在一定时间内，总是有一定数量的债券流通，这些债券代表由自己造成其出卖的商品的价格总额。为支付这一价格总额所必要的货币量，首先依赖于支付手段的流通速度。后者受两种情况的制约：债权人和债务人关系的犬牙交错，以致从其债务人 B 获得货币的 A，又把货币继续支付给他的债权人 C 等等；以及不同支付期之间的时间长短。

支付期彼此愈接近，同一黄金依次被用于支付的次数就会愈频繁。

如果在G—W—G过程中，出卖同时或相并行而发生，这就限制流通手段的流通速度，从而限制数量由流通速度所代替。相反地，如果支付同时同地发生，那它们就会彼此抵消并节约作为支付手段的货币。随着支付在同一地点的集中，它们相抵消的特有设施和方法便自发地发展起来。例如中世纪里昂的菲尔曼(Virements)就是如此。为使一些债权在达到某一定总数之前作为正数和负数互相抵消，只需将它们加以对照就行了。这样，便只剩下一个债务差额待结算。支付集中量愈大，差额从而流通的支付手段量就愈小。

我们已经看到，处于流通即W—G—W中的货币量(这里，流通最低限度数额的黄金，可以通过黄金符号来代替)，等于商品价格总额除以同名黄金的流通次数。同样，支付手段量等于债券总额(这又等于通过其出卖而产生债券的商品价格总额)除以同名支付手段的流通次数，再减去互相抵消的支付额。假定流通速度在一定时间内是既定的，假定它等于1，那么，一般执行职能的货币量，等于进行流通的商品价格总额加到期支付的总额，减去相互抵消的支付，最后减去开始执行支付职能和后来执行流通职能的货币。如果各方面销售的商品总额是10亿马克，到期的支付也同样多，但2亿首先用作支付以及后来用作流通，此外还有5亿的支付互相抵消，那么，总共需要13亿马克，这体现了在这一时刻所必要的货币。这也就是我称之为社会必要流通价值的数额。

一切销售的绝大部分都是通过这种私人信用货币，通过互相抵消的债券和支付凭证来进行的。[42]支付手段对流通手段占绝对优势的原因在于，随着资本主义生产的发展，流通关系也复杂化起来，适当的买进和卖出的时点彼此分离，一般说来，只有在能够卖出的时候才予买进的联系也必然瓦解。

因此，信用货币是在资本家的买卖活动基础上产生的。它产生在流通内部和流通的基础上。它的作用在于，使流通不依赖于现有黄金的限制。就信用货币是有效的意义上来说，黄金不再起流通手段的作用，因此不需要亲身与商品相对立，而只是用来平衡最后的结算，这种结算本身同占用的黄金量相比是巨大的，设有特有的机构用于相互抵消。但是，像我们所看到的，流通既是资本主义生产的条件，同时也是资本主义生产的结果。只有当资本家通过流通活动占有生产要素时，资本主义生产才能开始。随着流通独立于真实货币的存在，生产也以同样的程度独立于黄金量。因为这些黄金毕竟耗费了劳动，而且占非生产费用(faux frais)的相当大的部分，所以，货币的代替物便直接形成流通过程中的无谓费用的节约。

从其产生来看，信用货币量是受生产和流通的大小制约的。它用于商品交易，归根结底是与它中介其交易的商品的价值相符。但是，与国家纸币不同，这里不存在不能增加的最低限度。相反地，信用货币随商品量及其价格的增长而增长。不过，信用货币仅仅是一种支付约定。如果商品同真实的黄金相交易，从而价值与价值相交换，那么，这个过程便最终完成，排除了进一步的干扰。但是，它却仅仅是以支付约定完成的。这一约定能否实现，依赖于债务人能否按同样的价值卖出他所购买的商品或代替它的其他商品。如果交换活动不符合社会条件，或这些条件当时发生了变化，即债务人便不能实现他的支付约定，这种约定也就毫无价值，它也就必须为真实的货币所取代。

由此已经可以看出，在发生危机时，信用货币量随商品价格的缩减而急剧缩减。但是，这种缩减意味着代表较高价格的信用货币的贬值。销路不畅带来价格缩减，商品卖不出去，同时票据也到了期满日。票据的兑换就成了问题。价格缩减和销路不畅使针对商品发出的信用货币贬值。这种贬值形成了伴随每次商业危机而出现的信用危机的根本因素。

> “货币作为支付手段的职能包含着一个直接的矛盾。在各种支付互相抵消时，货币就只是在观念上执行计算货币或价值尺度的职能。而在必须进行实际支付时，货币又不是充当流通手段，不是充当物质变换的仅仅转瞬即逝的媒介形式，而是充当社会劳动的单个化身，充当交换价值的独立存在，充当绝对商品。这种矛盾在生产危机和商业危机中称为货币危机的那一时刻暴露得特别明显。这种货币危机只有在一个接一个的支付的锁链和抵消支付的人为制度获得充分发展的地方，才会发生。当这一机构整个被打乱的时候，不问其原因如何，货币就会突然直接地从计算货币的纯粹观念形态变成坚硬的货币。”[43]

但是，当信用货币贬值最厉害的时候，也正是强制通用的国家纸币经历最大胜利的时候。这种纸币也像金币一样，是法定支付手段。信用货币的失灵在流通中造成一个空隙，由于害怕空隙(horror vacui)，所以迫切需要填补它。这时，扩大国家纸币（或中央银行的银行券。它的信用坚实可靠。像我们将要看到的，它实际上由于法律规定而成为国家纸币和信用货币之间的中间阶段）的流通就是合理的了。如果这种情况没有发生，那么，货币（金属和国家纸币）便获得贴水，就像美国最近一次危机中的黄金和美钞一样。

信用货币按其职能要求建立特有的机构。在这一机构中，一些支付要求互相抵消和补偿。随着这种机构的发展，现金也越来越节约了。在发达的银行制度下，这一任务成为银行的重要职能之一。[44]

在资本主义发展过程中，第一，进行流通的商品总额，从而社会必要流通价值，急剧增长了；因此，强制通用的国家纸币所能占据的地盘也扩大了。第二，随着生产规模的扩大，随着一切债务转变为货币债务，特别是随着虚拟资本的增长，通过信用货币进行交易的范围也扩大了。同要进行的流通过程和支付相比，两者使金属货币大大减少。

第四章　产业资本流通中的货币

我们现在把话题转到货币在产业资本流通中所起的作用上来。因此，我们的考察不是指向具有技术奇迹的资本主义工厂，而必须转向单调的、始终如一的市场过程。在那里，按照形式上总是一样的方式，由货币变为商品和由商品变为货币。我们希望能够通过这一途径，探索那种作为资本主义信用最终取得对社会进程的统治的力量，如何由流通本身中成长起来的秘密。只有这种希望，才能鼓舞读者稍微耐心地通过下面一章所遇到的困境。

在流通中，如果价格总额始终是固定的，从而商品数量和价格不变，而每种商品都是按自己的价值进行交换，那货币就成为多余的了。在一个没有调节的无政府主义的生产方式内部，这样一个条件是不能满足的。另一方面，对社会生产的自觉调节，将使价值作为交换价值的现象即两物之间的社会关系，从而货币，成为不可能的事情。对由社会生产的社会产品所发的凭证并不是货币，正像戏票不是戏院雅座的优待券一样。相反地，只有商品生产的特性，才使货币作为价值尺度，从而作为流通手段，成为必然的。[45]

如果货币执行支付手段的职能，那么，所有支付在一定时刻完全抵消的情况便纯属偶然，在现实生活中绝不会出现。这里，货币独立地结束了商品换位的过程。支付中所接收的货币何时又变为商品，即最初的商品价值何时最终地为其他商品所代替，是随心所欲的。这里，在 G—W—G 过程中存在的联系被切断了。为了满足根本不一定是另一个商品的买者的商品的卖者，货币在这里必定要出现。

这种流通过程的中断，在简单商品流通领域内还表现为偶然的和任意的，但在资本主义商品流通范围内便成为必然的了。对资本流通的考察向我们表明了这一点。

价值通过它成为产生剩余价值的价值变成资本。这是在资本主义生产过程中发生的，这一过程的前提是，资本家对生产资料的垄断以及自由雇佣劳动者阶级的存在。雇佣劳动者向资本家出卖自己的劳动力，这种劳动力的价值等于维持和再生产劳动者阶级所必要的生活资料的价值。他们的劳动创造了新的价值，其中一部分给资本家补偿他为购买劳动力所垫付的那部分资本（马克思称之为资本的可变部分），而另一部分则作为剩余价值落入资本家的腰包。因为在劳动过程中，生产资料的价值（不变资本）被转移到产品上去，所以资本家为生产所垫付的价值便增加了，成了产生价值的价值，表现为资本。

任何产业资本都要经历循环过程，但在这方面使我们感兴趣的只是其中的形式转化。因为过程的内容是剩余价值的产生，即资本的增殖。这是在生产过程中实现的。这一过程在资本主义社会具有双重的职能：它像在任何社会形式中一样，是提供使用价值的劳动过程；但它同时又是资本主义社会所特有的增殖过程，在这一过程中，生产资料执行资本的职能，剩余价值被生产出来。马克思在《资本论》第一卷中对这一过程作了详细分析。我们研究的联系仅仅要求深入探讨价值的形式转化，而不是价值的产生。但是，形式转化并不涉及价值量。价值量的增加毋宁说是构成增殖过程的内容。如果说价值量的变化属于生产过程，那么，形式的变化却属于流通过程。但是，价值在进行商品生产的社会中只能采取两种形式：商品形式和货币形式。

如果我们现在考察资本的循环过程，那么，任何资本在它最初出现的时候都首先表现为货币资本。它作为应执行资本职能的货币，转变为一定种类的商品（W）、生产资料（Pm）和劳动力（A）。接着是生产过程（P…）。这一过程不包括价值的形式变化。价值仍然是商品。但是，在生产过程中，第一，商品的使用价值被改变（这一般不涉及价值）；第二，劳动力通过执行自己的职能使价值增加，价值增大了。作为在其价值上增添了剩余价值的商品（W^1），商品离开了生产场所，以便取得商品的第二个和最后一个的形式变化，转变为货币（G^1）。

因此，资本的循环过程分为两个属于流通的阶段 G—W 和 W^1—G^1 以及一个生产的阶段。资本在流通中表现为货币资本和商品资本，在生产中表现为生产资本。经历所有这些形式的资本是产业资本。因此，在这里，货币资本、商品资本和生产资本不称为独立的资本种类，而仅仅称为产业资本的特殊的职能形式。

因此，产生了如下的公式：G—W—P…W^1—G^1。

任何新出现的资本都首先表现为货币资本。人们从货币身上看不出它是资本。[46]货币之所以是资本，仅仅是因为它可以转变为生产资本的因素。资本最初仅仅是货币，因此只能执行货币职能，仅仅是流通手段或支付手段。

我们现在已经知道，货币作为支付手段的职能可以包含信用关系。G—W，即资本流通过程的第一个阶段，分为两部分：G—Pm 和 G—A。因为雇佣工人只能靠出卖劳动力来过活，劳动力的维持要求每天进行消费，所以，必须每隔一个较短的时期付给他一次报酬，使他能够不断地进行为维持自身所需的各种购买。因此，资本家必须不断作为货币资本家，他的资本必须不断作为货币，和雇佣工人相对立。[47]因此，信用在这里没有起任何作用。

在 G—Pm 过程中，情况就不同了。信用在这里可以起较大的作用。被购买的生产资料用于增殖的目的。对资本家来说，为生产资料所支付的货币仅仅是预付的，其任务是在流通期间过后归还于他，如若过程正常，则加多地归还于他。既然资本家仅仅预付自己的货币，这些货币又归还于他，所以货币也可以预付即贷给资本家自身。生产信用的一般前提是：货币仅仅贷给只以货币必须重新归还自己（始终以过程正常为前提）的方式支出货币的人。同时，信用也是建立在为购买先要预付货币的商品的基础之上的。

我们这里所涉及的仅仅是信用。信用来自商品流通本身，来自货币由流通手段转化为支付手段。相反地，我们这里还没有考察由资本家的职能分为单纯的货币占有者和企业家中产生的信用。如果货币由货币资本家或借贷资本家贷给企业家，那么，这不过是货币的转移。预付货币量还没有因此而发生变化。但是，在我们现在考察的情况下，这就可能发生了。生产资料的卖者把商品贷给企业家，为此获得支付约定，例如票据。然后，在期满之日，这个企业资本家也许能够通过他所预付的资本由流通过程中回流过来而进行支付。就这种情况来说，他的货币资本总额可以小于在其他情况下所必需的数额,信用扩大了他的资本的潜力。

但是,信用的事实并没有使下述情况发生变化:为了能够购买商品,资本必须具有货币形式。就支付互相抵消的意义上,信用只是减少了一般为交换所必要的金属货币的量。但是,这种量并不是货币在交易中所具有的资本性质通过某种方式来决定的,而仅仅是依从于由商品流通的性质中产生的规律。如果所有其他情况相同,必须预付的货币量便决定于必须购买的商品的价格总额。因此,货币资本预付的增加,只不过意味着适用于生产资本的商品(Pm+A)的购买的增加,从而意味着流通手段和支付手段的量的增加。

在这种增加中,两种互相对立的倾向在起作用。随着繁荣时期积累的急剧增长,对一定商品的需求,从而商品的价格,也都增长了。价格总额的提高必然使货币增加。另一方面,信用也同时增加了,因为这是一个景气时期,此时货币回流有规则地进行,资本增值过程显得有保证,因而提供信用的意向和可能性也增长了。这里,信用可以超越金属货币的基础而急剧膨胀。

这当然只适用于G—Pm过程,而不适用于G—A过程。相反地,随着可变资本的增加,用于购买和进入流通的追加货币也以同样的程度增加。很明显,随着资本主义生产的发展,使用信用的范围经常地绝对扩大,相对扩大则更大。因为,随着向更高的资本有机构成发展,G—Pm的交易比起G—A经常增长,因而信用的范围比起现金的范围也经常扩大。

一般来说,从循环过程的考察中还没有产生出对信用作用的任何新规定。当我们考察周转时间对货币资本量的影响时,情况就变了。因为事实将会表明:在循环过程中,一定货币量周期地被游离出来。但是,因为闲置的货币不能产生利润,于是便产生出尽可能地阻止这种闲置的努力,这是一个只有通过执行一种新的职能的信用才能解决的任务。现在,我们的研究必须转向信用关系产生的这一新的原因上来。

货币资本的周期性游离和闲置

> “资本通过生产领域和流通领域两阶段的运动,是按照时间的顺序进行的。资本在生产领域停留的时间是它的生产时间,资本在流通领域停留的时间是它的流通时间。所以,资本完成它的循环的全部时间,等于生产时间和流通时间之和。”[48]

> “资本的循环,不是当作孤立的行为,而是当作周期性的过程时,叫做资本的周转。这种周转的持续时间,由资本的生产时间和资本的流通时间之和决定。这个时间之和形成资本的周转时间。”[49]

因此,在我们的公式中,为完成 $G—G^1$ 过程每一次所必要的时间,形成周转时间。流通时间等于 $G<\begin{matrix}A\\Pm\end{matrix}$ 和 $W^1—G^1$ 的交易所必要的时间。而生产时间等于资本作为生产资本(P)依从增殖过程的时间。

假定某资本的周转的时间为 9 周,其中生产时间为 6 周,流通时间为 3 周,为进行生产,每周需要 1 000 马克资本。如果要使第

6 周末尾，即生产时间末尾，生产不致中断 3 周，那么，资本家必须为流通持续的 3 周预付一笔新的资本 3 000 马克（第二资本）以使生产继续进行。因为这个资本在这 3 周停留在流通领域，从生产过程来看，就好像它根本不存在一样。[50] 因此，流通过程使追加资本成为必要。这一追加资本同总资本的比例，就好像流通时间同全部周转时间的比例一样，在我们的例子中是 3∶9，或追加资本等于整个资本的三分之一。

因此，为了不致使生产停顿 3 周，资本家必须掌握 9 000 马克而不是 6 000 马克。但是，这一追加的 3 000 马克，只是在流通时间开始时即在第 7 周才执行职能的，因此，在前 6 周便处于闲置状态。这 3 000 马克的游离和闲置不断地反复进行。在第一个劳动期间转变为商品资本的 6 000 马克，在第 9 周末被出卖。现在，资本家手上便有了 6 000 马克。但是，第二个劳动期间从第 7 周已经开始了，现在已过去一半时间。在这一段时间，追加的 3 000 马克资本执行了职能。因此，到劳动期间结束时，只需要 3 000 马克。最初 6 000 马克中的 3 000 马克又被游离出来。这样的过程总是反复进行。

因此，为了保持生产过程的连续性，使它不致因资本流通而遭到中断，一笔追加资本就是必要的了；而且还得是货币资本，因为它执行生产资料和劳动力的购买手段的职能。这一追加资本本身并不连续不断地产生剩余价值，即是说，并不一般地执行资本的职能，而是通过循环机制本身不断地在一定时间内游离出来，以便在其他时间内能够发挥作用。

> “在考察社会总资本时，这个追加资本会不断地有相当大的部分长期处于货币资本的状态。”[51]“并且这个游离资本正好和那个把流通期间超过劳动期间(或其倍数)的那段期间填补起来的资本部分相等。”[52]

> “因此，为了把资本Ⅰ(6 000 马克)的流通时间转变为生产时间而必需的追加资本(3 000 马克)的加入，不仅会增加预付资本的量和总资本必须预付的时间，而且特别会增加作为货币储备存在，因而处于货币资本的状态并且具有可能的货币资本的形式的那一部分预付资本。”[53]

仅仅这 3 000 马克，不一定是在一定时刻内闲置的货币资本的总额。假定[54]我们的资本家以这样的方式使用首先为生产所需要的 6 000 马克：他用一半购买生产资料，另一半支付工资。但他每周都要向工人支付工资。于是，到第 6 周结束前，在为此所必需的 3 000 马克中，每周减少 500 马克的那一部分便常常被闲置起来了。这样的情况同样是可能的：生产资料的一部分，例如煤，也不是一开始就买进整个生产期间所使用的数量，而只是在生产期内逐步买进必要的部分(相反也可能发生这样的情况：市场状况或供货习惯强制买进比一个生产期间所需更多的生产资料。于是，便产生了把更多货币资本转变为商品资本的必要性)。

因此，由于货币在 $G\left\langle\begin{matrix}A\\Pm\end{matrix}\right.$ 过程中不是立即转变为劳动力和生产资料，即使撇开追加的资本Ⅱ不论，也会产生闲置的货币资本。货币的一部分完成 G—W 行为，而另一部分则固守货币状态，以便在一个由过程本身的条件所决定的时间内，服务于同时或依次进行的 G—W 行为。它们只是暂时地脱离流通，为的是在一定时间上发挥作用，执行自己的职能。所以，这种贮藏是货币执行它的货币资本职能的一种状态。之所以作为货币资本，是因为在这种情况下，暂时休闲的货币本身是货币资本 G（它的价值等于循环由以出发的生产资本价值）的一部分。另一方面，一切从流通退出的货币，都是处在贮藏货币的形式中。“因此，货币的贮藏形式在这里成了货币资本的职能，正如在 G—W 中货币作为购买手段或支付手段的职能成为货币资本的职能一样，这是因为资本价值在这里是以货币形式存在，货币状态在这里是由循环的联系所规定的、产业资本在它的一个阶段上所采取的状态。但在这里，同时再一次证明了，货币资本在产业资本的循环中，除执行货币职能外，不执行其他任何职能，并且这种货币职能只是由于它和这种循环的其他阶段的联系，才同时具有资本职能的意义。”[55]

货币资本闲置的第三个十分重要的原因来自资本由增殖过程中回流的方式，而且这里又可以列举产生闲置的货币资本的两个主要原因。

大家都知道，从其周转的角度来看，产业资本分为两个部分。这种资本的一部分在每个个别的周转期间被完全消费掉，它的价值转移到产品上。例如，在一个纺纱厂中，每月生产 1 万磅棉纱，月底被出卖。在这个月期间，棉花、润滑油、照明瓦斯、煤和劳动力的相应价值被消费掉，它们的价值在产品出卖时补偿给资本家。在一个周转期间被补偿的这部分资本是流动资本。另一方面，为生产所必需的建筑物、机器等等，即使在这一周转期结束之后，则还继续在生产过程中发挥作用。因此，在它们的价值中，只等于一个周转期间内平均损耗的一部分被转移了。假定它们的价值是10万马克，它们发挥作用的长度平均为100个月，那么，通过出卖棉纱来补偿建筑物和机器，就会每月平均流回1 000马克。在一系列周转期间执行职能的那部分资本，形成固定资本。

因此，货币作为其固定资本的补偿，不断地从流通中流向纺纱厂所有者。他必须以货币形式掌握它们，直到100个月之后达到用来购买机器等等所必要的10万马克为止。因此，这里还是形成了货币贮藏。它本身是“资本主义再生产过程的一个要素，是在固定资本的寿命还没有完结，从而还没有把它的全部价值转移到所生产的商品中去，还不必用实物进行补偿之前，固定资本价值或它的个别要素的价值在货币形式上的再生产和贮存。”[56]

同时我们看到，一部分资本家不断地把货币从流通中抽走，作为损耗了的固定资本价值的补偿。这里，货币形式是根本的。固定资本价值只能以货币来补偿。因为固定资本本身继续在生产过程中执行职能，因而不需要以实物来补偿。因此，固定资本再生产的一定方式，使货币成为必要的。[57]这里，只有通过一般货币，才有可能使固定资本的价值流通同它在生产过程中继续执行技术职能相分离和独立化。

因此，固定资本回流的方式造成货币资本的周期性的贮藏，从而也造成周期性的闲置。

作为货币资本游离的最终原因，我们还必须考察资本主义积累的方式。如要剩余价值执行资本的职能，不论将它用于扩大旧的企业或是建立新的企业，都必须达到一定的量。这个量的规模依赖于企业既定的技术条件和经济条件。但是，随着每次循环的结束，都有一部分剩余价值被实现，而且首先以货币形式被实现。通常，在被实现的剩余价值总额达到足以转变为生产资本的规模之前，这样的循环必须进行许多次。因此，各个资本家经常不断地贮藏他们已经实现的剩余价值的一定货币额，直到最后这些货币额达到足以进行生产性使用为止。我们这里涉及的是闲置的货币资本，它由增殖过程中产生，在能够达到生产性使用之前，必须在一段时间内以货币形式贮藏起来。

在简单商品流通内部贮藏就可以发生，但需在 W—G—W 过程中不进行第二部分 G—W，即是说，商品卖者不再购买，而是把货币贮藏起来。但是，这样的情况表现为完全偶然的和任意的。而在资本流通中，这样的贮藏便具有由过程本身的性质所产生的必然性。同简单商品流通的区别还在于，不是凝固为贮藏状态的单纯流通手段被游离，而是货币资本，即过去曾是增殖过程的一个阶段而现在必然力求重新达到增殖过程、重新成为货币资本的货币被游离，因此，它便对货币市场施加压力。

于是，资本流通机制本身便产生了这样的必然性：货币资本在或大或小的规模上以及在或长或短的时间内闲置起来。但是，这就意味着，它在这一时间内不能产生利润，从资本家的观点来看，这是一种死罪。而资本犯下这种罪恶的大小，也像大多数罪恶一样，依赖于我们现在必须加以考察的客观因素。

闲置资本量的变化及其原因

我们已经知道，在资本流通时间内，为使生产过程继续不断地进行，需要有周期性闲置的追加货币资本。如果在我们头一个例子中，流通时间现在从 3 周缩短到 2 周，那么，1 000 马克就成为多余的了，会以货币资本的形式沉淀下来。它作为被沉淀下来的货币资本进入货币市场，成为这里执行职能的资本的追加部分。这多余的 1 000 马克，以前只有一部分，即用于支付劳动力的那一部分，以货币形式存在，而 500 马克则被用于购买生产资料，从而以商品形式存在。现在，它们完全地以货币形式由这一资本的循环过程中沉淀下来。

"因此，现在就有 1 000 马克以货币形式分离出来，形成一个新的、寻找投资场所的货币资本，成为货币市场的一个新的组成部分。虽然这 1 000 马克以前就周期地处于游离货币资本和追加生产资本的形式，但是，这种潜在状态本身是生产过程得以进行的条件，因为它是生产过程得以连续进行的条件。现在，为了这个目的，已经不再需要这 1 000 马克了，因此它就形成新的货币资本，成为货币市场的一个组成部分，尽管它绝对不是社会现有的货币储备的追加要素（因为它在企业开始时就存在，并且通过这种企业投入流通），也绝对不是新积累起来的贮藏货币。"[58] 因此，这里表明，在货币储备保持不变的条件下，只有通过缩短资本周转时间，才能造成货币资本供应的增加。因为货币通过它以前作为资本的职能而适合于重新成为资本。

相反地，如果流通时间再延长 2 周，那么，追加资本就需要 2 000马克，这 2000 马克必须从货币市场上取出，以便进入生产资本的循环（在这一循环中，始终包括流通时间在内）。1 000 马克逐渐由货币形式转变为劳动力，另 1 000 马克也许立即转变为生产资料。因此，周转的延长造成货币市场上需求的增加。

影响周转期本身的最重要的因素如下："周转期间的长短，就其取决于真正的劳动期间，即完成可进入市场的产品所必要的期间而言，是以不同投资的各自物质生产条件为基础的。这些条件，在农业上，更多地具有生产的自然条件的性质，在制造业和绝大部分采掘业上，是随着生产过程本身的社会发展而变化的。"[59]

这里有两种倾向。技术的发展缩短了劳动期间，单件商品更迅速地被制造出来，从而更迅速地离开工厂来到市场上。此外，说到不同的产品，那么，在较大的公司里也是这样做的，产品比以前制造得更多，从而较大的资本周转更快。技术进步缩短了劳动期间，因而加速了流动资本和剩余价值的周转。但是，这种进步同时意味着固定资本的增加。固定资本的周转期间更长，包括一系列流动资本的周转。固定资本的这种增加比流动资本的增加进展更快。因此，总资本中越来越大的部分放慢了自己的周转。撇开信用不论，那么，周转的变慢便是货币资本预付增加(其中留下一个越来越大的部分可以支配——被游离出来)的另一个原因(第一个原因是生产规模本身的扩大)。

"劳动期间的长短，就它以供应数量(产品作为商品通常投入市场的数量的多少)作为基础而言，具有习惯的性质。但是习惯本身也以生产规模作为基础，因此，只有在个别考察时才具有偶然性。"即使在这里，一般说来，数量增加，资本预付也随之而增加。但是，应该注意，由于技术的进步，较大的数量可以有较低的价格，因而也可能只需要较小的预付。

"最后，周转期间的长短，就其取决于流通期间的长短而言，部分地要受到下列情况的限制：市场行情的不断变化，出售的难易程度以及由此引起的把产品一部分投入较近或较远的市场的必要性。撇开需求量本身不说，价格的运动在这里起着主要的作用，因为在价格降低时，出售会有意识地受到限制，而生产会继续进行；反之，在价格提高时，生产和出售可以齐步前进，或者出售可以抢在前面。但是，由生产地点到销售市场的实际距离，必须看作是真正的物质基础。”[60]

因为利润是在生产中产生的，流通只不过是实现了它，于是便产生了把所有资本尽可能地转变为生产资本的经常的努力。由此产生了两种倾向：第一，由于信用货币代替金属货币，流通费用被压缩到最低限度；第二，由于商业技术的发展，由于产品尽可能迅速地出售，流通时间本身被缩短了。市场的不断扩大和国际分工的不断发展，形成一种对立的倾向。这种对立倾向的影响，由于交通运输关系的发展而趋缓解。

我们最后还要强调指出，对剩余价值转化为积累，进而转化为资本的速度来说，资本周转时间的长度是决定性因素。周转时间越短，剩余价值在货币形式上的实现也就越快，就越是能够更迅速地转化为资本。

资本有机构成，特别是固定资本部分同流动资本部分的比例，缩短流通时间的商业技术的发展，沿着同一方向发生作用的但在寻求越来越远的市场中又促进一种相反倾向的交通手段的发展，由于周期性的行情波动而造成的回流速度的差异，以及最后生产积累的快慢，总之，所有以前曾经提到的这些因素，都对闲置资本量和闲置时间的长短发生影响。

此外，商品价格变化的影响也是重要因素。如果原料价格下跌，那么，我们例子中的资本家，为了使生产在同样规模上继续进行，每周需要预付的就不是 1 000 马克，而是只有比如说 900 马克。因此，参加他的资本的整个周转期间的，就不是 9 000 马克，而是只有 8 100 马克，而 900 马克被游离了。“这样分离出来而现在不用的，从而要在货币市场上寻找投资场所的资本，即货币资本，无非是原来要作为货币资本预付的 9 000 马克资本的一部分。如果生产不扩大，而是按照原有规模继续进行，这一部分就会由于它要周期地再转化成的生产要素的价格下跌而变成多余的。如果这种价格下跌不是由于偶然情况（特大丰收或供给过剩等等）造成，而是由于提供原料的部门的生产力的提高造成的，那么，这个货币资本就会成为货币市场的一个绝对的追加，成为在货币资本形式上可供支配的资本的一个绝对的追加，因为它不再是已经使用的资本中不可缺少的组成部分了。”[61]

相反地，原料价格的提高要求追加货币资本，从而造成货币市场上需求的增加。

十分清楚，对于由经济周期造成的周期性波动时期的货币市场的发展来说，上面所考察的因素具有很大的重要性。在繁荣期开始阶段，价格低廉，回流还比较快，流通时间短。在高度繁荣时期，价格提高，流通时间延长。为满足流通的需要而强烈要求信用。同时，由于生产的扩大，对资本信用的要求也增长了。流通时间的延长和价格的提高，使追加资本成为必要的。追加资本必须从货币市场上取得，可支配的借贷资本量便减小了。

一般说来，随着向更高有机构成的发展，资本周转时间延长了。不仅被使用的资本量增长了，而且资本在生产过程中执行职能的时间也延长了，预付资本回归到其出发点的时间也随之延长了。例如，资本家必须预付 1 万马克，如果它的周转时间为 10 周。如果他采用一种新的生产方法，必须预付 6 万马克，周转时间现在为 30 周，那就必须从货币市场上取走 6 万马克。这样，6 倍的资本必须以 3 倍长的时间进行预付。

资本周转时间越长，从市场取得的商品等价物（生产资料和工人的生活资料）又以商品形式回到市场上的时间也就越长。对市场上取得的商品，只能提供给货币。

货币在这里不是转瞬即逝的形式，而是对从市场上取得的商品的持续的价值形态。货币的价值对商品是独立的。在这里，商品价值必须绝对地为货币所代替，因为只有在一个完全不同的时期，才能实行为其他商品所代替。

"如果我们设想一个社会不是资本主义社会，而是共产主义社会，那么首先，货币资本会完全消失，因而，货币资本所引起的交易上的伪装也会消失。问题就简单地归结为：社会必须预先计算好，能把多少劳动、生产资料和生活资料用在这样一些产业部门而不致受任何损害，这些部门，如铁路建设，在一年或一年以上的较长时间内不提供任何生产资料和生活资料，不提供任何有用效果，但会从全年总生产中取走劳动、生产资料和生活资料。相反，在资本主义社会，社会的理智总是事后才起作用，因此可能而且必然会不断发生严重的紊乱。一方面，货币市场受到压力，反过来，货币市场的缓和又造成大批这样的企业的产生，也就是造成那些后来对货币市场产生压力的条件。货币市场受到压力，是因为在这里不断需要大规模地长期预付货币资本。这里完全撇开不说产业家和商人会把他们经营企业所必需的货币资本投入铁路投机事业等等，以致这种货币资本要靠向货币市场的借贷来补偿。——另一方面，社会的可供支配的生产资本受到压力。因为生产资本的要素不断地从市场上取走，而投入市场来代替它们的只是货币等价物，所以，有支付能力的需求将会增加，而这种需求本身不会提供任何供给要素。因此，生活资料和生产材料的价格都会上涨。此外，这个时候，通常是欺诈盛行，资本会发生大规模转移。……”[62]

这里，周转的差别成为干扰再生产比例的一个因素，从而（像后面还要指出的）成为危机的一个因素。

因此，作为上面研究的结果，我们得出：第一，在生产中执行职能的社会总资本的一部分，不断地以货币资本的形式闲置起来。第二，这一闲置的货币资本的量变化很大，所有这些变化都必然对货币市场、货币资本的供给和需求发生影响。

但是，资本闲置是与以生产利润为目的的资本职能相矛盾的。因此，便产生了把这种闲置压缩到最低限度的努力。这一任务形成了信用的一个新的职能。

闲置的货币资本通过信用向执行职能的货币资本转化

信用能够执行这种职能的方式是很清楚的。我们知道，货币资本周期性地从资本的循环过程中游离出来。但是，这种由个人资本循环中沉淀下来的货币资本，如果通过信用提供给另一个资本家，那么，这一货币资本便可以在另一个资本的循环中执行货币资本的职能。于是，资本的周期性游离便成了信用关系发展的一个重要基础。

因此，一切导致资本闲置的原因，现在都同样成了信用关系产生的原因；一切影响闲置资本量的因素，现在都决定信用的膨胀和收缩。

例如，如果在资本的循环过程中出现间歇，循环过程中断，以致资本固定为货币资本，那么，这里便形成潜在的货币资本，它现在通过信用被提供给其他资本家。这是在非连续性生产过程条件下的情况。这种生产过程依赖于季节，这或者是由于自然条件（农业、捕鱼、制糖等等）造成的，或者是由于传统习惯造成的，例如在所谓季节劳动情况下就是如此。但是，货币资本的任何游离都意味着这一货币资本通过信用的中介用于把它游离出来的个人资本之外的其他生产目的可能性。[63]

相反地，如果循环在没有货币资本游离出来的其他阶段上被中断，那么，为了维持过程的连续进行，这时倒是需要必须同样地保持货币形式的准备金，或者在发达的信用制度下利用信用。

因此，一方面，循环过程的性质产生了提供资本信用的可能性。由于货币总是需要流通费用，因而资本主义生产具有越来越加强自己的力量而又不同样地增加货币资本的趋势，所以这种信用便成为必然性。

另一方面，流通过程中出现的任何干扰，W—G 或 G—W 过程的任何延长，都使追加资本即准备资本成为必要的，以维持生产过程的连续性。我们已经看到，在其他条件相同的情况下（caeteris paribus)，货币量取决于进行流通的商品的价格总额。

因此，如果循环过程中发生价值变化，那么，货币资本量便受到影响。如果价格提高，追加的货币资本被束缚起来；如果价格下跌，货币资本就被游离出来。“干扰越大，产业资本家就必须持有越是大量的货币资本，才有可能排除干扰；因为随着资本主义生产的进展，每一单个生产过程的规模会扩大，预付资本的最低限量也会随之增加，所以除了其他情况外，又加上这个情况，使产业资本家的职能越来越转化为各自独立或互相结合的大货币资本家的垄断。”[64]

但是，建立在货币资本游离基础上的信用，与在简单商品流通基础上仅仅由货币职能的变化产生的支付信用，是有根本区别的。这一点还需要详加论述。

第五章 银行和产业信用

信用首先表现为货币作为支付手段职能的变化的简单结果。如果支付只是在出卖实际完成之后的一段时间才发生，那么，货币便在这一段时间赊贷出去了。因此，这种信用形式是以商品所有者为前提的；在发达的资本主义社会里，则是以生产资本家为前提的。我们假定这个过程是个别的和一次性的，那么，它只不过意味着，资本家 A 有足够的准备资本，可以等待从购买时没有掌握必要数额支付手段的 B 那里回流。在这种单方面提供信用的条件下，A 必须握有像 B 到支付期所需要的那样多的货币。因此，货币不是被节约了，而只是被转移了。如果支付凭证本身执行支付手段的职能，换句话说，如果 A 不仅向 B 提供信用，而且通过用 B 的票据支付给 C 而自己从 C 那里又接受信用，那情况就不同了。如果现在 C 本人必须向 B 支付，而且用 B 自己的票据支付给 B，那么，在这里，A 和 B、A 和 C 以及 C 和 B 之间的商品买卖，没有货币的介入便完成了。因此，货币被节约了。因为在生产资本家手中必须同时握有作为追加货币资本的货币（用于商品资本的流通过程），所以，对于他们来说，货币资本便因此而被节约了。票据代替了货币，因为它本身执行了货币职能，执行了信用货币的职能。大部分流通活动，同时也是最大的和最集中的流通活动，发生在生产资本家本身中间。所有这些交易，基本上都能通过票据来实现。这种票据的大部分将彼此抵消，只需要一定数额的现金来清算差额。因此，在这里，信用是由生产资本家互相为对方提供的。资本家这里互相赊贷的是那些对他们作为商品资本的商品。但是，这些商品表现为在出卖时已经被假定以其社会有效的形式实现了的一定价值额的单纯的承担者，因而表现为票据所代表的一定货币额的承担者。因此，票据流通是建立在商品流通基础上的，但这种商品是通过完成了的出卖已经转化为货币的商品，即使这种转化还没有形成社会效用，而只是作为买者支付约定中的私人活动而存在。[65]

以上所考察的在生产资本家本身之间进行的这种信用，我们称之为流通信用。我们已经看到，这种信用代替货币，从而节约了昂贵的金属，因为它未经货币介入而使商品发生了转移。这种信用的扩大是以商品转移的扩大为基础的，因为这里涉及的是商品资本（即生产资本家之间的交易），所以也是以再生产过程的扩大为基础的。再生产过程扩大了，对生产资本（机器、原料、劳动力等）形式上的资本的需求也就增加了。

生产的提高同时意味着流通的扩大。流通活动的扩大通过增加信用货币来解决。票据流通扩大了。之所以能够扩大，是因为进入流通的商品总额增加了。因此，不一定增加金币额，这种流通的扩大也可以发生。对货币资本的供求关系也不需要加以改变，因为随着对流通手段需要的增加，供给也同时并按同样的比例增加。这是由于信用货币在商品总额增加的基础上可以更多发行的缘故。

这里，票据流通扩大了。[66]这种信用的增加绝非必定影响实际生产资本因素的供求关系，相反地，两者都同样地增加了。生产过程扩大了，从而生产规模扩大所必要的商品也生产出来了。于是，我们这里便有了信用的增加和生产资本的增加。两者在票据流通的扩大中表现了出来。但是，对货币形式的资本的供求关系的变化却与此无关。而影响利息率的只是这种需求。因此，信用（如果它恰恰只是流通信用）可以在利息率保持不变时而增加。

票据流通只受实际完成的交易总额的限制。国家纸币可以超量发行，因而各个货币单位的价值下降，但总额的价值绝不发生变化；而票据基本上只能通过已经完成的交易签发，因而不会超量发行。如果这种交易是虚假的和带欺骗性的，那票据当然也就是无价值的了。但是，个别票据的无价值绝不影响大量其他票据。

然而，票据不能超量发行这一事实，并不证明票据开列的货币额不能过高。如果出现导致商品贬值的危机，支付义务便不能全部完成。销路不畅使商品不可能转变为货币。机器制造业者指望靠出卖自己的机器来兑现他为购买铁和煤所发出的票据，然而他现在却不能兑现了，也不能通过从他的机器的买者那里获得的票据以某种方法同购买铁和煤所发出的票据相抵消了。如果他此外别无办法，那么，他的票据现在便成为无价值的了，虽然它原先发出时是代表商品资本的（转化为机器的铁和煤）。[67]

票据信用是旨在完成流通过程的信用，它代替在流通时间内必须保持的追加资本。生产资本家本身互相提供这种流通信用。只是在回收不成时，货币才必须由第三方面即银行来提供。同样，当商品销售从而票据往来的条件以某种方式发生故障时，不论是商品暂时不能销售,也不论是出于投机而把商品囤积起来,或其他诸如此类的情况,银行便露面了。它在这里仅仅补充和补足票据信用。

因此,流通信用便超越资本家手中的货币资本而扩大了生产的基础。对于资本家来说,货币资本只不过形成信用上层建筑物的基础,形成用于抵偿票据差额的基金和票据贬值时应付损失的准备金。

首先,票据彼此抵消越多,现金节约也就越大。为此,必须有独特的机构。票据必须被收集起来,彼此加以抵消。银行执行这些职能。其次,这些票据执行支付手段职能越多,货币节约也就越大。而票据的支付能力越可靠,票据流通的范围就能越扩大。应执行流通手段和支付手段职能的票据的信誉,必须获得公认。这种职能也落在银行身上。银行通过购买票据执行两种职能。银行家通过购买票据而成为信用的提供者。银行家以银行信用即他通过为票据提供银行券的自己的信用代替商业信用,以自己的票据代替产业的和商业的票据。因为银行券不过是对银行家的票据,这种票据比产业资本家或商人的票据更为人乐于接受。因此,银行券是建立在票据流通基础上的。如果说国家纸币是由社会必要的商品交易的最低限度保证的,票据是由完成的作为资本家私人活动的商品交易保证的,那么,银行券就是由票据即以所有进行交换的人的全部财产作担保的支付约定保证的。同时,银行券的发行是受贴现的票据数量限制的,而票据本身又是受完成的交换活动的数量限制的。

因此,银行券最初无非是代替生产资本家[68]票据的银行票据。

在银行券产生之前，票据到期满为止常常带有上百的背书进行流通。相反地，银行券最初按照票据的方式发行不同的面额，不仅仅是整数。它并不总是具有见票即付的票据的性质。“以前，这种情形并非是不一般的：按照发行人的选择，银行发行的证券或者见票即付，或者在一个比兑换日更晚的日子里支付，但在后者的情况下，这些证券带有到支付日为止的利息。”[69]

只是国家的干预才带来变化，但这种变化并不取消经济规律。立法的目的在于，通过直接地或间接地限制银行券的发行以及使这种发行成为一个在国家控制下的银行的垄断，保证银行券的可以兑现。在那些缺少国家纸币或纸币数额被限制在远远低于社会最低限度之下的国家里，银行券占领了一般属于国家纸币的地盘。如果银行券在某些危机时期被强制通用，那么，它本身便因此而成为国家纸币。[70]一旦情况要求增加银行券的发行，对银行券发行的人为调节便立即失灵了。例如，在危机时期，信用崩溃了，许多私人资本家的信用货币（即许多票据）变得不可靠了，由信用货币在流通中所占的地盘必须由追加的流通手段来占领。法律失灵并被践踏，犹如最近在美国的情况那样；或者法律被废除，像英国的皮尔银行条例就是如此。银行券被接受，而许多其他的票据被拒绝，这仅仅是建立在银行信用比较牢固的基础上的。如果银行信用也同样是动摇的，那就必须使银行券强制通用，或者直接发行国家纸币。如果不采取这种措施，那就要像在最近的美国危机中那样，建立私人流通手段。但是，这种办法要对付由错误的银行立法所加剧的货币危机，是很少能奏效的。[71]

可兑银行券（不可兑银行券实际上不过是强制通用的国家纸

币)也同票据一样,不能超量发行。[72]交易把它不再需要的银行券归还银行,从而摆脱这些银行券的干扰。因为银行券代替票据,所以,银行券的发行也像票据流通一样,服从于同一规律,在信用没有发生动摇时,银行券的发行随票据流通的扩大而扩大;但是,一旦票据流通在信用危机时急剧收缩,作为其信用在危机时仍不发生动摇的支付手段的银行券,便同现金一起取代了票据。

随着银行制度的发展,一切闲置货币涌入银行,银行信用便以下述方式取代商业信用:所有的票据越来越不是以它们在生产资本家之间流通的原有形式充当交付手段,而是以其转化形式充当银行券。现在,差额的抵消和清算在银行中和银行之间进行,技术的简便扩大了可以抵消的范围和大大缩小了用于清算所必要的现金。

以前生产资本家自身为弥补他们签发的票据的差额必须掌握的货币,现在对他们就成为多余的了。它作为存款流入银行,银行现在就可以用它来完成差额的清算。因此,生产者必须以货币资本形式掌握的资本部分便减少了。

因为银行家用他自己的信用代替票据,所以他需要信用,但却只需自己很小一部分货币形式的资本作为他支付能力的保证金。银行这里所做的事情是,以它自己为人熟知的信用代替不大为人所知的信用,从而大大提高信用货币的流通能力。因此,银行可以在地域上大得多的范围内实行支付要求的抵消;而在因此使抵消能力在时间上增加数倍的程度上,银行可以实行时间上的抵消。这样,银行便扩大了信用上层建筑,其扩大的程度超过了局限于生产资本家之间的票据流通所达到的程度。

但是，银行通过票据贴现提供给生产资本家支配的资本，不能双重地计算。银行存款的最大部分属于生产资本家阶级；随着银行制度的发展，他们把自己全部可以支配的货币资本保存在银行里。像我们已经看到的，这种货币资本形成票据流通的基础。但是，它是这个阶级的自有资本。通过票据贴现，并没有新资本提供给这个阶级本身。它只不过是以一种货币形式（银行的支付约定，有时是现金）的资本代替另一种货币形式（私人的支付约定）的资本，只是在它恰恰代替被实现的商品资本的限度内，即在从发生上来考察这一货币额的限度内，它才是货币资本。从职能上来看，它则始终是货币（支付手段或购买手段）。

当然，银行信用代替生产资本家的信用，也可以通过与银行券发行的不同形式进行。例如，在实行发行垄断的一些国家，私人银行通过它“接受”生产资本家的票据，即通过自己签字从而保证票据的支付能力，向生产资本家提供自己的银行信用。因此，这种票据享有银行信用的待遇。这也像它被这一银行的银行券所代替了一样，提高了票据的流通能力。众所周知，特别是国际商业交易的很大一部分，就是通过这种票据解决的。从根本上来说，这样接受了的票据同私人银行的银行券之间，不存在任何差别。[73]

因此，正是在我们所使用的意义上的流通信用，是信用货币的创造。因而，它使生产脱离既有现金额的限制而独立存在。我们这里所说的现金，是指有十足价值的金属货币，本位货币，银币或金币，此外加上社会必要的流通最低限额范围内存在的强制通用的国家纸币和辅币。

但是，流通信用本身既不造成货币资本从一个生产资本家向另一个生产资本家的转移，也不造成其他（非生产的）阶级的货币流归资本家阶级，由后者把它转化为资本。因此，如果流通信用代替现金，那么，我们就把那种其职能在于将货币（不管采用怎样的形式，即不管是现金或是信用货币）由闲置货币转化为执行职能的货币资本的信用，称之为资本信用。之所以是资本信用，是因为这种转移始终是向通过购买生产资本因素把货币作为货币资本使用的人的转移。

我们在上一章中已经看到，在资本主义生产过程的进行中，应当充作货币资本的游离的、贮藏的货币是如何产生的。它有时是通过流通过程束缚起来的，有时是闲置的货币额，是为补偿固定资本而贮藏的货币额，是为积累但还没有达到足够数量的贮藏的剩余价值额。这里必须做三件事：第一，各个货币额必须集合起来，直到它们通过集中达到足以在生产上加以利用；第二，它们必须提供给适当的人支配；第三，它们必须在适当的时机提供支配。

我们前面已经看到信用货币如何从流通中产生。现在，我们要来讨论不执行职能的货币。但是，货币只能执行货币的职能，而且它只能在流通中执行这种职能。因此，信用所能执行的职能，只能是把不流通的货币投入流通之中。

但是，作为资本主义信用，它仅仅是为了取得更多的货币才把货币投入流通之中。它把货币作为货币资本投入流通，是为了使货币转化为生产资本。因此，它扩大了生产的规模，而这种扩大必须有先前的流通规模的扩大。流通规模的扩大无需新货币的介入，只需把原有的闲置货币用于流通的目的。

因此，这里又产生了把闲置的货币资本收集起来并把收集的货币资本加以分配的经济职能的需要。

但是,信用在这里带有与流通信用不同的性质。流通信用使货币执行支付手段的职能。而为一种被出卖的商品进行的支付,则提供了信用。在其他情况下必须出现于流通中的货币节约了,因为它被信用货币所代替。在这一数额上,在其他情况下必须存在的实际货币成为多余的了。另方面,并没有新的资本提供给资本家支配。流通信用只是赋予资本家的商品资本以货币资本的形式。

资本信用的情况就不同了,它只不过是将其占有者不能作为资本利用的一个货币额向可以将它作为资本利用的人的转移。这是这一货币额的天职。因为这一货币额如果不作为资本加以利用,它的价值就不能保持和回流。但是,从社会的角度来看,为了使货币能够安全地贷出,货币总是必须回流到债务人那里。因此,这里发生了既存货币的转移,而不是一般货币的节约。因此,资本信用在于货币的转移,货币借此应由闲置货币向执行职能的货币资本转化。[74]资本信用并不像流通信用那样节约流通费用,而是在同样的货币基础上扩大生产资本的职能。

这里,资本信用的可能性是在货币资本本身的流通条件中产生的,是由于货币在资本的个别循环中周期性被闲置而产生的。一些资本家不断地把货币存入银行,银行又把它提供给其他资本家支配。

在整个资本家阶级看来,货币并不是休闲的。如果货币在这里凝结为贮藏货币,那么,信用会立即把它转化为另一个流通过程中的能动的货币资本。因此,对于整个阶级来说,应预付的货币资本量减小了。这种减小之所以发生，是因为流通的间歇使货币能够转移，从而避免了货币休闲为贮藏货币。于是，整个资本家阶级只需使货币的较小部分执行贮藏货币的职能，以便能够对付流通的混乱和干扰。

前面我们谈到了借助信用货币进行自己交易（例如购买生产资料）的生产资本家（产业资本家和商业资本家）。现在，生产资本家成了货币资本家和借贷资本家。但是，他具有的这种性质仅仅是暂时的，即他等待向生产资本转化的货币资本正在闲置的时间。正像他在某一时刻贷出一样，他在另一时刻又从第二个生产资本家那里借入。借贷资本家的性质起初只是暂时的，后来才随着银行制度的发展成为他的特殊职能。

通过信用的中介，与没有这种中介相比，现有货币资本在更大的范围内执行职能。信用把闲置资本限制在为防止资本循环过程中的干扰或无法预见的变动所必要的最小限度上。因此，信用力图为社会资本而消除在个别资本循环过程中某一定时间内的货币资本的闲置。

同时，生产资本家存款的存入和取出，遵从于由生产资本流通的性质及其流通时期的长度而产生的一定规律。经验教会了银行认识这种规律性，向银行指明在正常时期不能降低于其下的存款的最低限额，使银行能够总是把相应数额提供给生产资本家使用。

支票同存款有直接的关系，而票据必然仅仅潜在地同存款发生关系。支票同个人的存款相关，而票据则建立在阶级存款的基础上。因为通过票据贴现提供给资本家阶级支配的，首先是这个阶级自己的存款，而在为满期的票据进行支付的时候，从而为出卖了的商品进行实际回流的时候，它们总是又作为存款而复归。如果回流减少，票据的支付变小，那么，资本家必须有追加资本可供使用。于是，他们缩减了存款，从而也缩减了为他们的票据贴现的基金。现在，银行不得不出面支持。它必须以它自己的信用来进行贴现。但是，因为票据流通的基础即存款减少了，它们的流动性减小了，所以银行要不冒风险，便不能增加它自己的信用。在这种情况下，回流的缓慢引起了对银行信用需求的增加；而银行信用不能扩大，所以引起对银行资本（借贷资本）需求的增加。这表现为利息率的提高。执行信用货币职能的票据的职能缩小了。货币必须代替票据。货币从银行中取走，对货币资本需求的增加在这里变得很明显。因此，在这里，出现了在票据流通保持不变或提高以及利息提高条件下的存款减少。

这里已经很清楚，存款额是实际存在的现金额的许多倍。硬币经历了一系列的流通，同时也是信用货币流通的基础。每一次这样的现金或信用货币的流通，都可以作为存款在银行家那里沉淀下来。因此，存款额可以比现金额、比包括信用货币在内的货币流通次数所显示出来的数额更大得多。

A 把 1 000 马克存入银行。银行把这 1 000 马克贷出给 B。B 以此向 C 支付债务。C 又把这 1 000 马克存入银行。银行重又把它贷放出去并重又把它作为存款接收进来，如此等等。“存款……起着双重作用。一方面，……它们会作为生息资本贷放出去，因而不会留在银行的保险柜里，而只是作为存款人提供的贷款记在银行的账簿上。另一方面，在存款人相互间提供的贷款由他们的存款支票互相平衡和互相抵消时，它们只是作为账面项目起作用；在这里，无论存款存在同一银行家那里，由他在各账户之间进行抵消，或者存款存入不同的银行里，由各该银行互相交换支票，而只是支付差额，情况都完全是一样的。”[75]

按照前面的叙述，首先，银行作为支付交易的中介发挥作用，它通过支付的集中和消除地方差异扩大了支付交易。其次，它使闲置的货币资本向执行职能的货币资本转化，它收集、集中和分配货币资本，从而把货币资本压缩到社会资本循环所必要的最低限度。银行接受的第三个职能是，收集所有其他阶级货币形式的收入，把它作为货币资本提供给资本家阶级支配。因此，除了银行管理的它们的自有货币资本外，所有其他阶级的闲置货币都流归资本家，作生产上的使用。

为了执行这种职能，银行必须尽可能地收集和集中一切在其所有者手中闲置的货币，然后把它们贷放给生产资本家。银行的主要手段，是向存款提供利息，以及为接受存款建立收集场所（分支机构）。因此，这种所谓的分散化（之所以这样说，是因为它纯粹是地方的，而不是经济的）植根于把闲置货币转移给生产资本家的银行职能的本质之中。

银行提供给产业资本家支配的货币资本，可以由产业资本家按两种方式用于扩大生产：货币资本可以被要求转化为流动资本或固定资本。由于资本回流的方式不同，这种区别是重要的。为购进流动资本所预付的货币资本，按同样的方式回流；即是说，它的价值在经过周转期之后完全再生产出来并再转化为货币形式。为转化为固定资本的预付，情况就不同了。在这里，货币在漫长的一系列的周转期内，仅仅逐渐地回流，在整个期间内是被固定的。

因此，资本回流的方式不同，决定了银行的货币被固定的方式和方法的不同。银行把它的资本投入资本主义企业，从而与这个企业的命运有了联系。银行资本在企业中越是执行固定资本的职能，这种联系也就越是固定。同产业企业比较，对于商人，银行要自由得多。

一般说来，在商人资本那里，主要的问题仅仅是支付信用。这也说明了，为什么商人资本和银行资本之间关系的形成与银行资本对产业资本的关系完全不同。这一点我们后面将会看到。

按上述范围包容他人货币的银行资本被提供给生产资本家支配的形式，是多种多样的：自己存款的透支，让予空白账面信用，以及往来账户。它们的区别没有原则意义。重要的仅仅是，货币实际使用的目的即是投于固定资本或是投于流动资本。[76]

但是，另一方面，这种资本固定化也要求更大的银行自有资本，以充当总是能够提取存款的准备金和保证金。因此，能行使真正提供信用职能的银行，与纯粹的储蓄银行相反，总是必须握有大量资本。例如，在英国，存入的股份资本同债务的比例是非常小的。“在经营有方的伦敦和郡银行，1900 年的这种比例是 4.38∶100。”[77]另一方面，英国的储蓄银行的红利水平，也从这种比例中得到说明。

在发展的初期，信用主要以票据为中介。它是生产资本家（即产业资本家和商业资本家）互相提供的支付信用。它的结果是信用货币。如果信用在银行中集中起来，那么，除了支付信用外，资本信用越来越显著。同时，从形式上来看，产业资本家互相提供的信用也可以发生变化。产业资本家把他们以货币形式占有的所有资本存入银行。他们是通过票据互相提供信用，或是他们互相提供自己的银行信用证书，现在都没有什么差别。因此，银行信用可以代替票据信用，票据流通减少了。银行票据代替了产业票据和商业票据，但银行票据又是以产业资本家对银行的债务关系为基础的。[78]

从支付信用向资本信用的发展，在国际上也表现出来。最初，英国（我们撇开初期资本主义时期荷兰的资本主义同英国的资本主义相类似的地位不论）对购买英国产品的外国主要提供商业信用，而对自己的购买则大量以现金支付。现在，情况不同了。信用不仅仅和不首先是作为商业信用为贸易关系而提供，而是为投资而提供。人们力图通过资本信用支配外国的生产。国际银行家不是工业国（美国，德国），提供资本信用的首先是法国，其次是比利时和在 17 和 18 世纪就已经使英国资本主义金融化的荷兰。英国占中间地位。这些国家的中央银行的黄金运动的区别，也是由此而来。英格兰银行的黄金运动曾一度是国际信用关系的指标，因为伦敦历来就是唯一完全自由的黄金市场，因而黄金贸易在那里集中起来。完全自由的黄金运动，在法国受到黄金贴水政策的阻碍，在德国受到帝国银行管理的一些影响的阻碍。因为英国提供的信用还主要是商业信用，所以英国的黄金贮藏的运动首先取决于工商业的状况和贸易收支的状况。拥有自己巨额的黄金贮藏和较小的商业债务的法兰西银行的举措要自由得多。在商业信用动摇时，帮助英格兰银行的是法兰西银行。

银行信用对商业信用的这种相对独立性是重要的，因为它对银行家意味着某种优越性。每一个商人和产业资本家都有到一定时点上必须履行的信用债务。但是，对于这种履行，他自身现在却得听任他的银行家的摆布。银行家通过限制他的信用有时可以使他不能实现这种履行。只要信用的主要部分是商业信用，银行家基本上仅仅是票据商人，情况就不会是这样。这里，毋宁说，银行家本身取决于事业的进程，取决于票据的支付。只要还在进行以某种方式限制所要求的信用提供，银行家就必须尽可能地避免这样做，因为不然的话，他就可能破坏整个票据信用，从而造成他自己信用的高度紧张，直至过度紧张和崩溃。现在，商业信用不再起这种作用，而是资本信用成为主要的事情，银行对事态可以更好地进行控制和支配。

一旦信用的发展达到一定程度，对资本主义企业来说，利用信用就成为由于竞争强制它接受的必然性。因为对个别资本家来说，利用信用意味着他的个人利润率的提高。假定平均利润率为30%，利息率为5%，那么，100万马克的资本获得30万马克的利润(按资本家的计算，在这一利润中，25万马克是作为企业利润记账，5万马克是作为他的资本利息记账)。如果这个资本家成功地借到第二个100万马克，那么，他现在取得的利润就是，60万马克减去他必须作为第二个100万马克的利息支付的5万马克，即55万马克。他的企业利润现在是50万马克。如果仍按自有资本100万马克来计算，现在便得出企业利润率为50%，而以前是25%。如果更大的资本使他能够同时通过生产的扩大更便宜地进行生产，那么，他的利润还会进一步提高。如果其他资本家不能按同样的程度利用信用，或者在更困难的条件下才能利用，享有优惠的资本家就能够取得超额利润。

如果市场状况不利，利用信用的好处便以不同的方式表现出来。利用他人资本的资本家，可以在利用他人资本的范围内，把自己产品的价格压低到生产价格（成本价格加平均利润）以下，直到K＋Z（成本价格加利息），以致使他能够把他的全部商品低于生产价格出售，而不减少他的自有资本的利润。他仅仅牺牲了他人资本的企业利润，并没有牺牲自有资本的利润。因此，在不景气时期，信用的利用在价格战中便提供一种优势，这种优势随信用利用规模的扩大而扩大。因此，对生产资本家来说，他们利用的自有资本不过是企业，借助他人资本远远超越自有资本的限界而扩大的基础。[79]企业利润通过信用的利用而提高，这对于个别资本家和他的自有资本都是如此。它最初并不影响社会平均利润率的水平。但是，与此同时，利润量自然是提高了，从而积累的速度加快了。由于企业利润的提高使生产规模扩大和劳动生产力提高，所以它首先向那些能够最先或比别人更大规模地使用信用的资本家提供了超额利润，而在进一步的发展进程中，通过大都同生产的扩大联系在一起的资本构成提高的进展，使利润率下降。个别资本家企业利润的提高，推动了越来越强的信用要求。同时，由于所有的货币资本都汇聚在银行中，这种要求的可能性也增大了。这种在产业中产生的趋势，也必然反作用于银行的信用提供方式。

追求信用的进一步加强，首先导致对用于流动资本信用的要求，自有资本越来越大的部分被转化为固定资本，而他人资本承担流动资本的一个相当大的部分。但是，生产规模越大，固定资本部分越大，信用被限制在流动资本上的感受就越显著。但是，如果也要求信用用于固定资本，那么，信用提供的条件就从根本上发生了变化。流动资本在经过一个周转期间之后，再转化为货币资本；而固定资本却要在一个漫长的时期中，随着它的逐渐损耗，才渐渐地再转化为货币。因此，被转化为固定资本的货币资本，在一个较长的时间内被束缚起来，必须长期预付。但是，提供银行支配的借贷资本，绝大部分必须随时能够提取。其中，能为了转化为固定资本而贷放出去的，仅仅是很长时间停留在银行手中的部分。个别借贷资本做不到这一点。但是，在整个借贷资本中，总是有一大部分停留在银行手中；它的构成不断发生变化，但一定的最小限额总还是保持得住的。保持归银行支配的这一部分，也可以作为固定资本被贷放出去。个别资本在纯粹借贷资本形式上，是不适宜于固定投资的（因为这样一来，它便不再是借贷资本，而成了产业资本的一部分，资本家也由借贷资本家变成了产业资本家）；而这个经常归银行支配的最小限额，则适宜于固定的投资。提供银行支配的总资本越大，这个最小限额也就越大，进而也就越稳定。因此，提供固定资本的银行，总是必须已经达到一定的规模，这种规模必然随产业企业的扩张而扩大，而且还比后者更急剧地扩大。同时，银行不能只参与一个企业，而是具有通过多方参与来分摊自己风险的趋势。实际情况也已经是这样，因为只有如此才会使这种预付的回流更有规律地进行。

但是，随着这种信用提供的出现，银行相对于产业的地位也发生了变化。只要银行仅仅是中介支付交易，那它真正关心的也仅仅是企业的暂时状况和企业的暂时的支付能力。银行对经过这种检验确认是好的票据进行兑现，对商品发放贷款，把根据市场目前状况以正常价格出卖的股票作为抵押贷款。因此，银行的真正用武之地，与其说是产业资本，不如说是商业资本；此外，还满足交易所的要求。银行对产业的关系，与其说关涉生产过程，不如说关涉产业资本家向批发商的出卖。当银行转到为产业资本家提供生产资本时，情况就不同了。这时，银行的兴趣不再局限于企业的暂时状况和市场的暂时状况，而毋宁说更关注于企业的长远命运和未来的市场状况。由暂时的利害关系变为长远的利害关系；信用越大，特别是转化为固定资本的比重越大，这种利害关系也就越大和越持久。

但是，与此同时，银行对企业的影响也增大了。

只要信用还仅仅是暂时的，从而只要企业还仅仅从银行获得对它的流动资本的信用，解除这种关系也还比较容易。在经过周转期间之后，企业可以偿还信用，寻求其他的信用提供者。如果固定资本的一部分也被提供信用，情况就不再是这样了。这时，债务只有经过比较长的时间之后才能解除。企业仍为银行所约束。而在这方面，银行常常占优势。银行总是握有流动的、随时准备执行职能形式的资本，即货币资本。但是，企业却有赖于商品的再转化。如果流通过程受到阻滞或销售价格降低，那么，追加资本就是必要的了，而追加资本必须通过信用筹集。因为，随着信用制度的发展，每个企业的资本量被限制在最小限额，所以任何突然出现的要求增加流动资金的紧急情况，都要求信用业务。对企业来说，信用被拒绝可能意味着破产。支配货币资本，使银行对把自己的资本作为生产资本和商品资本固定下来的企业占优势。此外，银行资本的优势，使银行相对独立于个别的交易；而对企业来说，也许一切都取决于这种交易。相反地，在一些情况下，银行可能严重地受某一企业的约束，以至于它的命运同企业紧密地交织在一起，不得不顺应企业的一切要求。一般说来，决定债务关系内部经济依赖性的，始终是资本力量的优势，特别是提供自由支配的货币资本的扩大。

对产业关系的变化，加强了一切已经由银行业的技术中产生的导致集中的趋势。这里，考察这些趋势，也必须区分银行的三种职能，它们表现为支付信用（从而票据交易）、资本信用和发行业务（这里必须先提出它）。

对于票据交易来说，决定性的因素首先是国际关系的扩大。票据交易要求多分支的国际关系网。其次，在这里，外国票据较长的流通时间，使有时固定较大的资金成为必要。第三，通过票据的抵消进行的清算，在这里也不均衡，因此，外汇交易要求一个大的和有效率的组织。“重要的问题在于，仅仅由对产业的繁荣具有越来越重要的意义的一定银行业务的技术中，已经产生了银行业集中的趋势。由工业生产中产生的票据，即主要用于支付原料和产品的外国票据和国内票据，要求建立一个十分广泛的多分支的银行业的组织，以便能够调整大规模的，特别是同外国的票据交易，而同时也能够检验个别票据的确实性；即是说，要求建立具有许多对外关系和国内分支机构的大银行。当然，票据对产业的服务，主要是为进行支付和创建支付信用。提供这种信用的机构，还没有因此而获得自觉地和有计划地干预接受信用的产业的可能性；在这里，银行和产业之间的关系，并没有超出对信用接受者的可靠性的必要检验和贴现利润的范围。”[80]

为了有利地经营外国票据业务，套汇也必须与之紧密地结合起来。为此，一方面需要广泛的联系，另方面需要大量的流动资金。因为套汇活动要获得利润，总是必须十分迅速地和大规模地进行。这种套汇交易的"基础是：例如，在对巴黎票据的需求（在伦敦）大于供给以及票据市价相应提高的日子里，在法国有存款或信用的商号便开具巴黎的票据，利用这种行情。而在巴黎的有关商号也期待着伦敦市场上同样有利的机会，再把这一金额送回英国。"[81]

资本信用的服务表现为往来账户[82]的日益重要的意义。"它对银行同产业的关系的意义，出自下述三种原因：（1）它通过自己对企业平稳扩大的决定性意义，造成对信用提供者的依赖。（2）产业的银行信用的业务性质，与上述信用业务相比，对银行业的组织发生更多的影响，只有它才影响银行集中……，对产业的特种关系……要求新的原则，要求银行管理者的不同的产业知识。（3）最后，产业的往来账户业务，是银行和产业的全部交易的枢纽；创业和发行活动，直接参与生产企业以及作为监事会成员参与产业企业的领导，在很多情况下都与银行信用有着密切的因果关系。"同时，往来账户是"银行判断和监督产业企业的有效手段；合乎规律的交易意味着良好的经营状态"。[83]通过这种合乎规律的关系，银行同时也取得关于这个企业的精确知识；这种知识在其他方面，例如在交易所交易方面，对银行可能是有好处的。另方面，过度信用提供的危险，要求对产业企业进行更严密的监督；其首要前提条件是，企业仅仅同一个银行打交道。

因此，如果作为信用中介的银行随产业的扩大要求银行资本的进一步集中，那么，它的作为发行机构的职能也同样要求尽可能大地集中。这里，在盈利最多的业务方面，大银行的直接优势首先发生最显著的作用。大银行经营更多、更大和更有利的业务。银行越大，银行发行的安全性也就越大。它可以把发行额的大部分分派给它自己的顾客。但是，银行这时必须能够有把握地筹措相关的越来越大的金额。为此，它需要大量的自有资本和对市场的巨大影响。

大银行可以选择适当的销售时机，可以通过自己的巨额资本筹备交易所，也可以在以后控制股票市价的发展，从而保护企业的信用。对银行发行力的要求，随产业的发展变得越来越大。资本的动员只承认生产扩大的一个条件，即技术的适用性。同时，它还为企业的扩大消除了对自己生产剩余的依赖性，使带有突然加强的资本要求的急剧的、在景气时期常常可以说是飞跃的扩大成为可能。它只能从资本大量集中的地方即从银行获得这种资本，又必须委托银行在不动摇货币市场的条件下筹措这种资本。银行只有在它支出的资本又迅速回流的时候，或交易仅仅在账面上进行的时候，才能做到这一点。而只要股票由银行自己的顾客所接受，这些顾客为此向银行支付货币，交易在账面上进行的情况就越多。顾客从银行存款中取出货币，从而减少了负债。

因此，由银行经营本身的技术中产生了一些趋势，这些趋势促使银行集中，正像产业集中造成银行集中一样；但是，产业集中是银行集中的最初原因。

第六章　利息率

在资本主义生产的基础上，每个货币额都具有执行资本职能的能力，即产生利润。其条件是：它被提供给生产资本家。“假定年平均利润率是 20%。这时，一台价值 100 镑的机器，在平均条件以及平均的智力水平和合乎目的的活动下当作资本使用，会提供 20 镑的利润。因此，一个拥有 100 镑的人，手中就有使 100 镑变成 120 镑，或生产 20 镑利润的权力。他手中有 100 镑可能的资本。如果这个人把这 100 镑交给另一个人一年，让后者把这 100 镑实际当作资本来使用，他也就给了后者生产 20 镑利润即剩余价值的权力。这个剩余价值对后者来说什么也不花费，他没有为它支付任何等价物。如果后者在年终把比如说 5 镑，即把所生产的利润的一部分付给这 100 镑的所有者，他就是用这 5 镑来支付这 100 镑的使用价值，来支付这 100 镑的资本职能即生产 20 镑利润的职能的使用价值。他支付给所有者的那一部分利润，叫做利息。因此，利息不外是一部分利润的特别名称，特别项目；执行职能的资本不能把这部分利润装进自己的腰包，而必须把它支付给资本的所有者。

“很清楚，100 镑的所有权，使其所有者有权把利息，把用他的资本生产的利润的一定部分，据为己有。如果他不把这 100 镑交给另一个人，后者就不能生产利润，也就根本不能用这 100 镑来执行资本家的职能。”[84]

由于货币所有者出借他的货币，这一货币对于他来说便执行了资本即借贷资本的职能，因为这一货币在经过一些时候之后就作为增加了货币归还给他。但是，资本只有在生产过程中通过剥削劳动力，即占有无偿劳动，才能增殖。因此，借贷资本家的货币资本为在生产过程中保持自己并生产利润，必须成为生产资本家的货币资本。这一利润现在被分割了，一部分作为利息归还借贷资本家，另一部分留归生产资本家。因为利息在正常情况下是利润的一部分，所以利润是利息的最高限界。这是利润和利息之间的唯一关系。而利息却不是利润的某种固定部分。利息的高低取决于借贷资本的需求和供给。人们可以在货币所有者和生产资本家统一的前提下，或者换句话说，在所有生产资本家同时握有必要的货币资本的前提下，来设想资本主义社会和推论出它的基本原理。这样，利息将不会产生。而如果没有利润的生产，资本主义生产便是不可想象的。两者不如说是一码事。利润的生产是资本主义生产的条件和目的。利润的生产，体现在剩余产品中的剩余价值的生产，是客观决定的。利润是直接由经济关系，由资本关系，由生产资料同劳动的分离，以及由资本和雇佣劳动的对立而产生的。利润量取决于工人阶级利用现有生产资料生产出来的新价值以及这种新价值在资本家阶级和工人阶级之间的分配，而后者又决定于劳动力的价值。我们这里所涉及的是纯粹客观决定的因素。

利息的情况就不同了。它来自对资本主义的本质、对生产资料同劳动的分离来说是偶然的事实：首先，不仅仅生产资本家占有货币；其次，不是全部货币资本在任何时候都必须进入个别资本的循环，而是它有时候处于闲置状态。利润的何种部分能为借贷资本家所占有，取决于生产资本家方面对这种货币资本的需求关系的变化。[85]

但是，如果利息取决于需求和供给，那么我们不禁要问：需求和供给又是由什么决定的？一方面存在着暂时闲置而又力求增殖的货币，另一方面则又存在着执行职能的资本家对货币的需求，他们希望把作为货币资本的货币变为执行职能的资本。资本信用造成了这种分配，利息率的高低取决于资本信用的状况。在每个一定的时间内，都有一定数量的货币额供资本主义社会支配，它就是供给；另一方面，在同一个时间内，由于生产和流通的扩大而同样产生了职能资本家对货币资本的一定的需要。因此，这里的问题在于：在每个时间内，都有两个既定的量，它们作为需求和供给，彼此在货币市场上相遇，决定"货币的出借价格"即利息率。这种决定倒没有什么困难，困难只是出现在对利息率的变化进行分析的场合。

首先应该弄清：生产从而流通的扩大，意味着对货币资本需求的增加。因此，在供给保持不变的情况下，需求的增加必将造成利息率的提高。但是，困难产生于这样一种情况：供给也与需求的变化并且正是由于需求的变化而同时变化。如果我们考察形成供给的货币量，那它便是由两部分构成的：第一，既有的现金；第二，信用货币。在分析流通信用时，我们看到：信用货币是一个可变的因素，它同生产的扩大一起扩大。但是，这意味着对货币资本需求的增加；而这种增加了的需求也找到增加了的供给，后者是通过由生产的扩大而增加的信用货币产生的。因此，只有当对货币资本需求的变化比供给的变化更强烈时，利息率的变化才会出现；即是说，当对货币资本需求的增长比信用货币的增加更快时，利息率的提高才会出现。这种情况会在何时发生？首先，信用货币的增加，要求作为用于信用货币不断兑现的准备金所必要的现金额的增加。其次，随着信用货币的流通，为清偿不能互相抵消的信用货币的差额所必须保持的现金部分也增加了。同时，随着流通的扩大，信用货币在其中只能起很小作用的交易也增加了。为支付工人工资和解决日益增加的零售交易所必要的数额，大都由现金构成。因此，为借贷交易所提供的数额减少了，因为现金的一部分必须用于这些不同的职能。最后，一旦繁荣期结束，商品销售停滞或减慢，信用货币的增加便落后于提高了的生产和流通的需要。

实际上，这意味着，为商品而发出的票据不再互相抵消，至少是票据的期限延长。但是，如果满期的票据不互相抵消，那它们必须兑付现金。因此，信用货币（即票据或代替它的银行券）便不能按以前的规模执行货币职能和完成商品流通。为了兑付票据，便产生了对现金的更大的需求。因此，实际执行职能的信用货币减少了，而同时代替它的对现金的需求增加了。这种需求造成利息率的提高。

因此，如果说利息率的绝对水平取决于资本信用的状况，那么，利息率的变化则首先取决于流通信用的状况。对这种变化的详细分析，属于对产业的周期波动的叙述部分，因此，要联系那一部分加以阐明。

“利息率的变动(撇开较长时期内利息率的变动或不同国家利息率的差别不说;前者由一般利润率的变动决定,后者由利润率之间的差别和信用发展上的差别决定),取决于借贷资本的供给(假定其他一切条件,如信任的程度等等,是相同的),也就是说,取决于以货币形式,即以硬币和银行券形式贷出的资本的供给;这种资本和产业资本不同,后者是通过商业信用,以商品形式贷给再生产当事人自己的。”[86]

我们的观点与此不完全一致。马克思认为利息率的变动取决于以货币即硬币和银行券形式贷出的资本的供给。但是,这个问题仍然没有解决:银行券的量能够有多大。这里,明显地浮现在马克思眼前的是英国的情况。对于英国来说,皮尔银行条例的法律规定作了回答。硬币和银行券的总额,是由处于流通中的硬币额、银行的黄金贮藏以及能进入流通的无准备金的 1 400 万英镑银行券构成的。实际上,这些银行券就其代表或至少在皮尔时期代表了能以货币符号代替的流通的最低限额来说,执行了国家纸币的职能。因此,银行券总额,通过法律,在一定程度上一次最终地确定了。但是,如果一般地提出这个问题,那么,利息率的变动取决于可以贷出的货币的供给即它的数量。但是,一切没处在流通中的货币都可以贷出。而处在流通中的,第一,是相当于最低限额所需要的货币符号:第二,是一定数额的黄金。其余的黄金贮藏在一特定银行或一些银行的地下室。这些黄金的一部分充作国内流通的准备金(贮藏货币),一部分充作国际流通的准备金,因为黄金必须执行世界货币的职能。经验指明了为这两个目的的准备金所必须有的最低限额。剩余的部分可以贷出,归根结底,形成那种对它的要求决定利息率水平的供给。而这种要求本身取决于流通信用的状况，从而取决于再生产当事人彼此提供的“商业信用”。只要商业信用能按照增大了的需求所要求的同样程度扩大，就不会发生利息率的变化。但是，不应忘记，需求的最大部分是通过与需求同时增长的供给来满足的。信用的最大部分是商业信用，或像我们常说的，是流通信用。这里，需求和供给即满足需求的手段，彼此同时随生产的扩大而增大。这种信用可以扩大，而对利息率没有任何影响。在繁荣的初期阶段，这样的扩大发生了，但并没有对利息率产生特别的影响。只有在银行的黄金储备减少，准备金接近它的最低限额，因此银行不得不提高贴现率的时候，利息率才提高。但是，这是在高度繁荣时期的情况，因为流通要求更多的黄金(可变资本，一般交易，从而为清偿差额服务的数额都增加了)。但是，正是在黄金贮藏由于吸收更多黄金的流通的需要而最小的时候，对借贷资本的需求最强烈。可以贷出的黄金贮藏的枯竭，直接造成在这个时期成为利息率调节者的银行贴现率的提高。贴现率提高的目的，也正是在于造成黄金的流入。错误的银行立法的限制，只是造成这个时刻比纯粹经济条件所要求的更早地出现。所有这些限制的错误在于：它们以某种方式过低估计了流通所必要的最低限额，从而限制了借贷资本的供给。这种情况在德国是间接发生的，而在英国是直接发生的。

因此，利息率降低的趋势是同这样的前提联系在一起的：现有黄金贮藏同对借贷资本需求的比例经常是更为有利的，即黄金贮藏比对借贷资本的需求更迅速地增长。如果仅仅将发达的资本主义关系彼此进行比较，那么，这种利息率不断下降的趋势实际上是不能证实的。[87]它在理论上也是不能设定的，因为随着黄金贮藏的增加和处于流通的最低限额，高度繁荣时期被流通追加吸收的金额也增加了。

但是，只有在利息是利润的某种固定的部分时，利润率的下降才意味着利息率的下降。然而，实际情况并非如此。利润率下降顶多意味着，利息的理论上可能的最高限额即利润的降低。但是，因为这种最高限额一般在较长时间内是达不到的，所以这种“证实”是根本没有意义的。[88]

相反地，另一个因素是重要的。因为利息率在发达的资本主义关系中很少变化，而利润率下降，所以总利润中的利息份额与企业利润相比有某种程度的增加，即游手好闲的资本家的份额靠牺牲职能资本家而增加。这一事实虽然同利息率下降的信条有矛盾，但却与事实相一致。它同时也是生息资本从而银行的影响和意义增长的一个原因以及资本向金融资本转化的一个重要杠杆。

第 二 篇

资本的动员。虚拟资本

第七章　股份公司

一、股息和创业利润

迄今为止的经济学，主要仅仅从组织形式的区别和由此直接产生的结果中来寻求个人企业和股份公司之间的区别。它指出两种企业形式的"好的"一面和"坏的"一面，时而把主观因素（经营者的直接利益和责任的大小，企业控制的难易），时而把客观因素（资本筹措的难易，积累力量的大小），作为区别的标志加以强调。但是，它却忽略了对两种企业形式的基本的经济区别的研究，尽管这种区别对理解现代资本主义的发展（不理解股份公司的胜利及这种胜利的原因，就根本不能理解这种发展）有决定性的意义。[1]

我们最先考察的产业股份公司，首先意味着产业资本家职能的变化。因为它从根本上带来了在个人企业中只是偶然才能出现的东西，即产业资本家摆脱产业企业家的职能。对于资本家来说，这种职能的变化，赋予投入股份公司的资本以纯粹货币资本的职能。货币资本家作为债权人，同他的资本在生产过程中的利用完全无关——尽管仅仅在他转让自己的货币资本并经一定时期之后带着利息收回的意义上，这种利用实际上也是借贷关系的必要条件。正像这种情况一样，投入股份公司的资本的职能仅限于一种法律上的交易，从而股东也执行单纯的货币资本家的职能。他献出货币，从而以此获得收益（开始时我们使用这个非常一般的名称）。这里，他可以任意决定货币数额，超过这一数额便不承担责任，正像货币资本家只以自己选择的一定货币额冒险一样。但是，这里已经出现了差别。以股份形式提供支配的货币资本的利息率，本身不是事先决定的，而只是作为对一定企业收益（利润）的要求权而存在。同借贷资本的第二个区别在于，资本向货币资本家的回流不是直接决定的，即不是作为在这种关系本身发生时约定的和由借贷关系的性质本身产生的东西决定的。

我们首先考察第一个要素。首先可以确定，以股份形式提供支配的货币资本的收益，绝不是完全不确定的。资本主义企业被建立起来，是为了产生利润。谋取利润，即在正常情况下谋取一般平均利润，是建立企业的前提条件。无论如何，股东这里所处的地位，同为了不致使债务人丧失支付能力而必须考虑自己的资本在生产上增殖的货币资本家相类似。一般说来，股东同货币资本家相比，具有更大的不安全性，也为股东带来一定的风险酬金。只是不可设想，这种酬金本身会以某种方式固定下来，表现为股东自觉的和首先可以计量的要求。相反地，它是由下述原因产生的：在其他情况相同的条件下，用于股份投资的货币资本的供给（创业者求助于游离的货币资本），比用于固定利息的、可能是特别安全的投资的货币资本的供给要小。一般说来，这种供给的区别说明了利息率的区别或有息证券市价的区别。安全与否作为供给大小的动因发挥作用。但是，只是由于这种供求关系的区别，才造成利息收益的区别。因此，股份收益的可能结果是由产业利润决定的，而产业利润在其他情况相同的条件下是由平均利润率决定的。

但是，股东并不是产业企业家（产业资本家）。他首先仅仅是货币资本家。借贷资本家同产业资本家不同的根本标志是，他能够以完全不同的方式自由支配自己的资本即货币资本。产业资本家本身把他的全部资本投于一定的企业。其前提条件是，他的资本足以能够在这一产业部门中独立执行职能。相反地，股东只需支配较小的资本额。产业企业家把他的资本在自己的企业中固定下来，只是在这个企业的生产上发挥作用，随这个企业而持续不断地发展。他不能抽回他的资本，除非出卖整个企业。而出卖整个企业则意味着资本家个人的换位，即一个产业资本家为另一个产业资本家所代替。他不是货币资本家，而是产业资本家（生产资本家，职能资本家）。企业收益（产业利润）归他所有。但是，如果我们把股东作为单纯的货币资本家来考察，那么，对于他来说，谋取自己资本的利息，就足以使他提供自己的货币资本。

但是，要使股东成为货币资本家，必须使他能够随时把他的资本作为货币资本而收回。但是，他的资本似乎也像个人资本家的资本一样，在企业中被固定下来。实际上情况也是这样。货币被让出，用来购买机器、原料和向工人进行支付等等，总之，它由货币资本转化为生产资本，即$G\left\langle\begin{matrix}A\\Pm\end{matrix}\right.$，以便进入产业资本的循环。这种一经让出的资本，股东便不能再收回。他对这一资本没有要求权，而只是对收益的一个相应部分有要求权。但是，在资本主义社会内，每一个货币额都有产生利息的能力。相反地，每一种可以转移的（只要不像工资等同纯粹个人的从而是短暂的和不能确定的条件联系起来，情况就是如此）、有规律地重复获得的收入，被看作是资本利息，获得与按一般利息率资本化的收入相等的价格。[2] 这一点由下述事实直接得到说明：越来越大的货币额为了增殖而游离，并在对收益的要求权中找到这种增殖的途径。因此，股东通过出卖他的股票即他对利润的要求权，便能够随时收回他的资本，从而处于同货币资本家一样的地位。这种出卖的可能性是由一种特殊的市场即证券交易所创造的。只有这种市场的形成，才赋予现在对各个人始终都是"能够实现的"股份资本以完全的货币资本性质。相反地，货币资本家以股份形式投入他的资本时，他才保留了他的货币资本家的性质。因此，游离的货币资本本身即作为生息资本，为投于股票而竞争，正像它在其作为借贷资本的原有职能上，为投于固定利息的贷款而竞争一样。为这些不同的投资可能性而进行的竞争，使股票的价格接近于固定利息投资的价格；对股东来说，把产业利润的收益归结为利息。

因此，这种归结是一个同股份制度和证券交易所的发展同时进行的历史过程。只要股份公司的形式还没有占统治地位，股票的买卖还不发展，股息中也就不仅包含利息，而且还包含企业利润。

因此，就股份企业所及的范围内，产业现在便以这样一种货币资本来经营：它向产业资本的转化，对这些资本家来说，不需要产生平均利润，而只需要产生平均秘息。但是，这里似乎出现了一个明显的矛盾。作为股份资本而提供支配的货币资本，的确转化为产业资本。对它的所有者（即从主观上）来说，它完全是按照借贷资本的方式执行职能的。这肯定不能影响产业企业的收益。这种货币资本仍然像在正常情况下一样产生平均利润。股份公司低于平均利润出卖自己的商品，自愿放弃一部分利润，以分配只给股东产生利息的收益，这是一种不可能的假设。因为每一个资本主义企业都试图谋取尽可能高的利润，正是这种努力造成按生产价格出卖商品，即按等于成本价格加平均利润的价格出卖商品。因此，上述主观上赋予按股份形式投入的货币资本以借贷资本即生息资本的性质的因素，似乎不足以说明股票收益归结为利息这一事实。由此的确还不能说明，利润的另一部分，即等于真正企业主收入的平均利润减利息，消失于何处了。我们现在详加考察。

由于私人企业向股份公司的转化，似乎出现了资本的二重化。但是，最初的由股东预付的资本，确定不移地转化为产业资本，实际上也仅仅作为产业资本而继续存在。货币执行生产资料购买手段的职能，为生产资料而支出，从而最终在这种资本的循环过程中消失。只是生产资料通过生产向商品转化，以及这些商品的出卖，才使货币(完全不同的货币)从流通中流回。因此，在后来的股票交易中被支付的货币，完全不是股东最初提供的和使用了的货币，也不是股份公司的资本即企业资本的组成部分，而是资本化的收益证券进行流通所必要的追加货币。同样，股票价格也绝不是作为企业资本的一部分被决定的，毋宁说是资本化的收益的相应份额。它本身并不是作为在企业中固定下来的总资本的相应部分从而作为相对固定的量被决定的，而仅仅是作为按一般利息率资本化的收益被决定的。因此，股票价格并不取决于实际执行职能的产业资本的价值(或价格)，因为股票不是企业中实际执行职能的资本一部分的凭证，而是收益的一部分的凭证，因而首先取决于利润量（因而是一个比产业资本本身的生产要素的价格变动更大的量），其次取决于一般利息率。[3]

因此，股票是收入证书，是对未来生产的债权证书，是收益凭证。由于这种收益资本化以及由它构成股票价格，所以这种股票价格中似乎存在着第二资本。这是纯粹虚拟的。实际存在的只是产业资本及其利润。但是，这并不妨碍这种虚拟的“资本”在计算上的存在和作为“股份资本”来援用。实际上，它并不是资本，而仅仅是一种收入价格，这种价格是由于下述原因才成为可能：在资本主义社会内部，每一个货币额都产生收入，从而每一种收入都相反地表现为一个货币额的果实。如果产业股票中这种假象还是由实际执行职能的产业资本的存在所促成，那么，在其他收益凭证中，这种证券资本的虚拟的、纯粹计算的性质便完全无可怀疑了。国家债券无需以任何方式代表某种现存的资本。国家债权人当时所贷出的货币，可能早已化为炮灰。国家债券不过是历年赋税的一定份额的价格，而这些赋税则是与当时以某种方式非生产性支出的资本完全不同的资本的收益。

股票交易并不是资本交易，而是息金证书的买卖。它们的价格波动，根本不使实际执行职能的产业资本（股票代表它的收益，不代表它的价值）直接受到影响。股票价格除了取决于收益之外，还取决于股票据以资本化的利息率的高低。但是，利息率的运动根本不依赖于个人产业资本的命运。由此已经可以看出，把股票价格看作是产业资本的相应部分是不适当的。

因此，“股份资本”总额，即资本化的收益证书的价格总额，无需同最初转化为产业资本的货币资本相一致。现在的问题是:这种差额是怎样产生的,它的大小如何。我们假定,一个产业企业拥有100万马克资本。平均利润率是15%,一般利息率是5%。这个企业产生15万马克的利润。但是,这15万马克的数额作为年收入按5%资本化,将会有300万马克的价格。当然,按5%,货币资本也许只想接受具有固定利息的更安全的证券。但是,如果我们假定有一个高的风险酬金,比如说2%,还要考虑必须由企业利润中承担的对同股份公司相反的私人企业来说仍然可以节约下来的管理费用和董事的红利等等,为此使可支配的利润减少2万马克,那么,便有13万马克可以分配,应给股东提供7%的利息。于是,股票价格等于1 857 143马克,按整数说就是190万马克。但是,为了生产15万马克的利润,只需100万马克,90万马克被游离了。这90万马克是由带来利润的资本向带来利息(带来股息)的资本的转化而产生的。如果撇开由股份公司的形式产生的、使利润减少的较高的管理费用不论,这90万马克就等于按15%资本化的收入与按7%资本化的收入之间的差额,即产生平均利润的资本与产生平均利息的资本之间的差额。这种差额表现为“创业利润”,是仅仅由带来利润的资本向带来利息的资本形式转化而产生的利润的源泉。

流行的观点如此热心地强调股份公司比私人企业的管理费用昂贵,但对由生产费用低廉的企业形式向生产费用昂贵的企业形式转化条件下利润由何产生这一值得注意的问题,既没有看到,也没有解释,而是满足于关于费用和风险的空话。但是,创业和润既不是欺诈,也不是补偿或报酬,而是一种特殊的(sui generis)经济范畴。

就其将利息和企业主收入一般加以区分的经济学家来说，他们把股息简单地理解为利息加企业主收入，即理解为同个人企业的利润一样的东西。很明显，股份公司的特殊性在这里没有被认识到。例如，洛贝尔图斯说："为了对术语有所理解，我这里只想指出，股票的股息中不仅包括利息，而且也包括企业利润；而在贷款证券的利息率中，却不包括企业利润。"[4] 因此，对创业利润的说明是不可能的。"……股份企业的经营形式[5] 上的企业利润，也归于资本所有者（如果他把他的资本贷给个人企业家，那便只得到通常的利息），而且也像利息一样方便。因此，对我们的资本家来说，股份企业也同样具有真正的吸引力，可以设想，股份形式将日益占领工业领地。所谓创业欺诈是真正事业的纯粹泡沫和渣滓。"[6] 除了道德的判断以外，任何关于创业利润不是欺诈而只是使欺诈成为可能的解释都被放弃了。洛贝尔图斯片面地理解事物，因而是错误的。他说："因此，以前的借贷资本在股份形式上便不再是借贷资本了，变成在它的所有者手上自行创造价值的东西，而且是在使他们在借贷资本家的神仙似的生活下差不多囊括了全部资本息金（洛贝尔图斯把它理解为企业利润加利息）的形式上。"[7] 洛贝尔图斯只看到过程的内容，即由货币资本向产业资本的转化。但是，他却忽视了，转化的形式在这里是根本性的，因为货币资本同时成为虚拟资本，从而为它的所有者保持了货币资本形式。[8]

如果我们现在考察虚拟资本的固有的流通形式，那我们就发现下述情况：股票（A）被发行，即为货币（G）而出卖。这一货币分为两部分：一部分（g_1）形成创业利润，归于创业者，例如发行银行，从这一循环的流通中脱离出来。另一部分（G_1）转化为生产资本，进入我们已经熟悉的产业资本的循环。股票被出卖。如果它们本身又要流通，那么，为此作为流通手段的追加货币（G_2）便是必要的了。A—G_2—A 这一流通，在一个特殊市场上即交易所，找到自己的活动场所。

于是，产生了下列流通图式：

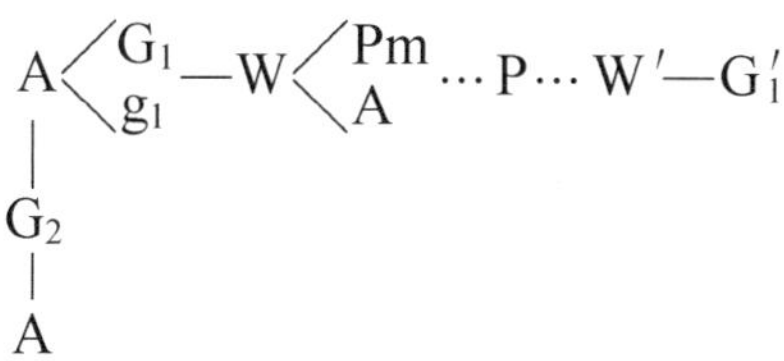

股票一经创造出来，便同它所代表的产业资本的实际循环无关了。股票在它的流通中所经历的事件和事故，并不使生产资本的循环直接受到影响。

股票和一般的虚拟资本证券的交易，要求新的货币，即现金和诸如票据等信用货币。但是，票据以前是由商品价格补偿的，而现在是由取决于收益的股票的“资本价值”补偿的。而收益又取决于股份公司制造的产品的实现，即取决于商品按它的价值或生产价格出卖。因此，这种信用货币只是通过商品价值间接补偿的。还不仅如此。支付往来的量在商业中是由商品价值决定的，而在股票交易中是由纯收益中资本化的数额决定的。另一方面，实际需要的货币在这里受到这种证券的互换性的很大限制。

我们现在考察创业利润的公式（Gg）。假定平均利润等于 p，股息等于 d，企业收益等于 E，如果我们还记得资本等于 100 倍的利息除以利息率，那么，便产生如下公式：

$$Gg=\frac{100E}{d}-\frac{100E}{p}$$

如果股份公司的收益由于管理费用昂费而减少，可以用（E－n）代替第一个E。我们看到，迄今为止的经济学单纯记述的企业家职能的分离，同时就是产业资本家向股东、向特种的货币资本家转化；此外，也存在着使股东越来越成为纯粹的货币资本家的趋势。这种趋势由于股票在交易所始终可以出卖而完成。

我们对股份公司经济学的观点，超过马克思的观点而向前发展了。马克思在他的关于资本主义生产中信用的作用的天才概述（可惜，他没有详加论述）中，[9] 把股份公司的形成理解为信用制度的结果，并把它的作用描述如下：

> “1. 生产规模惊人地扩大了，个别资本不可能建立的企业出现了。同时，这种以前由政府经营的企业，成了公司的企业。
>
> 2. 那种本身建立在社会生产方式的基础上并以生产资料和劳动力的社会集中为前提的资本，在这里直接取得了社会资本（即那些直接联合起来的个人的资本）的形式，而与私人资本相对立，并且它的企业也表现为社会企业，而与私人企业相对立。这是作为私人财产的资本在资本主义生产方式本身范围内的扬弃。
>
> 3. 实际执行职能的资本家转化为单纯的经理，即别人的资本的管理人，而资本所有者则转化为单纯的所有者，即单纯的货币资本家。因此，即使后者所得的股息包括利息和企业主收入，也就是包括全部利润（因为经理的薪金只是，或者应

该只是某种熟练劳动的工资,这种劳动的价格,同任何别种劳动的价格一样,是在劳动市场上调节的),这全部利润仍然只是在利息的形式上,即作为资本所有权的报酬获得的。而这个资本所有权这样一来现在就同现实再生产过程中的职能完全分离,正像这种职能在经理身上同资本所有权完全分离一样。因此,利润(不再只是利润的一部分,即从借入者获得的利润中理所当然地引出来的利息)表现为对别人的剩余劳动的单纯占有,这种占有之所以产生,是因为生产资料已经转化为资本,也就是生产资料已经和实际的生产者相分离,生产资料已经作为别人的财产,而与一切在生产中实际进行活动的个人(从经理一直到最后一个短工)相对立。在股份公司内,职能已经同资本所有权相分离,因而劳动也已经完全同生产资料的所有权和剩余劳动的所有权相分离。资本主义生产极度发展的这个结果,是资本再转化为生产者的财产所必需的过渡点,不过,这种财产不再是各个互相分离的生产者的私有财产,而是联合起来的生产者的财产,即直接的社会财产。另一方面,这是所有那些直到今天还和资本所有权结合在一起的再生产过程中的职能转化为联合起来的生产者的单纯职能,转化为社会职能的过渡点。

在我们作进一步阐述之前,我们还要指出一个经济上重要的事实:因为利润在这里纯粹采取利息的形式,所以那些仅仅提供利息的企业仍然可以存在;这是阻止一般利润率下降的原因之一。因为这些不变资本比可变资本庞大得多的企业,不一定参加一般利润率曲平均化。”

马克思这里所考察的首先是股份公司的经济政策的影响。他还没有把股息理解为特殊的经济范畴，因此也没有分析创业利润至于最后对平均利润率的形成和利润率下降的影响所作的说明，很明显，随着股份公司的推广，股份公司的利润也同私人企业的利润完全一样，必定参与一般利润率的平均化。此外，我们上面也已经看到，在正常情况下，股份公司的产品也同私人企业的产品一样，服从于同样的价格规律。马克思想到的是他那个时代的铁路股份公司，他的说明在这方面也许部分地是正确的；之所以说是部分地，因为即使在那里，创业利润也已经事先取走了必然表现为铁路价格的利润的一部分。

二、股份公司的金融化。股份公司和银行

创建股份公司时，股份资本将这样来计算：企业利润足以为该资本分配股息，这种股息为各个股票所有者带来自己所投资本的利息。[10]

如果出现高涨或有其他能在后来分配较高股息的有利情况，股票市价便会提高。假定某企业的股票在股息为6%时是100，那么，在股息为9%时便提高到150。因此，股息的不同便反映了各个企业在其后来的发展过程中的不同命运。另一方面，对于股票的新的购买者来说，这种不同便由于市价的涨落而消失了。[11]

在股份公司的生活过程中，实际执行职能的资本和（虚拟的）股份资本之间的差别可能进一步扩大。如果企业产生的收益比平

均利息高得多，出现了增加资本的必要性或者哪怕仅仅是一个机会，那么，这种较高的收益便成为新的资本化的基础，名义股份资本便远远超过职能资本而增加。相反地，也有这种可能：职能资本增加，而名义股份资本却没有增加。例如，当纯利润不是作为股息分给股东，而是全部或部分地用于企业经营时，情况就是这样。因为这种利用预示着未来收益的提高，所以股份资本市场价值的提高便会同时出现。

撇开这一点不论，与收益的变化和实际执行职能的资本的增减无关的市场价值的变化，将由一般利息率的变化而产生。在其他条件相同的情况下，长期持续降低的利息率使股份资本的市场价值提高，而较高的利息率则使其降低。

从股息的形成中已经可以看出，无论是按利息率的方式，或者是按利润率的方式，都不能产生平均股息。股息最初等于利息加风险酬金，但在发展过程中却可以低些或高些，而且也可以持续保持不变，因为竞争在这里并不像在利息率和利润率中那样对收益进行平均化，而仅仅是对股票市价进行平均化。

因此，股份资本的市场价值，总是比在正常条件下执行职能的即带来平均利润的资本的价值要大。另一方面，如果企业收益和利息率是既定的，那么，股份资本的市场价值便取决于发行的股票量。一个企业的全部股份资本，如果其中的生产资本是 100 万马克，带来 20 万马克利润，在利息率为 5%时，便有 400 万马克的市场价值。而一张票面价值 1 000 马克的股票的市价，在发行股票 100 万马克时为 4 000 马克，在发行 200 万马克时为 2 000 马克，在发行 400 万马克时为 1 000 马克，在发行 800 万马克时则为 500

马克。

如果名义股份资本很大，以致它的市价在发行时降低到票面价值以下，即降低到平价(pari)以下，这就是人们所说的股份资本掺水。很明显，这种掺水首先具有纯粹计算的性质。收益是既定的，这就决定了整个股份资本的市价。构成整个股份资本的股票数量越多，落到各个股票上的相应部分自然也就减少。掺水同创业利润无关，创业利润毋宁说是在每个股份公司创建时由生产的带来利润的资本向虚拟的带来利息的资本的转化而产生的。实际上，掺水并不是根本性的东西，因此，与创业利润相反，一般可以通过法律来阻止。德国股票法规定，股票贴水必须归入准备金。这一规定只是造成股票按平价或较小的贴水转让给银行团，银行团卖给公众而获得利润(创业利润)。

但是，在一定情况下，掺水是把创业者的份额提高到超过创业利润的适当的金融技术手段。例如，在美国，当大规模的股份公司创建时，通常发行两种股票，即优先股和普通股。优先股的利息是限定的，大多是5%到7%。这种股票同时常常是积累的，即是说，如果这种股票所要求的整个股息一年内没有被支付，那它就有要求从以后年度收益中补充支付的权利。只有在满足了优先股之后，股息才能在普通股之间进行分配。优先股的数额在股份公司创建时是这样衡定的：它比实际执行职能所必要的资本大。在优先股中已经包含了创业利润的最大部分。然后补充以在大多数情况下差不多是同样数额的普通股。一般说来，普通股的市场价值最初是很低的。优先股和普通股一起，通常略高于平价。但是，第一，这种普通股大部分保留在创业者手中，使他们很容易保证超过半数。[12]第二，优先股在创建较稳定的公司时获得相当的利息，而普通股的份额则完全不确定，这里首先反映了行情的一般状况，这种股票的收益波动极大，因此是受人喜爱的投机证券；但是，市价波动却可以被那些不为这种波动花费分文的内行的大股东利用来进行有利可图的投机。第三，这种金融化方法为创业者、普通股所有者，保证了通过创建所期待的超额利润以及一切未来的成就和景气的收益；而占有优先股的公众的利润，被置于一种固定的、不能超过利息太多的限界内。最后，在达到一定阶段时，企业的真实情况就会被此所掩盖，[13]这种模糊不清的状况可以很容易被利用进行欺诈活动。但是，过度的资本化对价格绝无影响。那种认为由于虚拟资本名义上的增加，所以价格规律以某种方式发生变化的想法，是一种奇怪的想法。大的股份资本产生高价可以使它获得利息的愿望，是很自然的。但是，资本也可以逐渐扣除到零；任何资本家也不会比他必须按其出卖的价格更便宜地出卖，不管他是一个私人企业的支配者、一个简单的股份公司的支配者，还是一个托拉斯的支配者。

股份公司是资本家的公司。它通过资本家投入资本而建立。每一个资本家参与它的建立的程度，是由他投入资本的量决定的。因此，他的表决权或支配权力自然也是依据他所付资本的量。只是就其有资本的意义上来说，资本家才成为资本家；他同任何其他资本家只有量的区别。因此，整个企业的支配权力落在超过半数的股份资本所有者之手。因而，为了能够支配股份公司，只需要资本的半数，而不像在支配私人企业中那样，需要占有全部资本。这就使大资本家的权力增加一倍。一个把自己的私人企业（撇开信用不论)转变为股份公司的资本家,为了保持完全的支配权力,只需要他的一半资本。另一半被游离了,可以从这个企业中抽回。当然,这后一半资本的股息也就丧失了。但是,对别人资本的支配权力具有极大的重要性;撇开所有其他方面不说,控制企业对交易所股票所有权运动的影响有极大的意义。

但是,在实践中,足以控制股份公司的资本额通常还要小,只是资本的三分之一到四分之一,甚至比这个数目还小。而股份公司的控制者却支配别人的资本,就像他支配自己的资本一样。这种支配方式同一般的支配别人的资本完全不一样。如果说在发达的资本主义社会里,由于信用的发展,每个人自己的资本同时也是别人借入资本的指数(在其他情况相同的条件下,信用量取决于自有资本量,虽然它比自有资本量会更为急剧地增长),那么,大股东的自有资本还在双重的意义上成为这种指数。他的资本支配其他股东的资本,企业的整个资本力量又成为企业所接受的别人的资本即借贷资本的吸引力。

控制一个股份公司的巨额资本,如果它不仅涉及单个的股份公司,而是涉及互相依存的公司的体系,那它的重要性还要大得多。假定资本家 N 以他所有的 500 万的股份,控制着股份资本为 900 万的股份公司 A。这个公司创建了一个拥有 3 000 万股份资本的子公司 B,其中它保留有 1 600 万的股份。为了能投入这 1 600 万的货币,A 发行了 1 600 万没有表决权的固定利息的债券。N 现在以他的 500 万的股票控制了两个公司,从而控制了 3 900 万资本。A 和 B 现在可以按照同样的原则创建新公司,以致 N 以一个相对较小的资本便取得了对别人的极其庞大的资本额的指挥权。随着股份制度的发展，形成了一个独特的金融技术，它的任务是以尽可能小的自有资本保证对尽可能大的他人资本的控制。这一技术在美国铁路系统的金融化中得以完成。[14]

一方面随着股份公司的发展，另方面随着日益增进的财产积聚，在各种不同的股份公司中投入自己资本的大资本家的数目增加了。但是，大量股票的占有赋予在公司领导机关代表自己的权力。作为监事会的成员，大股东，第一，以红利的形式取得利润的一个份额；[15]第二，取得影响企业管理的机会或利用企业中一些事务的知识于投机交易或其他商业交易的机会。于是，形成一个集团，他们通过自己资本的力量或作为他人资本集中力量的代表（银行董事），能够成为大量股份公司的监事会成员。因此，首先在各种不同的股份公司相互之间，其次在这些公司和银行之间，产生了一种个人联合，[16]这种情况对这些公司的政策必然具有极大影响，因为在各种不同的公司之间形成了一种共同的占有利益。

为了实现把资本集中于一个企业，股份公司由各个小额资本聚积自己的资本；每个小额资本，就本身来说，为要执行产业资本（一般地，或特别在作为股份公司领地的产业部门）的职能也许是太小了。但是，应该注意：在股份公司的初期，这种聚集大都是通过直接诉诸个别资本家而进行的。而在发展过程中，个别资本已经被收集和集中于银行之中。因此，诉诸货币市场是通过银行的中介进行的。

任何银行也不能指望筹措一个私人企业的资本。银行通常基本上只给它提供“支付信用”。股份公司的情况就不同了。在这里，对银行来说，筹措资本不过意味着预付资本、分成股份以及通过出卖这些股份收回资本，即按形式完成纯粹的货币交易 $G—G_1$。这种资本证券的可转移性和让渡性，构成股份公司的本质，赋予银行"创建"从而最终控制股份公司的可能性。同样，银行债务的可能性在这里也比在私人企业中大得多。私人企业一般能够由收益中偿清债务，因此这种债务有一个狭隘的界限。正因为这种债务比较小，所以使私人企业家保持相当的独立性。而在股份公司中则存在这种可能性：这种银行债务不仅可以由正常收益中偿还，而且也可以通过扩大资本、发行股票或债券（它们的发行还为银行带来创业利润）来偿还。因此，银行可以以比对私人企业更大的安全性向股份公司提供更大的信用。它首先是不同种类的信用，这种信用不仅是作为支付中介的流通信用，而且也是用作补充不足的经营资本的资本信用。因为银行如果认为必要的话，可以限制这种信用的提供，其办法是通过新发行股票或债券，把新资本提供给企业。[17]

但是，银行不仅可以向股份公司提供比对私人企业更多的信用，而且也可以把自己货币资本的一部分在或长或短的时间内投于股票。而在任何情况下，都会产生银行对股份公司的持续的利害关系。银行一方面为保证适当地利用信用，必须对股份公司进行监督，另方面，为保证自己一切有利可图的金融交易，也必须尽可能地对股份公司进行控制。

从银行的这种利害关系中，产生出不断地对与它利害攸关的股份公司进行监督的努力，这可以通过监事会中的代表来最有效地进行。这种代表同时提供了使公司将一切其他与发行业务有关的金融交易通过银行进行的保证。另一方面，银行为分散风险和扩大自己的业务范围,也与尽可能多的公司发生业务关系,以便同时代表这些公司的监事会。对占有股票的支配权,使银行有可能代表最初也许是相对立的公司。于是,由此便产生了兼任这种监事会职位的趋势。[18]

监事会中的产业代表起另外一种作用。这里的问题是两个公司之间业务关系的联系。例如,一个钢铁厂在一个煤矿的董事会中设一名代表,以谋求从这个煤矿中取得自己的煤炭,这时的情况就是如此。

这种个人联合,同时意味着监事会的职位在一小撮大资本家手中的积累。一旦它成为过去彼此独立的公司之间更紧密的组织联系的先驱或促进者,这点就变得重要了。[19]

三、股份公司和个人企业

因此,股份公司在它创建的时候,并不诉诸执行职能的和有执行职能能力的资本家(他们必须把所有权职能和企业家职能结合在一起)的相对狭小的阶层。它从一开始就同这种个人的性质无关,而且只要它还存在就仍然如此。它的所有者的死亡、遗产分配等等,对它都没有任何影响。但是,这还不是同个人企业的决定性区别,因为个人企业在达到一定发展程度时,它的所有者失去的个人性质,可以由雇用的职员的个人性质所代替。文献中在股份公司和个人企业之间所作的另一种对比,实际上也是毫无意义的。这种对比是:一方是由主观上负全部责任的、完全独立的、但也有完全利害关系的企业家进行管理,另一方是由一群没有教养的、没有影响作用的、只有部分利害关系和不懂管理的企业家(股东)进行指挥。因为股份公司(恰恰是最重要的、收益最多的和最有开拓精神的股份公司)是由一个寡头或者甚至只由一个大资本家(或一个银行)所控制,他们实际上同样有完全的利害关系并同大量的小股东相独立而存在。此外,管理者,即产业官僚的上层,通过红利,首先是通过通常的扩大股票占有,也与企业发生利害关系。

这种实际的区别要重要得多:诉诸货币市场就是一般地诉诸一切有货币的人。货币在这里同时意味着对信用的支配。股份公司并不取决于个别资本量,个别资本要能够执行一个私人企业的产业资本的职能,必须首先集中在一个人手里。这不仅使入的范围扩大了(现在,每一个有货币的人都可以成为货币资本家),而且也使每一个超过一定最低限度(众所周知,只需有几个先令)的货币额,能够在一个股份公司中同其他货币额结合起来,并作为产业资本加以利用。这从一开始就使股份公司的创建比私人企业具有截然不同的容易程度,使股份公司具有比既有企业大得多的扩张力量。

在这种收集资本的属性上,股份公司执行同银行相类似的职能。区别在于:银行中所收集的资本保持货币资本的原有形式,并在货币收集之后通过信用提供给生产支配;而在股份公司中,这种分散的货币资本以虚拟资本的形式结合起来。此外,不能认为,小资本(它们只需是大资本的组成部分)的聚集同小资本家的参与是一回事。这些小资本可能恰恰属于一些大资本家。小资本家的小资本,与其说是通过股份公司结合起来的,毋宁说是通过银行结合起来的。

随着资本筹措的容易，积累也容易了。在私人企业中，积累必须从利润中承担。一部分未被消费的利润，从一开始就是以企业的一定大小为前提的。这部分利润在它的量足以进行新的投资和扩大经营之前，是作为潜在的货币资本被积累的。与此相反，在股份公司中，股息当然首先支付给股东。但是，这里也存在着把利润的一部分进行积累的可能性，特别是在股息大大超过平均利息率的情况下。但是，这种扩大首先并不取决于来自企业自己收益中的真正的积累，而是可以直接通过增加资本来进行。私人企业增长的限制（企业本身中生产的利润量）被取消了。因此，股份公司的增长能力比私人企业的增长能力要大得多。全部游离的货币资本被提供出来，用于股份公司的创建和扩大。股份公司不仅仅用它自己利润的积累而扩大。全部积累起来的以及现在力求增殖的货币资本，是股份公司可以往自己磨盘里注进的水。由资本在它的个人的、对事业漠不关心的和偶然的承担者之间的分散化产生的限制消失了。股份公司直接诉诸资本家阶级的结合起来的资本。

脱离开个别资本而独立化，使企业的大小独立于已经在个别人手中积累起来的财富的大小，使企业（不考虑财产积聚已经达到的程度）能够扩大。因此，那些由于自己的资本需要量是私人企业家所不可企及的从而必须放弃或由国家来经营的企业，即离开资本的直接的势力范围的企业，只有通过股份公司才是可能的，或至少在必要的规模上才是可能的。众所周知，这里最明显的例子是铁路，它最强有力地促进了股份公司的推广。股份公司打破了财产的个人限制，它的规模似乎只受社会资本量[20]而不受个人资本量的限制。股份公司的这种意义，特别是在它发展的初期，具有极大的重要性。

已经成为股份公司的资本主义企业的扩张，摆脱了个人财产的桎梏，现在可以纯粹按照技术的要求来进行：采用新机器，吸收相近的生产部门，使用专利等，仅仅按照它们技术的和经济的适用程度的观点来进行。为筹措必要的资本（这在私人企业中起主要作用）而操心，限制了私人企业的扩张力量，降低了它的抗冲强度和经常的应变准备。这种操心现在减轻了。景气可以更好地、更彻底和更迅速地加以利用。特别是在繁荣期间缩短的场合，这是一个重要的着眼点。[21]

上述一些因素在竞争中具有自己的意义。我们已经看到，股份公司中筹措资本的容易程度，与私人企业中相比，真有天渊之别。因此，股份公司有按照纯粹技术的考虑装备自己企业的可能性，而个人企业家这时却继续受他的资本量的限制。这在个人企业家利用信用时也是如此，因为信用量是受他的自有资本量制约的。股份公司则相反，无论是在创建时，也无论是在扩大和进行新投资时，都不受这种个人财产限制的束缚。因此，它可以占有最好和最新的成就；即使在它进行新投资时，也比私人企业家独立得多，私人企业家在他的利润达到能够进行积累的量之前必须等待。因此，股份公司可以得到技术上的优越设备以及始终保持这种技术上的领先地位，这后一点与前一点差不多同样重要。但是，这也意味着，它在技术的成就和节约劳动的方法普及化之前，就能够利用它们；因此，同私人企业相比，股份公司能够首先在更大规模上、其次以更完善和更新的技术进行作业，从而能够对私人企业相比获取超额利润。

此外，股份公司在利用信用方面也比个人企业家有很大的优势。在这方面，还必须简单地加以论述。

私人企业家通常只能要求相当于他的流动资本最高额的信用。任何进一步的信用提供，将把所贷资本转化为固定的产业资本；因此，对借贷资本家来说，这种资本实际上(de facto)被夺去了借贷资本的性质。借贷资本家简单地转变为产业资本家。因此，对私人企业家的信用，也只能由那些通晓这个产业资本家的一切情况和经营方法的人来提供。对私人企业的信用，是以熟知自己顾客的经营状况的小的地方银行企业、私人银行家为前提的。

股份公司很容易获得信用，因为它的组织方式使银行很容易通过简单地派遣一名可靠的人作为代表对它进行监督。这里，私人银行家被一位银行职员所排挤。但是，向股份公司提供信用的规模却可以大得多，因为股份公司可以很容易地筹措资本。所要求的信用不能被动员的危险是不存在的。即使信用实际上被股份公司用来置办固定资本，股份公司也可以在有利时机，不顾固定资本的实际回流，通过发行股票来动员资本，用以偿还银行债务。实际上，日常情况也是如此。但是，更容易进行监督和废除信用限于流动资本的障碍这两种情况，给股份公司以极大的利用信用的可能性，从而给股份公司在竞争中以新的优势。

因此，创建股份公司具有更容易筹措资本以及更容易进行扩张的经济优势，同时带来了技术的优势。

但是，由于自己的构成，股份公司在价格竞争中也具有优势。

我们已经看到，股东具有货币资本家的性质，从他所投的资本中仅仅期待利息。尽管有创业利润，尽管由于高额的管理费用、董事的红利等等而使利润减少，但在有利的发展过程中，收益还是可以远远超过利息。

像我们已经看到的，这种提高的收益并不一定总是对股东有利。它的一部分可以用来加强企业和形成准备金，后者在危机时期给股份公司提供了比对私人企业更强大的支持。与此同时，高额准备金可以造成更稳定的股息政策，并因此而提高股票市价。或者，这种收益中的一部分可以被积累起来；因此，实际执行职能的即生产利润的资本，在不提高名义资本的情况下，也被提高了。这也提高了股票的实际价值，而且是在比准备金的形成更大规模上的提高。这种也许在后来的时间里才能证明的提高，对大的和持续握有股票的股东有利；而小的和股票经常脱手的所有者，则必须为此付出损失自己一部分利润的代价。

但是，如果出现不景气和竞争激化，股份公司（这里，由于这样的股息政策而使股份资本和实际执行职能的资本之间的最初差额大大减小或完全消失）便可以把自己的价格压低在生产价格 K＋d 以下，达到等于 K＋Z（成本价格加利息）的价格；于是，仍然可以分配等于或稍低于平均利息的股息。

因此，股份公司的抵抗力量要大得多。个人企业家努力实现平均利润。如果他产生的利润少，他就会考虑抽回他的资本。在股份公司中，这种努力绝没有到如此程度，至少在领导机关中是如此，在所有者中间也是如此。私人企业家必须从收益中承担自己的生活费用。如果他的利润降低到一定界限之下，那他便失去了经营手段，因为他把他的资本的一部分用在自己的生计上。于是，他便破产了。股份公司的情况则不同。它努力使股份资本获得利息。但是,一般说来,股份公司的活动只要不带来损失,股份公司就能继续存在。对股份公司来说,一般不存在为纯收益而工作的强制;[22]而对自己的资本减少的个人资本家来说,却存在着直接导致灾难的强制。这种强制也可能影响股东,迫使他出卖股票。但是,这种出卖并不影响执行职能的资本。如果纯利润没有消失而只是减少,那么,股份公司也可以长期继续存在。如果纯利润降低到股息的平均率以下,股票价格便会下降。新的股票购买者,也和老的股票所有者一样,现在都按较小的资本计算收益。股票的市场价格降低了。但是,那种由于不再生产平均利润而从产业资本家的角度来看已经不盈利的企业,对新的股票购买者却是完全盈利的;如果企业完全停顿,老的股票所有者只能遭受更为惨重的损失。但是,即使经营不善带来损失的股份公司,也还具有较大的抵抗能力。在这种情况下,私人企业家往往失败和不可避免地遭到破产,而股份公司却可以比较容易地"改组"。因为筹措资本的容易性,使股份公司有可能筹集为继续经营和进行整顿所必要的资金额。股东一般不得不同意。实际上,股票价格反映了企业的这种状况。股东不得不同意将实际上的损失也在名义上反映出来。

股份资本被降低;这就是说,收益分配于较小的资本,以后就以这种较小的资本来计算。或者,如果这里收益全无,新资本便被筹集,它现在同较低估价的旧资本一起产生了足够的收益。顺便指出,对于银行来说,这种整理和改组有两重意义:第一,作为带来利润的业务;第二,作为使这种公司依附于自己的机会。

资本所有权同资本职能的分离,对企业的经营也有影响。对股份公司的管理者来说，所有者对尽可能大和尽可能快地牟取利润的关心，在每一个资本家心灵中潜伏着的掠夺式经营的冲动，在达到一定程度时，便退居到经营所提出的纯粹的技术要求之后了。他们比私人企业家更为热心地装备企业，使陈旧的设备现代化，为征服新的领域进行竞争，而不顾为满足自己的需要使股东遭受的牺牲。在管理他人资本时，表现出精明强干、合情合理以及不作个人考虑的特点。当这种政策通常也得到占统治地位的大股东的认可时，就更其如此。这些大股东能够容易地承受对自己利润的暂时限制，而最后通过市价上涨和利润提高，把早已出让自己股票的小股东同样必须作出的牺牲果实，也攫为己有。

股份公司对个人企业的优势在于：在股份公司中，纯粹经济的条件和要求，也可以不顾有时同技术—经济要求相矛盾的个人财产的条件而实现。

资本的积聚运动，经常伴随着作为新的独立资本执行职能的资本部分的分离。“在这方面，资本家家庭内部的分产起着重大作用。……所以，积累和伴随积累的积聚不仅分散在许多点上，而且执行职能的资本的增长还受到新资本的形成和旧资本的分裂的阻碍。因此，积累一方面表现为生产资料和对劳动的支配权的不断增长的积聚，另一方面，表现为许多单个资本的互相排斥。”[23]

随着股份制度的扩大，经济的发展便摆脱了表现为股票的而不是股份公司的命运的财产运动的个人偶然性。因此，企业的积聚可以比财产的集中更急剧地进行。两种运动有它们各自的规律。但是，在两者中都存在着积聚的倾向。在财产运动中，积聚的倾向只不过更加偶然地和很少强制地表现出来罢了，而且实际上也常常为偶然性所阻滞。这种现象使一些人有借口去侈谈财产通过股票而民主化。产业的积聚运动同财产运动相分离是重要的，因为这样一来，前者便摆脱了个人财产限制的束缚，而只需依从技术经济的规律。这种并不同时是财产积聚的积聚，必须同通过财产运动并与财产运动一起同时进行的积聚和集中[24]区别开来。

由于财产向股份财产的转化，所有者也就成为权利较少的所有者。他作为股票所有者，依赖于所有其他股票所有者的决议：他只是整体的一员（即使并不总是从属的一员）。因此，随着股份制度的扩大，资本主义的所有制越来越成为这样一种有限制的所有制，它只给资本家一种简单的剩余价值的要求权，而不允许他对生产进程进行决定性的干预。但是，这种限制同时也使巨额股票所有者对少量股票所有者施行无限制的统治。于是，极大数量的小资本家的所有制越来越受到限制，对生产的无限支配权被取消了，生产支配者的范围日益狭小。资本家们形成一个公司，在这个公司里，他们大多数人对管理是不容置喙的。对生产资本的实际支配权，落到那些实际上只付出生产资本的一部分的人的手里。生产资料的占有者不再作为个人而存在，而是他们形成一个公司，从公司那里，个人只有对收益的相应部分的要求权。

四、发行活动

作为票据交易的中介，银行以银行信用代替商业信用。作为由闲置货币向货币资本转化的中介，银行向生产资本家提供新的资本。银行的第三种职能，同样是向生产资本家提供资本，但不是银行把资本贷给生产资本家，而是通过银行把货币资本转化为产业资本和虚拟资本以及这种转化本身的实现。一方面，这种发展日益造成这样的结果：一切货币汇流到银行，并且只有通过银行的中介才能转化为货币资本。另方面，由于银行资本向产业资本的转化，资本不再以货币形式存在，从而不再是银行资本的适当组成部分。资本的动员，即资本向虚拟资本，以及向资本化的收益凭证的转化，解决了这一矛盾。因为随着这一转化，这种凭证的市场也同时发展起来了，从而这种凭证随时都能转化为货币，都能成为银行资本的组成部分。这里，银行并不发生任何信用关系，也不实现任何利息。银行只是把要向产业资本转化的一定的货币资本以虚拟资本的形式提供给市场。在市场上，虚拟资本被出卖，银行实现了由产业资本向虚拟资本的转化中所产生的创业利润。因此，“发行信用”这个术语并不表示任何信用关系，而只不过是指公众认为银行不会进行欺骗的多少有些根据的信任罢了。

银行的动员资本的职能，是从银行对社会的全部货币的支配中产生的。同时，这种职能是以银行的巨额自有资本为条件的。虚拟资本即债务证书，是一种特殊(sui generis)商品，只有通过出卖才再转化为货币。为此，一定的流通时间是必要的；在这段时间内，银行资本固定在这种商品上。此外，出卖并不是随时都是可能的，而银行债务却始终必须以货币形式履行。因此，为了这种交易，银行必须始终掌握它不负债务的资本即自有资本。同时，随着产业企业的发展，这种交易的量也增长了，从而扩大银行资本的必要性也增长了。[25]

银行势力越强，把股息归结为利息也就完成得越充分，创业利润也就越是完全地归银行所有。相反地，一些强大的和稳定的企业，在增加自己资本的时候，也能为自己企业保证一部分创业利润。于是，在公司和银行之间便出现了一种为分配创业利润而展开的斗争，从而产生了银行保证自己对企业的控制的一种新的动机。

创业利润不仅仅是在真正意义上的创建时才达到的，不论是完全新建还是把现有私人企业转化为股份公司都是一样，这是不言而喻的。经济意义上的创业利润，在现有股份公司每一次增加资本的时候，也同样可以获得，其前提条件是：它的收益大于单纯的利息。

部分地看，表现为利息率下降的，仅仅是股息不断地归结为利息的结果，而创业利润越来越表现为全部企业利润的资本化。这是一个以银行及其与产业的联系高度发展和虚拟资本市场即交易所的相应发展为前提的过程。美国铁路债券的利息，70 年代是 7％，现在是 3.5％，[26]这是因为，在 7％中作为企业利润所包括的一部分，现在被创业者资本化了。这一点也是重要的，因为这意味着，创业利润由于股票和债券的收益越来越归结为利息而有提高的趋势。对这种创业利润提高的趋势发生反作用的是利润率的下降。可以认为，利润率常常被中断的下降（与此相对立的是把利润提高得更多的反作用）的最终结果，并不能取消创业利润提高的趋势。因此，创业利润直到最近还是沿着提高的方向发展，而且在那些银行和交易所的发展十分迅速和银行对产业的影响已最后完成的国家里表现得最显著。

货币资本家通过出借资本获得利息，而发行股票的银行什么也不贷出，因此也不获得利息。相反地，股票所有者以股息形式获得利息。企业利润流归银行，但不是作为每年的收入，而是作为资本化的收入，作为创业利润。企业利润是连续的收入，但这种收入以创业利润的形式一次付给银行。银行把资本主义的财产分配当作永恒的和不变的东西，并把这种永恒性实现于创业利润之中。因此，它也一次永久地得到偿付，没有任何对废除这种财产分配要求补偿的权利。它已经得到了自己的报酬。

第八章　证券交易所

一、交易所证券。投机

交易所是证券市场。我们这里首先把证券理解为代表货币额的完全一般的"有价证券"。它分为两大类:第一大类是货币凭证,它只不过是债券,即表示作为它的发行基础的货币额的信用证券;其主要代表是票据。第二大类是那些不是代表货币额而是代表货币额的收益的证券。这些证券又分两小类,即分为固定利息证券(国债券和公司债券)和股息证券即股票。我们已经知道,在资本主义社会里,每一项有规律地(每年)重复获得的收益被理解为资本的收入,它的量等于按一般利息率资本化的收益。因此,这些有价证券同样代表货币额。但是,同前一类的区别在于:在信用证券中,货币额是第一性的;等量的货币或价值实际被贷出,现在带来利息。这种证券只在一定时间内流通,当资本被收回时,它也就终结了。于是,票据就满期了。票据不断地流通,并不妨碍各个票据不断地满期,因而也不妨碍被贷出的资本回流到放款人手中。于是,放款人手中又握有货币额,可以重新将它贷出。在这里,票据满期,从而资本不断回流到它的所有者手中,是这一过程不断更新的条件。

第二类的情况就不同了。这里，货币最终地放出了。在国债券的情况下，货币早已被非生产性地消费掉，即完全消失了。在产业证券的情况下，货币通过购进不变资本和可变资本支出了，它充当了购买手段，它的价值现在以生产资本要素的形式而存在，货币额在卖者手中，不再返回到它的出发点。股票已不可能代表这一货币，因为这一货币已经转到商品卖者（生产资本要素的卖者）手中因而成了卖者的财产。但是，股票也完全不代表生产资本本身。因为，第一，股票占有者对生产资本的某一部分没有要求权，而只是对收益有要求权；第二，股票不像货栈或仓库的证券那样代表某种具体的使用价值（如果股票真的是生产上执行职能的资本的一个部分，那就必然代表某种具体的使用价值了），而是只给予一定货币额的要求权。股票这样做的意义，在于产业资本的“动员”。但是，这一货币额不过是按当时的利息率资本化的收益。因此，收益即年收入在这里是对证券估价的出发点，货币额只能按收益来计算。

固定利息证券，就一定货币额在一定时刻总是与固定收益相适应来说，与第一类相近。但是，它却属于第二类，因为它最初代表的货币是最终地放出的，勿需回到出发点，因而它所表示的资本是虚拟的，它的量仅仅由收益来计算。固定利息证券同其他收益证券的区别表现在：如果撇开偶然的规定原因不论，那么，前者的价格取决于利息率，而后者的价格取决于利息率和当时的收益水平。因此，前者的价格只经受比较小的波动，而且这种波动是随着比较容易预见到的利息率的一般波动而逐渐发生的。相反地，在第二类中收益水平却服从于不确定的、各种各样的和不能预先估计到的变化，这种变化造成这种证券的强烈的价格波动。因此，这种证券便成为投机的主要对象。

由上面的叙述已经得出结论，把交易所当作“资本市场”的一般说法，并没有触及交易所的本质。

第一类证券是债务证券。它们绝大多数产生于流通活动，产生于没有货币介入的商品转移，货币在这里只执行支付手段的职能。它们作为信用货币代替现金。它们在交易所的交易，仅仅意味着信用的提供由一个人手里转到另一个人手里。但是，像我们已经知道的，信用货币的流通是以实际货币的流通为前提和补充的。因为这里流通的信用货币，不仅中介国内的支付交易，而且也中介国外的支付交易；因此，交易所不仅必须掌握国内的信用货币，而且也必须掌握国外的信用货币和硬币。所以，作为信用货币交易的补充，外汇交易和货币交易也以交易所为中心。随时可以支配的货币资本汇流到这里，寻求投资口，并在信用证券中找到了它。在这种活动中，交易所同真正的信用机构即银行展开了竞争。但是，这里既有量的区别，也有质的区别。从量上来说，这里不像在银行中那样，起着从极其多种多样的小的来源处收集货币的作用，而一开始就是大批汇集的资本寻求投资口。构成银行的一个重要职能的货币积聚，在这里已经完成。从质上来说，区别在于：这里的问题不是信用提供的不同方式。这里只提供为维持信用货币的流通所必要的货币。货币大规模地投于头等重要的票据。无论是在需求方面还是在供给方面，都是巨额，同供给和需求的积聚相对应。这里形成借贷资本的市场价格，形成利息率。这是纯利息，摆脱了任何风险酬金。这里论及的是在这个恶劣的资本主义世界里所可能有的最好的证券，它的善良比慈悲上帝的善良更加不容置疑。这种最纯正的票据（当然，不是卑俗的使用价值意义上的纯正，也不是写在手工精制纸上的最佳票据）的利息，似乎是由对货币资本的单纯占有所产生的。货币似乎根本没有放出，因为它能通过经常可以进行的票据再转让而随时实现。在一切情况下，货币都仅仅是暂时投下的，随时准备移作他用。安全可靠和满期时间短，造成这种投资的利息低微。只有那些常常是暂时可以支配的巨额资本才适合于这种投资。这种利息形成其他投资部门利息计算的出发点。这种利息的高低，也决定了自由浮动的货币资本在不同的交易所场地的进出，这些货币以经常变化的规模进入世界货币的流通。

在这里，交易所形成大银行和大资本家彼此之间货币交易的市场。所涉及的票据都带有一个第一流的银行的签字。国内和国外的银行或其他大资本家，以这种带来利息的和绝对安全可靠的使用方法，把流动的货币投于这种票据。相反地，大的信用机构，当它接受的要求超过自己可以支配的资本时，也把这些票据带到交易所来，以筹集必要的资金。[27]

这种交易所需要的货币额有增有减，但总是以一定的最低限量存在着。用它来购买票据，当票据满期时，货币又被收回。由于货币的这种不断地向它的出发点的回归，由于货币的作为信用交易的简单中介的职能，投于这第一类的交易所证券的货币的流通，便立即同货币向第二类的投资，例如股票的投资，区别开来。在后者的场合，货币最终放出了，转化为生产资本，移到商品卖者手里。

货币不像在前者的场合那样回归到交易所。现在,资本化的利息证书代替货币而存在。这里,实际上是把货币从货币市场上抽走了。

在票据市场上,交易所与银行展开竞争。银行的发展,把一部分票据从交易所那里取走了。产业资本家和作为支付信用的中介(这在交易所产生期是交易所的最重要的职能)的交易所之间的关系,绝大部分被银行从交易所那里夺走了。留给交易所的,仅仅是银行本身之间的中介和中介国际支付与调节汇率的外汇交易。但是,即使在这里,大部分交易也是直接由为此目的设立自己的外国支行的银行来进行。银行的发展对限制交易所的这部分交易起双重的作用。首先,直接通过银行把自己的日益增长的货币以越来越大的规模投于票据,而不通过交易所的中介;其次,通过银行的发展使票据信用部分地为其他信用形式所代替。

票据是一个生产资本家(所谓生产资本家是指每一个取得利润的资本家,因此也包括商人)向另一个生产资本家提供的代替支付的信用。接受票据的资本家把票据在银行中贴现,银行现在便因此而提供了信用。如果两个资本家在银行有存款或对他们敞开的银行信用,那么,他们就可以通过以银行支票代替票据或银行账簿上的转账来调整他们的支付。票据已成为多余的了。银行账簿中的交易代替了票据。这种交易同能够继续转让的票据相反,是根本不形之于外的。由于银行越来越多地调节自己顾客的支付,票据的交易便受到限制,票据的交易所市场也受到这种限制的影响。此外,在实行发券银行垄断的国家里,发券银行在外汇市场上占统治地位。这种地位如果发生动摇,并不对交易所有利,而仅仅对大银行有利。在这个信用货币交易的领域，除了外汇投机之外，没有进行特殊的交易所活动的余地。这里，交易所不过是提供给信用货币交易支配的货币额的集中市场罢了。

真正的交易所活动的领域，是利息证书或虚拟资本的市场。这里，货币投资首先是作为应转化为生产资本的货币资本而进行的。货币通过购进利息证书而最终地放出，不再被收回。只是每年所谋取的利息才流回交易所，因此与信用证券的货币投资中的情况不同，在那里，资本本身同样是要收回的。相反地，为了利息证书的买卖，服务于交易所本身中的流通的额外货币是必要的。这一货币额比交易额要小。因为利息证书是货币凭证，所以它们能直接相互抵消，常常只需弥补少量差额就行了。为结清这些差额的特殊机构所要做的，实际上只需以现金补齐差额。但是，就绝对额来说，特别是在投机盛行时期，为交易所的目的所需要的流通手段是可观的，因为恰恰是在亢奋的投机时期，投机大都是沿着单一的方向进行的，因此需要结清的差额显著增大了。

现在产生了交易所活动的方式及其职能的问题。我们已经看到，在票据市场上，交易所的活动与银行的活动是相一致的。同样，为投资的目的购买有价证券，并不是交易所特有的职能。像在交易所中那样，有价证券也可以在银行中购买，而且实际上数量也越来越大。交易所的特有活动毋宁说是投机。

投机首先表现为买卖。但这不是商品的购买，而是利息证书的购买。生产资本家为了实现自己的利润，必须把他的商品资本转化为货币，即卖掉他的商品。如果另一个资本从他那里把出卖的职能取走，那么，产业资本家就必须把他的利润的一部分转让给这另一个资本家。

商品中所包含的整个利润，只有在出卖给消费者的时候才最终实现。商品同时也由生产者手中移到消费者手中。从地点的移动来考虑（只要想想房屋的出卖就行了）并把商业同运输混淆起来，自然是毫无意义的。买卖中所涉及的不是地点的变化，而是经济过程，是所有权的转移。在一切内涵不丰富的过程中，也涉及场所的变化。但是，谁能在剧场的寻求中看出戏剧欣赏的本质？

商品最后归之于消费，因而从市场上消失。而利息证书按其性质来说是永恒的。它绝不在商品那样的意义上脱离开流通。它即使为了投资的目的暂时从市场上抽走，但还可以随时回到市场上去，实际上是在或长或短的时间之后和以或大或小的数量回到市场上去。但是，对于投机本身来说，利息证书离开市场从而离开流通，既不是目的也不是结果。在交易所，真正的投机证券是经常处于流通之中的。这是往返运动，是循环，而不是前进的运动。

商品买卖是一个社会必然的过程。在资本主义经济中，社会生活条件通过它而实现。它是这个社会的一个不可或缺的条件。投机绝非同样是这种条件。它不关涉企业，既不关涉经营也不关涉其产品。对于既经建立起来的企业来说，占有的更替和不断地流通都没有影响。生产及其收益不受收益凭证转手的影响。收益的价值也同样不因股票价格的变化而变化。相反地，在其他情况不变的条件下（caeteris paribus），收益的价值决定股票的价格变化。因此，这种利息凭证的买卖是一种纯粹的经济现象，一种私有财产分配的纯粹转移，对利润的生产或实现没有任何影响（像在商品出卖中一样）。因此，投机的输赢仅仅产生于当时对利息证书估价的差别。它们不是利润，不是剩余价值的份额，而仅仅产生于由企业落入股票占有者手中的剩余价值份额的估价的波动中。像我们将会看到的，这种波动完全不一定是由实际实现的利润的变化中产生的。这是纯粹的差额利润。[28]资本家阶级本身不付任何等价物地占有无产阶级劳动的一部分，因而获得自己的利润；而投机家仅仅是互相争利。一人所失就是他人所得。这是花别人的钱办的事（Les affaires，c'est l'argent des autres）。

投机在于对价格变化的利用，但不是对商品价格变化的利用。同生产资本家相反，投机家对价格高低如何是漠不关心的。对他来说，问题不在于商品价格。他不考虑商品价格，而只考虑他的利息证书的价格。利息证书的价格取决于利润量。利润量在价格保持不变、下降或提高时，可以提高或降低。因为对利润有决定意义的不是所生产的商品的绝对价格水平，而是它的成本价格对它的出售价格的比率。但是，对投机家来说，利润提高或是降低也还不是根本性的，对他至关重要的仅仅是变动和对这种变动的预见。他的利益既与生产资本家完全不同，也与向往尽可能稳定的和尽可能不断提高的收益的货币资本家完全不同。商品价格的提高，只在它是利润提高的指数时，才对投机有影响。必须加以预见或根据利润变化决定投机。但是，企业所生产的利润，是不考虑投机而分配的。利润分配于生产资本的所有者或利润证书的所有者。但是，投机家本身完全不是从利润的提高中抽取自己的盈利的，他同样可以通过利润的下降而获利。他一般不考虑利润的提高，而只考虑由于利润的提高或降低所引起的利润证书的价格变化。他保有的不是指望获得高额利润的利润证书（这是向企业投资的资本家所干的),而是试图通过他的利润证书的买卖而获利。但是,他的获利不在于以某种方式参与利润(他甚至在利润下降时也可能获利),而是在于参与价格的变化,即他在一个既定的时刻,可以比以前的卖更便宜地买,或比以前的买更昂贵地卖。如果所有的投机参加者都沿着同样的方向行事,因而大家都同时较高或较低地估价利润证书,[29]那么,就根本不可能产生投机盈利。它的产生仅仅是由于对立估价的形成,其中只有一方才可能是正确的。买者和卖者之间在一定时刻对利润证书估价的差别,形成一方的投机盈利和另一方的投机亏损。这里,一方的盈利就是他方的亏损,与生产资本家的利润完全相反。因为资本家阶级的利润并不是工人阶级的亏损,工人阶级在常的资本主义关系下不能获得比自己的劳动力价格更多的东西。

现在应该研究一下投机在其业务中所考虑的一些因素。投机的主要对象不是固定利息的证券。这里,价格的变化主要取决于两个因素,即利润的水平和利息率的水平。诚然,一般说来,利润在理论上是由平均利润率决定的。但是,平均利润率只不过是一系列无数个别利润的表现,这些个别利润的大小可能完全背离平均水平。但是,产业利润的水平是局外人完全不能了解的。除了剩余价值量和预付资本量这些利润率的一般决定原因之外,市场价格的变动和企业家利用行情的个人手腕的全部偶然性,在这里起决定性的作用。只有商品的市场价格才从外部表现出来。市场价格对成本价格的比率这一决定性因素,仍然是从外部无从了解的,常常是企业家本身在周转期结束之后通过准确的计算才能知道。撇开实际利润量不论,一系列或多或少的任意的因素,也起着影响实际对利息证书进行分配的收益的作用。这些因素是:折旧和董事红利的水平,准备金的配备等等。这些因素同时也给企业的管理机关以能够在一定程度上任意确定收益水平从而影响证券市价的力量。然而,在任何情况下,决定价格的并在实践中有决定意义的第一个因素,是大量投机家根本无法测定的。在经常遇到的价格差别很小和利润由于利润的资本化所发生的变化在市价上所造成的振动很大的条件下,一般的、多多少少是表面的企业知识,是很少有所作为的,相反地,通晓企业的知识,使那些行家里手有很大的安全性以及差不多没有风险地利用自己的知识达到投机盈利的能力。

第二个价格决定的原因即利息率的情况就不同了。我们已经看到,为了使投机活动成为可能,必须有对进行预测的市价状况看法上的分歧。这种分歧是由未来利润的不确实性产生的。相反地,利息率与商品的市场价格相类似,在每个一定的时刻都是一个既定的量,因而是所有投机家都同样地知道的。即使利息率发生变化,但至少在它的发展方向上是可以大体近似地预先确定的。当然,这里撇开了带来直接影响货币需要的战争或革命的爆发、世界性的灾难等非常事件的突然的和多多少少急剧的骚动。此外,利息率的变化对市价影响的强度减退了。在萧条时刻,利息率一般较低;投机不振;信任程度下降,即使利息率低,产业证券的市价水平也还是低。相反地,在高涨和投机活跃时期,高利息率则由于期待市价利益的提高而受到抑制。因此,如果说利息率及其状况是一个比利润的预测更安全可靠的因素,那么,利润的状况却从根本上规定了投机的方向和决定了投机的强度。所以,投机家们应该考虑的正是这个不安全的和不可测定的因素。换句话说，某种安全可靠的预见是投机不可能做到的，它在自己的活动中只能暗中摸索。交易所投机具有赌博的性质。但是，对于行家里手来说，这种赌博成为有把握的(a coup sûr)赌博。

在市价中，也像在所有价格中一样，除了真正的价格决定原因之外，还可以区分出在供求关系的变化中表现出来的偶然的价格决定原因。对于投机来说，重要的只是价格变动，而不是这种变动的原因。因此，这些原因对它自然是无关紧要的。另方面，投机的本质在于，以自己经常变化的情绪和期待(由自己的不确实性中必然产生的一种变化)本身造成不断变化的供求关系，后者又影响价格的变化。但是，在这一领域，每次价格的变化又推动了新的投机、新的交易和地位的变化，从而推动了供求的新变化。因此，投机通过它所掌握的证券创造了随时准备加以吸收的市场，从而为其他范围的资本家提供了把他们的虚拟资本转化为实际资本的可能性，从而创造了虚拟资本交易的市场并因此而创造了虚拟资本投资的不断变换以及虚拟资本向货币资本不断再转化的可能性。

但是，投机的不安全性也造成另一种现象，即大投机家影响投机方向和“携带”小投机家的可能性。因为投机家什么也不知道(常常一般情况都不知道，而无论如何，详细情况是什么也不知道的)，[30] 所以他追随市场的征兆、气氛和一般潮流。但是，这种气氛可以由大投机家们所制造，实际上也是由他们制造的。此外，他们也有或多或少的理由被认为是懂行的。他们的投机为小投机家们所仿效。他们通过大量购买来稳定市场。由于他们需求的增加使价格上涨，从而提高了市价水平。如果运动继续进行，需求便由于所有那些以为是跟随大投机家进行投机的人的购买而提高，价格进一步提高了，虽然大投机家已经不再参与。这些大投机家现在就可以按照自己的意图逐渐实现自己的盈利，或长短不等地保持提高了的市价水平。这里，对更大资本的支配直接产生了市场上的优势，因为市场方向本身是由这些资本的使用方式决定的。在生产领域中，较大资本的有利条件在于较低廉的生产，因而在于价格的降低；而在这里，价格的变化却是直接由资本的影响引起的。证券批发商即银行，可以利用这种情况迫使投机沿一定的方向进行。银行给自己的大量顾客以买卖一定有价证券的暗示，从而达到通常银行所预知的供求关系的变化。这也像每一个投机方向的预知一样，为银行带来了利润。这种同路人、局外人和公众的重要性，在这里也显示出来了。对于职业投机来说，盈亏可以互相抵消。但是，广大公众仅仅追随大投机家指示的方向，即使在大投机家已经带着自己实现了的盈利退出了，却仍然保持着这种方向。他们是一些天真的人，以为他们分享高涨的果实的时刻现在到来了。其实，他们是必须承担损失的人，在经济周期的每一次转变中，或者仅仅在交易所气氛的每一次转变中，都必须支付差额。把差额装进口袋，构成投机的“生产活动”。

投机是非生产性的，带有赌博的性质，而且在舆论中受到这样完全正确的评价。但是，所有这一切丝毫也不否认投机在资本主义社会的基础上或至少在资本主义发展的一定阶段上的必然性。一般说来，把一切在资本主义社会里是必然性的东西冒充为生产性的，是一种辩护的手法。相反地，由于生产的无政府状态，由于生产资料的所有者和使用者之间的对抗，资本主义生产在其分配方式中，从一开始就包含着巨额的支出和耗费(这不意味着财富的增加，在有组织的社会中要加以废除)。从这种意义上来说，资本主义生产是非生产性的。[31]投机在资本主义社会中的必然性，并不证明它的生产性，而只是证明这种社会组织的错误。

但是，投机对执行交易所的职能是必要的。现在应该详细考察这种职能。

二、交易所的职能

交易所的职能在经济发展过程中发生了变化。在它的初期阶段，交易所服务于不同货币种类和票据的交易。为此，只需收集投于这种票据中的游离的货币资本。后来，它成为虚拟资本的市场。虚拟资本首先随国家信用的发展而发展。交易所成为国债市场。但是，只有产业资本向虚拟资本的转化，从而股份公司越来越强有力地向产业渗透，才发生变革的影响。因此，一方面，提供交易所支配的材料急剧地和无限地扩大；另方面，交易所作为随时准备吸收的市场的存在，是产业资本向虚拟资本转化和股息归结为利息的前提。

随着这种虚拟资本市场的产生，出现了投机的可能性。另方面，为了使这种市场成为随时可以吸收的市场，从而为货币资本本身提供不断转化为虚拟资本和由虚拟资本再转化为货币资本的可能性，投机是必要的。因为通过买卖可以实现差额利润，于是便提供了对买卖的不断刺激，从而保证了一个随时准备吸收的市场的经常存在。交易所的根本职能在于，为货币资本投资创造这种市场。因此,资本作为货币资本投资的可能性才能大规模地产生。为了使资本能够执行货币资本的职能,第一,资本必须产生一个经常的收入(利息);第二,老本本身必须回流,如不是实际回流,则可以随时通过出卖利息要求权而回流。只有交易所才有可能动员资本。这种动员在法律上不过是所有权的转移,同时也是所有权的二重化。[32]实际生产资料所有权由个人转归一个法人公司,这个公司虽由这些个人的总和构成,但其中的个人本身却根本不再有这些财产的所有权了。个人毋宁说只有收益的要求权。他的所有权以前意味着对生产资料的实际的和无限的支配权,从而意味着对生产的管理权。但它现在已经转化为一种单纯的收益证书,生产的支配权已经从他那里被夺走了。而从经济上来看,动员就是资本家把他所投的资本随时以货币形式抽回和转移到其他领域的可能性。资本有机构成越高,生产资本在它的物质要素上的投资的实际变化就越不可能引起这种变动。利润率平均化的趋势,越来越受到下述情况的抵制:其主要组成部分是固定资本的生产资本,越来越不可能从一个生产部门中抽回。这种平均化的实际运动,主要通过新积累的剩余价值向利润较高的投资领域投资和停止向利润率较低的投资领域的新投资,只是缓慢地、逐渐地和近似地进行。同利润率相反,利息率在每个既定的时刻都是相等的和一般的。一切资本的相等(对个人资本家们来说,这不是价值额相等,而是等量价值的收益相等),只是在利息率的一般性和相等中,才找到自己的适当表现。资本家对使用价值、对他的资本的当时的具体投资领域的漠不关心,即资本无非是产生剩余价值的价值、仅仅从这种量的关系上来考察和仅仅是利润证书这一事实,在收益

(利润)实际不同的条件下,导致对等量资本价值的不同估价。假定有价值为100的两笔资本,其中一笔资本产生10%的利润,另一笔资本产生5%的利润,那么,前者的估价就是后者的二倍。一方面,个人资本所产生的利润的差别,由于个人资本家力求为自己的资本谋取尽可能高的利润,导致资本在投资领域的竞争,从而导致利润率(以及以前的剩余价值率)平均化的趋势和一般平均利润率的形成;另方面,由于个人利润率的这种不相等不断地重新产生和经常引起资本移动,对个人资本家来说,这种不相等又通过他的资本按照以利息率资本化的收益进行估价而不断地被克服。为了使这种估价成为实际的,使资本家作为资本家真正平等以及使一切带来利润的东西的等同最终实现,这种资本也必须随时能够按照这种估价标准来实现,而且能够以社会通用的形式,即作为货币来实现。然后,利润率对每个个别资本家的相等才能实现。这种实现同时也是实际关系的颠倒。资本不再表现为一定的量,这个量也不再是利润量的决定因素。相反地,利润固定地表现为一定的量,从而决定资本量。这种决定在创建股份公司时实现,使谋取创业利润成为可能,并决定创业利润的高低。实际关系被颠倒地表现出来。奇怪的是,那些以交易所成员的眼光看待经济关系的经济学家,却相反地把实际关系的描述当作颠倒黑白!

因此,一切资本的相等实现于资本按其收益进行估价之中。但是,这样估价的资本,正是在交易所,在资本化的利息证书即虚拟资本的市场上得以实现,并因此而成为现实的。如果说资本主义的内在规律,它的使社会中存在的一切价值作为资本服务于资本家阶级和使每项资本都获得等量收益的要求,推动了资本的动员并因此而推动了资本作为单纯带来利息的资本进行估价，那么，交易所便执行了使这种动员成为可能的职能，因为它提供了资本转移的场所和创建了这种转移的机制。

资本的动员越来越把资本主义财产转化为收益凭证，从而使资本主义生产过程在越来越大的程度上脱离资本主义财产运动而独立存在。在交易所进行的这种收益证书的交易，意味着财产的运动。但是，这种财产的转移可以不依赖和不影响生产的运动而进行。财产的运动现在是独立的，不再由生产过程所决定。以前的财产运动同时意味着资本主义企业家职能的转移，另一方面，企业家职能的变换决定财产的变换，而现在情况就不同了。以前，财产分配变化的主要原因是生产结果的变化，财产分配是产业竞争的结果。现在，除了这些继续发生作用的原因之外，还出现了其他原因。这些其他原因来自利息证书流通的机制并可以引起财产运动，这些财产运动对生产仍然没有任何影响，正像它们没有生产关系的变化而产生一样。

在商品流通中，使用价值的转移和财产转移是同时进行的。在简单商品生产中，使用价值的转移表现为本质的东西，表现为财产转移过程的动机；而财产转移仅仅表现为使用价值转移的手段。因为生产的决定性动机还是使用价值，是满足需要。此外，在资本主义商品流通中，使用价值的流通意味着在生产中产生的和形成经济活动动力的利润的实现。在资本主义社会内部，劳动力商品向资本家转移，同时意味着资本主义财产通过剩余价值的生产而增加。但是，在证券的流通中，问题则在于财产转移，在于没有同时的使用价值转移的单纯所有权证书的流通。这里，财产运动是在没有同时的使用价值运动的条件下进行的。这里，资本主义的财产失去了同使用价值的任何直接的联系。这种财产本身流通的市场就是交易所。

动员本身，虚拟资本的创造本身，已经是资本主义财产在生产过程之外产生的一个重要原因。如果说以前资本主义财产从根本上讲是由于利润的积累而产生的，那么，现在虚拟资本的创造却提供了创业利润的可能性。因此，利润大部分归于积聚了的货币权力之手，而只有这种权力才能赋予产业资本以虚拟资本的形式。但是，这种利润并不像股东的股息那样，作为每年的和分散的收入流归于它，而是资本化为创业利润，资本化为无论相对地或绝对地来看都能立即以货币形式执行新资本职能的巨大数额。于是，每一个新的企业从一开始就向它的创建者支付一份贡赋，而创建者却没有为此做出任何事情，也无需与企业打什么交道。这是一个在大的货币权力手中重新积聚巨额货币的过程。

独立于产业中的积聚过程的财产积聚过程，也在交易所发生了。大资本家占有关于股份公司事务的知识，通过经营成果的状况，从而能够预知市价发展的方向。他们的巨大的资本力量，也使他们能够通过相应的买卖，影响市价状况本身，并由此而取得相应的盈利。此外，他们的资本力量也使他们能够进行博得如此赞许的干预，即在危机或恐慌时买进证券，而一当正常情况恢复，又能把它们卖出盈利。[33]总之，他们熟悉内情，正像精明的银行家赛米尔·葛尼向上院委员会所担保的那样，“营业上的一切波动对熟悉内情的人都是有利的。”[34]

交易所的职能是：对个人资本家来说，通过产业资本向虚拟资本的转化,赋予产业资本以货币资本的性质。对交易所的这种职能来说市场的大小是根本性的,因为货币资本的性质取决于股票和债券能够随时实际地和没有较大市价损失地出卖。由此产生了把一切交易尽可能大地集中于一个唯一的市场上的趋势。于是,银行交易和交易所的交易越来越集中于经济生活的中心即首都,而各省的交易所却越来越失去意义。在德国,柏林的交易所远远超过所有其他的交易所。除了柏林之外,只有汉堡和法兰克福的交易所还可以考虑,但它们的意义也在减退。

按照小资产阶级的理论,股票应意味着“资本的民主化”,而小资产阶级的实践(还有些合理性)却力图使股票的占有限于资本家。大资本家实践的代表们很赞同这种警告,即这种惬意的意识:某种程度上利用,但不过分利用。精通此道的阿恩豪尔德认为:“需靠固定利息过活的人,不能购买股票”。[35]股票的摇摆不定的收益(后面还要说明),对需靠自己的利息过活的人来说,只是丧失资本的一个源泉,因为高额股息大都促使他提高自己的预算;他不利用高的市价出卖,而通常只是在股息小和市价低使他感到恐惧时(他总是感到恐惧,因为他不了解交易的真实情况,因此不得不相信市价和交易所的“判断”)才出卖,或者由于其他原因而不得不出卖。

三、交易所的交易

交易所的交易是买卖交易。这种买卖交易同其他买卖交易的本质区别,是进行交易的商品,不是进行交易的方式。经济上具有决定意义的，不是交易的技术，而是交易的内容。这种技术细节的描述，与其说属于理论论著，不如说属于从事实际工作的商人的手册。只是就处理交易的方式使由交易的内容产生的一定结果更容易达到的意义上来说，它也一般地具有重要性和使人感兴趣。

处理交易所交易的特种规定（交易所的惯例）所追求的目标，首先是广泛地利用信用、限制风险和最大限度地加速交易的可能性。

由于进行交易的“商品”的性质，信用已经有了最广泛地加以利用的可能。这些商品从一开始就是货币凭证，或者像票据等等是直接的，或者像资本主义的利润凭证是间接的。作为这样的货币凭证，交易所价值彼此相同，可以互换，只有量的区别。交易所证券的所谓质的区别，例如固定利息证券和股票之间的区别，以及证券的安全性的区别，也由于交易所的交易而不断转化为量的区别，也只能表现为估价的区别。只是这里，价格的区别，不像在同种商品具有不同质量情况下那样首先由生产费用的区别来说明，而仅仅是供求关系的不同造成的。例如，如果砂糖股票和铁路股票提供相等的收益，那么，铁路股票市价可能高些，因为更多的人愿意购买在他们看来其收益可能更稳定可靠的铁路股票。收益安全性的质的区别，在量上表现为市价的区别。交易所价值的这种可互换性，现在有可能使买卖交易通过相互抵消大部分得到解决，只有很小的一部分需要通过支付差额来结清。因此，信用的提供便同时与交易的缔结联系起来了，货币只执行计算货币的职能，这时只有很小的数额需要现金支付。但是，为了能把这种支付压缩到最小限度，便出现了为抵消买卖交易中所产生的债权的特种机构。[36]但是，为此必须把交易所交易缔结时的价格公之于众；因此，市价的确定是公开的。同时，由于这种公开的市价确定，交易所作为随时可以按众所周知的价格进行这种交易所价值交易的市场的职能才得以执行。因为随时可以实现的价格被确定，所以信用提供的另一种形式，即本来意义上的贷款，与支付相抵的较早形式相反，大大地容易了。因为信用提供者准确地知道他放款的抵押物的价格。投机家把他用借来的货币支付的证券抵押给货币提供者。于是，同时也就产生了对带来利息的货币资本加以利用的一种新的和安全可靠的方式，即交易所证券的抵押贷款。信用的提供使投机家有可能利用已经是很小的价格波动，因为这样一来，他就能够远远超过自己财产而扩大自己的业务，从而通过自己的交易量使哪怕是细微的价格波动成为有利可图。相反地，又由于信用使投机能够扩大自己的交易和随时利用市场状况，投机便造成了价格波动的减小，因为投机业务总是由相反的业务相伴随的。信用的利用同时也提高了大投机家的优势。由于比财产更迅速得多地增长的信用的利用，大投机家的财产的威力增加了许多倍。

交易所交易的另一个特性，是它缔约的迅速性，这种迅速性决定了交易缔约的某种简便性。这种迅速性基本上是由能够利用细微的和短期的价格波动的投机的需要中产生的。在供求关系迅速变换和市价变动急剧的条件下，这种尽可能加速交易的缔约，具有很大的重要性。因为对投机家来说，每一个新的转变都意味着一种新的增殖的可能性，意味着新的市价盈利。因此，任何耗费时间的手续都被断然拒绝，因为"时间就是金钱"这句话，在这里实际上对许多人都是适用的。厌恶任何法律上的期限规定，厌恶总是同丧失时间联系在一起的任何法律上的干涉，也是由此而产生的。

信用的好处受到期货交易的最佳利用。期货交易把一切交易移到同一时刻进行。因为这些交易首先是由投机进行的，所以买卖交易互相对立，它们绝大部分彼此相抵。只是为结清差额（即使是这些支付，也大部分通过信用货币或银行账簿上的转账进行）或为清偿单方面的买和卖（但它们相对于大量的互相抵消的交易是很小的），货币才是必要的。即使在这里，信用也发挥了它的扩大市场的作用。期货交易能够大大地扩展自己的业务。进行期货交易的证券，随时都可以找到自己的市场。因此，除了市场的灾变式的震荡期以外，随时可以通过买卖结束它的投机，实现它的盈利或限制它的损失。此外，因为在期货投机中重要的不是占有证券而是谋取差额利润，因为证券随时可以出卖，所以交易额不受证券价格的限制，而只受可以由投机中产生的差额量的限制。同时，实际存在的和在市场上出现的证券，只是在投机交易（买和卖）不能彼此相抵的限度内，才是必要的。因此，所缔结的交易额也同实际存在的证券的价格总额的大小无关，前者能超过后者许多倍。同时，缔约条件的典型性质，最充分地考虑了进行交易的迅速性。

期货市场上简单化的进一步发展，互相抵消的可能性的增加，减少了为进行投机所必要的资本。因此，便扩大了能够参与投机的人的范围，扩大了各项交易的规模。期货市场与现货市场相比而扩大了。但是，与此同时，它为维持和继续进行投机所吸收的资金也小了，从而对提供投机支配的资本的利息的影响也不那么强了。但是，因为大部分投机常常是用借来的资本进行的，这种资本的利息对投机的继续进行有决定性的影响，所以期货市场一般具有使投机更为经常地继续进行的趋势。这种更大的经常性又带来这样的结果：供求关系的变动减小，从而市价波动的振幅减小。同时，在交易规模比较大的情况下，即使波动小得多，也足以促使投机家开展自己的活动。下述情况也沿同一方向发生作用：期货交易使证券能够为投机目的而出卖，从而能够比在现货市场上更好地抵制供给的片面增加。[37]

期货交易使下述情况成为可能：只是后来才满期的资本在以前按事先确定的市价投资，或只是后来才需要的资本事先按照有利的情况筹集。此外，还有上面已经提到的期货交易通过信用提供和交易缔约的容易性所造成的市场扩大。期货交易比现货市场更有吸收能力。因此，它使发行业务变得容易了，因为发行机构能够逐渐地和不招致市价低落地让渡自己的存货。[38]期货交易对套利职能，对不同的交易所所在地的市价差别的平均化的职能，也是现成的形式。

投机要求为自己的目的而提供支配的证券的一定存货。如果某种证券绝大部分掌握在"牢固"之手，即它作为投资证券长期脱离市场，那它对于投机是不适当的。同样，其总额很小的证券，也不是投机的适当对象。在这种情况下，小的买卖也可以对市价水平发生极强的影响，使少数资本家能够通过购买全部"现货"而把垄断价格强加于他们的投机对手。投机正是以一个大的和不大容易加以支配的市场为前提的。垄断就是投机的灭亡。

像我们已经看到的，信用交易也总是同投机交易联系在一起的。诚然，在投机中，购进的证券的市场价值总额是不成问题的，而成问题的仅仅是可能发生的市价变动的大小。在证券抵押的情况下，其数额达到足以补偿市价变化时，信用提供者可以提供信用。如果某种波动比较小的证券的市价是110，那么，投机家可以随时通过抵押证券获得90，因而自己只需预付20。

这种信用提供的形式是最普通的方式，通过这种方式，交易所经纪人、银行家和银行使他们的顾客有可能参与交易所交易。抽回信用或使信用发生困难，是把这些顾客“从他们的交易中抛开”，使他们的投机的继续进行成为不可能、强迫他们按任何价格出卖自己的证券以及通过这样的突然供给使市价暴跌的惯用手段，同时也是信用提供者按照便宜的价格买进这些证券的手段。这里，信用提供也是剥夺小债务人的手段。

对于真正的大投机，信用提供则作了不同的调节。这里，投机家们通过延期交割的途径筹集必要的货币，从形式上来看，延期交割是买卖交易。如果买空投机家想超过这一期的最后期限保持自己的证券到下一期(因为他希望在这期间证券价格继续上涨)，那么，他就把这些证券出卖给某个货币资本家，并在下一期把它们再买回来。对货币提供者来说，卖价和买价的差别中包含着他的货币的利息。但是，这仅仅是名义上的；实际上，货币提供者在这一定时期不过是简单地接受证券并代替投机家。他与投机家的区别在于：他不承担风险，也不指望获得投机盈利，而是在这一时期投下他的货币并为此而实现利息。但是，作出这种预付的形式在这里有重要意义。因为信用交易在这里采取了买的形式，所以证券的所有权在这期间便转移到信用提供者手里。这就使他能够在这期间随心所欲地利用证券。一旦问题涉及产业股票，这就会成为重要的。银行关心的可能是：在总会召开之际，通过大量的股票占有，保证自己对会议决议的决定性影响。银行通过延期交割可以暂时地占有股票，从而支配股份公司。由于银行通过压低延期交割贴费率使延期交割易于进行，银行也就容易从投机领域获得这些证券。这时，银行也常常排除一定时期内对一定证券的延期交割的竞争而互相支持。[39]因此，股票似乎赢得了双重职能。它一方面充当投机的对象和投机的差额利润的基础，同时也服务于银行在股份公司中取得支配性的影响和在总会中贯彻自己意志的努力，而这里也不必长久地把自己的货币固定在相应的股票上。[40]

在其他情况不变的条件下，交易所投机的大小，基本上取决于提供投机家支配的货币的多少。因为证券被交易的次数多少（每一次这种交易都带来差额利润），同现有证券的数量自然无关。由此便产生了银行对交易所投机的影响。银行通过信用的提供或拒绝，可以对投机规模产生很大的影响。信用的最大需要，是通过延期交割产生的。[41]巨额的浮动资本大都投于这种交易之中。这种投资对日贷款的利息率的形成、对贴现率（在货币休闲较小的时期）以及对黄金的运动发生影响。因此，银行可以通过限制信用提供，直接影响利息水平。这之所以是可能的，因为信用提供的不同规模在这里取决于银行的意愿。这里涉及的是纯粹的金融交易，即使能废除它，也不会对国民经济的运行产生决定性的影响。对商业资本家和产业资本家的信用提供，情况就不同了。在这里，突然地和过分地抽回信用，必然导致崩溃和极其严重的危机。

随着银行制度的发展，有价证券交易的结构也发生了变化。起初，银行家只不过是为顾客办理交易的经纪人罢了。但是，银行的资本力量和它对股票市价的利害关系越是增长，它也就越是转到自己的交易中去。现在，大部分交易不再在交易所进行，而是银行将自己的顾客提出的不同要求互相抵消，只是那些不能抵消的数额才在交易所办理，或由银行用自己的股票加以补偿。因此，银行带到交易所进行买卖的数额多少，在一定程度上取决于银行的意愿。银行影响市价发展的手段就在于此。于是，银行不再是证券交易的单纯中介，而是经营自己的交易了。“银行交易现在实际上不再是代理交易，它已经成为自己的交易。”[42]

同时，大银行从交易所夺走了一部分职能，自己变成证券市场；留给交易所的只是银行中没有抵消的残余数额。[43]“大银行自身体现了某种供求量，这种供求量以前仅仅是由大交易所代表的。”[44]

随着银行集中的发展，大银行对交易所的势力有了极大的增长，特别是在广大公众参与交易所投机变得较小的时期。“交易所的事态如何发展，现在确实不必谈交易所的趋势，而宁可谈大银行的趋势，因为大银行越来越把交易所变成为自己的附属工具，按照自己的意愿左右它的运动。去年春天，对一家大银行的议论纷纷的不景气的预测，对当时的市价暴跌给予外部的推动，其实它的内部具有更深刻的原因。同样，在这一周，相反地倒是大银行方面的振奋和加以抑制的努力，这使交易所的气氛为之大变，过去一向只注意不利因素的交易所，现在也为有利因素所感染了。”[45]

除了对市价发展的强大影响之外，银行也通过它与产业的日益增加的联系准确了解各个企业的情况，预测收益以及有时也能按照自己的愿望影响收益的水平。所有这些因素，使银行有可能在自己的投机中以更大的安全性开展活动。

当然,交易所意义的减退,是同大银行的这种发展联系在一起的。[46]

在交易所中,资本主义所有制在其纯粹的形式上表现为收益证书;剥削关系,对剩余劳动的占有,令人不解地转化为收益证书。所有制不再表现某种一定的生产关系,而是成为似乎同某种活动完全无关的收益凭证。所有制脱离开任何对生产、对使用价值的关系。任何财产的价值似乎都是由收益的价值决定的,是一种纯粹量的关系。数就是一切,物什么也不是。只有数才是现实的东西,而因为现实的东西不是数,所以相互联系就比毕达哥拉斯派的信念更为神秘了。一切财产都是资本;非财产,债务,像任何国债所证明的那样,同样也是资本。一切资本都相等,都体现在交易所上下波动的印刷纸片上。实际的价值形成,是一个完全脱离所有者的领域并以极其神秘的方式决定他们的财产的过程。

财产的大小似乎同劳动没有什么关系;劳动和资本收益的直接联系,在利润率中已经被掩盖,在利息率中则完全被掩盖。一切资本向带来虚拟资本形式的生息资本的表面转化,完全抹杀了对联系的任何认识。把不断变动并且实际上能脱离直接的生产过程而变动的利息同劳动联系起来,似乎是荒谬的。利息表现为资本财产本身的结果,表现为具有生产力天赋的资本的果实。利息是变动的和不确定的,"财产价值"(一个荒诞的范畴)随利息而变动。这种价值也像未来一样,显现为神秘的和不确定的。似乎是单纯的时间过程产生利润,庞巴维克就是根据这种假象创立了他的资本利息理论。

第九章　商品交易所

交易所是证券交易的诞生地。随着交易所的发展，证券银行也发展起来了。证券银行一方面是交易所的竞争者，另一方面又把交易所作为它的中介机关来使用。期货交易对证券交易并不重要，它使证券交易顺利进行，但对价格的高低却没有决定性的影响。交易所的商品交易，情况就不同了。[47]

在证券交易所进行证券交易，这种交易执行资本动员的职能。通过出卖股票，为个别资本家完成虚拟资本（它曾一度转化为产业资本）向货币资本的再转化。这是具有独特性质的交易，除了买卖形式即价值和所有权转移的一般经济形式之外，同商品交易没有什么共同之处。商品交易完全是另外一种情况，这里完成的是在生产中产生的产业利润和商业利润的实现，同时通过商品流通完成社会的物质变换。因此，商品交易所和证券交易所，正像商品和有价证券一样，从一开始就是彼此不同的。如果忽视了这种根本区别并把投机同商业等同起来，那么，把它们混合为“交易所”，必定会引起混乱。因此，对交易所的商品交易的概念，从而对与其他“交易”不同的商品交易所的特殊性质，需要加以检验。

通常，我们把在交易所这个有大量商人去的地方进行的一切交易，称作交易所的交易。但是，很清楚，不管这些商人是在他们的办事处或是在第三者的场所即交易所解决他们的交易，这只能构成商业技术上的而不是经济上的区别。当然，交易完成的速度和对市场状况的观察可以因为在交易所而增强，但这毕竟是商业技术上的而不是经济上的区别。

即使在下述场合，区别也仍然是纯商业技术上的：由于只允许提供固定质量的商品，为每次交易检验和确定商品使用价值的做法便被废止，因此，商人日常的一个重要职能成为多余的了。这种供货条件执行与否，如有争议，应由交易所自己的专职机构对此做出裁决。当然，这种职能的废止仍不过是交易所商品交易的一个前提条件，而只有在附加其他经济标准时，交易所商品交易才能成立。

因此，商品是作为一定质量的商品进入交易所交易的。它是按照交易所的方式，作为确定的使用价值，作为标准商品，进行交易的。作为这样的商品，每一个量都可以通过其他相等的量所代替。作为相同的使用价值的量，商品成为可以互换的货物。在交易所交易内部，大批商品只有量的区别。按照商品的性质和交易所的规定，一定量（若干公斤，若干袋）充作成交时的单位。因此，只有那些由于自己的性质或经过比较简单而又费用不大的处置即能互换的商品，才适合于交易所的交易。

但是，商品可以互换是使用价值的一种自然属性，这种属性是同种商品所有而他种商品所无的。然而，这对于交易所的交易还是不够的。在普通交易中，商品按照工厂主的生产价格转给商人，而商人（按再增加商业利润的价格）把商品卖给消费者。只有在除了商业利润之外还为差额利润即投机盈利留有余地的时候，交易才成为交易所的交易。但是，经常出现价格差异和价格波动是投机的前提条件。因此，那些在较短的时间内发生较大的价格波动的商品，适宜于交易所的交易。这首先是土地产品，例如粮食、棉花；其次是那些原料价格急剧波动并对产品价格有决定性影响的半成品甚或成品，例如糖。

根据罗宾诺夫提供的材料，[48]期货交易首先是在英国的金属、滑石等等商品中发展起来的。只是随着电讯和轮船航线的开辟，期货交易才扩展到海外产品。得到这些产品不要一年，只要短短几个月；它们被一次抛到市场上，而消费却要一整年。期货交易的原因在于，生产时间短，而由不断地消费所产生的流通时间长。进行交易的对象本身作为资本化的收益凭证即货币代表是可以互换的。它们的可以互换的性质，迫切要求实行证券交易中的期货交易。实行商品期货交易，是受特殊的周转条件（例如，流通时间和生产时间之间的差异）制约的。只有期货交易的需要，才导致常常只有通过人为的手段才能达到的完全可以互换的商品（在这些商品中，一个量和任何其他量一样，具有同样的使用价值）的制造。[49]

如果价格波动通过卡特尔化（例如在石油方面）而停止了，那么，这些产品的交易所交易也就停止了，或者成为纯粹名义上的。

与上述直接有关的第三个重要因素是，价格波动并不因供求相合而能够随时平息下来。这种相合在农产品中也是最难的。一经收获，供给便因此而决定了，只有经过较长的时间之后才能适合需求。最后还要提到的情况是，进入交易所交易的商品量，必须大到足以能按照常规排除瑞恩、科奈尔等短期价格协定形成的危险的程度，因为垄断价格的形成抑制价格变动，从而抑制投机。

交易所交易的特点是：商品使用价值的确定，使商品对每个人都成为交换价值的纯粹化身，成为价格的单纯承担者。任何货币资本都能直接地转化为这种商品。因此，除了过去职业的和内行的商人之外，也可以有一帮人从事这种商品的买卖。这种商品直接与货币相等同。购买者不再检验它们的使用价值。它们只是经历不断的、某种程度上较小的价格波动。[50]因为它们是世界市场的商品，所以它们的销售能力，从而它们向货币的再转化，都是随时有保证的。问题始终仅仅在于价格差额的得和失。因此，它们像有价证券等其他货币凭证一样，成为适当的投机对象。在期货交易中，这种商品只被作为交换价值。它成为单纯的货币代表，而通常货币是商品价值的代表。商业即商品流通的意义丧失了，从而商品和货币的性质及其对立也丧失了。只有在投机因科奈尔的阻碍而结束以及不能占有的世俗商品必须被货币所代替的时候，这种对立才重新表现出来。正像货币在流通中只起一种转瞬即逝的作用一样，商品在商品投机内部所起的作用也是如此。正像流通中有比现有量多得多的货币被用于计算目的，也有比实际存在量大得多的商品量用于投机。[51]

最后，在商品的期货交易中，为了进行从生产者到消费者的实际的连续不断的运动，即进行实际的交易业务而不是单纯的投机业务（交易是投机可能性的必要前提），期货交易之链的始端必须是生产者（或作为他的代表的商人），终端必须是消费者（例如面粉制造业者）。我们可以这样来看问题：商品的一部分始终留归投机支配。这只不过是一定的储备，当然，它的构成是不断变化的。否则，它就必须存于某处，置于其他资本主义代理人的支配之下，他们不是投机家，而是生产者或商人，有时甚至是消费者。这种储备必须始终具有一定的量，以避免科奈尔和瑞恩形成的危险。

由于投机支配这些商品，于是便产生了一个长系列的新的买卖交易。这种买卖交易之链是纯粹投机的。它的目的是谋取差额利润。这不是商业活动，而是投机买卖。买卖范畴在这里没有商品流通的职能，没有使商品从生产者达到消费者的任务，而是成了类似想象的东西。其目的是谋取差额利润。商品是已经带着正常商业利润的附加来到交易所的。因为商人把它卖给了交易所。如果工厂主来做这件事，那他本人恰恰是同时作为自己的商人执行职能，把商业利润本身装进自己的腰包。交易所的买卖纯粹是投机性的，投机家不是谋取利润，而是谋取差额利润。一人所得就是他人所失。但是，这条经常不断的交易之链，保证了交易所商品向货币的不断转化，从而，在达到一定程度时，使货币投于这种商品并随时可以通过出售商品实现货币。因此，交易所的商品便成为暂时游离的货币的适当的抵押品。因此，待这些商品的价格达到一定程度的时候，银行便可以把这些商品作抵押贷款或进行延期交割，于是，便产生了银行资本的一种新的用法，即银行资本参与商业，但它只是在适合于它的作为生息资本的形式上参与的。它用它的货币转化而成的商品，随时都可以再转化为货币。一所经营有方的银行，绝不会把比随时(也包括在最不利的情况下)能实现的更多的货币固定于这些商品上。交易所的存在，构成投机买卖的无尽链环的存在，保证银行随时可以实现自己的货币。因此，货币不是被固定死的，对银行仍然是货币资本，按银行方式所投放的资本，因而仅仅带来利息。但是，银行资本的介入，又给投机和商业扩大自己业务提供了可能性。现在，为了购买商品，已不必占有全额价格的货币，只需要有能够抵偿一切可能范围内存在的差额的货币量，其余的由银行提供。对于投机来说，这仅仅意味着它的业务的扩大。但是，由于交易额的增长，即使微小的差额也足以引诱投机家从事买卖，所以，一方面，交易次数增加了；而另一方面，每次的差额量却减小了。

银行资本对商业的影响问题就不同了，而且更有兴趣。现在，商业也可以以商品作抵押取得贷款了。它只需对这一资本付利息。但是，商业本身并不产生利润。商业只实现同所使用的资本量相适应的平均利润。但是，因为有大量信用提供给自己支配，所以商业现在只需较小的自有资本，便可以进行同样数量的交易。因此，这一资本的商业利润，现在被分配到更大的商品量上。由商业所造成的商品加价也减小了。但是，因为商业利润只是从产业利润中所做的扣除，所以产业利润便按同样程度提高。对消费者来说，商品价格保持不变。因此，银行资本的介入造成：第一，产业利润提高；第二，全部的和按个别商品计算的商业利润下降；第三，商业利润的一部分转化为利息。后者是商业资本的一部分被银行资本所代替的必然结果。而交易所的商品交易使这种代替成为可能。

利息（这里插进来谈谈），除了消费信用外，始终是利润或地租的一部分。但是，下面的问题还应该注意。在生产中，实际借贷资本是作为产业资本发生作用的，因而生产利润。借贷资本只获得利息，因而增加了产业资本的利润，增加额等于平均利润和按所借资本额计算的利息之间的差额。商业并不生产利润，而只是必须从一般利润量中为商业资本支付平均利润率。银行资本在商业中的作用就不同了。它获得自己的利息,但并不为商人生产任何利润。商人现在所获得的,毋宁说是去掉银行资本额的商业资本的平均利润加上他向银行资本后来支付的利息。为经营商业,现在只需较少的商业资本,因而这一资本的利润也变小了。这种被节约的利润留归它的生产者即产业资本。银行资本这里所起的作用,同节约商业费用的某种进步所起的作用一样。结果上的区别简单地来自下述情况:产业资本生产剩余价值,而商业资本却不生产剩余价值。

另一种情况也在同样的方向上发生作用。交易所的期货交易,为由它所掌握的商品,创造了一个始终准备吸收这些商品的市场。因此,生产者或进口商可以随时出卖商品。而这就意味着他的资本的流通时间的缩短。但是,我们已经知道,流通时间的任何缩短,都意味着资本的游离。因此,期货交易也以这样的方式,减小了用于商品流通即商业业务所必要的资本,这种资本不是用来生产,而仅仅是用来实现利润。

期货交易是一切投机的适当的形式。任何投机都是对价格差额的利用,这种利用是在时间中进行的;而另方面,对每个投机家来说,他不进行买卖的时间是纯粹的损失。投机也不是生产。因此,投机家必须能够迅速地利用每次的价格差额,哪怕是将来的价格差额。因此,在每一个瞬间,他都必须能够为每一个将来的瞬间进行买卖。这恰恰是期货交易的本质。由于做了期货交易,投机便创造了一个适用于一年中任何一个时期的价格。因此,它便使工厂主和商人有可能为自己排除价格发展的偶然结果,保证自己免受价格波动之害，并把价格波动的风险转嫁到投机身上。例如，原糖制造业者今天购买甜菜。如果他今天已经能够把应提供原糖时期的期货，以比如13万马克在交易所出卖，那他便知道，他可以为甜菜支付比如10万马克。因此，如果他今天按这一价格出卖了原糖，那他便与此后所发生的一切价格波动无关了，他便保证了自己的利润。因此，期货交易是产业资本家和商业资本家限于执行自己纯粹职能的手段。用于抵御价格波动而保证自己所必要的固定于产业或商业领域中的准备资本的一部分，因此便游离了。其中的一部分现在用于交易所投机。但是，在这里，它们被集中了，因而可以比分散于各个产业资本家和商人手中的资本更小。

资本主义利润在生产中产生，通过流通而实现。当生产早已结束，因而利润对生产者或已经购买了商品的商人是一个既定的量的时候，保证这一利润抵御由流通时的价格波动所产生的偶然情况，是生产者和商人自然作出的努力。在一定的发展阶段上，对那些由于自然原因（例如，由于生产的结果依赖于气候条件）价格波动特别大和不可忽视的商品，期货交易促进了这种努力。期货交易尽可能地平息由投机中产生的波动，但这一点只有通过制造由投机引起的较小的和较频繁的振荡才能达到。这种投机（从社会的观点来看是完全无意义的）之所以显得必要，因为它安排了买者和卖者参与的必要规模，以致总是能够有必要的商品量进行交易。这种抵御价格波动的保证，使市场价格越来越接近于生产价格。于是，便形成一个独特的资本家阶级，即接受这种价格波动的投机家。问题是他们的资本怎样增殖。

我们在考察证券投机时已经看到，这种资本谋取差额利润。

一人所得就是他人所失。在这里，那些能够等待和自身影响市价的大投机家以及了解内情的行家里手，[52]通常靠牺牲小投机者和外行谋取利润。问题仅仅在于，除此之外，投机是否还能得到风险酬金。

风险酬金虽然经常被提到，但研究却很少。首先应该确定的是，风险酬金不可能是利润产生的原因，因而也不可能是说明利润的理由。利润是在生产中产生的，等于不花资本家阶级分文的工人的剩余产品中所包含的剩余价值。不同的风险，即能够通过流通实现生产中所产生的利润的不同的可靠程度，只能造成不同的利润分配，致使具有较大风险（而它也必然实际地表现为较大的损失）的部门得到较高的价格，但归根结底也使它们资本的利润率等于平均利润率。很清楚，就必须考虑一个生产部门中造成收益降低的特殊情况来说，这些特殊情况也必须被价格水平所补偿，从而保证利润率的相等。在光学镜头的价格中，也包括那些在浇铸时平均被损坏了的玻璃的费用。这些费用属于生产费用。同样，商品在运往市场的途中所平均遭到的损坏或腐烂，也加到价格中。但是，风险的情况就不同了。它是由流通时仅仅偶然发生的情况中产生的，但也波及生产费用本身。例如，如果用旧机器制造的某产品还在市场上，而现在新机器以一半的时间就能制造它，那么，对这种“风险”就不存在补偿，这种产品的出卖者将必然承受损失。

对主要在交易所期货交易市场上进行交易的产品来说，条件也相类似。这种不安全性来自下述情况：例如，对德国的谷物价格来说，不仅德国的收获情况即德国的直接表现为价格的生产费用是决定性的，而且美国、印度、俄国等等的生产费用也同样是决定性的。但是，对于这种价格形成来说，德国谷物的价格却没有任何补偿。[53]

但是，一旦在流通中出现大的无法预料的波动，这一部门的资本家就必须握有准备金，以便能够补偿价格波动所造成的损失和继续进行生产。这种准备金是必要的流通资本的一部分，对它计算平均利润。归之于它的利润可以被称作风险酬金。但是，即使是通过期货交易，这种准备金对生产资本家也并非是多余的。因为期货交易并没有完全消灭由生产条件的变化所引起的价格波动。生产者必须承担世界市场对国内价格的影响。

交易所的保证只关涉流通时所出现的波动。面粉制造业者通过今天购买谷物来保证他今天出卖面粉的价格。谷物商人则通过把他今天购买的谷物在交易所按一定期限出卖来保证他的利润。这种保证在于，他为实际履行自己义务的一个后来的时期，保证了一定的现有价格。换句话讲，对于商人和生产者来说，买和卖是一环扣一环地进行的，而不是只进行单方面的买或单方面的卖。但是，这一点的前提条件是：首先，像期货交易为它创造的那样一个随时准备开放的、大规模的和有吸收能力的市场；其次，那些并不为自己作这种保证而是期待后来时期的市场状况的代理人，即为对自身保证的商人解除风险的投机家。因此，他们的盈利不是风险酬金，而只是必然有相应的损失与之对立的差额利润。正是投机盈利的这种性质造成如下结果：只有在大量承受损失的外行参加时，职业投机才兴旺发达。没有"公众"参加，投机就不会繁荣。[54]

积聚的进一步发展，使这种保证渐渐没有必要了。如果商业企业达到一定规模，有利的机会和不利的机会就互相抵消。于是，大商号便作“自我保证”，放弃期货市场。接踵而来的是，小投机者[55]也必然渐渐地抽身，因为他们不得不越来越经常地付出代价。股份制度的发展和证券投机，也把他们从商品交易所中拉走。最后，辛迪加和托拉斯迅速地结束了它们所支配的商品的投机。

如果要问，期货交易对哪些阶层是必要的？那便可以说，它对中等商人的必要性恐怕是最为迫切的。对生产者来说，在不如此就必须自己执行这种重要的商业职能的意义上，具有必要性。当进一步加工已经是按照大规模的和资本主义的方式进行的，而原料生产还十分分散的场合，情况就是这样。这里，交易所完成了产品的必要集中。例如，这种情况就适用于现代面粉制造业的发展时期。商品交易所完成这种集中，比最初批发商业必须发展时要迅速和猛烈。对于商业来说，特别是下述产品的期货市场是符合理想的：它们的流通时间长，它们的生产分散于难以数清的生产场所的巨大范围内，生产结果难以预料且不稳定，因而流通中的价格波动很大，以及没有规律可循。

一旦期货交易建立起来，参加期货交易对商人和生产者就越来越有必要，因为期货市场成了价格形成的决定性因素。相反地，把期货交易限于职业商人，便夺走了期货交易的最重要的职能：通过把价格波动中所造成的损失转嫁于投机，使保证具有可能性。

因为投机家不想长久地保持投机对象，所以由此即可得出：每一个投机家常常既是买者又是卖者。卖空投机家，即一种商品的出卖者，为了保护自己，又成了这种商品的买者。

但是，他是在不同的时间上作为买者和卖者的，并且利用了这一时间内的价格波动；而实际的商品交易的保证恰恰在于避开这种波动，因此，以同时卖的估价作为买的基础，以同时买的估价作为卖的基础。

投机家首先利用了价格波动，这种价格波动不是由他造成的，而是由实际的商品交易造成的。这种价格波动，既可以由偶然的供求关系引起，也可以由商品生产费用变化这一更深刻的原因引起。投机的需求和供给本身又使这种价格水平发生变化，造成波动，而这种波动最后必然不断抵消，这恰恰是因为每个投机家既是买者又是卖者。这当然不妨碍，一种投机方向，例如买，即买空投机，在一段时间内可以占压倒优势。只要这种单方面的行为还继续存在，价格就高于由单纯的实际商品交易所产生的水平。因此，投机造成更频繁的从而也更微弱的价格振荡，这种价格振荡从长远看将互相抵消。

期货交易把整个交易集中于一个地点，使那里的批发商对地方商人占上风，这些地方商人则渐渐消失。[56]而在交易所所在地本身，它又给以前的外行跻身进来提供了可能，这些人现在同老商号进行竞争。因此，期货交易的新的开展，常常遇到老的职业商人的抵抗。期货交易在达到一定程度时，它所需要的专门知识比老的职业商业要少。银行资本的参与，使资本微薄的人也有可能参加进来。但是，集中在这里也是在新的基础上进行的。一般说来，人们有这样一个印象：纯粹投机和外行参与期货市场，毋宁说在减弱。[57]

相反，废除期货交易意味着批发商地位的加强，这些批发商没有这种保证也能过得去。

期货交易的危险之一，是“短期价格协定”的可能性。如果卖者在供货日没有提供商品，那么，买者就有权在交易所由卖者承担费用来购买这种商品。如果这种商品由于买者以前已经把可支配的储备大量买进而不能满足需求，于是便产生了取决于买者意志的极高的虚拟价格。这时，卖者就完全交由买者摆布了。商品储备越小，“短期价格协定”也就越容易。如果期货交易的供货条件对商品质量提出高要求，这一点也可以人为地制造出来。相反地，压低供货质量是阻滞“短期价格协定”的一个手段。“短期价格协定”一般只能在特殊情况下和短时间内发生，例如谷物储备由于新的收获尚未进行和旧的储备已大部卖出的很小的时机。但是，异乎寻常的价格一般又使人们认为已经归于消费的储备在市场上出现。如果新的供给超过买者的吸收能力，“短期价格协定”便崩溃了。一般说来，即使是成功的“短期价格协定”，也只不过意味着对局外的投机集团的剥夺，很少影响商品的现货交易和实际价格。

众所周知，1896 年 6 月 22 日的德国交易所法，部分地废除了期货交易，部分地使它难于进行。特别是自法院的判决也威胁着商法关于期货交易的条款以来，谷物贸易被大大限制了。因此，“参与期货交易的人越来越少，而且少到几乎不能达到期货交易的目的”。因而，现在连保证业务也变得十分困难了。结果如何？“由于与此相联系的困难，现在已经有一些很大的公司认为，即使完全没有期货交易所的价格保证也能过得去。同时，他们凭借几年来稳定的甚至提高的价格取得不小的利润。但是，一般说来，稳定的公司认为这样一种做法是十分危险的投机，宁可满足于较小的但却是可靠的利润……，在目前情况下，上述两三个大的公司也把整个交易的越来越大的部分抓在自己手上，这是确定不移的事实。这里，集中受到立法的鼓励，正像银行业中的集中通过这种方式日益发展一样。但是，这种发展是否能真正长久地使那些赞美这一规律是一个巨大成就的人们喜欢，是颇值得怀疑的。对农场主来说，为了达到尽可能有利的价格，多方面的竞争所提供的保证，无论如何要比最后由几个大公司决定价格时要好得多。"[58]

"期货出卖为地方商人提供了按有利条件抵押商品的可能性，所以他们对期货交易就更有兴趣了。因为这种商品已经按固定价格出卖，从而不再因价格跌落而丧失价值。因此，商人又重新获得资本，再按有利的价格从生产者那里接受一部分新的谷物。"[59]

为生产资本家缩短流通时间以及通过投机减少风险，也可以对生产发生反作用。在期货交易实行之前，主要是由局部生产者承担风险。如果风险和商品（它现在同样集中在交易所所在地）储存的必要性消失了，那么，单纯的生产职能已经不够了。局部生产者通过把自己的企业与第二个企业的联合而成为完全的企业家。他可以更容易地做到这一点，因为他的流通资本和准备资本的一部分被游离了。例如，羊毛梳理业者，由于他们以前承担的风险现在转嫁到期货交易上，便成为多余的了。他们自己现在成为毛纺业者，或者相反地，毛纺业者合并于羊毛梳理厂。[60]

期货交易为生产者节约流通资本，第一是通过缩短他们的流通时间，第二是通过缩减抵御价格波动的自我保证（准备金）。这加强了首先享有期货市场好处的大企业的资本力量。这样被游离的资本变成为生产资本。

在企业分工的条件下，不仅技术观点是决定性的，而且商业观点也是决定性的。一些局部过程，首先是从原料到半成品的加工过程，本身仍然不过是独立化的过程，因为局部生产者同时执行一些重要的商业职能。他们从生产者或进口商那里接受原料，与这些人一起分担价格波动的风险。当工厂主通过期货市场，在没有这种中介也能避免风险的时候，这种独立性便成为多余的了。于是，他便把这种原料加工并入他自己的经营中。商业职能的丧失，使技术的独立性成为多余的了。这里也出现了排挤中间商业的趋势。的确，商品交易所一开始似乎还增加了商业业务，但是我们已经知道，这种买卖并不是商业交易，而是投机交易。

我们已经看到，期货交易是使银行资本首先通过提供信用（不论是抵押放款形式或是延期交割形式）参与商品交易的手段。但银行也可以利用自己巨大的资本力量和对市场的洞察，相当有把握地参与真正的投机。银行普遍地延及一系列期货市场的联系，除了使它对市场有更深刻的洞察外，首先给它提供了可靠的套利活动的机会，这种套利活动大规模进行时带来巨额利润。银行支配的商品量越多，对供给量的影响越大，它就越能可靠地进行这种投机交易。于是，便产生了日益取得对在期货市场进行交易的商品的支配权的努力。银行力图排挤其他商人，直接从生产者那里获得商品。银行可以以代理的方式转卖（它在与商人的竞争中，可以对这种出卖要求比商人小得多的利润，因为它还能获取投机盈利和能以更大的规模开展信用业务），或者为自己的利益购买商品。这里，银行利用它通过自己同产业的其他业务、关系所具有的影响，以代替商人同产业资本家打交道。一旦银行占有销路，银行同产业的相互关系也因此变得更加紧密了。银行不仅作为投机家关心商品价格的形成，而且也希望有符合它与之有各种信用关系的企业的利益的较高价格。因为它对尽可能多地支配商品有利益，所以它也同时试图与尽可能多的企业建立联系，从而与整个产业部门发生利益关系。它的利益在于，尽可能地保护这一产业部门，防止萧条。它利用自己的影响加速卡特尔化。卡特尔化虽使银行在国内市场上（不是世界市场上）的投机活动成为多余的，但银行通过参与分享各种不同形式的卡特尔利润而对此获得巨大补偿。当由于历史原因而未能形成强大的和有效率的批发贸易（不论是一般的或是在该生产部门中的）时，这种发展尤其得到实现。例如，在奥地利，银行通过商业途径跻身于制糖业；也跻身于石油工业，虽然成绩不大。银行成了那些在很大程度上依赖于它的企业致力于卡特尔化的承担者。因此，在这里，期货交易促进了作为一般趋势的发展，以便最后再扬弃期货交易本身。

垄断同盟彻底消灭了商品交易所。这是不言而喻的，因为这种同盟确定长期价格，从而使利用价格波动成为不可能的事情。当然，"时间的分配"是直截了当地进行的。这最多会使埃伦贝格教授先生感到惊奇。德国煤炭辛迪加和钢铁企业同盟，使埃森和杜塞尔多夫的交易所标价成为纯粹名义上的。"因此，埃森的煤炭交易所只不过是一只装着煤炭标价的提包，这个提包每次被从煤炭辛迪加的办公楼带到埃森的交易所大厅；而整个所谓杜塞尔多夫的商品交易所只不过是一封信，这封信是一个产业资本家按照惯例送给杜塞尔多夫交易所负责人的。"[61]

这也适用于酒精的期货交易。"这里可以完全正确地指出：交易的一部分由于中央机构（为酒精销售）而失去意义。中间交易的一部分在辛迪加中没有存在的余地。这是主要从事期货交易的一部分。代理交易者即经纪人,一切同生产者没有直接联系的商人,由于辛迪加的产生而自然成为多余的,从而被排挤掉。”[62]实际商人被酒精辛迪加变为拿固定佣金(30到40芬尼)的代理人,他们的数量似乎保持相当的稳定性(1906年为202),占推销产量的40%。

就商品交易所的盈利来自商业利润这一点来说,在排除交易所的情况下,它们归于生产者。对由生产时间(即“生产季节的长度”)和消费时间的不同产生的那些盈利来说,情况也是这样。例如,夏天的酒精价格比冬天的高。生产季节结束时,产品便转移到商业手中。夏天价格之所以高,是因为必须计算贮藏费用、利息损失等等。但是,在生产季节结束时,酿造业者必须尽可能早地把酒精卖出。这时,供给便蜂拥而来。相反地,夏天不进行生产。这时,供给不可能再增加,商人有足够的资本力量在不利的时候不廉价处理商品。这里,商人(银行资本在这里也通过延期交割和抵押放款而提供商人支配)的资本力量和那些常常是小生产者的资本力量的不同,也在价格决定中起某种作用,当然这里所指的,不是消费必须支付的价格,而是商人支付给生产者的价格。生产者卡特尔也使这种关系发生不利于商人而有利于生产者的变化。酒精销售中的经营负责人施特恩先生作了确切的表述,他说:“辛迪加使酿造季节结束以后的价格提高,有利于酿造业者,而自由市场则使之有利于投机者”。

正是在农业生产领域中,卡特尔化(农业生产“合作社”常常只不过是卡特尔的萌芽或小型的卡特尔)有巨大的好处。因为恰恰对农业生产来说，资本主义的价格调节是最不适用的；资本主义社会的无政府状态恰恰同农业生产的自然技术条件不相容，正如资本主义一般不能实现合理化农业的理想一样，这一点同工业中的情况正相反。但是，资本主义的价格调节同农业生产的自然技术条件的矛盾，由于不断使价格发生变化的期货市场的存在而尖锐化了。因此，期货交易连同它的常常是戏剧性的、由投机引起的或至少是过度的价格方向的变化，被指责为资本主义生产方式一般的罪过。所以，如果对此进行蛊惑性的利用，就可以很容易地在农业生产者中间煽起反对期货交易的激烈运动。[63]

卡特尔能在多大程度上限制无政府状态，它也就在多大程度上恰恰对农业领域产生特别有利的影响。农业的特点在于，各年的生产量按自然条件变化很大。而这种生产量直接影响价格。生产量过剩会大大压低价格，增加当年的消费。由于价格被压低，下一年的生产便受到限制。如果此外再出现歉收，那就会造成匮乏，价格迅速提高，消费被大大抑制。对这种现象，分散的生产简直无能为力。但是，卡特尔对价格形成却有大得多的影响，因为它可以作及时的储备以及通过生产的分配预防过于急剧的波动。当然，资本主义的卡特尔也利用这种力量，通过对生产的相应限制，达到持续的最高价格。但是，对于农业生产来说，它创建了较为稳定的状态。

正是上面提到的经营负责人施特恩这样说："辛迪加即使不能无限量地保存过剩商品，但却可以极大量地保存过剩商品。一旦过剩商品太多，自由市场便立即使价格猛跌，直至产品降到远远低于生产费用为止。辛迪加可以把国外价格和国内价格分开。当出现过剩和需要输出时，自由市场的全部产品的价格状况便取决于输出收入。这里举一个例子：1893 和 1894 年间，曾出现 2 000 万立升酒精的过剩。这绝不是威胁性的过剩，但却把年平均价格压到 31 马克。如果辛迪加这一年多输出 1 000 万立升，如果这1 000 万立升中每 100 立升价格损失 5 到 8 马克，其价格损失总额等于 50 万到 80 万马克，那么，这就使酿造业大大减少跌价。因为如果假定全部产品的价格都提高 5 马克，那么，以 50 万到 80 万马克的损失便将约 3 亿立升的全部产品在价值上提高 1 500 万马克。

交易所并不使基本存货增加。产品的意外增加很快为产品的减少所抵消。生产季节结束时（每年的 9 月 30 日）所有的存货，在酒精自由市场存在时期，通常为约 3 000 万立升。这种存货有许多次停留在这一数额之下，而一度最低降到 900 万立升。但是，只有一次，在 1893—1894 年间，这一数字有很大提高，达到 1 500 万立升。这些在 1 000 万上下的数字只是产品的 3%—5%，但这 3%—5%就足以把价格压到极限。甚至很小的存货也使投机家神经紧张起来。当他相信丰收在即的时候，便把存货抛出。交易所的这种表面的平衡，从根本上来说，不过是恐惧和神经紧张罢了。"他接着说明了他不喜欢交易所所作的平衡的原因："这种平衡是交易所通过低廉的价格达到的。"但是，他的雇主即卡特尔化的酿造者和酒精制造业者，却只需要高价上的平衡。[64]

一些期货交易的辩护者也断言，它是更准确的价格决定的保证。期货市场把一大批懂行的当事人囊括进来，这许多行家意见的结果一般必然比少数人的意见要正确些。但是，作为谷物商人的属性并没有赋予他能够预见未来收获量的神秘能力。一个谷物商人没有这种能力，无限多的谷物商人也没有这种能力。如果说“理智总是在少数人一边”这句话对交易所参加者不适用，那他们（即使在其他方面可能具有许多旧约全书的性质）肯定也不具有预言家的天赋。实际上，期货价格只不过是投机性的。甚至辛迪加，例如像对国内的价格决定有直接影响并因此很容易提供期货供给的酒精辛迪加，也并非完全心甘情愿地提供这种期货供给。例如，酒精销售中的经营负责人乌图赫特说：“期货供给总是有某些困难。如果事情按我们的意愿进行，我们倒宁愿对期货供给持谨慎态度……当有人提供一种产品的时候，为了能够确定价格，必须事先了解有多少产品量归他支配。当然，我们只有在生产季节已经过了许多月之后才能了解这一点。即使这时，我们也不能完全避免上当，因为只有春季几个月的生产才能决定整个生产季节的生产是大或是小。当形势无法认清时，尤其如此。”但是，人们将会承认，了解全部生产情况并控制大约80%的生产的销售中心的信息，同交易所参加者的信息，具有完全不同的性质。

要求了解期货价格的原因是：加工工业在签订供货合同时，必须了解原料的价格。如果原料生产期同加工工业的订货期不相一致，那么，对价格急剧波动的商品来说，便产生了期货价格的需要。因此，加工业者便把风险转嫁给他的原料供应者。但是，辛迪加利用自己的强大势力又把风险从自身转嫁出去，或者通过保持价格稳定，或者通过把期货价格提高到使它同样避开风险的高度。乌图赫特直接谈到这一点：“因为我们面对毫无把握的情况，所以我们小心行事（原文如此！），宁可把价格估计偏高，也不把价格估计偏低。”在辛迪加的备忘录中写道：“在辛迪加存在的最初四年间，这样的期货报价是在新的营业年度之初发布的。而自1904—1905年度以来,则遵循下述原则:只是在对生产的发展有了一定的立足点的时候,才标出一般的供货价格。”

在德国的交易所的调查报告中,商业界以外的调查成员(如内阁大臣维耐尔和自由保守党议员冯·加姆普)认为,现货交易是合法的,交易所的差额交易是非法的。这一区分同样常常被商人所驳斥。前一部分人恰恰不能理解,在一切资本主义交易中,使用价值是完全无关紧要的,大都仅仅是可悲的必然性(必要条件)。实际上,纯粹的差额交易是下述事实的最完全的表现:对资本家来说,重要的仅仅是交换价值。因此,差额交易恰恰是资本主义根本性质的嫡子。这种交易本身是从价值的世俗的现象形式(使用价值)抽象出来的。对于非资本主义的认识论学者来说,这种经济的自在之物完全表现为超验的东西,因此把它愤怒地称之为诈骗,这是完全自然的。[65]他们没有看到,每一个资本主义交易的经验的现实背后,有这一交易本身的超验的事实,只有这一超验的事实才能说明那种经验的现实。这里值得注意的是,对使用价值的捍卫者来说,一旦他们涉及交易所,使用价值概念本身便消失不见了。现在,他们把任何交易都同样看作是现货交易,只要证券或商品实际转手,那就不管是收益证书的买卖或是商品的买卖。他们完全忽视了,证券流通对社会的物质变换是无关紧要的,而商品流通则是社会的生活条件。

对使用价值的漠不关心可能导致何等荒诞不稽,这里可以举一例子。为了使商品可以互换,商品必须满足某些确定的条件,即在一定量的情况下,具有一定重量,显示一定的颜色和气味等等。

只有这样,商品才符合适宜于进行供货的“等级”。在汉堡的咖啡期货交易中,等级相当坏。较好的品种由于掺杂黑豆、石子等等而变坏了。在柏林,等级比较好。在汉堡所加的掺杂物,必须在柏林花很大力气拣出去,才能使咖啡交货。这大概算是资本主义非生产费用的最明显的例证。[66]但是,这还算是好的。在汉堡,曾经形成一个科奈尔。于是,出现缺少可以交货商品的局面。而能够提供的仅仅是掺有石子等杂质的咖啡。较好的品种因为不符合供货质量,所以必须另外赔钱;换句话说,必须为较高质量的供货支付罚金。但是,这是完全符合彻底加以运用的资本主义逻辑的。因为对于买者即科奈尔的成员来说,问题根本不在于使用价值,而仅仅在于交换价值。交换价值决定整个经济活动,这种活动恰恰不是使用价值的生产或中介,而仅仅是谋取利润。[67]

资本主义生产方式的辩护士,试图通过下述方式来证明它的各个现象的必然性:他们把由资本主义生产中产生的特殊经济的从而历史的形式,同对短暂的形式相比必然是长期的技术内容等同起来;然后,从这种错误的等同出发,反过来推论形式的必然性。于是,他们极力强调对每个社会劳动过程进行管理和监督的必然性,以便由此立即证明由生产资料私有制产生的资本主义管理的必然性,从而证明这种私有制一般的必然性。因此,他们不是把商业理解为特殊的流通活动,而是理解为货物向消费者的分配。例如埃伦贝格[68]把商业解释为空间的分配,把投机理解为时间的分配。因为分配在技术发展的一定程度上自然始终是必要的,所以商业和投机也始终是必要的,它们的消灭是不可能的事情,是一种乌托邦。如果此外还把“必要的”和“生产的”等同起来,那便同埃伦贝格一起得出如下荒谬的结论：投机像农业一样是一个生产部门。为什么不是这样呢，因为土地和股票都同样带来货币呀！这里，商业被简单地与运送、包装劳动和拆分劳动混淆在一起，投机则与储备等同起来，这些业务在每一个技术发达的生产方式下自然是必要的。即使像勒克西斯教授[69]这样目光敏锐的、严格说来同埃伦贝格完全不同的人，在他的关于期货交易的论述中也陷于困境，因为他也忽视了同商品交易不同的交易所商品期货交易的特殊的经济形式的规定性。他忽视了投机的特殊作用，试图通过证明期货交易是实际交易来论证期货交易的必然性。

然而，他的对手加姆普却轻而易举地指出，期货交易创造了巨大的商品交易额，但这一交易额却没有为从生产者到消费者的分配作任何贡献。勒克西斯指出，在期货交易条件下，可以很容易地找到买主。这是对的。只是这种"买主"并不是通常的消费者，而本身又是"卖主"，即本身是投机家。但是，想从绝对的分配需要推论出商业，甚至推论出期货"交易"即期货投机，则是错误的。商业仅仅在资本主义社会里才用来满足分配的需要；正像辛迪加和托拉斯排除商业所证明的那样，商业的必要性即使是在资本主义社会内部也是暂时的。谁要是把商业完全看作是"生产的"，即看作是不仅是实现利润而且也生产利润，谁就会完全陷入困境：他把节约商业费用推崇为卡特尔化的优点，然而只有在商业活动形成非生产费用从而是非生产活动的时候，这才可能成为优点。

实际上，期货交易的必要性在于：第一，它使生产资本家（即产业资本家和商业资本家）有可能把自己的流通时间压缩到零，从而保证自己抵御流通时间内的价格波动，把这种价格波动转嫁给执行这种特殊职能的投机身上。第二，期货交易使一部分商业职能不是交给商业资本来执行，而是交给货币（银行）资本来执行；对这一部分业务，不是谋取平均利润，而是谋取利息；产业利润（企业利润）提高了，提高额等于平均利润和利息间的差额。第三，与第二点相联系，期货交易使货币资本在保持货币资本性质的条件下向商业资本转化，从而为银行资本打开了扩大它对工商业的支配权限以及使生产资本越来越大的部分获得银行所支配的货币资本性质的可能性。

第十章 银行资本和银行利润

资本动员为银行开辟了新的活动领域:发行和投机。从理论上来说,这些活动是与一个银行的支付中介和信用中介相联系,还是由不同的银行机构来进行,在这里是无关紧要的。重要的问题仅仅在于,对各个职能按其经济意义加以区分。现代的发展到处都在越来越高的程度上导致各个职能的综合,这或者是在一个企业内,或者是通过同一资本家或同一资本家集团支配更多不同的从而执行互相补充的职能的企业。导致这种综合的因素归根结底在于,在所有这些职能中,资本是作为特殊意义上的货币资本、作为总是又能够从当时的投资中作为货币收回的借贷资本而出现。即使这种综合在一个企业里没有发生,同一货币资本通过由这些企业中的一个企业提供给其他企业,也部分地执行了各种不同的职能。

只有在分析了这些不同的职能之后,才有可能来研究银行资本的利润的源泉是什么,以及利润和资本(银行的自有资本和提供银行支配的别人的资本)之间的关系在银行资本领域内必须采取何种形态。

我们知道,利润是在生产中产生和在流通中实现的。我们也同样知道,流通业务即商品买卖的进行要求追加资本。这些业务的一部分，被商业资本家从产业资本家那里拿走，变成为社会资本的一个分支即商品经营资本的独立的职能。商人所使用的资本产生平均利润，这不过是产业资本家在生产中所产生的利润的一部分，从而形成在其他情况下应归于产业资本家的利润的相应扣除。[70]同样，流通也要求一系列的货币业务，即货币的贮存、准备和运送、收付账目等等。这些业务即簿记可以集中起来，通过这种集中节约形成流通费用的劳动。由于这种集中，为进行这一劳动也只需要较小的资本。“货币在产业资本和现在我们可以补充进来的商品经营资本的流通过程中（因为商品经营资本承担了产业资本的一部分流通运动，并把它当作自己的特有的运动）所完成的各种纯粹技术性的运动，当它们独立起来，成为一种特殊资本的职能，而这种资本把它们并且只把它们当作自己特有的活动来完成的时候，就把这种资本转化为货币经营资本了。产业资本的一部分，确切些说，还有商品经营资本的一部分，不仅要作为一般货币资本，而且要作为正在执行这些技术职能的货币资本，不断处于货币形式。现在，一定的部分从总资本中分离出来，并在这样一种货币资本的形式上独立起来，这种货币资本的资本主义职能，是专门替整个产业资本家和商业资本家阶级完成这些活动。就像在商品经营资本的场合一样，这里也是在流通过程中以货币资本形态存在的一部分产业资本分离出来，替其余的全部资本完成再生产过程中的这些活动。所以，这种货币资本的运动，仍然不过是处在自己的再生产过程中的产业资本的一个独立部分的运动。”[71]“可见，我们在这里考察的纯粹形式的货币经营业，即与信用制度相分离的货币经营业，只与商品流通的一个要素，即与货币流通的技术和由此产生的不同的货币职能有关。……显然，货币经营者所使用的货币资本的总量，就是商人和产业家的处在流通中的货币资本；货币经营者所完成的各种活动，只是他们为之服务的商人和产业家的活动。同样很清楚，货币经营者的利润不过是从剩余价值中所作的一种扣除，因为它们的活动只与已经实现（即使只是在债权形式上实现）的价值有关。”[72]在发展过程中，簿记归于银行。为此所需要的资本量，是由这些业务的技术性质和它们当时的规模决定的。银行靠这种资本实现平均利润，正像商人靠商品经营资本和产业资本家靠生产资本实现平均利润一样。[73]但是，这也是银行资本中其利润是绝对意义上的平均利润的唯一的一部分。靠其他银行资本所取得的利润，与此根本不同。

作为信用的中介，银行用整个归它支配的自己的和别人的资本展开活动。银行的总利润由所贷出的资本的利息构成。它的纯利润（扣除费用之后）由支付给它的利息和它为存款付出的利息之间的差额构成。因此，这种利润不是绝对意义上的利润，它的高低不是由平均利润率决定的。它也正像其他货币资本家的利润一样，是由利息中产生的。银行在信用交易中的中介地位，使它不仅能像其他货币资本家那样单靠自己的资本获得利润，而且也能靠它的债权人获得利润，因为它支付后者比自己要求债务人付出的利息要低。这种利息仅仅是按其水平已经达到既定的社会平均利润的一部分或一种扣除。但是，这种利润绝不像商人资本和货币经营资本的利润那样，自身参与平均利润率水平的决定。

利息水平取决于对借贷资本一般（银行资本只是其中的一部分）的供求关系。这种利息水平决定总利润。为了尽可能多地握有货币资本，银行方面也为存款偿付利息。在其他条件相同的情况下（ceteris paribus），银行握有的货币资本取决于它为存款支付的利息水平。于是，争取存款的竞争，迫使银行偿付尽可能高的利息。银行作为债权人所获得的利息与作为债务人所偿付的利息之间的差额，形成银行的纯利润。

因此，这个过程如下：首先，对借贷资本一般的供求关系确定利息率，而这一利息率又决定银行通过贷出归它支配的自己的或借入的货币而获得的总利润。银行的自有资金同借入资金的比例如何，对于利息率水平的形成和总利润的大小，在这里是无关紧要的。只是在借入的货币中，只有一部分真正归银行支配，而其他部分必须保持为准备金，而且这种准备金是不带利息的。与整个数额相比，这种准备金是微乎其微的。银行彼此间的竞争，决定银行方面为存款必须偿付的利息的水平。而这种利息水平，在总利润既定和费用既定的条件下，又决定纯利润。我们看到，在这里，既定量不是银行的自有资本。因为银行利润并不取决于自有资本，而是取决于一般归它们支配的借贷资本。因此，银行利润是既定量，银行自有资本的规模必须与之相适应。银行可以从整个借贷资本中将银行利润所允许的数额转化为它的自有资本。对于资本来说，银行企业也像任何其他企业一样，是一个投资场所。如果资本在这一领域中找到与在产业领域或商业领域中同样的增殖的可能性，那它才会涌入这一领域。否则，资本就会从这一领域流走。但是，另一方面，银行利润是既定量。因此，银行的自有资本必须这样来计算，以自有资本计算的利润，等于这一资本的平均利润。假定一个银行握有借贷资本1亿马克，以此获得总利润600万马克和纯利润200万马克。在利润率为20%的情况下，银行的自有资本可以是1 000万马克，而9 000万马克作为存款归它支配。这也说明了，虽然银行资本不生产企业利润（产业利润）而只实现利息，但在股份银行创办时或资本增加时却为创业利润留下余地的原因。因为银行利润等于平均利润率而股东只需要获得利息，于是便产生出创业利润的可能性。如果银行在货币市场上占统治地位，那它就能够把创业利润全部地或部分地攫为己有。创业利润加强了银行的准备金。当然，准备金是银行的自有资本，只是在账面上将利润分配到较小的名义资本上。准备金又可以使银行把它的资本的较大部分固定于产业上。

对于利润来说，自有资本和借入资本的划分，在这里是无关紧要的；在自有资本量与通过自有资本吸引的借入资本量之间，不存在固定的关系。这种情况首先使自有资本的规模呈现为任意性的，为这样计算它提供了可能性：利润虽然本身不是平均利润，但却等于平均利润。如果银行制度已经有巨大的发展，游离的借贷资本已经归银行支配，那么，新建银行就十分困难了。因为没有足够的别人的资本供它支配，或者是这种资本只有在这个银行同所有其他银行进行激烈竞争（竞争的结果也很值得怀疑）之后才能被吸引过来。

银行资本的情况与产业资本完全不同，与商业资本和货币经营资本也不同。在后面这些领域内，资本量是技术条件规定的，是生产过程和流通过程的客观条件决定的。产业资本的大小取决于生产过程一般的发展，取决于现有生产资料（也包括自然力及其利用的可能性)和现有劳动人口的规模。这些因素的利用和对劳动力的剥削程度,决定了以同样方式分配于产业资本、商业资本和货币经营资本的利润的大小;这里,在后面两个领域中,资本同样是由要进行的流通业务的技术条件决定的。因为流通不生产利润,从而是非生产费用,所以同时存在着将这里所使用的资本压缩到它的最低限度的倾向。相反地,银行资本(包括自有资本和借入资本)不过是借贷资本,这种借贷资本实际上不过是生产资本的货币形式。这里重要的是,它大部分是单纯的形式,即纯粹为了计算而存在。

我们在考察由发行活动和投机活动产生的利润时,发现银行利润和自有资本量之间具有同样的关系。

创业利润或发行利润,既不是利润,也不是利息,而是资本化的企业主收入。它的前提是产业资本向虚拟资本的转化。发行利润的高低,首先是由平均利润率决定的,其次是由利息率决定的。平均利润减利息决定企业主收入,企业主收入按占统治地位的利息率资本化形成创业利润。创业利润绝不取决于银行自有资本量。产业资本向虚拟资本转化的可能性,只取决于可贷资本一般的量,这种资本保持生息资本的形式,并准备向生产资本转化。为向股票投资,必须有足够的货币存在。这里必须区分清楚:既有的产业资本向股票资本的转化所束缚的货币量,仅仅是股票在证券市场上进行流通所必要的货币量;这一货币量本身又取决于,这些股票是作为投资证券留在"可靠之手"上,或是作为投机证券频繁地交易。但是,股份资本的发行同时意味着企业的新建和扩大。因此，需要必要的货币资本，首先用来完成循环 $G-\left\langle\begin{matrix}A\\Pm\end{matrix}\right.-P\cdots W'-G'$，其次用来进行股票本身的循环。现有借贷资本量同时决定利息率的高低，而利息率对资本化，从而对发行利润的大小，又是决定性因素。因此，发行利润与银行自有资本无关。但是，从长远来看，发行利润总额必须等于银行自有资本的平均利润率。另一方面，银行会有扩大它的自有资本的趋势，因为这样一来，首先使它的信用增加，其次使它的安全性增强。

投机盈利的情况相类似。参与投机也不取决于将归银行支配的资本分为自有资本和借入资本，而是取决于资本总量。

但是，我们已经知道，由于信用中介的活动以及金融化和投机，集中的趋势加强了。与此同时，将资本的尽可能大的部分作为自有资本来掌握的努力也加强了。因为自有资本不像借入资本那样可以随时索还，所以可以安全得多地固定在产业企业之内。创业活动尤其意味着，将货币资本在一个或长或短的时间内固定于产业中，直到货币资本通过出卖股票又流回到银行。因此，自有资本的扩大，意味着更长久地参与和最后支配产业企业以及更强烈地影响商品投机和证券投机的可能性。所以，只要利息收入和发行利润允许，银行就有经常扩大自有资本的趋势。

即使撇开使增大了的资本相应增殖的必然性不论，借入资本向自有资本转化的可能性，也绝不是银行随心所欲的结果。银行试图扩大它的自有资本，以便能够把它在产业上固定下来，谋取发行利润以及支配产业。如果仅仅是为了支付信用的中介，那么，自有资本扩大到超越一定的界限就没有必要了。因为握有借入的货币在这里仍然是决定性的，银行可以始终在随时可用的形式上掌握充当支付中介的、只能获得利息的资本。银行不单单因为把一般可贷货币的较大部分作为自有资本来掌握，就已经能够把较大的资本在产业上固定下来，而是恰恰相反。因为只有一部分可支配的借贷资本一般对支付中介（流通信用）是必要的，另一部分则供产业投资（资本信用）使用。一般可支配的借贷资本为流通信用和资本信用的目的所进行的这种分配，具有它自己的客观制约的规定性，这种规定性是由当时生产过程和流通过程的状况所决定的。虽然这些界限也是有弹性的，但是银行却不能忽视这些界限，否则就不能始终保持银行资本的货币形式，从而银行的支付能力就受到威胁。相反地，可支配的借贷资本的这种分配，同哪一部分作为自有资本和哪一部分作为借入资本归银行支配，并没有什么相干。但是，银行却希望扩大它的自有资本，以便能够把这种资本在产业上固定下来。借入资本向自有资本转化的可能性的界限，是一般可支配的资本中提供资本信用使用的部分。在这一界限内，银行发展的趋势是，把借贷资本中日益增长的部分转化为银行的自有资本。因此，自有资本量绝不仅仅依赖于银行自身的意志，也不仅仅依赖于扩大了的资本的增殖可能性。

银行资本的增加，首先意味着纯粹法律上的交易，而并不意味着经济职能的变化。银行只有通过把借入货币资本转化为自有货币资本，才能增加它的必须具有货币资本形式的资本。因为在发达的货币制度条件下，一切可支配的货币都被收集于银行之中，所以银行资本的增加首先仅仅意味着，银行可支配的存款的一部分，通过发行股票的途径,现在被转化为银行资本。

银行的借入货币资本向自有货币资本的这种转化,当然根本不能改变货币资本的供求关系,因而也不影响利息率。[74]

在其他情况相同的条件下,产业资本的增加造成利润量的增加,因为产业资本在生产过程中生产了剩余价值。银行资本的增加,当然根本不能改变银行所取得的整个利息量,因为后者在需求保持不变的条件下取决于借贷资本的供给,而借贷资本绝不因它在银行和私人之间分配的变化即所有权的变化而变化。改变的只是银行纯利润的计算,纯利润在自有资本增加时按比例地减少。

产业资本、商业资本和货币经营资本是社会资本的一定部分,它们在既定时期内必须按一定比例彼此并存。抽象地讲,一切社会资本都可以同时成为银行资本。因为银行资本意味着仅仅归银行支配的资本,本身并不妨碍一切资本经过银行。当然,这种银行资本的最大部分是虚拟资本,仅仅是真正在生产中充当执行职能的资本的货币表现,或者仅仅是资本化的剩余价值证书。因此,银行资本的增加,不像在产业中那样,是利润增加的前提。相反地,在银行中,利润是既定的。如果利润提高,那么,银行将增加它的自有资本,因为增加了的资本使它能够在不使自己的安全遭到威胁的情况下,以更大的规模把它的银行资本转化为产业资本。促使银行自有资本扩大的因素,主要是产业信用的提供,通过占有股票参与产业企业以及发行活动。这一点为下述事实所证明:英国单纯的储蓄银行,虽然交易额有极大提高,但却没有增加自己的资本,从而分配很高的股息。

因此,不能对问题做这样的设想:似乎银行资本的流进或流出会以利息率变化的方式影响银行利润。毋宁说，发生变化的仅仅是利润的分配，因为这种利润必定时而分配在较大的自有资本上，时而分配在较小的自有资本上。

股份资本即虚拟资本形式上的银行资本的扩大，在这里具有一定的重要性。

我们已经看到，从货币向虚拟资本的转化，并不能改变个别资本家作为货币资本家或借贷资本家的性质。现在转化为虚拟资本的货币，仍然成为银行资本，从而成为经济意义上的货币资本。这种银行资本一部分被转化为产业资本，而这种转化可以按两重方式进行。银行向产业企业提供信用，即直截了当把自己的资本贷给企业；或者银行接受产业企业的股票，现在则长期占有这些股票，因为这是银行的资本量所允许的。在这种情况下，银行资本增加的结果是：货币资本首先转化为银行资本，然后银行资本转化为产业资本。私人货币资本家不是直接把它们的货币投于产业股票中，而是投于银行股票中，银行通过购买产业股票，然后才把它转化为产业资本。区别在于，银行不仅是这种业务的中介，而且作为银行资本所有者，也成为产业企业的共同所有者。银行的这种所有权起着与各个股东的所有权完全不同的作用。因此，存在着这样一种趋势：私人的可支配的货币资本首先以尽可能大的规模转化为银行资本，然后银行资本才转化为产业资本。这里，发生了虚拟资本的两重化。货币资本虚拟地转化为银行股份资本，从而实际地转为银行财产；这种银行资本现在虚拟地转化为产业股票，实际地转化为生产资本因素，即生产资料和劳动力。

以大量借入资本（存款）开展活动的银行的股息政策，必须比产业企业的股息政策更稳定。当存款来自这样一些人的时候尤其如此:他们只能由股息稳定性如何的外部标志来推断经营的好坏,并在股息政策波动时抽回自己的存款。因此,这里涉及的是非资本主义范围内的人的存款。在股息政策方面,产业企业是比较独立的。首先,因为它的信用提供者大都对支付能力有精确洞察。其次,因为它经常需要的信用即支付信用必须以它生产的商品补偿,其他信用并不像在银行中那样经常不断,而只是在较长的时间内才需要。这种较大的独立性首先能影响股票市价,从而使内行在交易所获得投机盈利;其次,也能更易于适应行情的波动和积累的需要,而波动和适应对产业企业比对银行更重要。

另一方面,银行比产业企业更易于实行较稳定的股息政策,因为行情波动对银行利润的影响,不像对产业利润那样强烈和片面。首先,大部分银行利润与其说取决于利息率的绝对水平,不如说取决于贷出资本的利息同借入资本的利息之间的差额。而这种差额,特别是在银行集中已经有了一定程度的发展时,与利息的绝对水平的波动相比,要稳定得多。其次,在经济周期的发展过程中,产生了有利因素和不利因素,它们部分地互相抵消。日趋繁荣的时期是最有利的,这时利息率逐渐上升,产业的资本需要增强,从而发行活动活跃以及创业利润提高。与此同时,由簿记、支付信用的中介以及交易所投机中产生的盈利也提高了。在高度繁荣时期,利息率以及获得的利息与偿付的利息之间的差额增大了,相反,发行活动和创业利润则下降了。产业对资本的需要,与其说靠发行股票和债券来满足,不如说靠银行信用来满足。同时,在危机爆发之前的一段时间内,证券的投机通常已经受到高利息率的限制。在萧条阶段的初期，当利息率处于最低点时，正是发行固定利息证券的最有利的时机。银行由接受国家借款和城市借款等等所获得的利润急剧增加，通过按现在提高了的市价出卖自己储备的固定利息证券所获得的和润也是如此。产业以前负下的银行债务的一部分，因为货币市场充裕，便被转化为股份资本和债券资本，并提供新的发行利润。这些因素多多少少地把由信用中介的利息所产生的收入减少给补偿了。

银行不仅以它的自有资本进行竞争，而且也以归它支配的整个资本进行竞争。但货币市场上的竞争同商品市场上的竞争根本不同。最主要的区别首先在于，资本在货币市场上具有货币形式，而在商品市场上则必须先由商品资本转化为货币资本。但是，后者也包括这种转化或多或少招致失败的情况，于是商品资本可能贬值，没有产生利润，而是蒙受损失。在商品竞争中，问题在于资本的实现，而不在于资本的增殖。在货币资本竞争中，资本本身是被保证的，问题只是在于它的增殖程度，在于利息的水平。但是，利息是按一种没有给各个竞争者留下什么活动余地的方式来决定的。首先，中央金融机构的贴现政策在这里对所有其他金融机构是决定性的，只是在比较狭小的范围内才给它们以活动余地。这对于银行的纯粹信用业务，即贷与借，是特别重要的。这里，竞争是比较小的。但是，活动余地越小，业务范围大小这一量的因素所起的作用就越大。只有在业务范围很大的时候，佣金才能降低，存款利息才能提高。但是，在企业规模相同的情况下，条件也必须大体相同。在很大的企业里，与较小的企业相比，由于节约和易于避免损失与分担风险，才产生一些超额利润。除此之外，在信用中介的领域里，便不再有超额利润。相反地，在产业中由于享有技术专利的革新所产生的以及对竞争如此重要的超额利润，在这里不起任何作用。

竞争在金融业务即发行中，比在信用中介中，起更大的作用。这里，创业利润量为互相压价的竞争提供了广阔的活动场所。但是，即使在这里，范围也不是过大的。相反地，这里具有决定意义的，与其说是银行的条件，不如说是产业由于以前被提供的信用而产生的对银行的依赖程度。

在竞争问题上，必须将产业中的技术的方面和经济的方面分别开来。在银行中，技术的差别只起很小的作用；在同类的银行中，技术都是一样的（不同类型的银行一般不直接相互竞争）。这里，一开始就只有经济上的区别，这种区别是纯粹量的区别，仅仅在于所收集的资本量。

但是，这种竞争的十分独特的性质，使银行以如此不同的和相互交替的方式，时而互相竞争，时而互相协作。我们只是在偶尔就某项交易（例如，在投标的场合）达成协议的同样规模的产业企业中，才发现类似情况。但是，在产业中，这常常是卡特尔即排除竞争条件下的长期协作的前趋。

如果说一般利息率是信用中介范围内的竞争的限制，那么，平均利润率就是支付交易领域内的竞争的限制。但是，恰恰在这里，交易量对佣金的高低是决定性因素，造成大银行的强大优势。

最大的安全性这一银行技术的原则，使银行从一开始就厌恶竞争。因此，卡特尔在产业中排除竞争以及谋取“稳定的利润”，使它感到特别亲近。

银行利润并不是产业利润，但是，按银行自有资本计算的利润总额，必须等于平均利润率。如果它低于平均利润率，资本便从银行业务中抽走；如果它高于平均利润率，便会有新的银行建立。因为银行资本经常具有货币形式，或大部分随时可以很容易地再转化为货币形式，所以利润的平均化，在这里可以最迅速地得到实现。

因此，也不存在银行资本的“生产过剩”。相反地，银行自有资本的过度增加，又会导致资本外流以及用于其他投资，但不会像我们在产业领域里所看到的那样，造成贬值等等的普遍危机。银行危机仅仅是产业生产过剩或过度投机的结果，表现为货币形式上的银行资本的匮乏。这种匮乏在于，银行资本被固定在一种不能立即实现为货币的形式上。

随着银行制度的发展，随着银行与产业的关系越来越密切地交织在一起，这样一种趋势加强了：一方面，银行间的相互竞争越来越被排除了；另一方面，一切资本被以货币资本的形式集中起来，只有通过银行的中介才能提供生产者支配。这种趋势归根结底将会导致：一个银行或一个银行集团获得对整个货币资本的支配权。于是，一个这样的“中央银行”便施行对整个社会生产的控制。[75]

在信用中，除了物的关系之外，还出现了人的关系。同其他经济范畴的物—社会的关系（特别是同货币）相对立，信用表现为直接的人—社会的关系，通俗些讲，就是“信任”。同样，信用在其完备形式上是同资本主义相对立的，它对无政府状态来说是组织和监督。因此，它来自适应资本主义社会的社会主义，即迎合资本主义的冒牌的社会主义。它为了少数人的需要而把别人的货币社会化了。它一开始就为信用骑士突然打开最广阔的前景:资本主义生产的限制即私有财产似乎崩溃了,整个社会的生产力似乎转归各个个人支配。它晕头转向了,它也把人扰得晕头转向了。

信用的最初的先驱是资本主义的浪漫主义者,例如罗和贝列拉。经过一段时间,实干的资本家便占了上风,贡德尔曼战胜了萨卡尔*。

* 贡德尔曼和萨卡尔是法国著名作家左拉的小说《金钱》中两个主要人物。——译者

第三篇

金融资本和对自由竞争的限制

第十一章　利润率平均化的障碍及其克服

资本主义的生产旨在获取利润。获得最大利润是每个资本家的动机，也是他们在资本主义竞争条件下必然产生出来的经济行为的指导原则。每个资本家只有在不断跟上并且超过他的竞争对手时，才能生存；而只有在成功地把自己的利润提高到平均水平以上，并由此而获得超额利润时，才能做到这一点。[1]

然而，刺激各个资本家去获得最大利润的主观努力所达到的客观结果，却是为一切资本创造相同的平均利润率的趋势。[2]

要达到这种结果，必须通过争取投资领域的竞争，通过资本不断流向那些高于平均利润率的领域和离开那些低于平均利润率的领域。然而，资本的这种不停流动却遇到了障碍，这种障碍随资本主义的发展而增加。

劳动生产率的增长，技术的进步，表现为等量活劳动所推动的生产资料量的日益增加。在经济上，这个过程反映为资本有机构成的增加，反映为总资本中不变资本额比可变资本额的增长。[3] C∶V比例中的这一变化表现了从工场手工业和早期资本主义工厂到现代工厂的情景变化：前者是处于狭小的劳动空间和拥挤在几台小机器周围的工人；后者是在庞大的自动化机器后面的少量的、有时几乎看不到的工人，而且他们似乎越来越少见了。

但是，技术的发展同时也带来了不变资本组成部分内部的变化。固定资本组成部分比流动资本组成部分增长更迅速。下列情况说明了这一点：

"冶炼过程的技术进步，必然造成企业规模的日益扩大和资本积聚的日益加强。据吕尔曼(《50 年来高炉生产的发展》，杜塞尔多夫 1902 年版)说，自 1852 年以来高炉的容积增长 4.8 倍，每个高炉的生产能力增长 33.3 倍，高炉容积每吨的生产能力增长 7 倍。1750 年，西里西亚 14 个烧木炭的高炉共生产 12 500 吨生铁；1799 年，柯尼希许特尔的两个烧焦炭的高炉的设计年产量为2 000吨生铁。1852 年，厄切尔霍伊泽尔夸口它每日生产 50 000 到 60 000 普鲁士磅。每个高炉每日生产的最新记录是：德意志帝国矿业联合公司(蒂森)达 518 吨；俄亥俄钢铁公司第三号炉达 806 吨。换句话说，美国每个高炉大约 30 小时的生产量与以前一个西里西亚高炉一年的生产量相等，美国每个高炉 36 小时的产量相当于 150 年前 14 个个西里西亚高炉每年的产量。

然而，每个高炉的建设费用大大地提高了。上述的柯尼希许特尔高炉总造价估计达 4 万塔勒。这使日产 1 吨的投资达 2 万马克左右。根据韦丁的计算，1887 年，在每座高炉的建设费用差不多 100 万马克的条件下，日产 1 吨的投资额下降到 5 400 和 6 000 马克之间。然而，最近由于使用许多新设备和彻底排除手工劳动，日产 1 吨的费用又上升到大约 1 万马克。这就是说，现在在鲁尔区，建一座250吨的高炉要花费250万马克，而巨大的美国高炉的造价估计已经达到600万马克。

除了在西格兰德和上西里西亚以外，德国现在几乎没有日产能力低于100吨的高炉。一个要新建的高炉最低年产量至少在3万到4万吨之间，但是，拥有多座高炉的企业具有很大优越性，因此出现各冶炼企业不断增加高炉数量的努力。正像一般费用（管理、实验室、工程师）一样，必要的后备机器的费用（鼓风机、热风炉）分摊在更多的产品上。然后，人们才能在多座高炉相结合的情况下，用一座高炉年年生产同一种生铁。因此，首先，高炉从生产一种生铁转换为生产另一种生铁的这一棘手问题就不再存在了。其次，使高炉的构造按所要生产的生铁种类实行专门化成为可能。最后，只有在高额生产指标和许多高炉的情况下，利用现代发明（合理地运送原料、铸造机、搅拌机、高炉煤气机）才能在经济上成为合理的。”（海曼:《德国大钢铁工业中的混合工厂》第13页以下）

拿一个使用机器同样达到很高程度但由于技术条件不同而有机构成相当低的产业领域，与这个有机构成最高的领域相比较，是颇为有趣的。“制鞋业所需的资本量，可以举一个日产量为600—800双鞋子（这些鞋子一半是缝的，一半是钉的）的工厂为例：

厂房	10万马克
场地	5万马克
蒸汽机（50马力）	2.1万马克
电力设备	2万马克

制鞋机器和其他设备	8 万马克
楦子	2.5 万马克
固定资本	29.6 万马克

如果我们假定流动(经营)资本一年周转两次,我们就会得到下列数字:

6 个月的原料	35 万马克
6 个月的工资	10 万马克
6 个月的其他费用	9 万马克
流动资本	54 万马克

因此,我们可以说,除了大约 3 万马克的固定资本外,还需要 5 万马克的流动资本,即是说,对这个雇用 180 到 200 个工人的工厂来说,需要大约 8 万马克的总资本。”(卡尔·雷埃:《德国制鞋大工业》,耶拿 1908 年版,第 54 页)

相反地,“例如,一个按托马斯法进行生产并具有 3 万～4 万吨生产能力的大型联合工厂,应在西部德国新建起来,并且必须购买矿山和土地。现在,它的总费用至少需要:

铁矿山 1 000 公顷	1 000 万马克
鲁尔区的 6 个煤田	300 万马克
包括炼焦厂在内的具有 100 万吨开采量的煤矿	1 200 万马克
高炉设备	1 000 万马克
炼钢和轧钢厂	1 500 万马克
钢铁厂的场地、铁路支线、工人住房等	500 万马克
总计	5 500 万马克

此外,需要 1 万个工人。在美国,对具有两倍于这样生产

能力（日产 2 500 吨）的钢铁厂来说，投资 2 000 万～3 000万美元，被认为是必要的。”相反，1852 年，投在整个拿骚钢铁工业中的资本是 123.5 万佛罗林。（海曼：《德国大钢铁工业中的混合工厂》第 26 页）

然而，固定资本的这种巨大膨胀意味着：资本一旦投放出去，其转移就变得日益困难了。流动资本在每一次周转期间结束之后再转化为货币，以便能投入其他生产部门；而固定资本在一连串更长的周转期间里都被固定在生产过程中。它的价值逐渐地转移到产品中去，逐渐地以货币形式流回。总资本的周转时间延长了。固定资本越大，它的数额越多，它在投资中的比重也就越大，占总资本的份额也就越大，不遭受巨大损失而实现其中包含的价值，并在以后把这一资本转移到更为有利的领域中去，也就越困难。争夺投资场所的资本竞争因此而发生变化。代替中世纪监护的古老的法律限制，阻碍资本自由转移的新的经济限制产生了。当然，这种限制只涉及已经转化为生产资本的资本，而不涉及新投资的资本。第二个限制在于，技术的发展同时扩大了生产规模；不变资本特别是固定资本的量的膨胀，要求一个绝对的越来越大的资本额，以便能够相应地扩大生产或建立新的企业。由剩余价值逐渐积累起来的数额，在长时期内不足以转化为独立的资本。由此可以想象，新资本的流入是不充足的或迟缓的。然而，资本的自由转移是形成平均利润率的一个条件。如果资本的流进流出不能畅通无阻地进行，这种平均化就会受到破坏。既然利润平均化的趋势首先是个别资本家对尽可能高的利润的追求，那么，这个阻碍也必须首先由个别资本家来消除。这是通过资本动员来实现的。

创造资本结合，就足以使资本集中。但是，资本动员也同时扩大了能够结合的资本的范围，因为它使产业资本（包括固定资本在内）向货币资本的不断再转化而最大限度地独立起来，不受固定资本应执行职能的周转期间之后实际回流的束缚。当然，这种再转化在社会规模上是不可能的，而仅仅适用于一定数量的不断换位的资本家。但是，这种向货币的不断再转化的能力，赋予了资本以借贷资本的回收方式。借贷资本是这样一种货币资本，它在一段时间内被预付出去，然后作为增加了利息的货币额收回。这样，它使货币额适合于产业投资领域；否则，这一货币额就不能执行产业资本的职能。

对所有者来说，这些货币额必须在或长或短的时间内闲置起来，或者作为纯粹的借贷资本暂时投放出去。这些货币额不断变换自己的构成，进行收缩和膨胀，但是一定数量暂时闲置的货币额总是存在的。这些货币额可以转化为产业资本，从而被固定下来。这种货币额的不断变换，在股票所有权的不断变换中表现出来。当然，向产业资本的转化，仅仅发生一次，并且是彻底完成的。闲置资本最终转化为货币资本，货币资本又转化为生产资本。由这种闲置的货币基金中汇流而成的新的货币额，执行股票购买手段的职能，现在仅仅充当股票交易的流通手段。但是，这些新的货币额尽力为最初转化为产业资本的货币的所有者收回他们的货币。这些货币在此期间为他们执行资本职能之后，现在又可以被他们用于其他目的。应该附带说明，随着股票市价的提高，在其他条件不变的情况下（ceteris paribus），股票交易所必要的货币必须增加，这时比原来转化为产业资本的更多的货币可以进入流通。这里应该注意，股票市价通常要比由货币转化而来的产业资本的价值高。当然，资本的动员同生产过程无关。它仅仅涉及所有权，仅仅创造执行职能的资本主义所有权的转移形式，即作为资本、作为产生利润的货币额的资本的转移形式。既然资本的动员不牵涉生产，那么，这种转移实际上只不过是对利润的所有权证书的转移。资本家关心的仅仅是利润。至于利润是从哪个领域里生产出来，对他是无关紧要的。资本家不为生产商品，而是为从商品中谋取利润。

因此，在其他情况不变的条件下，如果一张股票同另一张股票带来相同的利润，那么，它们也就一样。因此，每一种股票的价值都是根据它带来的利润进行估价的。购买股票的资本家，用同任何其他资本家同样的货币额，购买了同样大小的利润份额。因此，对个人来说，资本的动员为每个个别资本家实现了利润率的平等。但是，这也仅仅对个人才是这样，因为对他来说，在他购买股票时，实际存在的不平等被消除了。事实上，这种不平等依然存在，就像它的平均化趋势依然存在一样。

实际上，资本的动员并不影响资本的利润率平均化的实际运动。资本家追求尽可能大的利润的努力依然如故。这种利润现在表现为更大的股息和更加提高的股票市场价格。这样，便为新投的资本指明了道路。所获得利润的水平，从前是个别企业的经营秘密，现在却或多或少地在股息水平上适当表现出来，从而易于为寻求投资场所的资本决定应转向哪些生产部门。例如，如果在具有 10 亿资本的钢铁工业中获得 2 亿利润，而在具有同量资本的另一工业中只获得1亿利润，那么，在假定5%的资本化的条件下，钢铁股票的市场价格就是40亿，而另一种股票的市场价格就是20亿。因此，对个别所有者来说，差别就消失了。但是，这并不妨碍新的资本在钢铁工业中寻求投资，在那里它能获得平均水平以上的利润。正是股份制度使资本流入这些部门变得容易了。正像我们已经指出的，这不仅因为由资本量所产生的障碍因此而比较容易被克服，而且还因为这个部门的超额利润的资本化约定了特别高的创业利润，刺激银行参与这个生产部门。在这里，利润率的差别表现为创业利润的不同水平；这种利润率的差别，由于新积累的剩余价值量流到那些具有最高创业利润的领域而平均化了。

同样，资本的动员也不影响那些阻碍利润率平均化的困难。相反地，与资本的动员同时发展的资本结合，消除了由新投的资本量中产生的限制。随着资本主义社会财富的增长，由于货币额的集结，企业的规模不再是企业经营的障碍。因此，只有使新的资本进入那些利润率高于平均水平的领域，利润率的平均化才日益成为可能，而要从那些有大量固定资本的生产部门移出资本却是极其困难的。这里，资本的减少只能通过旧设备的逐渐磨损或通过在破产情况下的资本的消灭而实现。

同时，随着生产规模的扩大，还产生了另一个困难。在高度发展的资本主义领域中，新建企业必须从一开始就有一个巨大的规模，它的建立会立刻大大增加这个领域的生产。技术的规则不允许那种也许是市场的吸收能力所要求的生产提高的渐进性。生产的显著增加绰绰有余地抵偿了对利润率的影响。如果说利润率以前高于平均水平，那么，它现在却降到平均水平以下。

因此，利润率平均化趋势的障碍就出现了，这些障碍随着资本主义的发展而增加。这些障碍按资本的构成，特别是按固定资本在总资本中所占份额的大小，对不同领域发生不同强度的影响。在资本主义生产最发达的领域中，即在重工业中，这种影响最强。这里，固定资本起着极大的作用，资本一经投入，流出便十分困难。

那么，上述因素对这些领域中的利润率产生什么影响呢？下述论证是可以想象的：在这些产业中，极大的创办资本是必要的，而占有如此巨大的创办资本的人是有限的，因此，在这些领域中，竞争较小，利润较高。这种论证忽略了，这只是在资本还是执行个别资本职能的时期才是正确的。资本结合的可能性轻易地克服了这种障碍。资本量大并不是筹措它的障碍。相反地，通过资本流出实现平均化在这里几乎被排除了，消灭资本在这里也同样十分困难。这些发达的产业同时也是这样的产业，在这些产业中，竞争极为迅速地淘汰了小企业，或这种小企业根本就不存在（如在许多电力工业部门中）。不仅大企业占统治地位，而且这些资本强大的企业也彼此越来越势均力敌，因为那些给它们中的某些企业提供竞争优势的技术的和经济的差别越来越小。这里不是强者和弱者之间的斗争——在这种斗争中，弱者被摧毁，从而该领域中的资本过剩被消除——而是势均力敌者之间的斗争，这种斗争长期不能决定胜负，斗争各方都遭到同样的牺牲。所有这些企业都不得不努力坚持斗争，否则，渗透到每个个别企业中的全部巨大资本便发生贬值。因此，通过消灭资本来减轻该领域的负担是极其困难的。同时，在这里，每一个新的企业由于它从一开始就必须具有很大的生产能力，所以对供给产生很大影响。正是在这些领域，很容易形成利润率较长时间地处于平均水平以下的情况。平均利润率越低,这种情况就越危险。随着伴同资本主义生产发展的利润率的降低,生产在其中还有利可图的余地越来越窄。如果现在利润率只有20%,而从前曾一度是40%,那么,由价格产生的细微压力就已经足以使利润完全消失,使资本主义生产的目的落空。因此,正是这些拥有自己大量固定资本的产业,对竞争和由此而造成的利润率下降越来越敏感;而同时,对它们来说,改变已经作出的资本配置也越来越困难。因此,正是在这些产业中,可以很容易产生低于平均水平的利润率。这种利润率只有通过停止新资本流入和通过随人口而增长的消费逐渐提高,才能渐渐地平均化。这种趋势还可以由下述事实而加强:新的资本(股份资本)从一开始就能以低于平均水平的利润来计算。

另一方面,低于平均水平的利润率,在那些个别资本仍然占优势和资本的需要量相对较小的领域中,占统治地位。那些在发达的领域中不再有竞争能力、而其较小的量不允许其所有者把它们当作带来利息或股息的资本来投资的资本,便涌向这里。它们是些零售商业和小规模的资本主义生产(在这里竞争激烈,其旧资本不断毁灭并立即又为新资本所代替)的领域。在这些领域中,充满了总有一只脚踩在无产阶级中的分子,对他们来说,破产是经常的现象;其中只有很少一些人才渐渐发展成大资本家。这些生产部门以极不相同的形式,日益陷入对大资本的间接隶属之中。

除了这些生产部门的充斥之外,还有另一个使这里的利润率降低的情况。到处都在进行争夺销路的残酷竞争,而为了打赢这场竞争,不惜耗费巨额开支以加速周转和扩大销路。进行大量的广告宣传和派出大批推销员。十个推销员为了每一个顾客而相争。所有这些都需要货币，而货币又使这些领域中的资本膨胀。但是，由于货币不被生产性地使用，因而也就不增加利润，而利润率由于现在必须以这种增大的资本来计算而下降了。

因此，我们看到，在资本主义发展的两极上，利润率下降到平均水平以下的趋势是怎样由完全不同的原因产生出来。在资本力量足够强大的地方，这种趋势现在又唤起克服自己的相反趋势。这种相反的趋势最终导致自由竞争的消除，从而导致长期形成利润率不平均的趋势，直至最后这种不平均本身由于生产领域分离的消除而消除。[4]

在产业资本内部，恰恰是在它的发达的领域中所产生的趋势，受到银行资本利益的促进。

我们已经看到，产业的积聚同时造成了银行的积聚，而银行的积聚还由于银行业务自身的发展条件而加强。我们还看到，银行资本如何通过股份制度来扩大产业信用，如何受创业利润的前景所引导，对金融化产生越来越大的利益。但是，在其他情况相同的条件下，创业利润依赖于利润水平。因此，银行资本对利润水平有直接的利益关系。但是，随着银行的积聚，银行作为信用提供者和金融机构参与的产业企业的范围也同时扩大了。

享有技术或经济优势的产业企业，有希望在竞争战胜利之后，保持住市场，扩大自己的销售，以及在排挤对手之后较长时期地获得超额利润（这一超额利润绰绰有余地补偿了竞争战的损失）。但是，银行的考虑不同。这个企业的胜利就是其他企业的失败，而银行对后者同样有利益关系。这些其他企业曾占用大量信用，被借贷的资本现在遇到了危险。竞争本身给所有的企业带来损失。在这一时期，银行不得不削减自己的信用，放弃有利可图的金融业务。一个企业的胜利绝不可能补偿银行的这些损失。这样一个强大的企业是一个对手，银行从这一对手身上不能获取很多。只要进行竞争的工厂是银行的顾客，银行从它们的竞争中所能期待的就只不过是损失。因此，银行对排除它所参与的那些工厂之间的竞争所作的努力是绝对的。但是，每个银行也都对尽可能高的利润有利益关系。在其他情况相同的条件下，在一个产业部门内的竞争被完全排除时，这种利润又达到顶点。这就是银行力求建立垄断的原因。在这种情况下，银行资本和产业资本消除竞争的趋势是一致的。同时，银行资本也获得了实现这一目的的越来越大的力量，即使违背了个别凭借自己特别有利的设备有时还宁愿进行竞争的企业的意志。因此，如果在没有银行资本参与而自由竞争还继续存在的经济发展阶段上便排除了竞争，产业资本应该为此而感谢银行资本的支持。[5]

除了这些限制竞争的一般趋势之外，由产业周期的一定阶段中产生的趋势也在发挥作用。首先应该指出，在萧条时期，增加利润的动机特别强烈。在繁荣时期，需求超过供给。这一点从下述事实中已经可以看出：在这一时期，产品在它生产出来以前很久就被销售出去。[6]

应当顺便指出，在这一时期，需求往往具有投机的性质。人们在预期价格还将继续上涨时进行购买。限制消费需求的价格上涨，相反地却刺激了投机需求。但是，如果需求超过供给，市场价格就由那些在最差条件下进行生产的企业所决定。那些在较好的条件下进行生产的企业实现了超额利润。即使没有缔结协定，企业家们也是一个完整的统一体。相反地，在萧条时期，每个人都力求靠自己拯救还可以拯救的东西，每个人都无情地进行反对其他人的活动。“在竞争中一时处于劣势的一方，同时就是这样一方，在这一方中，个人不顾自己那群竞争者，而且常常直接反对这群竞争者而行动，并且正因为如此，使人可以感觉出一个竞争者对其他竞争者的依赖，而处于优势的一方，则或多或少地始终作为一个团结的统一体来同对方相抗衡。如果对这种商品来说，需求超过了供给，那么，在一定限度内，一个买者就会比另一个买者出更高的价钱，这样就使这种商品对全体买者来说都昂贵起来，提高到市场价值以上；另一方面，卖者却会共同努力，力图按照高昂的市场价格来出售。相反，如果供给超过了需求，那么，一个人开始廉价抛售，其他人不得不跟着干，而买者却会共同努力，力图把市场价格压到尽量低于市场价值。只有各方通过共同行动比没有共同行动可以得到更多好处，他们才会关心共同行动。只要自己这一方变成劣势的一方，而每个人都力图找到最好的出路，共同行动就会停止。其次，只要一个人用较便宜的费用进行生产，用低于现有市场价格或市场价值出售商品的办法，能售出更多的商品，在市场上夺取一个更大的地盘，他就会这样去做，并且开始起这样的作用，即逐渐迫使别人也采用更便宜的生产方法，把社会必要劳动减少到新的更低的标准。如果一方占了优势，每一个属于这一方的人就都会得到好处；好像他们实现了一种共同的垄断一样。如果一方处于劣势，每个人就企图通过自己的努力来取得优势（例如用更少的生产费用来进行生产），或者至少也要尽量摆脱这种劣势；这时，他就根本不顾他周围的人了，尽管他的做法，不仅影响他自己，而且也影响到他所有的同伙。"[7]

于是，便出现一个矛盾：当最没必要限制竞争的时候（因为协定仅仅认可现存状态），即在繁荣时期，限制竞争最容易达到。相反，在萧条时期，当限制竞争最必不可少时，缔结协定却最困难。这种情况说明，为什么卡特尔在繁荣时期或至少在萧条时期被克服之后更容易形成，而在萧条时期（特别是在它没有紧密组织起来的时候）却常常崩溃。[8]

垄断联合对市场的控制在景气时期比在萧条时期要有效得多，这一点也是很清楚的。[9]

除了造成利润率及其平均水平长期下降并且只有通过消除其原因即竞争才能加以克服的趋势外，还有一个产业部门的利润率由于另一个产业部门的利润上升而造成的下降。如果说前者是由长期发生作用的原因产生的，那么，后者则是由产业周期的条件产生的。如果说前者最终出现于所有发达的资本主义生产部门，那么，后者却仅仅影响一定的生产部门。最后，如果说前者是由一个产业部门内的竞争引起的，那么，后者则产生于一个为另一个提供原料的诸产业部门的关系之中。

在繁荣时期，生产扩张了。在资本比较小、生产扩张能在较短时间里和在许多方面进行的地方，这种扩张最迅速。在某种程度上，生产的迅速提高抑制了价格的上涨。大部分制造成品的产业中的情形就是如此。相反地，在采掘工业中，生产却不可能如此迅速地扩张。打好一口新的矿井，安装新的高炉，都需要相当长的时间。[10]在繁荣的最初阶段，需求的增长由更集约地使用原有生产能力而得到满足。但是，在高度繁荣时期，制造成品的工业的需求比采掘工业的生产增长得更迅速。因此，原料价格比那些成品的价格上升得更迅速。所以，采掘工业的利润率是以牺牲加工工业而提高的，而加工工业在利用景气时期方面，可能还要受到原料短缺的阻碍。

在萧条时期，情况却相反。在供给原料的一些部门中，资本的外流和生产的缩减比在生产成品的领域中更困难，亏损也更大。因此，在供给原料的一些部门中，利润率在一个很长时期内仍然低于平均水平；这一因素有助于使加工工业的利润率恢复到正常水平，而原料生产部门中的萧条却更持久、更严重。

> 在1874～1878年之间，美国的钢铁工业的危机表明：在自由竞争条件下，这种萧条的情况会是多么严重和持久。在1873年以后，费拉德尔非亚的生铁价格从42.75美元最后下降到1878年的17.36美元。[11]
>
> 在产业周期过程中，价格的巨大波动也可以通过下列数字来说明（这里应该指出的是，一般来说，这一时期的生铁生产成本是下跌的）：
>
> 贝氏炼钢炉用的一号赤铁矿石的价格，从1890年的6美元逐年下降到1895年的2.90美元。1894年，贝氏炼钢炉用的铁矿石的售价为2.25美元，而非贝氏炼钢炉用的铁矿石的售价为1.85美元。后来，出现了钢铁工业的一个短暂的高涨时期……上述铁矿石的价格立即分别地上升为4美元、3.25美元和2.40美元。[12]在匹兹堡，贝氏炉用的生铁按美元计价

为:1887 年为 2.37,1897 年为 10.13,1902 年为 20.67,1904 年为 13.76。英国最好的生铁,1888 年为 10.86,1895 年为 11.30,1900 年为 20.13,1903 年为 13.02。[13]

列维[14]为经济周期下降时期的原料和制成品生铁的价格关系的形成提供了下列具有启发性的"图表:

年份	2 240 磅贝氏炉生铁的价格(美元)	2 240 磅莱克优质矿石的价格(美元)	2 000 磅焦炭的价格(美元)	41 22 磅矿石加 2 423 磅焦炭的价格(美元)	生铁价格与矿石加焦炭费用之间的差额(美元)
1890	18.872 5	6.00	2.083 3	13.56	5.31
1891	15.950 0	4.75	1.875 0	11.01	4.94
1892	14.366 7	4.50	1.808 3	10.47	3.90
1893	12.869 2	4.00	1.479 2	9.15	3.72
1894	11.377 5	2.75	1.058 3	6.34	5.04
1895	12.716 7	2.90	1.325 0	6.94	5.78
1896	12.140 0	4.00	1.875 0	9.63	2.51
1897	10.125 8	2.65	1.616 7	6.84	3.29

我们从这些数字中可以看出,1890 年以后,那些完全依靠购买煤炭和矿石的企业已经陷入何等境地。1890 年以后,原料价格虽然大大下降,但原料费用和成品价格之间的差额下降更大,以致原料使用者的状况极大地恶化了。生铁价格比原料价格更快和更大地下降的趋势,如我们已经阐明的,导致企业实行联合制。"

这种利润率的差别必须加以克服,也只能通过采掘工业和加工工业的联合即通过联合制来加以克服。

按经济周期的不同阶段，实行联合制的动因也是不同的。在繁荣时期，这种动因来自加工工厂，加工工厂以此克服原料的高价甚或短缺。在萧条时期，原料生产者为了避免原料以低于生产价格出售，而把加工工厂建入自己的企业之中。自己对原料进行加工，在成品上实现较高的利润。概括来说，存在着这样一种趋势，即盈利较差的生产部门将盈利较多的生产部门并入自身之中。[15]

因此，可以根据联合制形成的方式和方法，作如下的区分：向上的联合制，例如轧钢厂将高炉和煤矿并入自身；向下的联合制，例如煤矿购进高炉和轧钢厂；混合的联合制，例如钢厂将煤矿和轧钢厂并入自身。

因此，利润率的差别引起了联合制。对实行联合制的工厂来说，利润率的波动被消除了，而单独的工厂却由于其他工厂而减少了自己的利润。

联合制的另一个优点来自商业利润的节约。商业利润可以消除，而产业利润增加了与商业利润相应的数额。

积聚的发展使商业利润的消除成为可能。商业把分散于各个资本主义企业中的职能集中起来并因此而能够使其他产业资本家按照他们相应的数量来满足他们的需要的职能，现在已不再是必要的了。一个织布业者宁可从纱线商那里满足具有不同质和量的各种规格的纱线，也不愿同一大批纺纱业者缔结交易。同样，纺纱者也宁可把全部产品一次卖给一个商人，而不愿卖给一大批织布业者。因此，流通时间和流通费用节省了，准备资本也减少了。

在涉及生产同种商品（批量商品）的巨大集中的企业以及在一个企业的生产满足另一个企业需要的场合，情况就不同了。这里，商业变成多余的了。商人及其利润可以被消除，并且商人也实际因这些企业实行联合制而被消除了。商业利润的这种消除是联合制的固有特点，它与同类企业的联合不同，在那里，当然不存在商业关系。然而，商业利润只不过是总利润的一部分。因此，商业利润的消失相应地提高了产业利润。只要联合制工厂同单独的工厂进行竞争，提高了的利润就会给联合制工厂以竞争上的优势。

如果两个工厂的利润率相同，而且等于平均利润率，那么，联合制最初并不意味着有什么优势，因为总是只能实现平均利润率。但是，第一，联合制使行情差异持平，从而为联合制工厂提供了更为稳定的利润率。第二，联合制导致商业的消除。第三，联合制造成技术进步的可能性，从而与单纯工厂相比获得超额利润。第四，在严重的萧条时期，当原料价格降低与成品价格降低不同步时，联合制加强了联合制工厂对单纯工厂竞争中的地位。

联合制意味着对社会分工的限制，同时又给新的总企业内部的分工（也越来越包括管理劳动）以新的刺激。联合制从一开始就伴随着资本主义生产方式。“最后，正如工场手工业部分地由不同手工业结合而成一样，工场手工业又能发展为不同的工场手工业的结合。例如，英国的大玻璃工场自己制造土制坩埚，因为产品的优劣主要取决于坩埚的质量。在这里，制造生产资料的工场手工业同制造产品的工场手工业联合起来了。反过来，制造产品的工场手工业，也可以同那些又把它的产品当作原料的工场手工业，或者同那些把它的产品与自己的产品结成一体的工场手工业结合起来。例如，我们看到制造燧石玻璃的工场手工业同磨玻璃业和铸钢业（为各种玻璃制品镶嵌金属）结合在一起。在这种场合，不同的结合的工场手工业成了一个总工场手工业在空间上多少分离的部门，同时又是各有分工的、互不依赖的生产过程。结合的工场手工业虽有某些优点，但它不能在自己的基础上达到真正的技术上的统一。这种统一只有在工场手工业转化为机器生产时才能产生。”[16]

在资本主义发展的最近阶段，联合制的巨大进展归因于由经济原因特别是由卡特尔化所产生的强大推动力。而这同时又包括，由经济原因产生的联合制很快便为生产过程中的技术改良提供了机会。例如，可以想象，只有高炉和加工的结合才能合理地利用高炉废气作为动力。这些技术的利益一经产生，就会在单纯的经济原因还不能造成联合制的地方，反过来成为实现联合制的一种动机。

因此，我们所说的联合制，是指一个为另一个提供原材料的资本主义企业的结合；我们还把由不同产业领域中利润率的差别引起的这种结合，和同一产业部门的企业联合区别开来。后者是以通过消除竞争来提高该产业部门的低于平均水平的利润率为目的而形成的。在第一种情况下，企业联合之前所属的产业部门的利润率不发生变化。利润率的差别继续存在，仅仅对联合制企业消失了。在第二种情况下，可以期待利润率在该产业部门中由于竞争的减少而提高。从理论上来说，这种情况在两个企业联合的时候已经发生，不管是由于竞争的消除只对这两个企业有效，还是由于联合的企业大到足以在市场上占统治地位，并以此来抬高价格，从而也缩小竞争对其他企业的影响。当然，也可能产生这种情况：联合的企业首先利用它们的强大地位击败竞争对手，在这一目的达到之后，利润率的提高才出现。

企业的联合可以通过两种形式发生。企业可以保持自己形式上的独立性，而只是通过协定来规定它们的共同行动。我们这时涉及的是利益共同体。而如果各企业融合为一个新的企业，这就叫做兼并。

利益共同体和兼并既可以是局部的（这时自由竞争在有关产业部门中继续存在），也可以是垄断的。[17]

尽可能地囊括所有企业、旨在通过尽可能完全地排除竞争来提高价格从而提高利润的利益共同体，就是卡特尔。因此，卡特尔是一种垄断的利益共同体。

通过同样的手段来达到同样目的的兼并，就是托拉斯。因此，托拉斯是一种垄断的兼并。[18]

而且，利益共同体和兼并，既可以是同种的即包括同一生产部门的企业，也可以是联合制式的即包括互相衔接的生产部门的企业。因此，我们说局部的、同种的或联合制式的兼并和利益共同体，同种的或联合制式的卡特尔和托拉斯。这里应该注意，利益共同体现在往往不是通过正式的协定产生的，而是通过通常表现了资本主义依赖关系的个人联合而产生的。兼并和利益共同体不仅在工业领域中是可能的，而且在商业、银行中也同样是可能的。所有这些结合发生在同一领域内，我们把它们称作同质联合。但是，例如一个商业企业同一家银行结成的联合，也可以建立起来。在银行建立商品销售部或在百货公司开设储蓄银行时，情况也是这样。同样，工业企业也可以建立商业企业；例如，制鞋厂常常在大城市建立鞋店，直接向最终消费者销售。这时，我们所说的就是异质联合。

这里应当注意的是，正像自然界中的物种一样，产业中的不同部门也不是某种固定不变的。一般所想象的联合制，只是由以前被分开的部门结合成一个综合的产业部门。很容易设想，钢铁工业将形成为一个唯一的产业部门，这个部门也包括煤炭和铁矿石的开采，正像包括钢轨和钢丝的制造一样。因为每个钢铁厂都包括所有这些种类的生产，单一的工厂消失了。于是，在这样的产业部门中，从利益共同体到托拉斯的所有削弱竞争的方式都是可能的。

无论是在利益共同体形式中还是在兼并形式中，局部联合制都不限制竞争，而仅仅加强了联合制工厂对单独工厂的竞争力量。相反地，同种的联合，在它是局部联合时，总是导致竞争的削弱；在它是完全联合时，总是导致竞争的消除。除了提供经济上的好处之外，联合制、兼并和托拉斯也提供与小企业相比大企业所固有的技术上的好处。这些好处按照企业和产业部门的性质而有所不同。

仅仅这种技术上的好处本身就足以导致联合制和兼并，而利益共同体和卡特尔则只能由纯粹经济上的好处而产生。

产业企业的所有这些联合，通常都是由把银行同企业连结在一起的共同利益所促成的。例如，对一个煤矿有强大的利益关系的银行，就会利用它对铁厂的影响使之成为这个煤矿的顾客。这是联合制的萌芽。或者银行对两个在不同市场上进行剧烈竞争的同类企业的利益关系，促使银行进行使两者达成谅解的尝试。这就为同种的利益共同体和兼并铺平了道路。

这种银行的干预加快和促进了向产业集中方向的发展过程。但是,银行的干预是通过不同的手段来实现这一点的。竞争的结果是事先就料到的。因此,一方面,生产力有害的破坏和浪费现象被避免了;而另一方面,作为竞争斗争结果的最初的财产集中就不会发生了。其他工厂的所有者没有被剥夺。这是没有财产集中的生产集中或企业集中。正像交易所里发生的是没有生产集中的纯粹财产集中一样,产业中现在所发生的是没有财产集中的生产集中;这是下述事实的显著表现:所有权职能同生产职能日益分离。

相反地,对于银行来说,中介上述过程意味着:首先,它所贷出的资本有了更大的保证;其次,是进行有利可图的交易即股票买卖和发行新股票等等的机会。实际上,这些企业的联合意味着它们利润的提高。这种被提高的利润中的一部分,被银行资本化和占有。因此,银行不仅作为信用机构,而且首先作为金融机构,对联合过程有了利益关系。

增长的集中同时也成为自己进一步发展的障碍。一些企业越大、越强和越是同种类型的,一个企业能够通过在竞争中击败其他企业而扩大自己的希望也就越小。同时,低利润率水平,对由于生产增加而使本来就被压低的价格再进一步降低的担心,阻止了一般出于技术上考虑也许是值得追求的扩大。但是,在受压抑的市场状况下,生产扩大的好处是不可缺少的。这里的出路在于,通过以前被分开的企业的联合即兼并,创造更大规模的企业。

为了能够控制市场价格,垄断联合占全部生产的份额必须多大呢？关于这个问题,不可能有适合于一切生产部门的一般答案。但是,如果我们回顾一下前面提到的竞争者在景气和不景气时期的不同行为的话，便为寻求答案获得了一个支点。在景气时，需求超过供给，产品价格原是尽可能高的；在这一时期，局外企业卖价高于而不是低于卡特尔的价格。在供给超过需求的不景气时期，情况就不同了。这时，垄断联合是否控制了市场，必然会显示出来。只有在它的生产对市场供应是绝对必要的时候，它才控制了市场。只有在它的价格被接受时，它才能卖得出去；这种价格之所以必须被接受，是因为卡特尔的供给恰恰是市场所必不可少的。卡特尔可以按这种价格卖掉市场上所缺少的商品量。但是，它这时必须大大缩减生产，达到不使市场负担过重，而局外企业也能够卖掉他们的全部产品。这样一种价格政策在以下两种场合是极为可能的。首先是在那些生产的缩减没有招致过于严重牺牲的生产部门里，特别是在那些活劳动构成主要款项而不变资本的损耗不起太大作用的生产部门里。在采掘工业中，两者的情况就是如此。矿石和煤炭不损毁，活劳动起很大作用。其次是在那些不景气时期消费的缩减很小的生产部门里。

然而，在上述两种场合都不存在时，卡特尔要维持自己的销路，就不得不对局外企业作出价格上的让步。于是，这样的时刻便到来了：不再支配整个生产的卡特尔失去了对市场的控制，自由竞争又重新发生。

因此，缩减生产从而提高被减少的产品的生产成本和降低利润率的必然性，便抑制了反映对市场控制的维持萧条期间的价格的趋势。不过，如果卡特尔仅仅满足平均需求，并把满足随周期而变化的需求留给局外企业，那么，它能够避免这种对生产的缩减。但是，这只有在下述场合才是可能的：首先，局外企业的生产不能超过景气时期追加的需求所要求的水平(否则就会出现限制卡特尔销售的危险);其次,这些局外企业按高于卡特尔的费用进行生产。因为只有这时,对卡特尔仍然有利可图的价格构成才能把这些竞争对手驱出市场,并保证卡特尔的销售。换句话说,由行情波动产生的全部负担基本上转嫁到局外企业身上。卡特尔在高涨时期,实现了大量的超额利润;在萧条时期,实现了正常利润,而竞争者被排除了。在这样的条件下,不完全阻止局外企业的存在,是完全符合垄断联合的利益的,尽管垄断联合由于自己的优势常常有力量这样做。

但是,局外企业在不利条件下进行生产所必要的条件何时能够出现呢? 当垄断联合的规模和技术设备确保了它的这种优势时,这些条件可能就已经出现。但是,这种优势往往是暂时的或者不够强大。而当有关的卡特尔支配了更有利的自然生产条件,从而在经济垄断之外又拥有自然垄断时,情况就不同了。例如,当卡特尔为自己保证了特别有利的煤矿和铁矿或瀑布时就是这样,而局外企业就处于不利条件之中。这时,第一,局外企业扩大生产一般不能达到使卡特尔无法销售自己产品的程度;第二,只有在高度繁荣时期的高价格使局外企业能够按较高的成本进行生产时,它们才能进行生产。

钢铁托拉斯的政策提供了一个很好的例子。公司能够轻易地提高自己的生产。但为了不致在萧条时期必须承担生产过剩的重担,它没有这样做。"在生铁工业中的联合制大企业看来,有一个总是能找到销路的生产基本额是值得追求的。为了达到这一点,在需求活跃时期,它们允许非联合制的、生产成本高的局外企业稳步地扩大生产，甚至还通过增加购买帮助它们。现在，落后企业又由于提高价格变得有利可图了，投机热导致了新的非联合制企业的建立，简言之，生产以同先前最低水平相比的较高生产成本进行扩大。这一直持续到增加了的需求得到满足而价格又下降时为止。现在，在高度繁荣时期投入生产的高炉，就它们在生产成本高的条件下进行生产而言，它们作为卖者便从市场上消灭了，因为它们很快就不能获得利润。只有那些以最低生产成本进行生产的企业存留下来，因为它们的生产还能够有些利润；这些企业首先是托拉斯、大联合企业和具有某种特别有利的'精密'高炉的企业。

因此，那些由于自己的巨大规模而能在不景气时期也像景气时期一样获得利润并找到销路的大企业，首先是公司，构成生产的基本额。在景气时期，局外企业竞争的加强并不会使公司受到伤害，因为它能满足增长了的需求本身；在需求减退时，它固然会更强烈地感受到生产过剩的切肤之痛，而这时首先遭到打击的却是局外企业。"[19]

例如，莱茵—威斯特伐伦煤业辛迪加的情况就有些不同。这里，局外企业没有多大意义。1900 年，在多特蒙德矿山管理局地区，辛迪加煤矿占总生产的份额为 87%，非辛迪加煤矿的份额为 13%。因此，辛迪加控制了市场和价格。这就是它宁可在 1901 年危机期间维持 1900 年高度繁荣时期的价格并缩减生产的原因。结果，局外企业在 1901 年和 1902 年多少还能够增加自己的开采量，而更重视维持高价格的辛迪加的开采量却减少了。[20]

但是，在生产的扩大不受自然垄断的限制、从而生产能远远超过景气时期追加的需求量而扩大以及这种扩大在成本相同甚至更低时也能进行的场合，垄断联合政策的形成必然不同。当然，这时对市场的控制基本上取决于垄断联合是否控制了生产的绝大部分；否则，不景气就会使卡特尔对它的参与者无益，或许会摧毁卡特尔。

因此，自然垄断存在与否，对价格的形成和生产成本具有决定性的影响，因而也对垄断联合的存续以及对市场控制力量的大小具有决定性的影响。这也从根本上决定了垄断联合为了能够统治市场而必须掌握的生产份额。

保持对市场控制的可靠程度可以是不同的。在经济垄断可以通过自然垄断成功地加以保证的场合，可靠程度更大。同时，一经形成垄断联合，便会具有强大的优势，因为它的巨大资本力量使它能够把异常巨大的资金较长时间地固定下来。生产原料的辛迪加的加强，主要是建立在它们对生产的自然条件垄断的基础上；此外，矿山法规也极大地促进了这些辛迪加的垄断。

专利权的占有为垄断联合提供了作为经济垄断支柱的法律垄断。这里，垄断联合由于自己较大的资本力量，也就能比单独竞争者更容易获得新的专利，从而加强自己的垄断地位。[21]

自然的、法律的垄断和纯粹经济的垄断之间的中间阶段，是对运输手段的垄断。因此，托拉斯努力要获得对陆路和水路运输的控制。运输手段的国有化削弱了垄断的稳定性，从而在一定程度上造成企业和财产集中的缓慢化。

为建立一个新企业所必要的资本越大，银行和垄断联合的联系越紧密(因为如果没有银行的帮助或者甚至违反银行的意志，大产业企业现在就几乎没有生存的能力)，经济垄断本身也就越巩固。

第十二章　卡特尔和托拉斯

资本主义企业联合的方式，被按三种观点加以划分。

同种的联合和联合制式的联合的区分关系到联合的技术特性。我们已经看到，这种联合的形成有不同的原因，而这些原因又是由不同的技术的和经济的原因产生的。

局部联合和垄断联合的区分是基于它们在市场上的不同地位，即它们控制价格还是相反地被价格所控制。这里，对价格的控制并不取决于一切同类企业是否联合。只要控制在经济周期的一切阶段中对市场供给所必不可少的那部分生产，同时这种生产的成本必须低于局外企业的生产成本，也就够了。只有这样，危机时期所必要的生产缩减才会落到局外企业头上，而价格也只需减少到卡特尔生产价格的水平。

最后，利益共同体和兼并的区分是基于组织形式的区分。利益共同体是以两个或多个先前彼此独立的企业的协定为基础的，而兼并则是两个或多个企业结合成一个新的企业。但是，这种对立仅仅是一种组织形式的对立，并未涉及内容上的区别。这种内容上的区别本身，不如说取决于利益共同体借以建立的协定的内容。总之，协定在某些方面限制了有关企业的独立性，而兼并则消除了独立性。但是，在限制和消除之间只有程度上的区别。协定越是限制加入利益共同体的企业的独立性，这些企业的经济作用越是接近于兼并。而对企业独立性的限制又可以以不同的方式进行。首先，可以在协定上对企业组织进行规定，例如企业管理必须服从一个共同机构的监督，这种机构通过确立共同的支付期限和条件等等，即统一所谓“条件”，限制流通领域中的某种竞争；然后，可以对关系经济的和经营的行为的限制进行规定。

但是，垄断的利益共同体的协定内容，已经由它的目的所决定。这个目的就是通过提高价格来增加利润。提高价格可以在最简单的形式上通过缔结价格协定来达到。但是，价格不是任意的，它们首先依赖于供给和需求。单纯的价格协定只能在价格有提高趋势的繁荣时期实行，而且只是在有限的范围内。价格的提高刺激了生产的扩大。供给增加了，最后价格协定就不能维持下去，这种卡特尔最迟在萧条来临时就垮台了。[22]

因此，如果卡特尔要存在下去，协定就必须前进一步，必须造成这样一种供求关系，使规定的价格在市场上也被遵守。因此，协定必须调节供给和分配生产定额。遵守这些规定现在虽然符合整个卡特尔的利益，但并不总是符合个别成员的利益，这些成员可以通过扩大自己的生产来降低其生产成本，从而常常努力逃避卡特尔的规定。而对逃避规定的最可靠的防范措施是，产品销售不再由各成员自己进行，而是由卡特尔的中心销售机构来进行。

但是，控制的可靠性不是这种措施的唯一结果。个别企业同自己顾客之间的直接关系，现在在卡特尔化时期被取消了，这些企业的商业独立性也随之被消灭了。卡特尔现在把自己的成员连接一起，不仅通过单纯的协定（它的规定随时都可以轻易地加以破坏和逃避)，而且也通过共同的经济设施。脱离这种卡特尔，必须与顾客建立新的关系，恢复原有的销路；这种尝试也可能遭到失败，无论如何只有作出牺牲才能获得成功。因此，卡特尔较大的稳定性和较长的持续性也同时得到保证。通过消除企业的商业独立性，由一个单纯按照协定建立的团体变成一个商业单位的卡特尔，被称作辛迪加。但是，要想使辛迪加成为可能，必须造成这样一种情况，即买主无论从哪个卡特尔化工厂里购买都是一样的。这又是以一定的生产规格同一化为前提的。因此，这种同一化是实现像辛迪加这样更紧密的、持久的和严格的组织的先决条件。这里应该指出，特种商品的卡特尔化一般更加困难，因为生产者从自己的特种商标、专利权等等的使用中获取了超额利润，排除竞争对他们来说从一开始就不那么重要。当向他们提供原料的产业的卡特尔化同样迫使他们卡特尔化或联合的时候，这种卡特尔化才实行起来。另一方面，卡特尔化同时也使生产更加简单化。[23]

因此，垄断的利益共同体的协定内容的发展，可以多少有些简单化和图式化的描述如下；当然，这里也可能有某一发展阶段被超越了。首先，作为最松散的形式和准备的，似乎是“条件卡特尔”(按格龙策尔的话说)。其次，出现的是对价格的共同调节；但是，为了能够保持价格，也必须对供给作相应规定。因此，要使价格调节不是不经常的和暂时的，价格调节就要求对生产进行规定。但是，要使逃避协定成为不可能的事情，最可靠的防止措施就是把销售不留归个别企业，而是由各企业的一个共同机构即销售部进行。这样，企业便丧失了其商业的独立性，丧失了与自己顾客的直接关系。如果利润不归于实际生产它的企业，而是按照预先规定的方案在所有参加者之间进行分配，遵守协定也就得到保证。同样，原材料的购买也可以共同进行。最后，对个别企业的技术独立性的干预也可能发生。设备差的企业可能被停产，一些由于自己的技术装备或者自己对销售场所的有利位置而特别适合于生产某种产品的企业，被安排专门生产这些产品。[24]所有这些都能通过缔结协定即在利益共同体中进行。但是，这种利益共同体同兼并的区别仅仅在于，它的组织不够灵活。因此，提出卡特尔和托拉斯是互相排斥的对立物的问题，是错误的。企业的独立性即使在卡特尔形式中也可以受到很大限制，以致同托拉斯的区别也消失了。问题毋宁说是，独立性的限制提供了什么好处。就对独立性的限制提供了好处这一点来说，托拉斯一开始就占有了这些好处；而对卡特尔来说，则取决于它赖以建立的协定的性质和作用。[25]

垄断联合是经济统治组织，因为它与国家统治组织相类似。这样，卡特尔、辛迪加和托拉斯的关系，类似于同盟国家、联邦国家和统一国家的关系。那种和托拉斯相比而把卡特尔赞美为“民主的”说法，如果被用于昔日德国同盟上，就显得十分可笑了。

在规定价格方面，托拉斯优于卡特尔。在规定价格时，卡特尔不得不从以最昂贵的费用进行生产的工厂的生产价格出发；而对托拉斯来说，只存在一个统一的生产价格，在这个生产价格中，设备好的和设备差的企业的费用平均化了。托拉斯能够规定使生产量尽可能大的价格，交易量大对单个商品利润额小作了补偿。而且，托拉斯能够比卡特尔更为容易地使盈利较少的企业停产。当生产缩减时，托拉斯能够使这种缩减仅仅限于以最昂贵的费用进行生产的企业，从而降低生产成本；反之，当生产扩大时，它能够使技术最完善的企业的生产增加。通常，卡特尔必须在它的成员企业中公平地分配增加了的生产。因此，卡特尔的价格规定便为技术装备较好的企业提供了超额利润。这种超额利润不能通过竞争而平均化，因为卡特尔排除了竞争；于是，这种超额利润似乎具有了级差地租的性质。但是，同地租的区别在于：最差的工厂绝不像最差的土地那样是满足市场需要所必需的。如果这种最差工厂的生产被转移到设备较好的工厂，它们就会倒闭。但是，因为卡特尔价格首先得到维持，所以生产的扩大对以较低费用进行生产的工厂来说，就意味着获得超额利润。因此，较高费用的工厂的生产被替换，也就成为有利可图的了。但是，这时“级差地租”就消失了，只存在高额的卡特尔利润。

正是在生产原料的卡特尔中，生产成本间的差别是重要的，因为在这里，地租（矿山地租）的高水平对生产价格起决定性的作用。因此，一方面是盈利较少（这个词的特殊意思是：产生的地租较小）的企业被停产的趋势最强，另一方面又出现维持高价格的趋势，而这又意味着生产缩减的相对加强。自然垄断也同时使这种趋势的实现成为可能。原材料的高价格也反过来影响价格，从而影响加工工业的生产量。

第十三章　资本主义的垄断和商业

产业的资本主义联合，也通过商业对流通及其中介发生反作用。我们这里把商业看作一种特殊的经济范畴，从而把它与称量、分割的职能以及运输的职能分离开来进行考察。商品生产使商品的全面变位成为必要，而这种变位要通过买卖来实现。如果买卖成为某一资本的独立职能，那么，这种资本就是商业资本。显然，由于这些活动的独立化（否则它们必须由生产者自己来进行），商业活动没有成为创造价值的活动，商人也没有成为生产者。不过，商业的独立化造成买卖的集中、保存和维持费用的节省等等。因此，商业意味着流通费用的减少，从而意味着非生产费用的减少。但是，为了能进行交易，一定量的货币是必要的，它们必须转化为商品。在资本主义社会里，每一货币额都带有资本的性质。如果商业的职能独立化，那么，投于商业的货币必定变为资本，从而产生利润。但是，很显然，这种利润并不是通过商业、通过为卖而买的简单过程产生的，而仅仅是在那里被占有。利润量是由资本量决定的，因为在发达的资本主义社会里，等量资本带来等量利润。但是，这种利润本身是对生产中创造的利润的扣除。产业资本家必须从原初属于他们的利润中，拿出一部分让予商业资本家，这一部分要足以把商业所必要的资本真正提供于商业。

在商品生产普遍化以前，即资本主义发展以前，商业就存在了。因此，它像高利贷资本和货币经营资本一样，比产业资本更古老。它本身是资本主义发展的出发点。它聚敛了社会的货币财富的最大部分。通过始终是建立资本主义依赖关系的重要手段的信用（常常处于商品信用的形式），商业使古老的手工业生产依赖于自己，一方面创造了最初的资本主义家庭工业，另一方面创造了最初的工场手工业。产业资本的发展消除了这种生产对商业的依赖，并把商业孤立起来，使之脱离生产，从而使两者独立化。

商业自身的发展取决于两个因素。一方面，它取决于商业的技术条件本身。商业先是收集和集中各个生产场所的产品，最后把它们出卖给最终的消费者。这些消费者居住越是分散，销售最后也必然越加分散，这不仅在数量上，而且也在时间上和地点上。最后销售的性质依赖于最终购买者的收入情况和他们居住地点的集中情况，而这两种因素又取决于一定国家的社会发展和社会结构。恰恰在商业技术方面，大企业对小企业的优势是很明显的。买卖的费用和簿记远不是与交易的价值额一起增长的。因此，存在着集中的趋势。但是，另一方面，商业越接近于消费者，则销售在时间上和地点上就越分散，这是商业的特性。因此，按照与消费者的接近程度，企业规模是有一定界限的。这些界限有很大的弹性，随一个国家的发展程度而扩大，但总还是制约着各种不同的营业规模。在每一个接近消费的阶段上，建立更大规模企业的趋势都在为自己开辟道路，只是力量和速度不同。在地点上分散的必然性由建立同一个大商店的分店而得到克服。另一方面，人口在城市的集中使零售商业集中于大的百货商店。但这只是集中的初期阶段。商业技术的需要把百货商店自身联结为大的购买组织，这种组织收容了一大批百货商店，并在或大或小的程度上对它们实行金融统治。而另一方面，大百货商店的巨大的金融需要又迫使它们与银行结成密切的关系。[26]

但是，随着集中过程的进行，在零售商业中也同时出现消除自己独立性的趋势，因为消费资料工业的生产者自己接管他们产品的销售。在托拉斯完全排除独立商人的地方，这种发展进行得最快，例如美国烟草托拉斯就是这样。[27]

另一方面，这种集中运动也遇到了阻滞它的障碍。开办一个小规模的商业企业是容易的，越小越容易；特别是，这里信用提供的路子比较宽，因为所涉及的仅仅是商品资本的信用；而在这种信用提供来自生产者方面时（它是生产者在争取销售市场的斗争中的一个竞争手段），就尤其如此。在这些小的企业里，低的利润率占统治地位，使这些商人成为他们仅仅为其推销产品的资本家的代理人。不存在排挤他们的强烈的经济利益。

但是，除了这些在直接卖给最终消费者的产品中（从而在零售商业中）起作用的技术因素外，在产业资本家本身之间以及产业资本家同批发商人之间的商品交易中，产业关系的反作用也起一种主要作用。这里，产业的集中反作用于商业的发展，迫使商业适应它。产业企业越是集中，它们的产量越大，进行这些产品交易的商人所必需的资本力量也就越大。此外，产业企业的数目随集中的增长变少，一般说来，商人越是变得多余，巨大的集中的生产场所无需独立商人的介入而彼此直接联系就表现得更为简单。因此，产业的集中不仅引起商业的集中，而且也使它变得多余。交易次数少了，因为每次交易额大了；在这种情况下，独立资本家的介入日益被排除。处于商业中的资本的一部分也成为多余的了，可以从流通领域退出。

投入商业的资本，首先等于年社会产品除以商业资本的周转次数，再乘以年社会产品到达最终消费者之间经历的中间阶段数。但是，这种资本仅仅是在计算上才这样大，商业资本的最大部分仅仅由信用构成。商业资本仅用于商品流通。但是，我们已经看到，商品流通大部分无需借助现实的货币也能进行。这是生产资本家彼此提供和抵消的相互间的信用。实际的商业资本非常少，商人仅仅由这种资本中获取利润。产业资本家的利润取决于他的全部资本，不管这种资本是自有资本还是借入资本，都完全一样，因为它是生产资本。商人的利润仅仅依赖于实际运用的资本，因为它不是生产资本，而仅仅执行货币资本和商品资本的职能。这里，信用不仅意味着财产的分离，从而利润的分割，而且也意味着资本的绝对减小，从而落归商人阶级的、由产业资本家支付给他们的利润的减少。这里，信用正像纸币一样，直接减少流通费用。

但是，商业利润是生产中创造的全部剩余价值的一部分。如在其他情况不变的条件下，归于商业资本的部分越大，归于产业资本的份额就越小。所以，在产业资本和商业资本之间存在利益的对立。

由这些对立的利益中产生了斗争，这种斗争，由于资本主义依赖关系的产生，最后以一部分被克服而告终。在这种资本利益的斗争中，资本力量的大小决定胜负。但这不能仅仅从量上来理解。

我们从前面的全部论述中看到，资本的形式也很重要。在其他情况不变的条件下，对货币资本的支配产生极大的优势，因为产业资本家和商业资本家随着信用制度的发展而日益依赖于货币资本。这样，产业和商业的依赖性也就以不同的形式完成了。

只要自由竞争占统治地位，商业就能为自己的利益而利用产业资本家之间的竞争。在那些生产还在相当大的程度上分散进行，而商业的集中已经有了长足进步的产业部门中，尤其是这样。在这种意义上，信用关系也起着作用。只要信用还主要是支付信用，只要银行首先是为商业资本提供信用，金融优势也就常常在商人方面。商人利用这种优势，在购进时压低生产者的价格，使生产者接受这样一些供货条件和支付条件，这些条件使商人能在高涨时期捞取好处，以及把萧条时期的一部分损失转嫁于生产者。这是一个产业资本家对商人独裁不断抗议的时期。以后，商人的活动为产业资本家服务，成为结成卡特尔的辩护理由之一。随着银行对产业关系的变化，随着产业中的资本主义联合的兴起，这种情况发生了根本的变化。

局部的产业联合首先缩减了商业；联合制式的联合直接缩减了商业，因为它把商业活动变成完全多余的东西。同种的联合所起的作用与一般产业集中相同。但是，垄断联合有完全消灭商业独立性的趋势。我们看到了，只有在商品通过一个中心机构销售时，对市场的真正控制才有可能。但是，为了调节它的产业部门的生产，中心机构必须能够对各该时期的销售量作出判断。此外，销售量总是依赖于价格水平。因此，直到最后阶段，价格都必须由垄断联合来确定，而不能听任与它相独立的因素来确定。但是，这种独立因素首先就是商人。如果把特殊的商业活动（包括价格确定）

留给商人来做，那么，利用市场情况这一卡特尔的主要优势，就会大部分落归商人手中。他们会投机地囤积产品，并（尤其在景气时期）高价出卖，这一方面造成对生产的限制，卡特尔即使通过高额利润也不能对此进行补偿；而另一方面也使卡特尔的管理机构在完全把这种投机的、也许是不正确的商人需求当作它们生产的基准时，对市场作出错误的判断。因此，垄断联合力求消除商业的独立性。只有这时，卡特尔才能充分利用自己对价格规定的影响。

但是，我们已经看到，卡特尔化已经体现了同产业与银行资本的内在联系。通常，卡特尔拥有较大的权力。于是，卡特尔能把它的法规强加于商业。但是，这些法规的内容就是剥夺商业的独立性，消除商业确定价格的权力。这样，卡特尔化将消灭作为一个资本投资领域的商业。它限制商业的活动，消灭其中的一部分，通过自己的雇员即卡特尔的代理商来完成其余部分。这里，一部分以前的商人很可能成为卡特尔的代理商。卡特尔准确地给他们规定买卖价格，它们的差额构成了这些“商人”的佣金。可是，这种佣金的水平不再取决于平均利润率的水平，这种佣金是由卡特尔确定的工资。但是，如果资本主义的力量对比关系不同，那么，商业和卡特尔之间关系的形成也会有所不同。商业集中的条件比产业集中的条件更有利，是可能的。这时，少数商人同许多拥有较少资本、其产品销售依赖这些商人的企业相对立。所以，商人能够利用他们的资本力量，通过对这些企业的金融参与，把自己资本的一部分作为产业资本来使用。他们能够利用产业对他们的依赖地位，迫使这些企业低价向他们出售商品。因此，他们靠牺牲产业利润而增加商业利润。

最近，这种依赖关系在一些向大资本主义百货商店出售产品的消费资料工业中发展很快。

在资本主义发展的较高阶段上，这些依赖关系反映了导致商人向手工业者进行贷付的资本主义家庭工业出现的过程。但是，相似的关系在具有卡特尔化能力的产业中也可以存在。这里，可能参与整个一系列这样的企业的商业资本，起着通常由银行资本所起的类似的作用。

在这种情况下，商人直接参与卡特尔。但是，他们之所以这样做，是因为他们实际上事先已经以金融参与的形式参与了生产。[28]事实上，情况并没有因此而发生什么变化。这里，商业也失去了对价格规定的影响，它不再是现在直接与消费者相联系的产业资本家的市场。

因此，垄断联合造成对独立商业的排除。它使商业活动的一部分完全成为多余的，使其余部分减少了费用。

靠牺牲其他企业的销售而特别为某一定企业产品争得消费者所使用的流通费用的减少，也沿着同样的方向发生作用。用于这一目的的首先是推销员的旅差费用（他们的数量决定于生产在各个企业间的分散情况）和广告费用。这些费用是非生产性流通费用。就这些费用使个别企业家成功地把自己的交易额提高到超过一般可能的规模的程度上，它们为个别企业家带来利润。但是，这种利润是个别企业家为扩大自己的交易额而使之牺牲的其他企业家的亏损。对生产领域来说，这些费用是通常归于该领域的利润的扣除。卡特尔化通过把广告限于产品介绍，把旅行推销员差旅费限制到进行缩减的、简化的和加速的商业活动所必要的数目，大大地减少这些费用。

奥地利经历了独特的发展方式。由于历史原因，真正的资本主义批发商业在这里没有充分发展。在商品批量生产的领域内，尤其是在投机起作用的地方，如糖业贸易中，银行担当了批发商的职能。由于执行这种职能只需固定的少量资本，所以银行资本就能更容易地做到这一点。于是，银行既作为商人，又作为信用提供者，对卡特尔化发生了兴趣。因此，在奥地利，银行资本对卡特尔化的直接地、自觉地影响非常容易得到证明。银行也继续保持为卡特尔进行销售的职能，并为此而取得固定的佣金。最近，德国也呈现出类似的趋势。例如，沙夫豪森州银行集团建立了自己的商品部门销售卡特尔的产品。[29]

因此，整个过程的结果是商业资本的减少。但是，如果资本减少，归于这一资本的利润也就减少；像我们所看到的，这种利润是产业利润的扣除。商业资本的这种减少是非生产性费用的减少。这对价格有什么影响呢？产品价格决定于它的成本价格加总利润。这种利润在企业利润、利息、商业利润和地租之间的分割对价格完全没有影响。卡特尔取代了商人以及一部分商业活动被取消，仅仅意味着产业资本家现在不再把他的利润的任何部分让渡给商业资本家。就消费者而言，总产品价格仍然保持不变。[30]流通费用形成的利润的扣除，意味着产业利润，企业主收入，按照由于商业费用的减少所游离出来的数额增加。仅仅对让渡利润的迷信，对商人利润简单地由他的成本价格的加价而造成的印象，在一些著作家中间唤起这样的希望：商业费用的减少可以以某种方式为消费者降低产品价格。[31]

商业活动的缩减，也意味着以前活动于商业领域中的资本游离出来，现在寻求新的利用。在某些情况下，这会加强资本输出的冲动。

卡特尔形式上保留商业，是符合它们自己的利益的。关于这一点，煤炭辛迪加的头目基尔多尔夫说："……为了达到消费的最深层的源泉，达到各个购买者，必须有一个庞大的机构。于是，管理费用增加，并远远超过直接供货带来的价格的好处。企业费用变得如此之高，以致不堪承受；职员变得如此之多，以致不能实行监督和控制。因此，在一定的范围内，牢固的中间贸易仍有绝对的必要，绝不能被消除。"[32]

但是，事实上，这里涉及的不是商人，而是辛迪加的代理商；他的独立性是虚构的，正如有独立的师傅称号的家庭工业工人的独立性一样。唯一的区别是，家庭工业由于生产的技术变化从一定时点起便无利可图，而这在商业中却无关紧要。无论是拿固定薪水的代理商，还是实际上接受佣金的"独立"的商人，他们之间并没有经济的差别。由于销售范围在地区上被限定，以及由辛迪加支配的价格差异的确定，商人佣金的波动很小，以致商人的收入同代理商的收入相当一致。但是，由不同的报酬类型（在这种情况下，是指由其资本利润以及辛迪加必须支付给代理商的工资构成的"商人"的收入）产生的虚拟独立性，为辛迪加节约了监督和控制的费用，正像计件工资对计时工资的情况那样。此外，在这种商业中，必要资本大大降低。因为卡特尔价格的稳定和地区垄断减少了风险，所以商人的自有资本只需很小的数额。因此，这种交易可以主要通过信用得到大部分用于支付的货币。对这一部分资本只需支付利息。辛迪加仅仅关心削减商人数目，因为它自己的交易因此而简化；关心使商人活动（被评价为高度熟练的活动）的佣金实际接近于工资的水平。这种独立性的虚构保持多久，以经济观点看是无关紧要的。基尔多尔夫自己说，[33]中间贸易目前被排挤的程度是不确定的，而只有“通过考虑煤炭贸易的历史发展才能确定”。他还强调，很显然，“在以前采掘分散的条件下，以如此大的数目发展起来的煤炭贸易，今天已不再有必要了”。

这种情况也由一些大的煤炭商人公开加以说明，尽管他们作了明显的保留。对我们的目的来说，举几段引文就够了。批发商福温克尔（杜塞尔多夫）说：“当我说我们已不再是真正的商人的时候，我是基于以下的考虑。煤炭辛迪加规定我们，首先买什么样的品种，其次按什么样的价格购买，第三销向哪些地区，第四按什么样的销售价格销售。这里，为贸易自由留下的余地自然不多。但是，我相信，煤炭辛迪加在这种情况下绝对不会做别的什么事情。……将来，我们批发商人一定会弄清楚，不会有别的结果，我们渐渐地越变越少。这一事实如此显著，以致在今天开办一个较大规模的批发商店一般都是不可能的，因为这样的商品量是不存在的。即使是现存的商店也受到限制，它要扩大是绝对不可能的。”[34]

这些“商人”被剥夺了任何独立性。因为如煤炭商人贝尔温克尔（多特蒙德）所说：“辛迪加在每个销售协会的监事会里都有席位和表决权”，“而且有随时检查所有账目的权利”。他非常正确地指出：“我们的活动自由最终被剥夺了，我们毋宁说变成一种代表。”

对未来的预测还更糟糕。福温克尔先生提出了如下预测：“辛迪加创造了惊人的组织。对此我想：批发商业除了很小的一部分外，都会被消除。那么，批发商业还有什么存在的理由呢？对于批发商人来说，最终余留下来的仅仅是在小的消费者和信用需要者那里寻找自己的销路，以及为了平缓波动而在滞销时期大量囤积煤炭。这就是批发商业将来还能存在的几点理由。已经下降了45%的煤炭贸易，像我们今天早上所听到的，将至少再下降20%。这是可能的。”[35]

这里完全正确地描述了，中介流通过程W—G—W的特殊的商业职能变成多余的了；继续保留下来的仅仅是产品的分配、保管和储备的职能，这是在任何进行大量生产的社会制度里为中介消费所始终必要的。但是，商业经营本身已被消除。福温克尔先生抱怨说，它变成一个完全自动的过程。[36]

但是，福温克尔也同样详细说明了，批发商人怎样渐渐地被辛迪加的代理商所取代。他恰当地把参加销售协会称为“闲差”。这完全取决于辛迪加的恩惠。现在的参与者死后，确定给他的销售份额最后归于辛迪加。“辛迪加成为参与者。因此，十分明显，这个次级的辛迪加(指商人协会)最终转归主要的辛迪加。”[37]

大商人的垄断或销售协会的垄断，也赋予他们置小商人于从属境地并规定其卖价的权力；简言之，又把小商人变为他们的代理人。例如，煤炭批发商海德曼(汉堡)说：“因为我从我的账簿上发现，这些人(即从他那里获得煤炭的小商人)的债务越来越膨胀，所以我便告诉他们，你们只有在至少接受某某价格的时候才能得到煤炭。”[38]

市议员里费博士说到上西里西亚的批发商人：“我们这里涉及的是批发商人先生们，即第一流的商人(策扎尔·沃尔海姆公司和弗里德兰德尔公司）。当然，他们有整整一大批第二流的商人相跟随，后者（可以坦率地说）直接依赖于前者。第二流的批发商人身后又有一流、二流和末流的商人。一个依赖另一个。第一流的批发商人即使不是按契约但也是自愿地同协议（指上西里西亚的煤炭协议）保持一致。”

这里应当简要地指出，这两个上西里西亚的煤炭公司的独立地位，是从它们在协议缔结以前很久就已经掌握了同矿山的贸易中得到的。矿山大部分是私有的；两个公司部分地从金融上参与了这些矿山的经营。它们不仅掌握了销售组织，而且也掌握了矿山所有权的一个份额，或是直接地，或是作为债权人。

在莱茵—威斯特法伦，股份形式一开始就使矿山独立于商业。在西部商业也不集中，可能是因为那里无争议的销售地区比较大，因而竞争不激烈。更为重要的还应该是这一事实，即西部的矿山比起古老的上西里西亚的矿山较为近代些。因此，在上西里西亚，虽然商业保持不住，但两个最强大的商业公司却保持了它们的地位。它们恰恰变成了卡特尔的贸易组织（是实际上的，而不是形式上的，因为形式上卡特尔并不关心贸易，而是把销售转交于矿山）。它们成为这样的组织，并非作为“商人”，而是由于它们的资本力量。因商业不那么集中而不甚重要的西部商业，失去了自己的地位；批发商人也“或多或少地变成代理商”，就像矿山高级监察员瓦赫勒博士所说的那样。[39]

商业从属于辛迪加，也使后者更容易制止外国的竞争。外国竞争比国内生产更多地依赖于商业。例如，商人克勒克纳（杜伊斯堡）说：“中介铸铁销售的商业公司，当然必须承诺生铁辛迪加的条件，他们有义务不输入外国的铁或把铁引进到德国来。”[40]

相反地，与卡特尔化产业的这种优势形成鲜明对照的是还没有卡特尔化能力的产业中的小工厂主对资本雄厚的商人的依赖性；这种依赖性在因信用提供而加强的时候，变得特别严重。

“从营业的角度看，许多小工厂主也完全处于商人的支配之下。遗憾的是，在我们的生产成品的产业中，有很多工厂主的资本力量太弱，不能真正自立，以致为维持自己的企业，被迫以任何价格出卖他们的商品。然后，这些商品被商人买去，或者甚至被预付出去。这样，在可预见的将来，商人就会控制小工厂主，继而可以规定小工厂主的整个业务。”[41] 格施泰因先生谈的是小钢铁工业，并且看出商人的抵抗是造成卡特尔化困难局面的一个重要原因。

另一方面，仅仅制造成品的产业的卡特尔化，并不能在价格利用方面给这种产业多大的利益：“如果制造成品的工厂主联合起来，如果他们制定的价格给他们带来为数不多的利益，那么，很不幸，我们经常得到这样的经验：大工业有意识地对他们制造麻烦。他们自己所必要的商品在他们自己的工厂里制造，他们这里所计算的成本自然同那些按大工业卡特尔的价格购买他们原料的工厂主完全不同。正如我们所听到的那样，这种在自己企业内制造必要的商品的情况十分流行。经理富克斯先生昨天还告诉我，一些大的工厂，诸如波鸿、多特蒙德联盟、柯尼希斯-劳拉冶炼厂（车辆的确不属于小冶铁业，但却属于成品），现在正作为专门的车辆厂的竞争者出现。当时我回答他说，这样一来，不仅专门的车辆厂受到损害，而且小炼铁企业、制造车辆零配件的工厂主也受到损害。因为大钢铁厂不仅制造成品车辆，而且制造所有有关配件：缓冲器、交叉接头、离合器，总之，一切车辆配件。柯尼希斯-劳拉冶炼厂为自己的车辆制造一切，从车轮到最后的部件（也许弹簧、螺丝和铆钉除外）。多特蒙德联盟也为自己的车辆工厂制造几乎所有的部件，还制造其他小铁制品，如用于铁轨床的螺栓。”[42]

但是，如果商业通过它对较小资本家的影响阻止卡特尔化，那么，另一方面，它还试图通过自己结成联营来加强这种影响。格施泰因也举了一些这方面的实例。比如，柏林的一些大五金商店就结成了对价格形成有强大影响的联营。但泽的一些商店集体购买了一家商行，然后结成一个五金商人联合会，即股份有限公司。设在美因兹的德国五金商人协会制定了关于购买商品的规定。协会成员应让其供应者签署一份保证书，“按照这份保证书，供应者不得在市场上进行销售”。协会成员也负有义务，不得从向消费者直接出售产品的制造商那里购货。这在一些地方竟然发展到视国家铁路为消费者，并试图阻止制造商向国家铁路直接供应各种商品的地步。[43]

下面是一个很好的例子，说明较大的资本如何轻易地造成依赖关系；这种依赖关系有时采取这样的形式，即批发商靠牺牲产业资本家的利益来增加商业利润，并把面临的、也许只是由于自己的投机才产生的风险转嫁到产业资本家身上。相反，印刷纸的投机妨碍辛迪加稳定价格和使供求相适应的努力。一般的纸，尤其是新闻纸，不是投机的商品。根据从几乎所有德国造纸厂所观察到的情况来看，总是那些在纸价出现下降趋势时不顾生产成本而卖空的批发商，在后来购买时以最不光彩的方式在价格上对订货中陷入窘境的造纸业者施加压力。这种商人通过散布谣言，迫使那些居于山区、与纸张市场隔绝的造纸者以远远低于市场价格的价格出卖商品。这种情况过去发生过，现在更加盛行。

“但是，相反地，当纸张市场上出现价格上升趋势时，同一些批发商人又总是使出浑身解数和劝说术，迫使造纸业者订立大批供货合同或出售大量纸张，而他们自己却没有再销售。因此，在这种情况下，首先是印刷业者成为受害者，他们必须为商人的成功投机付出很高代价。其次，合乎规律地转瞬即逝的高涨，也使造纸业者成为受害者，因为在出现市场价格下降运动之后，有关的商人就直接压低价格；或者，在商人自己不能买下这些纸的场合，就让造纸业者的商品积压下来。仅仅在极少的情况下，造纸业者才决定为此对商人提出指控或一般地提出法律诉讼，他总是权衡，不想在将来失掉商人主顾。”[44]

辛迪加的形成一举改变了这种形势。现在，联合的产业对抗分散的商人。资本的力量现在在产业资本家一边。还不仅仅如此。现在，商人的真实面目表现出来了，相对于必不可少的生产来说，他们成了非必要的辅助手段。这里同样表现出生产的自然必然性对借助商业的资本主义分配的必然性的优势。辛迪加把商业限制在“合法的范围内”。“商业在这样的时候才被视为合法的：商人在确实的收购价格加适当利润的基础上转卖纸张，同时遵守造纸业者认为可以接受的、在纸张销售上符合商品习惯的条件。”这样，纸张商人变成拿固定佣金的辛迪加的代理商。他被剥夺了自由，大声抱怨对他的不公平待遇，并留恋地讲述那甜蜜商业（le doux commerce）的美好往事。在加之于他的条件中，他觉得最为苛刻的是：他从现在起只能从辛迪加那里购货，而不能从任何其他那人里购货。他不能利用生产者之间的竞争,他自己变成了巩固辛迪加和使束缚他的垄断永久化的工具。他必须放弃所有的希望,因为辛迪加营业部的门上题写着:“只能从辛迪加成员那里购买,只能按辛迪加规定的价格销售。”这使他如此恐惧,就像罪人看到地狱门上但丁的话时产生的恐惧一样。这就是资本主义商人的末日。[45]

消除商人投机的一个手段是签订长期合同。例如,煤炭辛迪加总是不变地确定它一整年的价格,在任何情况下都不偏离这个“基本的规定”。[46]

瞬息之变!在1893年的交易所调查报告中,投机贯穿着整个资本主义。一切都是投机:制造业、商业、差额贸易。每个资本家都是投机家,甚至连考虑在什么地方能以最好的价钱出卖其劳动力的无产者也是投机家。但是,在卡特尔的调查报告中,投机的圣洁被忘却了。它现在是由危机和生产过剩即由资本主义社会的一切祸害中产生的罪恶本身。消除投机已成为口号。代替投机理想的,是对“稳定价格”即投机死亡的理想的投机。现在,交易所和商业是投机的、无耻的活动,必须废止,以利于产业垄断。产业利润合并了商业利润,自身又被资本化为创业利润,即达到作为金融资本的最高资本形式的三位一体的赃物。因为产业资本是圣父,它生下商业资本和银行资本作为圣子,而货币资本则是圣灵。它们是三位,但在金融资本中却是一体。

卡特尔利润的安全性和投机盈利安全性的对比,反映在从事这两种活动的人们之间的心理差别上,也反映在他们活动的坚定程度上。卡特尔巨头自认为是生产的主宰,活动于光天化日之下。

他把自己的成就归因于生产的有效组织和非生产性费用的节约。他自认为是反对个人无政府状态的社会必然性的代表，把自己的利润看作是对自己的组织活动的应得的报酬。从他的资本主义思维方式来看，把组织（不仅仅是他自己的活动）的成果归之于他是完全理所当然的。他是新时代的代表。哈韦迈尔训斥旧制度的维护者："个人的时代已经过去了。如果人民大众以牺牲个人而得益，那么，个人就应当而且必须让开。"[47]这就是他所说的是社会主义。他陶醉于胜利之中，没有注意到有一天他和他的同类也可能属于不得不让开的个人之中。卡特尔巨头毫无顾忌。如果哈韦迈尔以可爱的坦率宣称他毫不关心他人的伦理观[48]，那么，基尔多尔夫先生则不无自豪地强调在自己家中的主宰权利。按照他们的伦理观，最坏的犯罪是破坏团结，自由竞争，拒不参加垄断利润的团体。社会排斥和经济破产是这种犯罪应得的惩罚。[49]名单发出了，其中不参加垄断组织的酿造业者被用黑体字强调出来。[50]

投机家的活动就完全不同了。他以谦逊和内疚的面貌出现。他之所得完全是他人所失。如果说他也是必然的产物，那么，他的必然性只不过是资本主义社会缺陷的一个证明。他的盈利来源仍然是不清楚的。投机家的确不是创造价值的生产者。如果他的盈利超过一定程度，那么，对他成就的赞赏就立即同对他的怀疑在思想上斗争起来。他在公众面前绝不会感到安全，而且总是害怕新的交易所法规。他表示道歉并恳求人们不要过于严厉地指责他："这是一切人间制度的遗传基因：它们总是错误多、罪过多。"[51]

当他发现像范·德·博尔格特教授先生这样的信徒时，感到很幸运。这位教授安慰他说："赌瘾有时很盛是人的天性。"这位教授还以如下保证缓冲攻击者的情绪："所有这些有害的结果，归根到底都应当归结为人的天性中难以根除的弱点和激情。"[52]

当然，也不能苛求任何资本家。恰恰是资本家还承认："货币具有败坏道德的力量，道德性随收入的增加而很快发生变化。"[53]他真的发起肝火来。他始终都对科恩教授先生对他的美好心灵所表示的局外人的不理解感到恼火。他以很大的耐心忍受着教授先生关于交易所职能的极其冗长的解释，这种解释不能使之更明白一些。他以泰然自若的心情倾听科恩教授关于普鲁士大学职能的有趣的演说。但是，不能把事情搞得太过分了。当教授宣布大学的目的是站在交易所和社会民主主义之间，证明交易所伦理的正当性并捍卫它时，他肯定不会表示反对。但是，当这位博学的先生继续说，"如果没有大学，这些对立将会爆发"时，这种自大狂和其他狂想的表露使他发笑。他不可能相信教授的严肃性，因此他插进来说："我同意(注意，他现在也还是一个投机家)交易所追求伦理的目的，但是交易所并不是为此而建立的，而是出自利己心而建立的。商人建立交易所是为了把它们变为慈善机构吗？"[54]但是，伦理的政治经济学没有回答这个问题，科恩教授在这个场合就像一条落水的长卷毛狗，一条没有恶魔缠身的长卷毛狗。

第十四章　资本主义的垄断和银行。资本向金融资本的转化

资本主义产业的发展引起银行的集中，而集中的银行制度本身是达到资本主义集中的最高阶段——卡特尔和托拉斯的重要动力。那么，后者如何反作用于银行制度呢？卡特尔或托拉斯是拥有巨大资本力量的企业。在资本主义企业之间的相互依赖关系中，决定哪些企业依赖于其他企业的，首先是资本力量的强大程度。卡特尔化的进一步发展，从一开始就沿着使银行为了不依赖于卡特尔或托拉斯也进行联合和扩大的方向发生影响。这样，卡特尔化本身助长了银行的联合，正像银行的联合反过来助长了卡特尔化一样。例如，许多银行对钢铁厂的联合发生兴趣，它们甚至违反个别产业资本家的意愿而一起行动，以促成联合。

相反，首先由产业资本家建立的利益共同体造成这样的结果：两家以前竞争的银行有了共同的利益，首先在某一定领域中进行共同的活动。产业的联合制式的联合也以类似方式影响银行在产业领域的活动的扩展。银行以前可能仅活动于原料工业部门，而由于联合制也不得不把它的活动延伸到加工工业。

卡特尔本身以大银行为先决条件，而大银行不断满足整个产业领域的巨大的支付信用和生产信用的要求。

但是，卡特尔也在银行和产业之间造成更为密切的关系。由于产业中的自由竞争被消灭，首先使利润率提高了。这种被提高的利润率起着重要的作用。在竞争被兼并排除的场合，产生一种新的企业。这种企业能够指望得到高额利润。而这种高额利润又可以被资本化并形成创业利润。[55]在托拉斯出现时，创业利润在两个方面起着重要作用：首先，它的获得是银行促进垄断化的非常重要的动机；其次，创业利润的一部分，可以用来通过支付较高的购买价格而使那些试图反抗同时又是非常重要的生产者出卖他们的工厂，从而推动卡特尔的建立。这或许可用以下方式来表达：卡特尔产生对一个产业部门的企业的需求，这种需求在一定程度上提高这些企业的价格，[56]而这个较高的价格就要用创业利润的一部分来支付。

卡特尔化也意味着卡特尔化的企业的收益有较大的可靠性和均等性。经常威胁个别企业生存的竞争的危险被消除了。这些企业的股票市价一经因此而提高，就意味着在新发行时获得高额利润。而且，投于这些企业的资本的可靠性大大地增强。这使银行有可能进一步扩大产业信用，从而从产业利润中获得比以前更大的份额。因此，由于卡特尔化，银行和产业之间的关系变得更加密切；投于产业的资本的支配权也同时越来越落入银行之手。

我们已经看到，在资本主义生产的初期阶段，银行的货币来自两个源泉：一是来自非生产阶级的货币，二是来自产业资本家和商业资本家的准备资本。我们还看到，信用发展的结果，不仅把资本家阶级的整个准备资本，而且也把非生产阶级的大部分货币，提供产业支配。换句话说，现代产业运用远远大于产业资本家总资本的资本进行经营。随着资本主义的发展，非生产阶级提供给银行支配以及银行提供给产业资本家支配的货币额也不断增长。对于产业必不可少的这些货币的支配权属于银行。因此，随着资本主义及其信用组织的发展，产业对银行的依赖也加强了。另一方面，银行只有对非生产阶级的货币支付利息，才能吸收这些货币，并保持对这些货币的日益增长的基本部分的持续分配。只要这些货币的数量不是太大，银行就能通过把它们用于投机信用和流通信用而做到向它们支付利息。随着一方面这些货币的增加和另一方面投机和商业意义的减少，这些货币必定越来越转为产业资本。如果没有生产信用的不断扩大，存款的可利用性，从而银行存款的利息，早就深深地下降了。事实上，英国的情况部分地就是这样。那里，储蓄银行只提供流通信用，所以存款利息降至最低限额。因此，通过购买股票，存款不断地流向产业投资领域。在产业银行和储蓄银行结合在一起的条件下由银行所做的事情，这里由公众直接来做了。对于公众来说，结果是相同的，因为他们无论在哪种情况下都没有得到创业利润。但是，对于产业来说，这意味着对银行资本的依赖性在英国比在德国要小。

因此，产业对银行的依赖，是财产关系的结果。产业资本的一个不断增长的部分不属于使用它的产业资本家了。他们只有通过代表同他们相对立的所有者的银行，才能获得对资本的支配。另一方面，银行也不得不把它们资本的一个不断增长的部分固定在产业之中。因此，银行在越来越大的程度上变为产业资本家。我把通过这种途径实际转化为产业资本的银行资本，即货币形式的资本，称为金融资本。对于所有者来说，它总是保持货币的形式；

它由所有者以货币资本、生息资本的形式投放出去，并总是能以货币形式收回。但是，实际上，这种投入银行的资本的最大部分，被转化为产业资本、生产资本（生产资料和劳动力），并在生产过程中固定下来。用于产业的资本的越来越大的部分是金融资本，即归银行支配的和由产业资本家使用的资本。

金融资本随着股份公司的发展而发展，并随着产业的垄断化而达到它的顶点。产业收益获得了更为可靠和经常的性质，因而银行资本投于产业的可能性越来越扩大了。但是，银行支配银行资本，银行股票多数的持有者统治银行。很清楚，随着财产的日益集中，控制银行的虚拟资本的所有者与控制产业的资本所有者，越来越合而为一。如我们已经看到的，当大银行愈益获得对虚拟资本的支配权时，更是如此。

我们看到了产业怎样日益依赖于银行资本，但这根本不意味着工业巨头也依赖于银行巨头。毋宁说，正像资本本身在其发展的最高阶段上变为金融资本一样，资本巨头、金融资本家也合于一身，越来越以支配银行资本的形式支配整个国民资本。个人联合在这里也起重要的作用。

随着卡特尔化和托拉斯化，金融资本达到了它的权力的顶峰，而商业资本却经历了最严重的衰落。资本主义的循环完成了。在资本主义发展的初期阶段，作为高利贷资本和商业资本的货币资本，对资本积累和手工业生产向资本主义生产的转变，曾发挥过重大的作用。但是后来，“生产”资本家，即谋求利润的资本家，也就是产业资本家和商业资本家，开始反抗谋求利息的资本家。[57]

高利贷资本从属于产业资本。作为货币经营资本，它执行货币的职能；否则，产业资本家和商业资本家在他们的商品发生形态变化时，必须自己执行这种职能。作为银行资本，它在生产资本家之间开展信用业务。资本的动员和信用的不断扩大，逐渐引起货币资本家地位的彻底变化。银行的权力增大，它们变成了产业的创立者以及最后变成产业的统治者。它们作为金融资本掠夺产业利润，就像以前古老的高利贷者以自己利息形式掠夺农民的收益和地主的地租一样。黑格尔派会说这是否定之否定：银行资本是对高利贷资本的否定，而银行资本自身又被金融资本所否定。后者是高利贷资本和银行资本的综合；在一个无限高的经济发展阶段上，它占有社会生产的成果。

然而，商业资本的发展，情况就完全不同了。产业的发展逐渐把它从在工场手工业时期占据的对生产的统治地位上排挤下来。这种衰退是确定不移的。金融资本的发展绝对地和相对地降低了商人的重要性，把过去如此傲慢的商人变为被金融资本垄断的产业的代理商。

第十五章　资本主义垄断的价格决定。金融资本的历史趋势

局部联合意味着集中的一个更高阶段。它们与通过消灭弱小企业而造成集中的较早形式的区别在于：这里，财产的联合并不一定同生产的联合和企业的联合同时发生。但是，局部联合并不意味竞争关系的任何根本的变化。就它们的成本低于其他企业成本或联合前自己企业的成本的限度内，它们在竞争中更为有力；如果联合在数量上和规模上都很充分，以致它们生产了产品的绝大部分，那么，它们的生产成本对价格将是决定性的。因此，这种联合有降低价格的趋势。这并不妨碍联合的优势能给联合的企业带来超额利润，甚至是做到这一点的前提条件。

垄断联合，即卡特尔和托拉斯，情况就不同了。它们的目的是提高利润率；一旦它们能够消除竞争，就可以通过提高价格达到这一点。这里便出现了卡特尔价格的问题，这个问题通常被与垄断价格本身的问题混为一谈，而且还有许多争论：垄断联合是真的垄断呢，或是垄断受到某种东西的限制；从而这种联合的价格必须真的等于垄断价格呢，还是低于垄断价格。可是，垄断价格本身，一方面由生产成本与生产规模之间的相互依赖关系决定，另一方面由价格与销售量之间的相互依赖关系决定。垄断价格等于这样一

种价格，这种价格能使销售量达到如此大的程度，以致生产规模不会使生产费用过于昂贵，从而不会使单位产品利润过于降低。较高的价格减少销售量，从而缩小生产规模，这样，单位产品成本提高而利润降低；较低的价格会大量地减少利润，以致即使是很大的销售量也不能抵偿被降低的价格。

在垄断价格占统治地位的条件下，不确定的和不能测定的因素是需求。需求对价格的提高如何反应，不能确定。垄断价格虽然可以根据经验确定，但是它的水平却不能从理论上客观地认识，而只能从心理上主观地来把握。由于这个缘故，古典经济学派（也包括马克思）在他们的推论中排除了垄断价格，即不能任意增加的商品的价格。相反，心理学派的爱好是"解释"垄断价格，而且最热衷于从商品储备有限出发，把所有价格都说成是垄断价格。

古典经济学派把价格理解为无政府状态的社会生产的表现形式，把价格水平理解为依赖于社会劳动生产力。但是，客观的价格规律只能通过竞争为自己开辟道路。如果垄断消除了竞争，它们也就因此而消除了客观的价格规律能够借以实现的唯一手段。价格不再是一个客观决定的量，而变成那些以意志和意识决定价格的人们的计算数例，变成了前提而不是结果，成了主观的东西而不是客观的东西，成了任意的和偶然的东西而不是不依赖于当事人的意志和意识的独立的和必然的东西。因此，马克思集中理论的实现，即垄断联合，看来要废除马克思的价值理论。

让我们更仔细地研究一下。卡特尔化是一个历史过程。它按照某种时间顺序，根据为卡特尔化所提供的条件，攫取了各资本主义生产部门。我们已经看到，资本主义的发展怎样趋于为所有生产部门日益造成这些条件。在其他情况相同的条件下(即银行对产业影响的发展程度相同,产业周期的阶段相同,资本有机构成相同),那么,一个产业部门,其个别企业的资本量越大,该生产部门的企业数量越少,就越是适合于卡特尔化。

假定这些条件在铁矿开采中首先获得;铁矿采掘业被卡特尔化,价格被提高。直接的结果是采矿企业家利润率提高。可是,铁矿石销售价格的提高,意味着生铁生产者成本价格的提高。但是,生铁的销售价格并不首先因此而受到影响。生铁市场并没有因铁矿采掘业的卡特尔化而变化。供求比例,从而价格,仍然保持不变。因而,卡特尔利润率的提高导致生产者利润率的下降。这意味着什么呢?

从理论上讲,会出现下述结果。资本从利润率较低的领域流向利润率较高的领域,以前用于生铁生产的资本现在被用于经营铁矿山。于是,竞争在铁矿采掘业中发生了;而由于生铁生产的缩减,这种竞争更为显著。矿石的价格将下降,而生铁的价格则会上升,在经过几番波动之后,在卡特尔可能发生崩溃的时期以后,以前的状况又会被恢复。但是,我们已经看到,恰恰是在这些生产部门里,资本的流进和流出会遇到几乎不可逾越的障碍。因此,朝向利润率平均化的这条道路是行不通的。

卡特尔价格仅仅对于那些必须在市场上购买矿石的生铁生产者才有意义。为了避免卡特尔化的影响,生铁厂本身合并于铁矿山也就行了。通过这种方式,它们便独立于卡特尔,它们的利润率也达到正常水平。此外,那些最初成为联合制企业的企业,与那些不得不支付昂贵的原料价格和矿石商人的商业利润的其他企业相比，获得超额利润。但是，这也适用于那些转移到生铁生产的铁矿山，这些铁矿山作为联合制企业，较之单纯的工厂，在竞争中也具有优势。因此，卡特尔首先证明自己是促进实行联合制，从而促进进一步集中的最强大的推动力。这种集中在那些购买和加工卡特尔产品的产业部门中特别显著。

我们在前面已经看到，联合的趋势怎样由某种行情波动现象所引起或强化。由于卡特尔化，这种趋势被加强，同时又发生变形。垄断联合甚至在危机期间也能维持高价，而它们的非卡特尔化的买主则不可能。于是，对后者来说，由于不能较便宜地购进原料以降低自己的生产成本，还造成危机的后果。在这样的时期，在非卡特尔化的厂商身上，从自己的矿山获得廉价原料的冲动特别强烈。但是，如果这不能成功的话，那么，整整一系列在其他情况下有生存能力的、技术装备良好的企业便不能继续存在下去。它们要么破产，要么把自己低价出卖给铁矿采掘业；而对铁矿采掘业来说，廉价获得工厂意味着对将来盈利的保证。

生铁产业资本家还有另一条出路。生铁生产者分散地与矿山所有者的联合力量相对抗。他们面对原料昂贵而无能为力。当需要把自己原料价格的提高通过铁的价格表现出来时，他们同样无能为力。一旦他们自己联合为卡特尔时，情况便发生了变化。那时，他们就能联合起来同矿山卡特尔抗争，并作为买主发挥自己的力量。另一方面，在出卖自己的产品时，他们自己现在也能确定价格，把利润率提高到正常水平以上。实际上，两条途径，即联合制和卡特尔化，都在被利用；这个过程的结果将是铁矿石生产者和生铁生产者的联合制式的垄断联合。

很明显,这个过程以后必定进一步蔓延到其他生铁购买者,并攫取一个又一个的资本主义生产部门。因此,卡特尔扩展了自己的宣传力量。卡特尔化首先意味着利润率的变化。这种变化是靠牺牲其他资本主义产业的利润率来实现的。这些利润率向同一水平的平均化,不能通过资本转移来实行。因为卡特尔化意味着,资本争夺投资领域的竞争受到限制。各种经济原因和财产关系(对原料的垄断)对资本自由转移的阻碍,确实是废除销售者之间市场竞争的前提条件。利润率的平均化,只能借助这样的途径来实现:或者通过自我卡特尔化,或者以联合制排除卡特尔化,达到分享较高的利润率。二者都意味着集中的加强,从而对进一步卡特尔化的促进。

可是,如果由于某些原因,进一步的卡特尔化被排除了,那么,卡特尔价格怎样发生作用呢?关于它的水平我们能说些什么呢?

我们已经看到,由卡特尔价格的提高而造成的利润率的提高,只能由其他产业部门利润率的降低来达到。卡特尔的利润首先仅仅是对其他产业部门利润的分享或占有。如我们已经知道的,在资本很小和生产非常分散的产业部门中,现在存在着利润率降至它的社会平均水平以下的趋势。卡特尔化意味着这一趋势的加强,意味着这些部门的利润率被进一步压低。它能被压低到何种程度,取决于这些生产领域的性质。过大的降低,就要承担资本从这些领域流出的后果。由于这些领域的资本的技术性质,这种流出并不太难。

但是,由于其他小规模投资领域同样被卡特尔化产业所剥削,[58]所以这种资本应投向何处的问题,变得更加困难了。因此,在这些产业中，那些表面上述是独立的资本家的利润，最终变成了纯粹的监督工资，这些资本家本身变成了卡特尔的雇员，变成类似于手工业时期中间师傅的中间资本家或中间企业家。

事实上，卡特尔价格依赖于需求。但是，这种需求本身是资本主义的需求。因此，从理论上来说，卡特尔价格归根结底等于生产成本加平均利润率。但是，这种平均利润率本身发生了变化。它对大的卡特尔化产业和对依赖于它们的小产业的小领域是不同的，前种产业掠夺后种产业的资本家的剩余价值的一部分，把后者的收入限制到单纯的薪金。

然而，这种价格决定(像孤立的或局部的卡特尔本身一样)仅仅是暂时的。

卡特尔化意味着平均利润率的变化。利润率在卡特尔化产业中提高，在非卡特尔化产业中下降。这种差别导致实行联合制和进一步卡特尔化。对卡特尔化之外的产业来说，利润率下降。价格在非卡特尔化产业中降至这些产业的生产价格以下的数额，就是卡特尔价格提到卡特尔化产业的生产价格以上的数额。至于非卡特尔化产业中存在的股份公司，它们的价格不能降至 K+Z(成本价格加利息)之下，否则资本的投资是不可能的。这样，卡特尔价格的提高，便受到非卡特尔化产业利润率下降的可能程度的限制。在非卡特尔化产业内部，由于这里存在的资本争夺各种投资领域的竞争，利润率向较低水平平均化。

卡特尔价格的提高，不能不使非卡特尔化的产品价格发生变化。这种变化产生于非卡特尔化产业内部利润率的平均化。如果非卡特尔化产业形成为一个统一体，那么，非卡特尔化的产品价格便保持不变。同样的价格仅仅意味着比以前更小的利润率，因为原料价格从而成品价格提高了。如果价格以前为100，利润率为20％，那么，利润率现在将降至10％，因为以前为80的成本价格现在由于卡特尔化而提高到90。但是，既然在各个非卡特尔化产业中，由于卡特尔化，成本价格按其有机构成以不同的方式提高，所以平均化必然发生。那些使用因卡特尔而变贵了的大量原料的产业，不得不提高它们产品的价格；而那些使用较少原料的产业，将会降低它们产品的价格。换句话说，生产价格在其资本有机构成高于平均[59]水平的产业中将提高，在资本有机构成低于平均水平的产业中将下降，而在具有平均资本有机构成的产业中则保持不变。人们通常只着眼于价格的提高，并且马上会认为，生产成本的任何提高都能直截了当地转嫁给消费者。但是，生产成本的提高，在一定情况下，甚至会导致价格的下降。

但是，价格形成还显示一些其他特征。假定卡特尔化产业的资本共计500亿。在利润率为20％的情况下，生产价格为600亿。其中，500亿由非卡特尔化产业购买。在利润率保持不变时，它们的生产价格同样是600亿。因此，总产品的价值为1 200亿。但是，卡特尔化产业提高了它们的利润率，因而降低了非卡特尔化产业的利润率。因此，非卡特尔化产业的利润率只等于10％。它们的利润率之所以被降低，是因为它们必须为原料支付550亿而不是500亿(我这里不考虑与此例无关的可变资本)。但是，如果卡特尔得到550亿而不是500亿，那么，它一定照此得到660亿而不是600亿。价格不仅对于资本主义消费者，而且对于所有消费者，都必定是相同的。所以，按照我们的假定，直接到达消费者的最后

100亿将以110亿而不是以100亿出卖。这样，消费者按以前的价格购买非卡特尔化的产品，按提高了的价格购买卡特尔化的产品。因此，卡特尔利润的一部分来自消费者。这里所说的消费者是指所有获得派生收入的非资本家阶层。但是，在价格提高时，消费者可能会限制他们的消费。这里，我们遇到了对卡特尔价格的第二个限制。首先，价格的提高必须让非卡特尔化产业得到能继续进行生产的利润率；其次，价格的提高也不能过多地减少消费。这第二个限制本身又依赖于由非直接生产的阶级所支配的收入量。但是，因为对卡特尔化产业总体来说，生产性消费比非生产性消费所起的作用要大得多，所以，一般说来，第一个限制是真正具有决定意义的。

但是，垄断化产业中利润的减少，意味它们发展的缓慢化。利润率的降低，意味着新资本只是缓慢地流入这些领域。但是，由于利润率降低，争取销路的斗争也同时更加激烈；而由于比较小的价格降低就能使低微的利润消失，这种斗争的作用也就更加危险。同时还出现另外一种后果：在卡特尔化产业的优势成功地把利润压缩为单纯的监督工资的地方，不再有形成股份公司的任何余地，因为创业利润和股息只能由超过监督工资的收益来支付。因此，卡特尔化起着阻止非卡特尔化产业发展的作用。同时，它也加剧了非卡特尔化产业内部的竞争，从而加强了集中的趋势，直到这些产业自己最后有了卡特尔化的能力，或能够被一个已经卡特尔化的产业所合并。

由于采用改良技术，自由竞争迫使生产不断扩大。对卡特尔来说，采用改良技术同样意味着利润的提高。此外，它们也不得不采用这些技术，否则，就有局外企业掌握新技术并运用于与卡特尔的新的竞争的危险。这样的危险是否可能，取决于卡特尔建立的垄断的性质。那种垄断了自己生产的自然条件的卡特尔（如矿山辛迪加），或者其生产要求有极高的资本有机构成的卡特尔（这样，新的企业就需要非常大的资本力量，而这只有那些不想违反卡特尔利益的银行才能提供），享有抵御新的竞争的高度保护。在这种情况下，技术改善意味着超额利润，这种超额利润不会被竞争最终消除，商品价格也不会因此而下降。改良技术的采用并非有利于消费者，而仅仅有利于严密组织的卡特尔和托拉斯。但是，改良的技术可以形成更大的生产量，它们的销售又要求降低价格，没有价格的降低就不能实现消费的扩大。情况可能是这样，但又不一定是这样。出现下述情形也是有可能的：例如，钢铁托拉斯在一些企业里应用这种改良的技术，于是，这些企业的生产足以满足按现有价格的全部需要，而钢铁托拉斯为此关闭了其他一些企业。价格将保持不变，生产成本将下降，利润将提高。生产没有扩大，改良的技术把工人游离出来，这些工人看不到就业的希望。最大的工厂采用改良技术，从而扩大它们的生产；为了能在卡特尔内部做到这一点，最大的工厂从较小的工厂那里购买自己的股份，然后关闭它们。改良技术的使用，也造成了集中，但生产却没有任何扩大。

卡特尔化意味着异常的超额利润。[60]我们已经看到，这些超额利润怎样被资本化，怎样作为被积聚的资本量流入银行。但是同时，卡特尔化也意味着投资的缓慢化。这在卡特尔化产业中，是因为卡特尔的最初措施是限制生产；在非卡特尔化的产业中，是因为利润率的下降威胁了进一步投资。因此，一方面用于积累的资本量迅速增大了，而另一方面投资的可能性却减少了。这个矛盾要求有解决的办法；这种解决办法在资本输出中被找到。资本输出本身不是卡特尔化的结果，它是与资本主义发展不可分割的一种现象。但是，卡特尔化突然加剧了这个矛盾，赋予资本输出以紧迫的性质。

但是，这里出现一个问题：卡特尔化的界限实际定在哪里。这个问题必须这样来回答：不存在卡特尔化的绝对界限。相反地，倒是存在着卡特尔化不断蔓延的趋势。我们已经看到，独立的产业日益陷入对卡特尔化产业的依赖，直到最终被它们所吞并。于是，作为这个过程的结果，产生了总卡特尔。整个资本主义生产将由一个主管机关自觉地进行调节，这个机关决定它的所有领域内的生产量。于是，价格决定成为纯粹名义上的，仅仅意味着总产品在卡特尔巨头为一方和大量的所有其他社会成员为另一方之间进行分配。那时，价格将不再是人们之间发生的物的关系的结果，而成为物在人们之间进行分配的单纯的计算方式。于是，货币失去了作用，因为要完成的是实物的分配，而不是价值的分配，所以货币会完全消失。随生产无政府状态的消失，物的外观的消失，商品的价值对象性消失，从而货币也消失，由卡特尔分配产品。物质生产要素被再生产出来并用于新的生产。在新产品中，一部分分配给工人阶级和知识分子，其他部分留归卡特尔随意使用。这是一个以对抗形式进行自觉调节的社会。但是，这种对抗是分配的对抗。分配本身被自觉地调节，从而使货币的必然性消失。这样，在它的完成的形式上，金融资本脱离开它赖以产生的土壤。货币流通变得不必要了，货币的不息流动达到了它的目的地，即被调节的社会。流通的永动机找到了它的最终归宿。

建立总卡特尔和形成中央银行的趋势正在合流；在它们的联合中，生长出金融资本的巨大的集中力量。在金融资本中，所有部分的资本形式都联合成为一个总体。金融资本表现为货币资本，实际上具有货币资本运动形式 G—G′，是带来货币的货币，是资本运动的最一般、最不可理解的形式。作为货币资本，它以借贷资本和虚拟资本两种形式提供给生产资本家支配。这个过程的中介是银行，银行同时试图把这个资本的越来越大的部分变成自有资本，从而赋予金融资本以银行资本的形式。这个银行资本越来越变成实际执行职能的资本，即产业资本的单纯形式——货币形式。同时，商业资本的独立性越来越被消灭，银行资本同生产资本的分离在金融资本中被扬弃。在产业资本自身内部，各个领域的界限被以前分离的和独立的生产部门的进一步联合所冲破。社会分工（即只有通过交换活动才能作为整个社会有机体的部分联系起来的各种生产领域的划分）不断减少，而另一方面，联合的企业内部的技术分工则越来越发展。

这样，资本的特殊性质在金融资本中消失了。资本表现为君临社会生活过程的统一力量，表现为直接从生产资料、自然资源、整个积累起来的过去劳动的所有制中产生的力量，表现为对作为由所有制关系中直接产生的结果的活劳动的支配权。同时，积聚和集中在几个最大的资本联合体手中的财产，表明自己与没有资本的群众的直接对立。因此，所有制关系的问题，获得了它的最清楚、最无疑义和最尖锐的表现；而社会经济的组织问题，也由于金融资本本身的发展而得到越来越好的解决。

第四篇

金融资本和危机

第十六章　危机的一般条件

资本主义生产注定要经历繁荣和萧条的循环,这是经验的规律。以危机为中介,完成从一个阶段到另一个阶段的过渡。在繁荣阶段的某一定时刻,一系列生产部门出现滞销,价格也因此而下跌。滞销和价格下跌的现象不断扩大,生产受到限制。这个阶段价格和利润偏低,会持续一段或长或短的时间。以后,生产又开始逐渐扩大,价格和利润上涨,产量提高到前所未有的水平,直至转折点重新出现。这一过程周期性地反复出现提出了它的原因何在的问题,这些原因只有通过对资本主义生产机制的分析才能揭示出来。

危机的一般可能性是同商品二重化为商品和货币一起产生的。这包含着:如果货币没有被用于商品流通,而是被凝结为贮藏货币,商品流通过程就可能发生中断。W_1—G—W_2 过程停止了,因为实现了商品 W_1 的 G 本身不实现 W_2。W_2 仍然卖不出去,从而造成销路停滞。

但是,只要货币仅仅执行流通手段的职能,只要商品直接交换货币并且货币也直接交换商品,那么,货币向贮藏货币的转化就只能是个别的和偶然的过程,它意味着某种商品不能销售,但并不意味着普遍的销路停滞。随着货币作为支付手段职能的发展,进而随着流通信用的发展，这种情况便发生了变化。现在，销路停滞意味着不能进行已经约定的支付。但是，正如我们看到的，这种支付约定作为流通手段和支付手段用于其他的一系列交易。一个人不具有支付能力，也使其他人不能支付。货币作为支付手段所造成的支付义务的链条破裂。一个环节上发生的滞销波及其他一切环节。滞销成为普遍现象。因此，支付信用发展了生产部门之间的连带关系，提供了使局部滞销转变为普遍滞销的可能性。

但是，危机的这种一般可能性，仅仅是危机的一般条件：没有货币流通和货币作为支付手段职能的发展，危机就不可能发生。但是，可能性远远不是现实性。

简单商品生产，更确切地说，前资本主义商品生产，一般不存在危机。对经济的干扰不是来自经济规律上的危机，而是来自诸如歉收、干旱、瘟疫和战争等特殊的自然或历史原因引起的灾害。它们的共同点在于，它们都是来自生产的不足，而根本不是来自某种生产过剩。如果我们考虑到这种生产依然主要是自给自足的生产，生产和消费作为手段和目的而联结在一起，商品流通只起比较小的作用，那么，上述情况便是不言而喻的。因为只有资本主义生产才使商品生产普遍化，尽可能使一切产品采取商品的形式以及(这是决定性的因素)使商品销售成为再生产得以重新进行的先决条件。[1]

但是，这种产品向商品的转化，造成生产者对市场的依赖，并把原则上已经存在于简单商品经济之中的、由私人经济的独立性造成的生产不规则性，发展成为最初的资本主义生产的无政府状态。随着商品生产的普遍化，随着地方的和分散的市场扩展成为无所不包的世界市场，这种无政府状态便形成危机的第二个一般条件。

资本主义通过生产与消费的分离创造了危机的第三个一般条件。首先，资本主义使生产者与他的产品相分离，把他归结为价值产品中相当于劳动力价值的等价物的部分。这样，它就创造出了一个雇佣工人阶级，这个阶级的消费并不直接同全部产品发生关系，而仅仅同总产品中等于工资资本的部分发生关系。但是，雇佣工人生产的产品并不是雇佣工人的财产。因此，他们的生产并不服务于他们消费的目的。相反地，他们的消费及其消费的范围，依赖于他们不能施加任何影响的生产。但是，资本主义生产不是为了满足需要，而是为了利润。资本主义生产的内在目的是利润的实现和增加。这就是说，决定生产的命运即它的规模扩大或缩小的关键性因素，不是消费及其增长，而是利润的实现。生产是为了取得一定的利润，维持资本的一定增殖程度。因此，生产并不依赖于消费，而是依赖于资本的增殖需要。增殖可能性的恶化，意味着对生产的限制。

即使在资本主义生产方式中，生产与消费之间也仍然存在着一般联系。这种联系是一切社会形态所共有的自然条件。但是，在为满足需要的经济中，消费决定生产的扩大；在这种情况下，生产只受已达到的技术水平的限制。相反地，在资本主义生产中，消费由生产规模来决定。而生产规模又受当时的增殖可能性、资本的增殖程度以及资本及其增长产生一定利润率的必然性的限制。这里，生产的扩大遇到纯粹社会的障碍，这个障碍产生于该社会的一定结构，并且仅仅为这一社会结构所特有。危机的可能性虽然来自无规律的生产可能性，从而来自一般商品生产，但它的现实性却仅仅来自这样一种无规律的生产，这种生产同时消除了生产与消费的直接关系（这种关系是其他社会形态的特征），并在生产与消费之间插入资本按当时的一定比率进行增殖的条件。

一般说来，“商品生产过剩的说法”和“消费不足”的说法一样，本身并不能说明什么。严格地说，人们只能在生理学的意义上谈消费不足。而这种说法在经济学中没有意义，在经济学中只能说社会所消费的少于它所生产的。如果生产完全以正常的比例进行，那我们便想象不出消费不足怎样才能发生。因为总产品等于不变资本加可变资本加剩余价值（c＋v＋m），v 和 m 被消费掉，被消耗掉的不变资本要素必须得到补偿，所以生产可以无限扩大而不会导致商品生产过剩，即不会导致生产出来的商品（这里，只考虑使用价值）即物品超过所能消费的数量。[2]

此外，有一点是很清楚的，由于危机周期性地相继发生是资本主义社会的产物，所以它的原因必然存在于资本性质之中。症结必然在于由这个社会的特殊性质所产生的干扰。资本主义生产的消费关系所提供的狭小基础之所以是危机的一般条件，是因为扩大这一基础的不可能性是市场停滞的一般先决条件。如果消费能够任意扩大，那就不可能出现生产过剩。但是，在资本主义关系下，消费的扩大意味着利润率的降低。因为广大群众消费的扩大依赖于工资的增长，而工资的增长又意味着剩余价值率从而利润率的降低。因此，如果积累引起对工人需求的增加达到如此之大，以致出现利润率下降，从而（作为极限）增加的资本不能比未增加的资本生产出更多的利润，那么，积累就必然因不能达到它增加利润的目的而停止。正是在这一点上，积累的一个先决条件即消费的扩大，便与积累的另一个先决条件即利润的实现发生了矛盾。增殖条件反对消费的扩大。由于前者是决定性的，于是，矛盾便升级为危机。但是，狭小的消费基础仅仅是危机的一个一般条件，而危机根本不能由"消费不足"的论断加以说明。危机的周期性尤其不能由此加以说明，因为周期性根本不能由某种经常的现象来说明。因此，马克思的如下论述与我们前面的叙述是完全一致的：

> "总商品量，即总产品，无论是补偿不变资本和可变资本的部分，还是代表剩余价值的部分，都必须卖掉。如果卖不掉，或者只卖掉一部分，或者卖掉时价格低于生产价格，那么，工人固然被剥削了，但是对资本家来说，这种剥削没有原样实现，这时，榨取的剩余价值就完全不能实现，或者只是部分地实现，甚至资本也会部分或全部地损失掉。直接剥削的条件和实现这种剥削的条件，不是一回事。二者不仅在时间上和空间上是分开的，而且在概念上也是分开的。前者只受社会生产力的限制，后者受不同生产部门的比例和社会消费力的限制。但是社会消费力既不是取决于绝对的生产力，也不是取决于绝对的消费力，而是取决于以对抗性的分配关系为基础的消费力；这种分配关系，使社会上大多数人的消费缩小到只能在相当狭小的界限以内变动的最低限度。这个消费力还受到追求积累的欲望的限制，受到扩大资本和扩大剩余价值生产规模的欲望的限制。这是资本主义生产的规律，它是由生产方法本身的不断革命，由不断和这种革命联系在一起的

现有资本的贬值，由普遍的竞争斗争以及仅仅为了保存自身和避免灭亡而改进生产和扩大生产规模的必要性决定的。因此，市场必须不断扩大，以致市场的联系和调节这种联系的条件，越来越采取一种不以生产者为转移的自然规律的形式，越来越无法控制。这个内部矛盾力图用扩大生产的外部范围的办法求得解决。但是，生产力越发展，它就越和消费关系的狭窄基础发生冲突。在这个充满矛盾的基础上，资本过剩和日益增加的人口过剩结合在一起是完全不矛盾的；因为二者在结合在一起的时候，所生产的剩余价值的量虽然会增加，但是生产剩余价值的条件和实现这个剩余价值的条件之间的矛盾，正好因此而日益增长。”[3]

周期性的危机是资本主义所特有的，因此，它只能由特殊的资本主义性质中引出。[4]

一般地说，危机就是流通过程的阻碍。它表现为大量的商品没有销路，商品价值（或商品的生产价格）不能实现为货币。因此，它只能从商品流通的特殊的资本主义条件来说明，而不能由简单商品流通的条件来说明。

商品流通的特殊的资本主义性质是：商品必须被作为资本的产品即作为商品资本来生产，并作为商品资本来实现。因此，这种实现包含着仅仅是资本本身所特有的条件，这正是资本的增殖条件。

马克思在《资本论》第二卷中，从单个资本和社会资本（它在这里特别重要）的角度对这些增殖条件进行了分析，从而进行了除魁奈之外在政治经济学中还未曾开始的尝试工作。如果说马克思称魁奈的《经济表》是政治经济学至今所提出的一切思想中最有天才的思想，那么，马克思自己对社会生产过程的分析肯定是对天才思想的最天才的叙述。一般说来，《资本论》第二卷中如此被人忽视的分析，从所谓纯粹经济理性的观点来看，是这个令人惊叹的著作中最光彩夺目的部分。只有回想一下马克思分析的结果，才能达到对危机原因的认识。[5]

社会再生产过程的平衡条件

我们扼要重述马克思分析的最重要的结论如下：

在作这种考察时，我们首先假定资本主义生产的规模保持不变，即简单再生产；同样，撇开价值和价格的变动不论。

总产品，从而社会总生产，分成两大部类：

1. 生产资料，即具有必须进入或至少能够进入生产消费形式的商品。

2. 消费资料，即具有进入资本家阶级和工人阶级的个人消费形式的商品。

每一部类的资本都分成两个组成部分：可变资本(v)和不变资本(c)。后者又分为固定不变资本和流动不变资本。

代表生产上消费掉的不变资本的那部分价值c，是和生产上使用的不变资本的价值不一致的。固定资本仅仅把它的价值的一部分转移到产品中去。下面我们首先撇开固定资本不论。

总商品产品用下列公式来表示：

Ⅰ. 4 000c＋1 000v＋1 000m＝6 000 生产资料。

Ⅱ. 2 000c＋500v＋500m＝3 000 消费资料。

总价值＝9 000，其中不包括继续以实物形式执行职能的固定资本。

现在，如果我们研究简单再生产基础上（这里全部剩余价值都是非生产性地被消费掉）的各种必要的交换，并且先不考察作为交换媒介的货币流通，那么，我们一开始就会得出三大要点：

1. 第Ⅱ部类中工人的工资 500v 和资本家的剩余价值 500m，必须用于消费资料。但是它们的价值存在于价值 1 000 的消费资料中，这些消费资料掌握在第Ⅱ部类的资本家手里，补偿预付的 500v，并代表 500m。因此，第Ⅱ部类的工资和剩余价值，将在第Ⅱ部类内部同第Ⅱ部类的产品进行交换。这样，就有（500v＋500m）Ⅱ＝1 000 以消费资料形式从总产品中消失。

2. 第Ⅰ部类的 1 000v 和 1 000m 同样必须用于消费资料，即用于第Ⅱ部类的产品。因此，它们必须同第Ⅱ部类的其余的、数量与它们相等的不变资本部分 2 000c 相交换。为此，第Ⅱ部类会得到数额相等的生产资料，得到体现第Ⅰ部类的 1 000v＋1 000m 的价值的第Ⅰ部类的产品。因此就有 2 000Ⅱc 和（1 000v＋1 000m）Ⅰ从计算中消失。

3. 还剩下 4 000Ⅰc。它们由生产资料构成，只能用于第Ⅰ部类，以便补偿该部类消费掉的不变资本。因此，要通过第Ⅰ部类的各个资本家之间的互相交换来解决，就像（500v＋500m）Ⅱ要通过第Ⅱ部类的工人和资本家之间的交换，或通过第Ⅱ部类的各个资本家之间的交换来解决一样。

固定资本的补偿起着一种特殊作用。不变资本的价值部分由劳动资料转移到劳动产品中去，这些劳动资料继续作为生产资本的要素执行职能，而且是以它的旧的实物形式继续执行职能。只是劳动资料的损耗，即它们在一定期间持续执行职能时逐渐损失的价值，才作为借助于劳动资料生产出来的商品的价值要素再现。

当等于固定资本损耗的那部分商品价值转化成为货币时，这种货币是不会再转化为生产资本的组成部分的，虽然它补偿了生产资本的价值损失。它在生产资本旁边沉淀下来，保留它的货币形式。

这种货币沉淀反复发生，直到年数不等的再生产时期结束为止；在这个时期，不变资本的固定要素以其旧的实物形式在生产过程中继续执行职能。一旦这种固定资本要素如建筑物、机器等等报废，不能再在生产过程中执行职能，其价值就存在于身旁，全部由货币来补偿，即由货币沉淀的总和，由固定资本逐渐转移到它参与生产的商品中去的、已经通过商品出售而转化为货币形式的价值的总和来补偿。接着，这些货币就用来对固定资本（或固定资本的要素，因为固定资本的不同要素有不同的寿命）进行实物补偿，从而对生产资本的这个组成部分进行实际更新。可见，这些货币是不变资本价值的一部分即固定部分的货币形式。

因此，这种货币储藏本身是资本主义再生产过程的一个要素，是在固定资本的寿命还没有完结，从而还没有把它的全部价值转移到所生产的商品中去，还不必用实物补偿之前，固定资本价值或它的个别要素的价值在货币形式上的再生产和贮存。只有在这种货币再转化为固定资本的新的要素，以便补偿它的寿命已经完结的要素的时候，它才失去货币贮藏的形式，从而再能动地进入以流通为媒介的资本再生产过程。但是，为使简单再生产顺利进行，每年消耗的固定资本部分必须等于每年应更新的固定资本部分。

让我们来考察一下。例如(1 000v+1 000m)Ⅰ和2 000Ⅱc的交换。在这2 000c中，有200固定资本必须补偿。因此，必须完全转化为流动不变资本的1 800c，便与1 800Ⅰ(v+m)相交换。现在，第Ⅰ部类中剩下的具有固定资本实物形式的200，同样必须被第Ⅱ部类所购买。但是，只有在第Ⅱ部类的资本家手里有为购买第Ⅰ部类的固定资本200的贮藏货币200时，它才能被购买。因为200必须以第Ⅱ部类其他资本家的货币来补偿，并作为自己固定资本的磨损部分以货币形式来保持。即是说，在前几年中把自己固定资本的磨损部分以货币形式贮藏起来的资本家，在这一年要对自己的固定资本以实物(in natura)来更新。他们用2 00货币购买第Ⅰ部类的剩余额200(v+m)。第Ⅰ部类的资本家用另外的200货币购买第Ⅱ部类其他资本家的消费资料剩余额，后者又把对他们来说意味着自己固定资本的磨损部分的货币储存起来。这样，第Ⅱ部类中在这一年对自己固定资本以实物形式更新的那部分资本家，便提供了第Ⅱ部类其他资本家能够用以把自己的磨损部分货币化并作为货币保持的货币。因此，我们必须假定，消耗的固定资本和应当更新的固定资本之间的比例保持不变。此外，还必须假定，消耗的(从而应当更新的)固定资本和以旧的实物形式继续发挥作用的固定资本之间的比例也保持不变。因为如果消耗的固定资本增加到300，那么，流动资本就会减少。Ⅱc现在有较少的流动资本，生产就不能以同样的规模继续进行。此外，如果固定资本增加到 300，而第Ⅱ部类只花费 200 货币用于以实物对资本进行更新，那么，第Ⅰ部类的固定资本就有 100 卖不出去了。

因此，只要每年消耗的固定资本和继续执行职能的固定资本的比例发生变化（实际上情况也总是如此），那么，在完全维持固定资本不变的情况下，固定资本和流动资本生产的比例失调仍然可能发生。

正像刚才所看到的，要使简单再生产成为可能，必须保持一定的比例关系。Ⅰ(v＋m)必须等于Ⅱc。由于资本主义社会的无政府状态，这种比例的实现总是受到干扰，为了使生产持续不断地进行，一定程度的生产过剩总是必要的，以便随时准备应付突然出现的需要以及需要的不断变动。但是，进行周转的资本价值的回流中的一定干扰和不规则性经常发生。为了克服这种不规则性，资本家一方面必须掌握商品储备，另一方面还必须经常掌握货币储备，以便总是能够相应地支配这些商品储备和排除干扰。排除干扰需要追加货币即准备货币资本。这种资本必须保持货币形式，因为恰恰可能是商品资本的周转受到干扰，而资本家必须得到商品，并要在一个较早的时间内得到。但是，价值只有在货币形式上才具有一般等价物的形式，才能随时向任何其他商品转化。这里，货币的必然性也是从资本主义生产方式的无政府状态中产生的。

> “再生产的资本主义形式一旦废除，问题就归结如下：寿命已经完结因而要用实物补偿的那部分固定资本（这里是指在消费资料生产中执行职能的固定资本）数量的大小，是逐年不同的。如果在某一年数量很大（像人一样，超过平均死亡

率），那在下一年就一定会很小。假定其他条件不变，消费资料年生产所需的原料、半成品和辅助材料的数量不会因此减少；因此，生产资料的生产总额在一个场合必须增加，在另一个场合必须减少。这种情况，只有用不断的相对的生产过剩来补救；一方面要生产出超过直接需要的一定量固定资本；另一方面，特别是原料等等的储备也要超过每年的直接需要（这一点特别适用于生活资料）。这种生产过剩等于社会对它本身的再生产所必需的各种物质资料的控制。但是，在资本主义社会内部，这种生产过剩却是无政府状态的一个要素"。[6]

在资本主义社会里，在一定的限度之内，这种相对生产过剩也必然经常发生，并表现于为排除干扰而经常存在的商品储备。另一方面，与此相应的是归产业资本家支配的货币资本储备，这种储备使他们有可能在出现干扰时，从商品储备中置备为继续进行自己的生产所必需的因素。所有资本家为对付暂时的干扰，即使在正常时期也必须掌握的这种准备货币资本，不能同那种商品滞销时所必要的准备货币资本混为一谈。在繁荣时期，一方面是生产急剧扩大，另一方面是以前的准备货币资本向生产资本转化。准备货币资本减少，这意味着抗干扰因素的丧失。于是，这就成为产生危机的一个原因。

另一方面可以确定，这种相对生产过剩的必然性并不是建立在资本主义社会基础上的，而是建立在再生产过程的性质的基础上的（只要资本主义社会里表现为固定资本的生产因素达到较大的规模）。这种由技术的自然状况必然产生的"生产过剩"，实际上是单纯的储备的形式，它本身也是一个有调节的、满足需要的经济所固有的，不能同危机期间的普遍生产过剩混为一谈。可是，在资本主义社会内部，这种生产过剩有时也形成加剧危机的因素。

资本主义积累过程的平衡条件

在资本积累是其生存条件的资本主义社会里，简单再生产实际上并不存在。当然，这并不排除在产业循环的过程中，某年的再生产不仅保持不变，而且甚至缩小规模。如果说简单再生产已经要求有一定的复杂的比例关系，那么，在积累过程能够不受干扰地进行时，这些比例关系会变得更加复杂。马克思提出如下图式：

Ⅰ．生产资料的生产：4 000c＋1 000v＋1 000m＝6 000

Ⅱ．消费资料的生产：1 500c＋750v＋750m ＝3 000

社会产品总价值　　　　　　　　　　＝9 000

假定第Ⅰ部类把自己剩余价值的一半（＝500）积累起来，把另一半作为收入消费掉。于是，我们便有了如下交换：第Ⅰ部类以作为收入开支的 1 000v＋500m 与第Ⅱ部类的 1 500c 相交换。这样，第Ⅱ部类便补偿了自己的不变资本，并向第Ⅰ部类提供了它应消费的消费资料。这种交换与我们在简单再生产条件下所遇到的交换完全相同。在有机构成不变的条件下，在第Ⅰ部类里的要留下来并转化为资本的 500m 中，必须有 400 转化为不变资本，100 转化为可变资本。这 500 以生产资料的形式存在，而且其中的 400 必须以为增大第Ⅰ部类的不变资本所必要的生产资料的形式而存在。因此，第Ⅰ部类便把这 400 归入自己的不变资本。剩下的

100m 必须转化为可变资本即生活资料。因此，它必须从第Ⅱ部类中购买。由于这 100m 以生产资料的形式存在，所以第Ⅱ部类必须利用它们来扩大自己的不变资本。于是，第Ⅰ部类就有了一笔资本：4400c＋1 100v＝5 500。

现在，第Ⅱ部类的不变资本是 1 600c。为了使这些不变资本发挥作用，还必须以货币形式追加 50v，以购买新的劳动力；于是，它的可变资本便从 750 增加到 800。第Ⅱ部类不变资本和可变资本增加总额的这 150，由自己的剩余价值来承担。因此，在第Ⅱ部类的 750m 中，只剩下 600m 作为这个部类资本家的消费基金。他们的年产品现在划分如下：

Ⅱ．1 600c＋800v＋600m（消费基金）＝3 000

我们现在得出下列图式：

Ⅰ．4 400c＋1 100v＋500 消费基金＝6 000

Ⅱ．1 600c＋800v＋600 消费基金＝3 000

总计＝9 000

同上面所举数字一样，其中，资本是：

Ⅰ．4 400c＋1 100v（货币）＝5 500 ⎫
Ⅱ．1 600c＋800v（货币）＝2 400 ⎭ 7 900

而开始生产时的资本是：

Ⅰ．4 000c＋1 000v＝5 000 ⎫
Ⅱ．1 500c＋750v＝2 250 ⎭ 7 250

这里，我们看到一系列新的复杂条件。首先，在第Ⅰ部类中，应该积累起来的 500m，必须按这样的生产资料生产出来，其中的 4/5 适用于第Ⅰ部类的不变资本，1/5 适用于第Ⅱ部类的不变资本。其次，第Ⅱ部类的积累程度依赖于第Ⅰ部类的积累。在第Ⅰ部类中，剩余价值的一半被积累起来；而在第二部类中，这是不可能的。在750的剩余价值中，只有150即1/5被积累起来，而4/5必须被消费。

现在我们来考察积累的进展情况。

如果现在以增加了的资本进行生产，那么，我们在下一年年底得到：

$$\left.\begin{aligned}&\text{Ⅰ}.\ 4\,400c+1\,100v+1\,100m=6\,600\\&\text{Ⅱ}.\ 1\,600c+800v+800m=3\,200\end{aligned}\right\}9\,800$$

如果以同样的方式继续进行积累，我们下一年将得到：

$$\left.\begin{aligned}&\text{Ⅰ}.\ 4\,840c+1\,210v+1\,210m=7\,260\\&\text{Ⅱ}.\ 1\,760c+880v+880m=3\,520\end{aligned}\right\}10\,780$$

在这个例子里，我们假定，第Ⅰ部类的剩余价值的一半被积累起来，而且Ⅰ$\left(v+\frac{1}{2}m\right)=$Ⅱc。

要进行积累，Ⅰ(v＋m)必须始终大于Ⅱc，因为Ⅰm中的一部分恰恰不能转化为Ⅱc，而是必须充作自己的生产资料。相反地，Ⅰ$\left(v+\frac{1}{2}m\right)$可能大于或小于Ⅱc。对我们的目的来说，没有必要更详细地论述这个问题。[7]

生产的提高要求增加黄金量用于自己的交易。在流通速度保持不变和撇开信用不论的条件下，这一增加的黄金量必须由黄金生产来提供。这里，资本主义生产碰到一个天然的障碍。信用制度把这个障碍远远推到后面，但却不能完全消除。

现在,我们还要考察一下包含积累在内的那些流通过程得以进行的必要前提。在我们的例子里,我们曾经假定,第Ⅰ部类的500m被积累起来,其中400转化为不变资本。这需要通过哪些流通过程才是可能的?第Ⅰ部类用怎样的货币来购买这400?

让我们首先来看看单个资本家的积累。这种资本家为了能把剩余价值转化为资本,必须使这一剩余价值事先达到一定的量。因此,年末转化为货币的剩余价值,必须在许多年内以货币形式贮藏起来。不同产业部门的资本和这些产业部门内的单个资本,处于剩余价值相继转化为资本这个过程的不同阶段。因此,一部分资本家不断地把他们的已经增加到相应数量的可能的货币资本转化为生产资本,而另一部分资本家则仍然从事可能的货币资本的贮藏。因此,这两类资本家是互相对立的:一方作为买者,另一方作为卖者,并且每一方在这两种作用中都只起一种作用。

例如:A卖给B(可以代表一个以上的买者)600(=400c+100v+100m)。他已经卖掉商品600,换成货币600,其中100代表剩余价值,他把这100从流通中取出,以货币形式贮藏起来;但是,这100货币不过是剩余产品即价值100的承担者的货币形式。

货币贮藏根本不是生产,因此一开始也不是生产的增长。资本家的活动,在这里,不过是把出售剩余产品100所得的货币从流通中取出,握有它,把它扣留下来。这种做法不仅在A方面发生,而且在流通领域的许多点上,还有其他资本家A′、A″、A‴,都同样热衷于这种货币贮藏。因此,在这许多点上,货币被从流通中取出,并积累成无数单个的贮藏货币或可能的货币资本。这许多的点也就像是流通的许多障碍,因为它们使货币的运动停止,使货币在一个或长或短的时间内失去流通能力。

但是,A 所以能进行这种货币贮藏,仅仅是因为就他的剩余产品来说,他只作为卖者,而不接着作为买者出现。所以,他的剩余产品——要转化为货币的剩余价值的承担者——的连续生产,就是这种货币贮藏的前提。因此,尽管 A 从流通中取出相当于他的剩余价值的货币,把它贮藏起来,但另一方面,他也把商品投入流通,而没有以此从流通中取出其他商品,因此,B、B′、B″等等就能够把货币投入流通而只取出商品。

> "和以前考察简单再生产时一样,我们在这里又看到,年产品的不同组成部分的交换,也就是这些组成部分之间的流通(这种流通必须同时包括资本的再生产,以及资本重新恢复它的不同形式:不变资本、可变资本、固定资本、流动资本、货币资本、商品资本),其前提绝不是接着以卖为补充的商品的单纯的买,或者接着以买为补充的商品的单纯的卖,以致事实上,像政治经济学,尤其是重农学派和亚当·斯密以来的自由贸易学派所假定的那样(在与重金主义和重商主义制度的斗争中,由于论战利益的引诱而误入歧途——希法亭),只有商品和商品进行交换(即是说,货币仅仅是流通手段,因而相对来说是多余的——希法亭)。我们知道,固定资本一经投入,在它执行职能的全部时间内就不用更新,而是以它的原有形式继续发挥作用,它的价值则逐渐地以货币形式沉淀下来。"[8]

这里,使货币一般成为可能的,是价值流通对生产过程中固定资本技术职能的持续性的分离和独立化。从社会来看,这种分离是不可能的。每一次固定资本的供给数量，必须同旧的固定资本的磨损一样多。但是，对个别资本家来说，这种磨损的价值部分要在若干年中保持货币形式。“我们又已经知道，Ⅱc 的固定资本（Ⅱc 的全部资本价值转化为在价值上与Ⅰ(v+m)相等的要素）的周期更新的前提，一方面是Ⅱc 中要由货币形式再转化为实物形式的固定部分的单纯的买，与此相适应的是Ⅰm 的单纯的卖；另一方面是Ⅱc 中要沉淀为货币的固定（损耗）价值部分的单纯的卖，与此相适应的是Ⅰm 的单纯的买。在这里，交换正常进行必须具有的前提是，Ⅱc 的单纯的买，按价值量来说，和Ⅱc 的单纯的卖相等……不然，简单再生产就会遭到破坏。一方面的单纯的卖，必须由另一方面的单纯的买来抵消。同样，这里必须具有的前提是，Ⅰm 中的 A、A′、A″的货币贮藏的部分的单纯的卖，和Ⅰm 中 B、B′、B″要把贮藏货币转化为追加生产资本要素的部分的单纯的买保持平衡。”

“既然平衡的形成是由于买者后来作为出售同等价值额的卖者出现，卖者后来作为购买同等价值额的买者出现，所以，货币会流回到在购买时预付货币的、在重新购买之前先已出售的那一方。但是就商品交换本身、就年产品的不同部分的交换而言，实际平衡要取决于互相交换的商品具有同等的价值额。”

“但是，既然发生的只是单方面的交易，一方面是大量的单纯的买，另一方面是大量的单纯的卖，——并且我们知道，在资本主义基础上，年产品的正常交易决定了这种单方面的形态变化，——所以，这种平衡只有在如下的前提下才能保持：单方面的买的价值额要和单方面的卖的价值额相互抵消。”但是，在所有这些单方面的交易中，货币不是作为商品交换的单纯中介而发挥作用，而是作为一个过程（这里，一方面仅仅是商品，另一方面是商品价值的独立形式——货币）的发起者和完成者来发挥其作用。因此，为了一般地使这些单方面的过程能够进行，货币是必要的。

“商品生产是资本主义生产的一般形式这个事实，已经包含着在资本主义生产中货币不仅起流通手段的作用，而且也起货币资本的作用，同时又会产生这种生产方式所特有的、使交换从而也使再生产（或者是简单再生产，或者是扩大再生产）得以正常进行的某些条件，而这些条件转变为同样多的造成过程失常的条件，转变为同样多的危机的可能性；因为在这种生产的自发形式中，平衡本身就是一种偶然现象。”[9]

资本家 A、A′、A″，通过出售自己的剩余产品，形成了货币贮藏，形成了追加的可能的货币资本。在我们考察的场合，这个剩余产品是由生产生产资料的生产资料构成的，在 B、B′、B″手中执行生产资料的职能。这个剩余产品，只有在他们的手中，才执行追加的不变资本的职能。但是，它在出售以前，在货币贮藏者 A、A′、A″的手中已经是潜在的追加的不变资本了。如果我们只考察第Ⅰ部类方面的再生产的价值量，那么，我们就仍然处在简单再生产的范围内。在这里，区别只在于被生产出来的使用价值的不同。在价值量相等的范围内，用来生产生产资料的生产资料，而不是用来生产消费资料的生产资料，被生产出来了。以前在简单再生产的情况下完全与Ⅱc 相交换并因此必然由用来生产消费资料的生产资料构成的Ⅰm 的一部分，现在则由用来生产生产资料的生产资料所构成，以便能够作为这种生产资料并入第Ⅰ部类的不变资本。

由此得出结论：如果只考察价值量，扩大再生产的物质基础便是在简单再生产内部生产出来的。

简单说来，这种物质基础就是，直接用在第Ⅰ部类生产资料的生产上的、用在第Ⅰ部类潜在的追加资本的创造上的第Ⅰ部类工人的剩余劳动。

因此，A、A′、A″（Ⅰ）方面潜在的追加货币资本的形成——通过相继出售他们的不需要任何资本主义货币支出而创造的剩余产品，——在这里也就只是追加地生产出来的第Ⅰ部类的生产资料的货币形式。“因此，追加的潜在货币资本在流通领域许多点上的大规模生产，不外是潜在的追加生产资本的多方面的生产的结果和表现，这种生产资本的形成本身并不是以产业资本家方面的任何追加货币支出为前提的。”[10]

“A、A′、A″等等（Ⅰ）方面的这个潜在的追加生产资本向潜在的货币资本（贮藏货币）的相继转化，是由他们的剩余产品的相继出售引起的，因而是由没有购买作为补充的反复进行的单方面的商品出售引起的，这种转化是靠反复从流通中取出货币以及形成与此相应的货币贮藏来完成的。这种货币贮藏——金生产者是买者的场合除外，——绝不包含贵金属财富的增加，而只包含到目前为止处于流通中的货币的职能的改变。以前它作为流通手段执行职能，现在则作为贮藏手段，作为正在形成的、潜在的新货币资本执行职能。因此，追加货币资本的形成和一个国家现有贵金属的数量彼此之间是没有任何因果关系的。

由此还可以得出结论：已经在一个国家执行职能的生产资本（包括并入生产资本的劳动力，即剩余产品的创造者）越多，劳动的生产力，从而生产资料生产迅速扩大的技术手段越发展，因而，剩余产品的量无论在价值方面或在价值借以体现的使用价值量方面越大，那么，下列两者也就越大：

1. A、A′、A″等等手中的剩余产品形式的潜在的追加生产资本，和

2. A、A′、A″手中的要转化为货币的剩余产品的量，即潜在的追加货币资本的量。因此，如果说，像富拉顿这样的人，不想知道普通意义上的生产过剩，而只知道资本即货币资本的生产过剩，那就再一次证明，甚至最优秀的资产阶级经济学家也根本不了解他们的制度的机构。”[11]

“如果由资本家A、A′、A″（Ⅰ）直接生产和占有的剩余产品是资本积累即扩大再生产的现实基础——虽然它要到B、B′、B″等等（Ⅰ）手中，才实际以这种资格执行职能——那么，当它还处于蛹化成的货币的形式，作为贮藏货币，作为只是逐渐形成的潜在货币资本时，它是绝对非生产的，它在这个形式上虽然和生产过程平行进行，但却处在生产过程之外。它是资本主义生产的一个死荷重(dead weight)。渴望利用这种作为潜在货币资本贮藏起来的剩余价值来取得利润和收入的企图，在信用制度和有价证券上找到了努力的目标。货币资本由此又以另一个形式对资本主义生产体系的进程和巨大的发展，产生了极大的影响。

已经执行职能的资本（剩余产品就是由于它执行职能而产生）的总额越大，转化为潜在货币资本的剩余产品的量也就越大。但是，当每年再生产的潜在货币资本的量绝对增大时，这种资本的分裂也就会更容易，因此，这种资本可以更迅速地被投入一个特殊的

企业，不论这个企业是在同一个资本家手中，还是在另一些人（例如参加遗产分配的家庭成员，等等）手中。在这里，货币资本的分裂是指：完全离开原有的资本，以便作为新的货币资本投入一个新的独立的企业。”[12]

剩余产品的卖者 A、A′、A″（Ⅰ）取得的剩余产品是生产过程的直接结果。B、B′、B″要得到这种剩余产品，必须通过一种流通行为。他们以前同现在的 A、A′、A″一样，通过出售各自的剩余产品，形成所需要的货币；他们已经达到了目标。现在他们通过贮藏货币而积累的还仅仅是潜在的货币资本，实际作为追加的货币资本来执行职能。

这种交换剩余产品所必要的货币，必须掌握在资本家阶级手中。在简单再生产中，仅仅作为收入用于消费资料的货币，会按照各该资本家为交换各自商品所预付的货币的多少，回到各该资本家手中；在扩大再生产中，同样的货币会再次出现，但是它们的职能改变了。A 等等和 B 等等（Ⅰ）将交替地提供货币，以便使剩余产品转化为追加的潜在的货币资本，并且交替地把新形成的货币资本作为购买手段再投入流通。

这里唯一的前提是：国内现有的货币量（假定流通速度等等不变）要足以适应能动的流通的需要。因此，正如我们所知道的，这个前提在简单商品流通中也是必须具备的。不过贮藏货币的职能在这里是不同的。

当然，这种图式的说明是十分简单化的。很明显，在整个生产生产资料的产业部门和生产消费资料的产业部门之间必然存在的比例关系，对于每个个别的生产部门来说，也必然以类似的方式存在。但是，这种图式同时也表明，只要保持这些比例，资本主义生产——不论是简单再生产还是扩大再生产——就能不受干扰地进行。相反，在比例遭到破坏的情况下，例如在已消耗的和新投入的资本之间的比例遭到破坏的条件下，即使是在简单再生产中，危机也可能发生。因此，绝不能得出结论说：危机的原因必然是内在于资本主义生产的大众消费的不足。消费过度膨胀本身像生产资料的生产保持不变或减少一样，也必然导致危机。同样不能由上述图式本身而得出商品普遍生产过剩可能性的结论，相反地倒是可以指出。现有生产力所允许的任何生产的扩大都是可能的。

第十七章　危机的原因

当我们考察在无政府主义生产中必须实现的比例关系的复杂性时，首先要提出这样一个问题：谁承担保持这些比例关系的责任？显然，价格规律必须执行这种职能。因为价格调节资本主义生产，价格的变化对生产的扩大或限制，以及对新的生产的建立等等，是决定性因素。由此也产生了作为资本主义经济唯一可能的调节者的客观价值规律的必然性。因此，对这些比例关系的干扰，必须从对这种生产的特殊调节的干扰，即对价格形成的干扰（结果，价格不再是生产必要性的标志）方面来解释。因为这种干扰是周期性的，所以对价格规律的干扰也必然表现为周期性的干扰。

资本家关心的不是他的产品价格的绝对水平，而是市场价格和成本价格之间的比例，或者说是利润水平。他把自己的资本投于哪些生产部门取决于利润水平。如果利润明显地下降，新投资就会完全停止。在大规模固定资本投资的场合，尤其如此。因为这样投入的资本被长时间地固定下来，而固定资本的价格对利润率的计算是决定性的因素。

我们知道，资本有机构成是变化的。由于技术的原因，不变资本部分比可变资本部分增加得快。此外，固定资本比流动资本增加得快。但是，可变资本部分的相对减少引起利润率的下降。危机意味着销路减少。在资本主义社会里，销路减少是以新投资停止为前提的，后者是以利润率下降为前提的。这种利润率的下降是由这种资本的新投资时发生的资本有机构成的变化决定的。危机只不过意味着出现利润率的下降的时刻。但是，在危机之前，存在一个价格和利润水平高的繁荣时期。资本主义世界的转折是怎样发生的呢？这种从狂热的活动、优厚的利润和提高的积累的极乐世界向销路停滞、利润消失和出现大量闲置资本的绝望境地的过渡是怎样发生的呢？

每个产业周期都是从生产的扩大开始的。生产扩大的原因按具体的历史时期而有所变化。但是一般说来，这些原因可以归结为新市场的开拓，新生产部门的建立，以及新技术的采用和人口增长所引起的需求的增加。需求的增加首先使各个生产部门的价格和利润提高。因此，这些领域中的生产也扩大了，而这也意味着对提供给它们生产资料的那些领域的产品的需求增加了。于是，新的固定资本投资和对旧的、技术上过时的设备的更新，以更大的规模进行。这个过程普遍化了，每个产业都通过自己的扩大创造了对其他产业部门产品的需求。各个生产领域相依为命，产业对产业成为最好的顾客。

可见，产业周期是从固定资本的更新和增加开始的。固定资本的更新和增加是推动繁荣到来的主要动因。而在繁荣时期，生产的扩大同时也伴随一切现有生产力的最大利用。

“所使用的固定资本的价值量和寿命，会随着资本主义生产方式的发展而增加，与此相适应，每个特殊的投资部门的产业和产业资本的寿命也会发展为持续多年的寿命，比如说平均为 10 年。一方面，固定资本的发展使这种寿命延长，而另一方面，生产资料的不断变革——这种变革也随着资本主义生产方式的发展而不断加快——又使它缩短。因此，随着资本主义生产方式的发展，生产资料的变换加快了，它们因无形损耗而远在自己有形寿命终结之前就要不断补偿的必要性也增加了。可以认为，大工业中最有决定意义的部门的这个生命周期现在平均为 10 年。但是这里的问题不在于确定的数字。无论如何下面一点是很清楚的：这种由若干互相联系的周转组成的包括若干年的周期（资本被它的固定组成部分束缚在这种周期之内），为周期性的危机造成了物质基础。在周期性的危机中，营业要依次通过松弛、中等活跃、急剧上升和危机这几个时期。虽然资本投下的时期是极不相同和极不一致的，但危机总是大规模新投资的起点。因此，就整个社会考察，危机又或多或少地是下一个周转期的新的物质基础。”[13]

但是，在繁荣阶段初期，除了前面所叙述的需求的增加之外，利润率提高还有另外一个原因。首先，资本周转时间的缩短与需求的增加同时出现，而且前者正是由后者所造成的。劳动期间缩短了，因为实行技术改良可以更迅速地制成产品。例如，在采矿业中，为促进真正的采掘而雇用的辅助工人被限制到最低限度；机器通过加快运转，特别是通过延长劳动时间（清除空闲班次、加班加点和雇用新工人）而得到更充分的利用等等。此外，流通时间缩短了，销路顺畅，流通时间常常由于按订货加工而事实上等于零。对一系列重要的产业部门来说，在相近的国内市场上的销售比在遥远的外国市场上的销售增加，这又意味着流通时间的缩短。所有这些又造成年利润率的提高，因为生产资本从而生产剩余价值的可变资本的周转加快了。

周转时间的缩短,同时还意味着产业资本家垫付的货币资本同生产资本相比而相对减少。首先,由于机器的运转加速而造成的劳动期间缩短,一般说来,由于现存生产因素更密集地加以利用,在货币资本的支出没有增加或至少没有相应增加的情况下,现有生产资本得到了更好的利用。其次,流通时间缩短了,从而资本家在流通时间内,除了真正在生产中执行职能的资本之外,还必须握有的资本量也减少了。因此,只是为了流通目的从而非生产性使用的资本,同为了生产利润而在生产过程中执行职能的资本相比减少了。流通时间的缩短和周转的加快,同时也减少了作为商品储备闲置起来的,只能造成非生产费用的资本部分。因此,年剩余价值率和年利润率提高了,而后者由于用于流通目的的资本的减少而提高得更为显著。同时,剩余价值量从而积累的可能性也增加了。

因此,产业的繁荣只不过意味着资本增值条件的改善。但是,最初造成繁荣的同样情况,也包含着使增殖条件逐渐恶化,直至最后出现妨碍新投资和明显滞销的潜在因素。

例如,如果说在产业周期的第一个阶段上需求的增加意味着利润率的提高,那么,这种提高只是在为以后利润率下降准备了条件的情况下才能发生。在繁荣时期,涌现出大量新投资,这些新投资必须适应最新的技术状况。但是,我们知道,技术的改善表现为资本有机构成的提高,而资本有机构成的提高则意味着利润率的下降和资本增值条件的恶化。利润率的下降是由两个原因造成的:第一,可变资本同总资本相比相对下降,从而同样的剩余价值率表现为一个较小的利润率;第二,固定资本同流动资本相比越大，资本周转时间也就越长；而周转时间的延长也同样意味着利润率的下降。

此外，还有其他延长周转时间的情况。在繁荣阶段的鼎盛时期，劳动期间可能延长，因为可能出现劳动力的缺乏，特别是熟练劳动力的缺乏，且不说在这个时期经常发生的工资斗争。不变资本的过度使用也会造成对生产过程的干扰。例如，机器超高速地运转，如果雇用不熟练的工人，机器可能遭到损坏；或者为了不致错过产业开足马力的短暂时期，忽视了维修和辅助劳动。再进一步，流通时间也延长了。国内市场的需求已经满足，必须寻找更遥远的国外市场。商品销售即商品向货币的再转化的时间延长了。所有这些因素，在繁荣的第二个阶段上都造成利润率下降。

此外还有其他因素。在繁荣时期，由于对劳动力需求增加，劳动力的价格上涨。这意味着剩余价值率从而利润率下降。不仅如此，由于后面还要讨论的原因，利息率逐渐提高到它的正常水平以上，因此，企业利润率下降了。当然，银行资本的利润却由此（这种情况经常被忽视）而增加了。但是，在这个时期，银行不再能够为生产扩大提供货币。首先，在这个时期，商品和证券的投机最盛行，对信用的要求显著增加；其次，正如我们还要看到的，生产资本家互相提供的流通信用已不能满足增加了的要求，银行在这里不得不介入了。因此，银行便具有以流动形式即货币形式保持自己利润的倾向，阻碍了它向生产资本的转化，从而阻碍了实际的积累和再生产过程的扩大。同时，这也意味着对生产过程的干扰，因为银行通过提高利息率吸收的并以货币形式保持的货币资本的再转化受到阻碍，使用来扩大再生产的生产资本的相应（protanto）部分失去销路。因此，对整个资本家阶级来说，企业主收入的减少同样意味着增殖条件的不断恶化和积累的减少。

危机是在上述利润率下降趋势胜过由需求的增加而引起的价格和利润上升趋势的瞬间出现的。这里提出了两个问题：第一，为繁荣的结束准备了条件的这些趋势，怎样在资本主义竞争中并通过资本主义竞争而实现？第二，为什么这种实现是激烈地而不是平缓地，是突发地而不是渐进地进行的？当然，后一个问题只具有次要的意义，因为对行情的波动来说，繁荣和萧条的交替具有决定意义，而这种交替的突发性仅仅是第二位的。

很清楚，如果在繁荣时期价格的上涨是普遍的和一致的，那么，这种上涨就是纯粹名义上的，如果所有商品的价格上涨10％或者100％，那么，它们的相对交换比例就不会发生任何变化。[14]这样，价格的上涨也不会对生产发生任何影响，不会引起资本在不同生产部门之间分配的变动和引起各部门之间比例关系的变化。如果生产像前面的图式所描述的那样按照正当的比例进行，这种比例就无需改变，因此也不会受到破坏。可是，如果由于价格上涨的性质可能造成排除这种均衡性的因素，情况就不同了。那时，价格形成的变化也会引起不同生产部门之间的比例变化，因为价格和利润的变化对资本在不同生产部门之间的分配具有决定性影响。一旦事实表明价格上涨必然带来资本分配关系的变化，这种可能性就变为现实性。实际上，也可以指出妨碍这种均衡性的因素。

如果撇开技术革命不论，仅仅考察经常性技术变化的平均情况，那么，在使用机器、一般固定资本最多的地方，归根结底造成利润率下降的资本有机构成的变化也最大。因为已经使用的机器、科学等等的数量越大，设备的合理性、技术的改进以及更科学的处理方法的利用的可能性也就越大和越经常地出现，出现更高的有机构成的趋势在这里的作用也就越强烈。较高的资本有机构成只不过是生产率提高的经济表现。生产率提高意味着等量商品的价格降低。因此，新投资本首先获得超额利润，从而，资本流向这些投资领域。这里，一种干扰因素也在发生作用。在这些新投资领域中产生的超额利润越大，流入这些领域的资本也就越多。一直到这些领域的新产品涌入市场，它们过多的供给把价格压下来的时候，某种纠正才会出现。[15]与此同时，这些领域的需求也同样提高了其他领域的产品价格，并在那里引起资本供给，尽管规模比较小，因为那里的超额利润由于技术改进较小也比较少。进一步的结果是，由于资本不是按同一比例增加，所以价格上涨在后者的场合比较高。在前种生产领域中，超额利润大；在后种生产领域中，超额利润比较小。这种差别渐渐趋于平均，因为在前一场合，较大的资本供给造成超额利润减少；在后一场合，较少的资本供给造成价格提高。

随着资本主义生产的发展，固定资本量增大，而各种不同产业所使用的固定资本量的差别也随之一起扩大。

但是，固定资本量越大，制造新设备所必要的时间也就越长，各个产业部门可以扩大生产的时间上的差别也就越大。而制造新设备的时间越长，也就越难适应消费的需要，供给也就越落后于需求，价格在这里上涨得也就越猛，这些产业中的积累冲动也就越普遍。

固定资本量越大，它们带来新的变化和提高生产效率所需要的时间也就越长。但是，在达到这一点之前，供给将落后于需求。

高炉的增加、新煤矿的建立以及新铁路的铺设所经历的时间，比纺织品或纸张生产扩大所需时间要长。因此，一方面，随着有机构成的提高，必然造成利润率长期下降的原因增强了；另一方面，由于竞争关系的变化，由于供给相对于需求的缓慢增长所引起的供求关系的演变，正是在这些领域里，在景气时期，价格的提高一开始就比其他生产部门更急剧。不仅利润没有减少，相反地，资本有机构成的变化首先伴随着价格和利润的提高。而且，一般说来，价格具有这样的趋势：有机构成的发展越高，价格上涨的幅度就越大。但是，资本流入利润较高的部门，所以进行积累的资本首先被引导到这些部门中来；这种倾向将延续下去，直到新投资完成和新企业发挥更强大的竞争作用。因而，在资本有机构成最高的部门中，与资本有机构成较低的部门相比，具有过度投资和过度积累的倾向。当前者的产品进入市场的时候，这种不均衡便表现出来。由于资本有机构成较低的部门的生产没有按同样的方式或以同样的速度扩大，而是比较快但却不那么强地扩大，这些新产品的销售便受到阻碍。这就说明了，为什么在技术最发展的生产部门中，即早期首先是在纺织工业和后来在重工业中，危机表现得最严重。一般说来，在资本周转时间最长、技术的完善和革新进展最大以及在大多数情况下资本有机构成也最高的地方，危机最为严重。

危机本身首先使价格和利润降低到正常水平以下，即降低到生产价格和平均利润率以下。生产缩小，弱小的企业破产，最后只有那些即使在价格下降条件下仍能取得平均利润的企业还继续经营。但是，这种平均利润现在却具有不同的水平。它不再与产业周期出发点上的有机构成相适应，而是与已经变化了的、比较高的资本有机构成相适应。

相反地，在那些固定资本量较小的产业中，能够更迅速地适应消费需要，价格的上涨仍停留在较狭隘的限界内（撇开原料价格的波动不论），对资本积累没有什么刺激。这是产生比例失调和新投资本集中在价格上涨得最迅速和最高的生产部门的另一个原因，同时也是造成下述事实的一个原因：一般固定资本越大，危机的作用一般说来也就越强；在固定资本量最大的部门里，危机的作用也就最强烈。

此外，某一定时期的技术水平对一定生产部门所要求的资本量越大，也就越难使生产的增长在数量上精确地适合消费的增长。例如，通过新建一座小钢铁厂以扩大钢铁生产，在技术上是不合理的，因而是不经济的。在这里，技术独断专行地决定扩大的程度，而不可能关心扩大的程度是否符合消费者的要求。一旦现有的生产力被充分地利用（这种利用的可能性的变化是抵消需求的较小波动的一个重要因素），重工业的扩大就只能大规模地、跳跃式地进行，而不是按资本主义初期那样小规模地进行。在这里，轻工业的适应能力要大得多；因此，这期间的价格上涨也比较小。

除了由资本有机构成的差别产生的价格构成的这种不协调以外，还有由自然情况产生的其他不协调。我们已经看到，在资本有机构成比较高的部门中，存在着过度积累的倾向。这些部门一方面是原料的大宗消费者，而另一方面也为其他部门提供原料和半成品（铁、煤）。这里，也可能出现对比例性的干扰。“我们在第二卷中已经看到，在商品转化为货币即出售之后，这个货币的一定部分，必须按照每个生产部门的一定技术性质所需要的比例，再转化为不变资本的各种物质要素。在这里，撇开工资，也就是撇开可变资本不说，对一切部门来说，最重要的要素就是原料，包括辅助材料在内，而在不使用真正原料的生产部门，例如采矿业和一切采掘工业，辅助材料则特别重要。……如果原料的价格上涨了，那么，在扣除工资以后，它就不可能从商品的价值中得到完全补偿。因此，剧烈的价格波动，会在再生产过程中引起中断，巨大的冲突，甚至灾难。特别是真正的农产品，即从有机自然界得到的原料，由于收成的变化不定等等，——这里我们还是完全撇开信用制度不说，——会发生这种价值变动。……第二个要素——在这里，我们仅仅为了完整起见才提到它，因为竞争和信用制度还不属于我们这里考察的范围——是：按照事物的性质，植物性物质和动物性物质不能以像机器和其他固定资本、煤炭、矿石等等那样的规模突然增加，因为前二者的成长和生产必须服从一定的有机界规律，要经过一段自然的时间间隔，而后面这些东西在一个工业发达的国家，只要有相应的自然条件，在最短时间内就能增长起来。因此，由固定资本即机器等等组成的不变资本部分的生产和增加，可能会并且在发达的资本主义生产中甚至不可避免地会比由有机原料组成的不变资本部分快得多，结果对有机原料的需求会比它的供给增长得快，因此，它的价格会提高。这种价格提高，实际上会导致如下的结果：1. 这种原料会从较远的地区运来，因为提高的价格可以弥补较贵的运费；2. 这种原料的生产会增加，不过按照事物的性质，也许要在一年以后，产量才能实际增加起来；3. 以前没有使用过的各种代用品会被利用起来，废料会更经济地利用。如果价格的提高开始非常明显地影响生产的扩大和供给，这多半表明已经达到一个转折点：由于原料和有原料作为要素加入的各种商品长期持续地涨价，需求下降了，因此对原料价格产生一种反作用。撇开这种反作用由于不同形式的资本的贬值所引起的动荡不说，还会出现一些别的情况，我们现在就来谈谈这些情况。

首先，从以上所说可以清楚地看到：资本主义生产越发达，因而，由机器等组成的不变资本部分突然增加和持续增加的手段越多，积累越快（特别是在繁荣时期），机器和其他固定资本的相对生产过剩也就越严重，植物性原料和动物性原料的相对生产不足也就越明显，上面所说的原料价格上涨的现象以及随后产生的反作用也就越显著。因此，由再生产过程的一个主要要素的这种剧烈的价格波动引起的激变，也就越频繁。”[16]

“因此，在生产史上，我们越是接近现代，就会越是经常地发现，特别是在有决定意义的产业部门中，从有机自然界获得的原料，是处在一种不断重演的变动中：先是相对的昂贵，然后是由此引起的贬值。”[17]

除了这些干扰之外，还有由固定资本再生产的方式中产生的其他干扰。我们已经看到，在简单再生产中，被消耗掉的固定资本必须等于新投入的固定资本。实际上，这个条件绝不会严格地实现。因此，为了弥补这种状况，一方面必须经常有剩余的固定资本部分即商品储备，另一方面必须有与商品储备相应的准备货币资本。一定的商品储备和一定的货币贮藏是再生产的条件，否则再生产就会在一定时点上陷于停顿。资本本身的弹性可以使这种小规模的弥补比较容易地进行，也可以通过加快生产速度或加班加点等来满足某些迫切的需要。对一切生产能力的滥用，既减少了商品储备，又减少了货币储备（相对地和绝对地），从而消除了在正常时期用以抵消干扰的因素。在危机以前的阶段内，准备货币资本的减少是绝对的，这一方面是由于产业资本家对货币资本的需求这时达到顶峰，另一方面是由于资本从而流通信用回流开始滞缓而造成对作为支付手段的货币的需求迅速增加。现在，提取准备货币资本已不能抵偿对销售的进一步干扰，因此而导致破产。

生产和消费关系的变化，也可以对比例造成进一步的干扰。在繁荣时期，价格从而利润提高了。商品价格的提高必然超过工资的提高，否则利润将不会增加。因此，在新产品中，企业家阶级所得的份额比工人所得的份额增加得快。消费绝对地增加了，因为无论是企业家还是工人，他们的消费都扩大了。但是，积累增长则更快，因为正是这时对积累的刺激作用最强，即使只延续一定时间，直至奢侈品消费增加。奢侈品消费有很大弹性，也比较容易适应强烈的积累冲动。于是，便发生了变化。利润的比较大的部分用于积累，比较小的部分用于消费。而这就是说，消费不是与生产同步增长。这里还应该指出的是，消费中那种保持不变的部分，归于以固定薪水而不是直接靠生产来维持生计因而只是受生产波动间接影响的收入阶层。

因此，繁荣期间的比例失调是由于价格构成上的干扰而产生的。因为上面提到的所有因素都意味着市场价格同生产价格的背离，从而意味着在其规模和方向上都取决于价格构成的生产调节上的干扰。这些干扰最后必然导致销售停滞。这些干扰的实现是由信用现象相伴随和中介的。我们现在就来分析这些现象。

第十八章　经济周期过程中的信用关系

在繁荣阶段的初期，一般情况是利息率较低，并仅仅是缓慢地、逐渐地上升。借贷资本充裕。生产的扩张以及因此而引起的流通的扩大，虽然增加了对借贷资本的需求，但是这种增加了的需求还是容易满足的。这是因为，第一，在萧条时期，闲置的货币资本可以为此而提供支配；第二，在繁荣的初期阶段，流通信用同时也扩大了。虽然产业资本家和商业资本家的待转化为货币资本的商品资本也在量上和价格上都提高了，但是信用货币量的增加却为此提供了必要的流通手段。信用货币量增加了；同时，信用货币的流通时间也因生产资本周转的加快而缩短。由信用货币增加而造成的借贷资本供给的增加，在不提高利息率的条件下，满足了对借贷资本的日益增长的需求。

在这一时期内，由流通时间长度决定的、生产资本家在他的资本流通时间内所必须掌握的货币资本，由于流通时间的缩短而减小，并作为借贷资本出现在货币市场上，从而也增加了借贷资本的供给。

随着繁荣的延续，这种情况也发生了变化。这种逐渐的变化表现在利息率的逐渐上升。

我们已经看到，在繁荣时期，第一，资本周转时间延长；第二，出现了生产部门之间的比例失调。但是，周转时间的延长，从而销路的滞缓，同时也意味着信用货币流通速度的放慢。一张为期三个月的票据，如果它以货币形式所代表的商品在四个月之后才被支付，那么，它在期满日就不能兑现。这张票据必须延期，或者用现金支付。这种延期意味着对信用即银行方面的资本信用的要求，从而意味着对银行信用需求的增加。对银行信用的需要成为一般的需要，因为延期的必然性不仅涉及个别资本家，而且也一般地涉及整个生产资本家阶级。仅仅由生产资本家相互提供的流通信用已不能满足需要而造成的对银行信用需求的增加，对现金需求的增加，直接促成利息率的提高。

同样意味着滞销的比例失调的加剧，也具有同样的结果。商品必须以商品来代替，从而信用货币才能执行代替现金的职能。如果商品的相互交换停止，则信用货币必须为现金所代替。票据在期满日不能被兑现，是因为它所代表的商品还没有出售。然而，如果票据必须被兑现，那它就只有通过要求银行信用才能做到这一点，于是银行信用取代了流通信用。但是，对产业资本家来说，下述情况是无关紧要的：他们出卖自己的商品所得到的票据的兑现，是通过流通信用的方式，从而归根到底通过一种商品为另一种商品所代替，还是通过银行信用的方式，从而他的商品没有最终为另一商品所代替。虽然他现在必须支付较高的利息，但他并不明白这是怎么回事：即使明白了，也不能改变现状，对他也没有任何帮助。价格和利润依然是高的。他还要通过自己票据的兑现获得能使生产在原有规模上继续进行的必要的货币资本。他全然不知道，他现在使用的货币资本不再是自己的商品资本的转化形式，它实际上根本没有卖掉。他也不知道,现在维持生产所使用的追加货币资本是银行家提供给他的。

这是一个具有极其重要意义的情况。开始时的比例失调必然反映为商品储备的形成。在商品流通过程的某一点上,必然发生停滞。如果必须将商品卖掉以便能用卖得的货币继续维持生产,那么,这种商品储备便必然会挤压市场。

这种影响以及与此相关的对价格和利润的影响,可以通过银行向生产资本家提供货币资本而加以避免。因此,信用掩盖了开始时的比例失调。生产仍然不变地继续进行,在某些价格特别高的生产部门则还在急剧扩张,因为货币资本的获得防止了商品对市场施加压力和造成价格波动。虽然生产部门之间的比例失调已经形成,但生产看起来却好像处于完全正常的状态。

最初由周期过程中比例关系的变化所决定的利息率水平的变化,反过来对创业活动、商品和有价证券的投机,从而对交易所交易的形成,产生极大的影响。在繁荣的初期阶段,利息率处于低水平;在其他情况保持不变的条件下,这种现象便引起虚拟资本币价的上涨。在产生固定和可靠收益的那部分虚拟资本中,例如在国家和公共团体的债券中,在某些种类的抵押债券中,市价就是直接由于利息率的降低而提高的。就股票而言,股息的减少和收益的更加不稳定,对因利息率下降而造成的市价上涨产生抑制作用。繁荣消除了这种相反的趋势;由于收益增加并且日益稳定,在利息率仍然很低时,股票市价却上涨了。与此同时,利用市价上涨为自己牟利的投机活动猖獗起来,从而对股票的需求进一步增加,市价进一步提高。生产的扩大同时意味着创业活动的增加。新的股份公司被创建起来,现有的股份公司扩大了自己的资本。银行的发行活动变得活跃起来。股票的高市价与低利息率,决定了高额发行利润。新股票迅速被交易所所吸收,轻而易举地卖给公众,即卖给那些拥有借贷资本的资本家。这是创业活动最活跃和银行由发行活动获得的利润最大的时期。货币的闲散有利于那种为了自己的活动而依赖于对信用要求的投机。由于利息低,投机甚至可以种用市价的微小波动(这在繁荣的初期占统治地位)而牟利。交易所的活动是活跃的,交易在价格波动比较小的情况下也颇为可观,而这些波动最后整个说来又造成市价水平的提高。一方面,由证券数量的增加和市价的提高造成市价水平的提高;另一方面,交易的扩大意味着对信用的更大要求,以进行需要更大数额货币的差额清偿。因为在这样的时期内,买空投机超过卖空投机,买超过卖,最后应该加以清偿的差额增大,所以情况就更是如此。然而,交易所对信用需求的增加(这与在产业资本家的场合不同,在那里,需求的增加首先通过流通信用的扩大而得到满足),在这里并不同供给的增加相对应。因此,需求的增加直接促进了利息率的上涨,加强了那些在生产过程中出现的促使利息率上升的趋势。

在商品投机领域中,过程也相类似。商品投机也同样力图利用价格上涨为自己牟利,并加强价格上涨的趋势。一方面,把在该市场上价格高的商品从其他市场上调来,从而增强供给。由于一个输入业者不了解其他输入业者的活动,所以便直接产生这样一种可能性:供给最终超过需求,形成商品积压。另一方面,商品市场的投机,同证券市场的投机一样,力图维持并尽可能地促进价格提高。为了提高价格,商品被尽可能久地保持在市场之外。这时,试图通过制造人为的短缺而抬高价格的瑞恩和科奈尔就形成了。为能囤积商品,信用要求再次成为必要,从而又造成利息率的提高。

这时,产业繁荣普遍化并步入鼎盛时期。价格和利润处于最高水平。股票市价由于收益提高而提高。迄今基本上以盈利而告终的投机不断扩大。投机盈利发挥了自己的宣传力量。公众对交易所交易的参与日益增多,从而使职业投机有可能靠牺牲公众利益来扩大自己的业务。利息率处于高水平,交易所交易要想盈利,还必须使市价发生较大变动,否则投机盈利就会被高利息所吞噬。但是这种波动现在之所以还很大,还因为来自产业方面的信息不再是无条件有利的。除了盈利提高之外,有时还出现停顿;销路不再那样畅通;信用开始变得困难起来,因为银行开始感到鼓励投机是危险的,还因为随着公众更多的参与,没有自己的资金或远远超过自己的资金量进行投机的人的范围扩大了。类似的过程也在商品市场上发挥作用。

但是,利息率的提高具有使股票市价降低的趋势。因此,最后必须达到这一点,即投机不得不停止它的哄抬物价的努力。如果投机过去所要求的信用的一部分能从投机中抽回,那么,这一时点便加速到来。我们已经看到,在繁荣继续进行时期,生产资本家必然向银行提出越来越大的要求。除了已经叙述过的原因外,现在还要补充另一个原因。利息率对创业利润具有决定意义。高涨时期的高利息率减少了创业利润,从而限制了发行活动。此外这个时期的投机已经处于饱和状态,不能承受按现有高市价增发的有价证券。于是,银行面临着新股票不能出售或只能以较低市价出售的危险。

现在，产业的需要由银行本身来满足。银行不发行股票，而是提供银行信用，生产资本家必须按占统治地位的高利息率向银行信用支付利息。但是，产业对银行的要求越多，银行能够提供投机支配的资金也就越少。投机必然紧缩。但是，这意味着需求减少和市价下跌。而既定的市价水平是向投机提供信用的基础。因此，现在必须提供追加的抵押证券或其他充作信用基础的证券，而这种追加是许多投机家，特别是来自公众的追随者做不到的。于是，出现了抵押股票的强制拍卖，出现供给的突然增加，从而使证券市价急剧下降。这种下降由于职业投机的转变而加剧，它掌握市场的危急状况，现在投向卖空投机。市价下降意味着新的信用紧缩，新的强制拍卖。这种下降造成暴跌、交易所危机、混乱和崩溃。有价证券大幅度贬值，迅速下降到与它们在正常利息率水平条件下的实际收益相一致的水平之下。大资本家和银行大量买进这种贬值的有价证券，以便在恐慌过去和市价回升之际高价抛出。这种情况继续下去，直到在下一个周期过程中，对一部分投机家的剥夺过程和财产向货币资本手上的集中过程重新进行，从而交易所执行作为通过虚拟资本的集中而实现财产集中的手段的职能。

因此，交易所危机是直接由货币市场和信用关系的变化引起的。由于交易所危机的出现仅仅直接取决于利息率水平，所以它可以在一般商业危机和工业危机之前的一段时间内发生。但是，交易所危机只不过是商业危机和工业危机的征兆或端倪，因为货币市场的变化实际是受导致危机的生产的变化所制约的。[18]

证券投机中的这些过程，也发生在商品投机之中。区别只是在于：在商品投机中，按照事物的性质，与生产关系的联系更为密切。即便在这里，利息率的提高和信用紧缩，也使商品的囤积从而价格的维持难以进行。但是同时，高价格水平也使生产开足马力、供给增加和消费抑制，直至最后发生崩溃。如果某商品的价格水平同时也对主要交易所证券的市价发生影响，例如铜价对铜股票的市价发生影响，那么，商品投机的崩溃就会同时成为交易所投机崩溃的信号。

货币市场关系的变化，也对银行利润的水平和性质产生决定性的影响。在繁荣初期阶段，低利息率和高发行利润占统治地位。我们已经看到，在周期过程中，二者沿相反的方向发生作用。此外，在整个周期过程中，银行由作为流通信用的中介而抽取的佣金所构成的盈利提高了；货币经营资本的利润也提高了，因为对生产资本家的支付业务扩大了。尤其是随着利息率的提高，银行资本首先靠牺牲企业主收入而分享生产资本家的份额，其次靠牺牲差额利润而分享投机家盈利的份额，都提高了。利息率越高，金融资本分享高涨果实的份额就越大。因此，随着繁荣的继续，货币资本占生产资本利润的份额提高了。

同时，我们还看到，在周期过程中，当流通信用达到最高限时，对银行信用的要求越来越强。对银行信用提出要求是因为生产的扩大意味着流通的扩大，而流通的扩大要求流通手段的增加。因此，银行准备金日趋耗竭，而这最后必然反过来促进对中央发券银行的要求。因为销售缓慢化意味着票据流通的缓慢化，从而意味着流通信用的紧缩，银行信用必然出来代替流通信用。但是，带有自己全部后果的比例失调过程将继续进行下去，并由于投机需要的增长而加剧自己对银行信用的影响。于是，逐渐出现了银行信用的紧张，直到银行为了不致使自己的准备金过度减少而不再能扩大信用。不再能通过信用来扩大的流通，现在要求使用现金。因此，现金大量涌入流通，准备金减少。这必然迫使银行更大幅度地紧缩信用的提供。但是，对产业来说，这种紧缩意味着由比例失调所产生的干扰不再能够被抵消，因为为此所必要的货币资本得不到提供。商品被迫倾销，以便取得无法通过信用获得的支付手段。价格开始下跌。但是，迄今的价格水平是所有信用交易的基础。价格降低意味着，以前对这些商品开付的票据，不能由商品出售的货款支付。为支付目的的需求产生之时，也就是供给紧缩之日。实际上，由于价格降低使票据贬值和票据收款减少，所以流通信用急剧减少。同时，银行信用也不能扩大，因为价格降低使生产资本家支付能力的可靠性发生问题。因此，对支付的需求导致无法满足这一需求的状况。信用压力提高到极限。不仅利息上升到最高水平，而且根本不能取得信用，因为信用的动摇使所有支配现金的人都为了自己的支付而把现金储备起来。取得支付手段只有一个途径，即把商品转化为货币。人人都想卖，但正因为如此而没有人买。虽然价格暴跌，但商品仍然卖不出去。销路停滞是绝对的，因此，流通信用消失；流通出现如此严重的缩减，而信用货币的消失使流通手段的减少更甚。现金必然取代信用货币，对支付手段的需求变成为对现金的狂热需求。

这种需求会产生何种结果，取决于具体情况。商品价格暴跌，极其严重地损害了产业资本家的支付能力，从而使他们偿还银行信用的能力受到怀疑。如果银行把自己的资金以信用形式固定于无支付能力的产业资本家那里，那么，后者的破产便会引起银行的破产；银行以存款形式或在自己发行银行券时以接受自己银行券的形式所享有的信用，被突然地破坏殆尽。银行出纳处发生挤兑现象，存款被要求以现金归还，而只有最低限额的存款才未被贷出。存款丧失了，恐慌还会从这里波及其他银行，并迫使它们相继停止现金支付。于是，银行危机爆发。信用主义的崩溃，或像马克思所说的向货币主义的转变，现在仅仅使现金成为唯一的支付手段。但是，现金量不能满足流通的需要；与此同时，由于恐慌造成大量现金贮藏，情况就更为严重。其结果是现金贴水的出现，货币的自身价值消失了(当然，即使在金本位制条件下也是如此，正像美国最近的危机重新表明的那样)，货币的市价由社会必要流通价值来决定。

在货币作为流通手段和支付手段的职能与作为借贷资本的职能之间，有一个很长的发展时期。

金光闪闪的货币是青年资本主义的狂热的初恋。重商主义理论就是它的情书。这是一种强烈而巨大的激情，焕发着浪漫主义的全部光彩。为了赢得所渴望的情人，资本主义建立了一切英雄业绩，发现新大陆，不断发起战争，建立现代国家以及出于浪漫主义的狂热而摧毁一切浪漫主义的根基即中世纪。它年龄大了，也变得冷静了。古典派理论告诫它鄙视浪漫主义的外观，在自己故乡即资本主义工厂建立稳固的家庭。它惊奇地回顾它青年时期那种充满牺牲的，使它无视家庭幸福的愚蠢行为。李嘉图向它指明它与金的代价昂贵的媚情所造成的损害。它同李嘉图一起抱怨“金银条块价格高昂”(high price of bullion)的非生产性。现在，它在证券、银行券和票据上，写下对情人的谢绝信。当然，它试图维护一定的要求；通货学派要求质朴的证券，这种证券应按金光闪闪的前情人的习惯行事。它的年龄越大，它的欲望越精。它在青春年华时曾大享其乐，奢侈的和冲动的热情已不再合它的口味。神秘的恐惧油然而生：只有信仰才带来宁静。约翰·罗宣告了新的福音：嗜欲过度而厌腻的人轻视肉欲，遁入精神的避难所。它再次经历极大的欢喜。这时，昔日的渴望突然振荡了长期保持的禁欲。对仅仅通过信念求得满足的信赖，突然消失了。它渴望得到确证：自己的力量是否还存在。信用瓦解，突然被遗弃的人绝望地返向自己最初的情人即黄金。由于危机发作的振荡，它为了达到情人身边，而不惜作出最大的牺牲。它曾自以为摆脱了情人魔力的支配，但这时却感到最可怕的失望，由于危机的振荡而惊魂不定，终于认清了自己的受支配的地位。但是，这是具有医疗作用的危机。它逐渐理解了可怕情人的性情，但却不能摆脱对她的思恋。当然，它不再放弃这种徒劳的努力，而是比任何时候都醋意更浓地试图抓紧她，特别阻止她对外国游客的危险的爱慕。但是，它的统治越巩固，现在就越不能受黄金枷锁的束缚。以前曾是如此苛求的情人却学得谦逊起来，当新的失望使那些不能自拔的人寻求她的庇护时，她最终满足于留作准备金的角色。即使她的要求提高，有时拒绝委身于它，但这不会持续很久，于是又恢复故态。黄金最终丧失了绝对统治……

货币危机并不表现为危机的绝对必然性，它也可以不发生。即使在危机期间，商品交易也确实在继续进行，虽然有显著的缩减。在这种范围内，流通可以借助信用货币继续进行。当危机不是同时以同样的力量袭击所有生产部门时,情况尤其如此。毋宁说,销路停滞恰恰只是由于同银行危机和货币危机相并发才达到极点。

但是,如果向流通提供必要的信用货币,那么,货币危机便可避免。这可以通过信用仍未发生动摇的银行在抵押条件下向产业资本家提供信用货币来达到。事实上,当这种流通手段的扩大成为可能时,货币危机也就可以避免。货币危机始终仅仅发生在信用仍未发生动摇的银行被阻止提供信用货币的时候。1847 年和 1857 年的英国的情况就是如此。一场正在开始的货币危机由于停止执行银行法而被消除了,该银行法完全任意地将银行券(即信用货币)的发行限制在黄金准备量加 1400 万英镑之内。在美国,法律还以更加荒谬的形式阻止信用货币的流通;当信用货币流通最为迫切的时候,1907 年的货币危机以典型的方式完成了。

如果考察一下国内市场上所发生的事件,那么,很明显:现金储备的减少,不仅是因为它流向国内流通,而且还因为它流向外国。我们已经看到,为了结算国际收支差额,黄金执行世界货币的职能。现在可以指出,在高涨处于鼎盛阶段因而危机逼近的国家内,有国际收支恶化的趋势。高涨时期的价格促进商品进口,推动它远远超出正常水平;另一方面,由于国内市场的吸收能力仍显得很大,因而出口活动不能按同样程度增长;至少某些重要的出口商品,例如矿石、煤炭等等,甚至可能绝对地大大减少。

此外,在高度发达的资本主义国家,主要进口自然产品、消费品、原料,而主要出口工业品。前者在很大程度上是投机对象。撇开所有其他因素不论,这一点已经使商业以及与此有关的市场混乱不清在这里起极大的作用。因此，超量进口可能比超量出口程度更高和规模更大。贸易收支即国际收支中最重要的部分发生恶化，要求用大量的黄金进行清算。

货币市场关系的形成则不同。首先，在处于高涨鼎盛期的国家里，利息率也最高。因此，大量外国货币长期地或暂时地投资于那里。其次，证券投机和商品投机，就其是交易所的投机而言，极其兴旺，也吸引了国外的投机家，因而大量货币流入该国，用于购买有价证券。国际收支的具体形成总是取决于国际贸易中的信用关系。英国（在它的危机出现之前照例总是有大量的黄金外流）为支付由它出口的商品提供较多的信用，而自己为支付进口商品却很少利用信用。正如我们所看到的，在贸易收支中必然出现的不平衡，因此将更加扩大。

仅仅贸易收支恶化本身就足以引起黄金外流。在信用极度紧张时，任何黄金储备的减少都会引起恐慌，使利息率进一步提高，使信誉发生动摇，特别是限制了投机，并因此促进交易所的危机。贸易收支恶化的影响还会因国际收支的变化而加强。高涨是一种国际现象，尽管在不同国家里它的强弱呈现出不同的程度和层次，在其过程中呈现出时间上的差别。假定高涨首先从美国开始并在那里达到极盛时期，而在英国它才刚刚接近高峰。较高的利息率和较活跃的投机把大量英国资本吸引到美国。但是，在英国，对货币市场的要求现在也越来越迫切，这里的利息和投机也达到一个高的阶段。因此，过去投放到美国货币市场上的货币，现在又被抽回并投到英国；正是这时，美国的贸易收支也出现恶化。因此，黄金外流加剧并导致美国信用紧缩，从而导致交易所危机爆发。在商业危机之前发生的交易所危机本身，首先还使国际收支关系进一步恶化。投于投机中的外国货币被迅速撤回；当然，能够被撤回的外国货币，也就是那些不是固定在有价证券中而是使用于期货交易和抵押交易中的部分。在危机的初期，国外的投机家也试图使市价跌落的证券脱手，此外还要对那些买空投机现已崩溃的证券进行强制拍卖。就外国已经卷入的限度内，有价证券的出售使国际收支恶化。

但是同时，其他因素也在发挥作用，这些因素可能带来转折。交易所危机以及可能接踵而至的银行危机，意味着信用受到剧烈震动。利息率上升到非常的高度并造成外国货币资本的投资。有价证券的贬值使外国资本家认为它们是物美价廉的，增强的有价证券输出也同样改善了国际收支。同时，贸易收支也在好转。信用动乱使商品投机告终。很快，下述情况便暴露出来：国内市场饱和，价格下跌，商业危机开始，进口停滞，而出口（只要还没有出现危机的国外市场允许）以获得支付手段被加速进行。[19]破产开始。但是，就破产触及那些必须为进口商品向外国产业资本家进行支付的进口业者来说，他们的破产抵消了这种支付，并在这种意义上改善了该国家的国际收支。[20]因此，根据具体情况，在危机爆发之前或长或短的时间内黄金输出便停止了，并让位于危机期间和危机过后的黄金流入。因此，在这一危机时期，黄金输出和黄金输入的交替，同时也意味着危机作用范围的变化。

在流通信用由于已经形成的比例关系失调而不再能按流通需要的同样规模扩大时，更多的黄金外流常常影响利息率。但是，具体影响却被银行立法所左右。错误的银行立法的实质在于，它强制流通信用的扩大，使其不能达到由经济规律产生的合理的限界。它之所以这样做，是因为要强制地使流通信用与价值量发生某种关系，而事实上流通信用按其经济性质同这种价值量没有丝毫关系。我们知道，银行券不过是票据的转化形式，而票据也不过是商品价值的货币形式。如果现在不使银行券与票据从而归根到底与处于流通中的商品价值发生关系（这可以通过所谓银行的银行券发券准备来达到，如果它被严格执行的话），而是像在英国那样与金属储备发生关系，或像在美国那样甚至与国库债券发生关系（在那里，荒谬达到极点，债务被当作是信用提供的最大担保；这种荒谬可以由虚拟资本的荒谬形式来说明），那么，人们便对借贷资本的供给制造人为的限制，这种限制当然必定立即对利息率产生影响。在英国，银行券的数量是由法律确定的，因此流通的需要只能由金属货币来满足（因为数量超过 1 400 万英镑[21]的一切银行券只不过是银行金库中黄金的代表，从而是经济上实际的黄金）。因此，在英国，任何较多的黄金外流都必然直接成为对流通的威胁。银行不再能够按黄金外流（例如，为了清偿由于英国歉收而增加的谷物进口）的程度把等量的票据转化为自己的银行券，尽管情况还完全正常，信用也没有发生动摇。因此，在每次黄金外流时，虽然银行也确信这仅是暂时的，但银行也必须立即提高利息率以保护自己的黄金储备，因此使信用昂贵。顺便指出，这是以牺牲企业主收入来提高借贷资本利润，从而提高银行自己利润的措施。但是此外，票据向银行券即法定支付手段，或向即使不是法定的但却是一般公认的交付手段的兑换能力，却变成是值得怀疑的了。因此，日益增长的流通所要求的信用货币的流通，便受到强行阻止，尽管生产状况没有为此提供丝毫原因；于是，有时人为地造成了信用货币流通的完全中断及其货币危机和银行危机的结果。当然，迎合这种错误理论，把它变成实践，给借贷资本带来的就不仅仅是理论上的好处了。

美国的情况还更为不可思议，在那里，银行券流通的扩大只有通过购买国债的扩大才有可能。由于国债量是限定的，所以需求的增加便立刻导致市价的大大提高。这使银行感到，即使在高利息条件下，发行银行券也无利可图。此外，如银行放弃购买国债，从而放弃银行券流通的扩大，就会造成利息的过度提高。这不仅向银行和银行资本家提供了异常大的利润，而且使他们一般地成为货币市场的主宰，使他们不仅对投机和交易所实行独裁统治，而且也通过股票事业和信用提供的中介对生产实行独裁统治。这也是美国交易所对财产向少数货币资本家手里集中赢得如此重大意义的原因之一。如果这种银行立法仍然得以维持，那么，对于美国来说，偿还国债恰恰意味着对自己银行券流通的破坏。这是一种荒唐行为，但同时也是一种方法，一种为借贷资本提供货币的好方法，因而也是对一切救治尝试的有效抵制。

银行立法的限制之所以在某种程度上可以容忍，是因为（部分是由这种立法造成的）银行券流通恰恰在这种限制最严格和最有害的英国和美国，由于其他种类的信用货币流通的形成而受到限制，从而法律规定不那么使人感觉得出来。这也包括票据交换和支票交易的形成。票据交换造成票据的直接抵消。票据在它们的互相抵消的范围内，执行自己的货币职能，因而无需转化为银行券。支票也起同样的作用。支票要求归还自己的存款。这种存款实际上是不存在的，因为银行已经把它贷出。如果我以建立在这种不存在的存款基础上的支票进行支付，那就像我以银行券进行支付一样，这种银行券同样没有金属准备，而是如同被贷出的存款，仅仅以银行的保证作为基础。它们经济上具有相同的内容，虽然形式（幸而银行立法者只看到形式）还呈现如此差别。在美国，除了这种银行券流通的节约手段（正是信用货币的一种形式能由另一种形式所代替的情况，证明了它们的本质上的同一性）外，还有一种切实保证：当面临可能发生的危险威胁时，著名的银行法便立即停止执行。

银行券立法的作用，也可以削弱、有时则可以完全消除表现在危机期间国际收支变化中的一些趋势。我们已经看到，国际收支的变化总是在贸易收支的形成所提供的基础上进行的。贸易收支本身首先取决于生产的自然条件，其次取决于经济发展的水平和阶段。一个经济发达的古老国家，即具有十分强大的纯产业的发展、主要出口生产资料和只有较少原料生产的国家，将会出现贸易收支逆差。只有当英国（具有发达的资本主义生产的第一个国家）不仅把自己的生产资料作为商品而且也作为资本输出时，即生产资料不是卖到国外而是作为自己向外国的投资输出时，英国才能如此强大地发展自己的生产资料出口。例如，英国同意向南美提供一笔铁路贷款，而南美人用这笔进款购买英国的机器、火车头等等。这种同时是资本输出的输出，便不再依赖于同时的商品输入。如果是单纯商品输出，只要例如南美能够用自己的商品进行支付，它就可以长期从英国取得生产资料，因为南美没有积累起足够的货币，以便从纯金属储备中支付这种数量的生产资料。事实上，国际贸易的一大部分就是这种商品交换，它们在这一范围内互相抵消。但是，由于商品是作为资本输出的，所以输出量便不依赖还不发达的国家的商品生产。它的界限仅仅在于：一方面是不发达国家的资本主义发展的可能性，另一方面是发达国家的资本积累即生产资本的剩余。这恰恰是资本主义迅速扩张的原因。因此，最先进的资本主义国家一方面提高自己的工业生产，另一方面又把自己的出口提高到远远超过来自不发达国家的进口。因此，贸易收支逆差便为相反的国际收支顺差所弥补，因为这些国家不断地获得支付，即获得由输出的资本中产生的利润。

决定黄金输入和输出的趋势，现在按贸易收支和国际收支的具体的量的构成发挥自己的作用。如果说美国绝没有出现像英国早期危机时那样经常的黄金外流，那么，也基本上是两个不同的因素在起作用。首先是由银行券立法中产生的流通信用发展的障碍。由于美国狭小的流通信用的不足而将利息率提高到超过欧洲水平，所以美国能不断把欧洲货币资本吸引到本国来。这种货币资本在高涨时期能否重新流回欧洲并造成美国的黄金输出，完全取决于对欧洲信用压力的强度。

其次是美国贸易收支的构成可以起缓冲作用。美国是一个以原料输出为主的国家。假定有一个好收成，美国的贸易收支恰在高涨期间便发生极大改善。因为例如棉花、铜以及可能还有谷物的价格将会提高，贸易收支的这种改善可以削弱、消除或拖延那些导致黄金外流发生的趋势，因而也就削弱、消除或拖延危机的爆发。但是，对危机的爆发来说，黄金外流的出现并不是不可缺少的条件（conditio sine qua non）。

在这方面还必须强调指出，国家银行抵制黄金外流的力量，按照造成为输出的目的而需要黄金的原因，而有很大不同。例如，假若占统治地位的银行贴现率在柏林是5%，而在巴黎仅为3%，那么，法国的银行便产生了为利用较高的利息率而把货币从法国转移到德国的动机。例如，如果柏林的交易所投机比较活跃，法国银行想参与进去，情况也是一样。这种黄金的转移并不是由强制的经济必然性引起的，而毋宁说是一定程度上的任意的货币资本运动。如果这些资本能满足于较低的利息率或较少的交易所盈利，那么，它们自身也可以留在法国。因此，适当的银行政策上的措施也可以阻止黄金的运动。使这些货币额保持在国内的最简单的方法，就是向它们提供较高的利息，提高银行贴现率。同时，这也使利息率平均化。如果银行能拒绝兑换黄金，那它也就能够直接阻止黄金的转移。已经停止现金支付的奥匈银行为此有了法律上的权利；也能以白银进行支付的法兰西银行，同样能够拒绝黄金支付，有时也通过行使自己加算黄金贴水权利的形式。[22]通过提高金价，消除了由利息差额中产生的好处，从而消除了黄金流出的动机。英格兰银行和德意志帝国银行不掌握这种直接的手段。但至少后者在出现货币的紧张状况时试图通过对黄金输出业者施加间接压力而限制黄金流出。此外，对国家的国民经济来说，这种政策如果仍限于这种黄金输出的场合，就是完全合理的。同时，对货币资本自由移动或黄金外流的这种实际限制，是防止各国利息率向同一水平的国际平均化的原因之一。

但是，例如由于德国人在英国必须对商品和有价证券进行支付而德意志帝国银行产生黄金需求时，情况就完全不同了。德国人首先在柏林交易所购买英国汇票；但若汇价超过平价，他们宁愿用黄金支付。倘若帝国银行拒绝提供黄金，那些必须进行支付的德国债务人，如若不想宣告破产，就必须重新购买英国汇票。他们的需求将使汇价提高到平价以上，这意味着德国货币贬值，而防止货币贬值是银行政策的最高任务。

因此，仅仅由金融交易引起的黄金外流是可以阻止的；这时，这种金融交易恰恰必须停止。反之，不使货币贬值，就不能阻止为清偿由商品和证券的交易中已经产生的实际债务所必要的黄金外流。

第十九章　萧条时期的货币资本和生产资本

如果我们考察一下危机之后的积累过程，首先就会看到，下一个再生产期间是在缩小的规模上进行的。社会生产受到限制。这里，由于“生产部门的连带关系”，生产过剩究竟在哪个领域里爆发，都没有任何区别。主要领域里的生产过剩，意味着普遍的生产过剩。因此，生产性积累停止，利润向资本的再转化没有增加，生产资料的使用没有增加。即是说，生产性积累消失。但是，个人的积累和各个产业领域的积累是怎样的呢？生产尚在继续，虽然规模已经缩小。同样可以肯定的是，大多数企业，首先是各个领域内技术生产能力最强的企业，其次是生产绝对必需的生活资料和其产品消费不能过于减少的领域，仍然获得利润。这种利润的一部分可以被积累。现在利润率下降了，它的下降也可以使积累率减少。同样，利润量下降了，它也减少了积累的可能性。此外，如果一部分资本家取得利润，另一部分就遭受损失，若要免于破产，就必须通过追加资本进行补偿。但是，在萧条期间，实际生产不会扩大。因此，如果发生积累，那也只能是货币形式的积累。那么，货币是从哪里流向进行积累的资本家呢？

让我们再回想一下再生产的公式：

Ⅰ．4 000c＋1 000v＋1 000m＝6 000

Ⅱ．2 000c＋500v＋500m＝3 000

这是由于危机已经缩小的生产。但是，资本家生产的不是货币，而是商品。如果资本家要取得货币，而且要多于他已经支付的数额（因为否则就不会发生货币积累），那就必须把商品转化为货币，而放弃向商品的再转化。如果第Ⅱ部类打算从它的500m中拿出比如250用于积累，那就必须出卖生活资料（而且是第Ⅱ部类的成员向本部类的其他成员出卖，因为第Ⅱ部类的m交易是在第Ⅱ部类内部进行），而自己不购买其他成员的商品。因此，第Ⅱ部类内部仍有250m卖不出去。如果一方出售成功，他方的产品便没有销路。于是便发生货币资本的重新分配。卖者从买者那里取得了货币，但货币却没有回流到买者手里，因为他们没能将自己的250商品出卖。

如果我们假定第Ⅰ部类的资本家将其剩余价值的一半用于积累，那也会得到同样的结果。这时，他们可以把具有生产资料形态的1 000v＋500m卖给Ⅱc。后者为此支付货币1 500。但是，由于Ⅰm现在不购买2 000生活资料，而是保持货币500，所以Ⅱc现在只能卖掉1 500。因此，它剩下生活资料500，减少货币500，后者被留在第Ⅰ部类手上积累起来。但是，如果Ⅱc没有预付1 000货币购买生产资料，而是假定第Ⅰ部类开始这一过程，于是，第Ⅰ部类购买1 500生活资料，而第Ⅱ部类用这一货币购回生产资料1 500，为第Ⅰ部类余下500生产资料没有卖掉；它的积累愿望没有实现。第Ⅱ部类进一步压缩生产，用1 500c开始再生产过程，并相应减少了自己的可变资本。如果说它曾有货币2 000用来中介与Ⅰc的交易，那它现在只使用1 500，而从前执行货币资本职能的500便闲置起来了;此外,以前被作为可变资本预付的货币也减少了。

事实表明,在生产规模缩小或保持不变的前提下,社会规模的纯货币积累是不可能的。只能发生个人的积累,而这只不过意味着,一方的积累仅仅是他方货币资本分配的变化,而这种变化又必然引起对再生产的新的干扰。当我们考察黄金生产者本身时,也不会有所改变。当然,直接的货币积累在这里是可能的;但是,这种货币积累直接受该生产部门积累的利润量的限制。这种积累的货币额同时也是其他产业缩减的销售额,因为货币确实被积累和以贮藏形式保存起来。顺便指出,不管如何考虑这一因素,它在数量上对一般意义上的积累都太小了。

在这方面,信用并不带来什么变化:2 000(v+m)Ⅰ必须向2 000Ⅱc出卖。但是,货币积累意味着,虽然第Ⅰ部类出卖2 000,但只从第Ⅱ部类购回1 500。不管这种交易是否以信用为中介,如果第Ⅱ部类从第Ⅰ部类购买2 000,第Ⅰ部类才能积累500货币、信用货币或对未来生产的收入的凭证。只有在第Ⅱ部类以自己的商品进行支付(这按我们的假定是不可能的)或由货币准备基金进行支付(这里,第Ⅰ部类只能积累第Ⅱ部类之所失)时,它才能从第Ⅰ部类购买2 000。因此,说萧条时期的闲置资本是由以货币形式或信用形式积累起来的货币资本购成,是错误的。它是由生产紧缩而游离出来的货币资本,这种资本从前为实现交易服务,在生产缩小时又成为多余的了。货币资本的闲置同生产资本的闲置是相适应的。由于生产紧缩,生产力只有一部分被利用。新生产出来的不变资本被堆在仓库里,不能投入生产使用。货币资本和现有信用组织的能力，同被限制的交易相比，变得过大了。货币资本悠闲地待在银行里和等待着被利用。它们被利用的前提是生产规模的扩大。

顺便指出，危机理论家们恰恰把货币资本的闲置视为再生产扩大的最强有力的动因，这也是一个奇怪的见解。[23]带有自己物质损耗和精神损耗危险的机器停转，意味着不仅利润丧失而且还继续亏损的一般固定资本利用的减少，似乎不是比货币资本利息的减少更强大得多的生产扩大的动因。问题并不在于危机之后积累动机在货币闲散影响下得到加强，而是在于再生产的扩大客观上是否可能。通常，危机过后立即出现大量的货币闲散。尽管如此，还是要经过若干年后，繁荣才能完全出现。[24]

看一看资产阶级报刊上商业专栏作家的看法如何随周期现象的转换而转换，是很有趣的。在德国报纸上，最近的危机几乎完全被归咎于货币昂贵或货币资本短缺。现在，尽管有持续不断的、国际性的货币闲散，但萧条还在继续；人们逐渐发现，繁荣并不完全取决于货币市场的状况。[25]

关于萧条期间货币闲散的原因以及这种货币闲散对克服萧条的意义的错误看法，归根结底在于：在关于经济的形式规定性问题上，忽视了马克思在《资本论》第2卷的分析中所揭示的社会生产的物质规定性。人们仅仅使用"资本"、"利润"、"积累"等等一些经济学的概念，以为只要指出据以使简单再生产和扩大再生产成为可能的或必然引起干扰的量的关系，就有了解决问题的办法。可是这里忽略了：与这些量的关系相适应的还有质的条件，不仅彼此可以直接通约的价值量互相对立，而且在生产和消费中必须具有一定属性的一定种类的使用价值也互相对立；在分析再生产的过程中，不仅一般资本部分互相对立，以致例如产业资本的过剩或不足可以通过货币资本以相应部分来“补偿”，也不仅固定资本和流动资本互相对立，而且也涉及特定的（技术上特定的）种类的机器、原料和劳动力，为了避免干扰，它们必须作为这些特种使用价值而存在。[26]

事实上，我们在危机期间看到的，一方面是建筑物、机器等等闲置的产业资本，另一方面是闲置的货币资本。造成产业资本闲置的同一原因，也使货币资本闲置。货币资本之所以没有进入流通，没有执行货币资本的职能，是因为产业资本没有执行职能。货币之所以闲散，是因为产业闲散。“芬尼克斯”公司停产并不是因为自己资本（货币资本）短缺，它重新开工也不是因为它现在支配绰绰有余的货币资本。相反地，货币之所以存在过剩，是因为生产缩减了。货币资本的“短缺”仅仅是由于已经发生的生产过剩所造成的流通过程停滞的征兆。

信用首先取代了作为流通手段的货币，其次使货币转移更容易进行。从理论上说，假设有必要的金属量用于纯金属流通，暂时舍弃信用还是可以的。

由利息率的变化来解释周期现象，而不是相反地由生产关系来解释货币市场的现象，是差不多所有现代危机理论家的特点。[27]其原因是不难发现的。货币市场上的现象是一目了然的，报纸上每天都在议论并对交易所和投机的活动发生决定性的影响。此外，借贷资本的供给在每一瞬间都表现为而且也必然表现为一定的量，因为否则仍无法说明供给和需求如何能决定利息。人们忽略了，借贷资本的供给取决于生产状况，而且首先取决于生产量，其次取决于生产部门之间的比例关系，这种比例关系对商品流通时间从而对信用货币流通速度发生决定性的影响；人们还忽略了，流通信用和资本(银行)信用一般职能上的差别。由于银行券的发行似乎抹杀了这种差别，以及一切信用随银行制度的发展都表现为银行信用，这种情况就更严重了。但是，如果忽略这种差别，货币市场现象的发展便呈现出完全不同的样子了。现在，这种依赖关系仅仅简单地表现为生产的扩大需要更多的资本。资本多少有些含糊地被与货币资本等同起来。生产扩大，货币资本需求增加，利息率提高。最后，出现货币资本短缺，高利息率使生产利润消失，新投资中止，危机开始。然后，在萧条时期，货币资本被积累起来，而没有立即转化为固定资本——这是一种空泛的想法，因为机器、船坞和铁路不是由黄金生产的。利息率下降，货币资本家不满足低微的利息，于是重新将货币投入生产，繁荣重新开始。

经济学家们的这种想法是以可怕的混乱为基础的，他们把货币、机器、劳动力称为资本，所以现在可以立即使一种资本即货币转化为另一种资本即机器等等和劳动力，或像他们所说的，使流通资本转化为固定资本。撇开这一点不论，这种著名的“理论”忽略了，即使从纯粹的计算上来看，他们的论断也是荒谬的。在发达的资本主义国家，如果我们以官方贴现率的波动幅度2%至7%为基础来判断，那么，利息率变动幅度至多为5%。这里，按照我们的看法，由于进行限制的银行立法或贴现政策的缺陷，这种波动幅度会提高到经济上合理的幅度以上。现在，生产资本家需要货币资本来扩大生产；这即是说，被借入的价值转化为生产资本，进行增殖，产生利润。在其他条件不变的情况下，利润的大小取决于价格。但是，在周期期间，商品价格的波动完全不是5%的波动。浏览一下价目表就会知道，波动幅度为50%、100%或更大，并不稀奇。利润现在之所以没有以同样的程度提高，是因为成本价格增加了。但是，无论如何，在繁荣和高度繁荣时期，产业资本家的利润的提高远远超过5%。如果产业资本家的利润不是出于其他原因而降低，那么，7%的利息率实际上不会使积累停止。例如，如果莱茵-威斯特法伦煤业辛迪加能以高度繁荣时期的价格出售他的全部开采量，那么，即使为借入资本(这只是它们资本的一部分)支付10%的利息它也毫不犹豫，因为它就是用这一部分资本也还会赚回超过利息率的企业主收入。[28]

关于利息逐渐吞噬企业主收入的离奇见解，还受到充满“利润”、“企业主收入”、“监督工资”、“利息”以及“股息”等等范畴中的绝对空话的支持。随着股份公司的推广，这种混乱还有所增长。股息表现为利息；但与每一瞬间都是固定的借贷利息相比，却又表现为一种令人惊奇的波动的利息。借贷资本和生产资本的区别不再表现为带来利息的资本和生产利润的资本的区别。毋宁说，二者都表现为带来利息的资本。区别只是在于：“流动”资本总是产生每天由交易所公布的每一瞬间是一定的利息，而“固定”资本产生人们由股息通知书中得知的利息。于是，收益可靠性的区别，归结为“流动”资本即货币资本和“固定”资本即产业资本的区别。如果说这样混淆了所有质的差别，那么，关于量的区别产生一些最离奇的见解并自诩为在利息率的波动中找到了能够阐明周期转换机制的充分说明，也就不奇怪了。

第二十章　危机性质的变化。卡特尔和危机

资本主义生产的发展也带来危机表现形式的某些变化，现在我们应该把注意力转移到这方面的研究。而这里所能做的，仅仅是揭示发展的一般线索的尝试；至于对每个个别国家危机变化的比较论证，则是历史研究的任务。

这里只是试图从特殊中抽出一般。这一点现在更加困难了，因为随着资本主义的发展，经济过程在国际间的纵横交织越来越紧密；因此，当危机爆发时，一国的现象连同它的一切时间的、技术的与组织的发展阶段的特殊性，都会反作用于他国的危机。

例如，最近欧洲 1907 年的危机现象，就只能从美国危机的反作用来理解。在欧洲早已不再能够达到的货币危机和银行危机现象所表明的美国危机的特殊性质，导致欧洲货币市场上的一些特殊现象。如果没有这种反作用，这些现象的一些细节和尖锐程度也许可以避免。

另一方面，从一个国家（例如英国）的危机史中推论出危机变化的一般规律，同样是不可能的。因为资本主义危机恰恰是一种世界市场的现象（危机时间越长，就越是如此）；一国的危机由于该国资本主义发展的特殊性也会发生一定的变形，把这些变形一般

化必然误入歧途。[29]

因此，如果想确定危机现象的变化，就必须能够同时从理论上推导出这些变化，以便我们能够确信，我们面对的不是与资本主义的一个阶段相适应的因而整个说来也许是偶然的特殊现象，而是由资本主义发展的本质中产生的趋势。

资本主义是从商品生产还比较小的社会里发展起来的。只有资本主义的扩大，才使商品生产普遍化，才形成民族市场和不断扩大的世界市场。随着市场的扩大，危机得以爆发的条件也发展起来了。只要资本主义生产在自给自足的生产和拘束于手工业式的、为地区市场而进行的非资本主义商品生产的广阔基础上成长起来，危机便以自己的全部力量集中打击资本主义的上层建筑。危机也触及那些销路差不多完全停滞的生产部门，因为必要的流通，即为进行社会物质变换所绝对必要的流通，是通过手工业生产满足的，其他的需要是通过自给自足的生产满足的。这里，在以资本主义方式经营的生产范围内，危机可以带来极大的破坏；如果造成危机的原因很强，足以使生产陷于瘫痪，那它就使一个时期的销路完全中断。正如我们还要看到的，在这一时期内，情况也确是如此。

随着资本主义生产的发展，手工业生产和自给自足的生产被大量消灭。现在，危机触及了这样的生产，对它的节制受到满足相对和绝对地增大的社会需要的必然性的制约。随着生产的发展，在任何情况下都必须继续进行的而其继续进行便会阻止生产和流通过程完全中断的那一部分也增长了。这表现在服务于消费的产业部门受危机影响较弱；生活资料越是必需的，对其消费的波动越小，受危机影响也就越弱。

危机现象也必然由于资本主义积聚的发展而发生变化。单个企业的抵抗能力随其自身规模的增长而增长。企业越小，就越可能随价格暴跌而完全破产。小企业家也许会丧失自己的全部销路，价格暴跌和歇业使他的商品资本不能向货币资本转化。因为他不掌握准备资本，尤其在危机期间得不到信用，所以不能履行自己的支付义务。因此，危机造成小的资本主义企业的大量崩溃，信用失灵，大批破产，支付停止，银行倒闭，从而导致一片混乱。此外，技术的差别也很大。现代企业与古老的、部分地还是手工业的或属于工场手工业时期的企业并存，后者在价格暴跌时完全无法生存。但是，它们的大量崩溃也把那些技术上有生命力的企业界一同拖进毁灭的深渊。[30]

现代大企业与危机的关系就不同了。它的生产如此之大，即使在危机期间，一部分也能继续进行。美国钢铁托拉斯在危机期间被迫将它的生产压缩一半，但它无需把自己的生产限制在最低限额以下。因此，随企业积聚的发展，它们能维持自己生产的规模也扩大了。

因此，随着资本主义生产的发展，在任何情况下都要进行的那部分生产的规模，也绝对地和相对地增长了。与之相随，在危机期间仍然不受影响的商品流通范围也扩大了，以此为基础的流通信用也增加了。因此，对信用的破坏，不一定像资本主义初期的危机中那样彻底。但是，信用危机向银行危机和货币危机的发展，也由于下述情况而变得困难起来：一方面，信用组织发生了变化；另一方面，商业和产业之间的关系发生了变异。

如果信用崩溃引起支付手段的突然短缺，那么，信用危机便发展为货币危机。[31]但是，第一，在任何情况下都要继续进行的那种生产的规模越大，这种短缺也就越难发生，因为信用货币能够继续以同样的规模执行自己的职能；第二，通过信用解决的交易额越大，银行信用取代商业信用越多，这种短缺也就越难发生，因为动摇银行信用比动摇个别产业资本家的信用更困难。但是，具有决定意义的是，支付手段短缺的情况一般并不出现，原因是：首先，信用的发展即使在危机时期也压低对支付手段的需要，因为支票和票据交换还继续进行；其次，这种支付手段可以由发行银行提供，而发行银行的信用即使在危机期间也仍然不受动摇。我们已经看到，银行券流通是建立在票据流通基础上的。票据流通之所以缩减，是因为作为它的基础的商品流通缩减了。但是，票据流通缩减的程度比商品流通更强，因为商业信用发生了动摇。现在，银行在实际商品流通许可的范围内用自己的信用取代商业信用。银行之所以能在这一范围内这样做，是因为继续进行的商品流通使银行确信，它的相应债权是有保证的。因此，它可以按照流通的实际需要提供自己的信用货币，满足对支付手段的需求。因此，银行便把支付手段的需求限制在它的实际的流通所必要的需要范围内，预防由于人们担心即使以最佳抵押也得不到支付手段而产生的几乎是无限制的需求。这种需求超出实际的需要，导致大量货币贮藏，从而又造成支付手段的减少。为使发行银行能够采取这种步骤，须具备两个条件：第一，它的信用是不可动摇的。这对经营得好的发行银行来说是一个很容易满足的条件。第二，银行券发行的增加不得危害可兑性。这个条件是由银行自我维持的利益迫使银行采取的措施实现的。这个措施是:在危机时期,银行券只有在绝对抵押条件下才予提供。因此,银行得到真正的仅在危机时期所造成的界限内满足流通需要的保证。再者,充足的现金储备,特别是黄金,保护可兑性不受无法预料的偶然事件的干扰。随着资本主义生产的发展,这个条件通过黄金生产的扩大、银行中黄金的积累以及把黄金的职能限于充当准备金来实现。由于信用的发展,黄金的职能日益被限制在清算国际收支差额方面。如果说国际支付量也绝对地大大增加了,那么,由于在国际间执行职能的信用货币的发展,用现金结算的差额却没有按照与老的资本主义发展国家积累的黄金储备相同的量和相同的比例增加。这就使发行银行能够满足危机期间增长的需求。当然,前提条件是,银行的经济职能没有受到法律的强制的阻挠。例如,在英国,它们受到皮尔条例的阻挠。在美国,它们受到荒谬的准备金规定的阻挠,同时也在那里造成具有典型意义的货币危机。

货币危机若不发生,便保护了信用免遭全面崩溃,因而也同时预防了银行危机的爆发。这样,向银行的挤兑便不会发生,抽取存款也不是急切的和全部的,银行只要具有一般的支付能力就能偿付自己的债务。就银行危机不是作为信用危机和货币危机的结果产生的,而首先是由银行资金的固定和信用提供的损失产生的意义上来说,资本主义的发展在这里也具有为资本缓和危机的趋势。

银行的积聚在这里也发挥着重大作用。银行通过大大扩大业务范围,通过延伸到具有不同资本主义发展阶段的各个国家的经济区,使风险在很大程度上分散化。此外,这种日益增强的银行积聚,也同时带来银行对投机、商业和工业的地位的变化。首先,由于自己的巨大资本力量，银行积聚意味着力量对比关系的变化有利于银行。这种力量不仅在量上比银行债务人的力量更庞大，而且银行的优势也是一种质的优势，因为银行拥有随时可以发挥作用的形式即货币形式的资本。这种优势能够防止经营有方的大银行把自己的资金固定于其中的一个或少数几个企业，并形成对它们命运的依赖，从而不可挽救地卷进这些企业在危机时发生的崩溃之中。

如果仔细研究一下使银行危机的产生变得困难的原因，那么，首先应该指出，投机的范围和意义大大丧失了，而且既包括商品投机也包括证券投机。我们这里所说的商品投机不仅指交易所中的投机，而且尤其是指商品贸易中的投机，即指期待价格进一步提高的商人对商品的需求以及为通过抑制供给进一步提高价格而大量囤积商品。首先，随着一般商业的取消，随着生产者与消费者之间直接交易的增加以及商人转化为拿固定佣金的辛迪加和托拉斯的代理人，这种投机也走向衰落。这就在一定程度上防止了商业在高涨时期投机地把物价抬高到生产者确定的价格之上，避免了有效需求实际已经开始停滞时还制造销路畅通的假象。[32]

但是，批发贸易（在这方面仅涉及批发贸易）并没有因产业和大银行的商品部而丧失自己的原有地位。它自身显示出强大的积聚并大大限制了资本力量弱小者和完全局外人的参与。但是，在交易所的商品贸易由于特殊条件还在起特殊作用的场合，投机运动越来越受银行支配。银行由于信用组织的发展而日益掌握全部货币资本的支配权，使之能够限制投机运动不致超过一定的界限。

最后，能够大大缩短特别易于投机的商品同市场距离的运输工具的发展，随时通报市场状况的通讯事务的发展，也促成对商品投机的限制。一方面在遥远的市场上卖不掉的商品堆集起来和另一方面在生产场所生产按原有的或提高的规模继续进行的情况，现在是更难发生了。但是，由于消费资料相对份额的减少，殖民地产品投机(这在英国早期危机中常常是致命的)只起十分微小的作用。供给的可靠性和规则性，市场状况信息的准确性和迅速性，也促进了这一点。此外，随着生产资料工业占有越来越大的规模，商品投机也失去意义。生产资料工业的产品不宜于投机，因为这种生产越来越成为根据订货来进行的生产。

产业危机现象的变化和银行对产业统治的发展，也沿着阻滞银行危机发生的方向发挥作用。我们看到，日益增长的集中使产业企业具有更大的抵制危机的极严重的影响即全面破产的能力。股份公司的组织形式提高了这种抵抗能力，同时也像我们所看到的，它极大地加强了银行对产业的影响。其原因是：首先，股份公司提高了企业的抵抗能力。它即使在没有收益甚至亏损的情况下也能继续经营，因为资本供给在这里比单个企业更为容易。其次，在股份公司中可以很容易积蓄储备金，在好年景时为坏年景采取防备措施。再次，股份公司可以更容易从而更严格地控制资金的使用，尤其是对借入资本的使用。银行直接监督由它们以信用支持的公司的资本使用情况。导致产业对银行依赖的趋势越发展，这种监督的实施也就越系统化。出于企业本身之外的其他目的利用信用，则受到制止。在早期的危机中，下述情况起很大作用：个别企业家大量参与投机并为此而使用自己的经营资本，而用借入资本维持自己的企业。现在进行监督的银行制止这样做。

因此，下述观点是一种教条主义的观点：它把符合资本主义发展规律因而是必然的和不可避免的银行向产业的渗透作为银行的威胁而进行斗争，相反地却把带有储蓄银行与投机银行分工的组织上落后的英国银行制度看作是必要时必须通过法律强制手段来达到的理想。这种观点首先把英国银行制度的外观当作现实，因为它忽视了英国银行也把自己收集的货币提供产业、商业和投机支配。这在英国是通过中间人实现的，在德国和美国（又以某种变化的形式）是直接通过银行实现的，[33]这一事实可以由一定的历史原因来解释。但是，英国的做法是落后的，此外，这种做法也正处于消失之中，因为它很难对贷出的银行资本进行监督，因此妨碍了银行信用本身的扩大。

最后（这里只要参阅一下交易所一章的叙述也就够了），有价证券投机作为引起银行危机的因素之一，也起着越来越小的作用。随着银行权力的增长，银行日益支配投机运动，而不是被投机运动所支配。随着交易所意义的总的减小，交易所作为加剧危机的原因的作用也迅速下降。

随着投机作用的下降，资本主义公众的心理状态也同时发生了变化。投机家的这种心理是很幼稚的，尽管他们的赞美者竭尽全力把各种预见能力和改造世界的浪漫主义计划牵强附会地加在他们的心灵之中。实际上，投机的公众态度的改变，可以由资本主义下正常人的老生常谈来说明："损失使人变得聪明"。资本主义时代初期（一个极乐的时期，每个投机家都觉得自己是从无创造世界的上帝）投机所造成的那种群众激情，看来是一去不复返了。具有诗情画意的田园风光背景的郁金香热，带有刺激冒险的关于空前大发现奇想的南海热，怀有征服世界意图的约翰·罗计划，所有这一切都让位于以1873年大崩溃而告终的对差额利润的赤裸裸的追求。从此以后，对信用和交易所魔力的信仰消失了。美好的天主教崇拜不顾邦图*而屈服于理智的启蒙。这种启蒙已不愿信仰投机精神的圣洁受胎，而是接受自然事物本身，把信仰留给那些并未全部消失的蠢人。交易所失去了自己的信徒，仅仅保留下自己的靠他人信仰进行交易的牧师。既然信仰变为一种交易，信仰事业便衰落了。富有魅力和有利可图的狂热消逝了；郁金香早已凋谢；咖啡树虽然还提供商业利润，但却不再提供正当的投机盈利。散文打倒了盈利的诗歌。

上述诸因素使人们认识导致危机现象(就它们是由大批破产，由交易所、银行、信用和货币等危机的暴烈现象所造成的意义上)变化的原因。这些因素绝不排除这些危机的发生，而只是说明为什么这些危机的出现更困难。危机是否发生，取决于干扰的严重程度及其出现的突发性的程度。这是否大到足以使例如一个德国的大银行倒闭(假定经营是正常的)，是一个实际问题(quaestio facti)，而不是一个理论问题。但是，所有这些因素都不影响产业危机本身的出现和繁荣与萧条的转换。现在出现了这样的问题：产业组织形式的巨大变化，坚持消除资本主义机制的调节力量即自由竞争的垄断，是否能造成周期现象的质的变化。

---

* 欧根·邦图是一位法国工程师和金融家。他于1878年创建投机的总联合会，为东欧建造铁路；1881年从基督教徒和贵族那里收集资金达500余万英镑，投机获很大成功。最后，于1882年以破产告终。——译者

我们知道，卡特尔可以引起价格水平的演变。卡特尔造成卡特尔化和非卡特尔化生产部门之间利润水平的差别。因此，周期现象是在这种变化了的基础上发生的，这种现象本身由于卡特尔发生一定变形。但是过去，部分地也包括现在，却把其他作用加在卡特尔身上。卡特尔似乎不仅意味着危机作用的变形，而且还能够彻底消灭危机，因为卡特尔能够调节生产并能随时使供给适合需求。

这种观点完全忽视了危机的内在性质。只有当危机的原因被简单地看作是由于对市场情况不明而产生的商品生产过剩时，卡特尔能够通过限制生产而消灭危机的观点才是可信的。

危机同商品生产过剩是一码事，或者生产过剩是危机的"原因"，这似乎是无可争议的真理。难道这不是显而易见的事实吗？价格是低廉的，因为供给超过需求，从而存在着过多的商品。每每浏览一下市场报告就会看到，货栈充斥，商品卖不掉，因而实际上存在着商品生产过剩。但是，卡特尔能够对整个产业部门实行生产限制。这在以前是盲目的价格规律造成的，这种规律通过价格下跌使众多企业陷于停顿和破产；而现在这种大有裨益的生产限制，却由卡特尔化生产的领导者的集体智慧更加迅速和无痛苦地实行了。还不仅如此。既然卡特尔能够决定价格和随时"注意使供给与需求保持一致"，消灭投机，即使不直接接管但也能准确地监督和控制贸易，那么，它为什么不能通过使生产完全适合需要而从世界上彻底消灭危机，并迅速而没有很大震动地消除经济生活中的一些不大的干扰呢？

这种想法虽然是好的，但却是不现实的。把危机简单等同于商品生产过剩的人恰恰忽略了主要的东西，即生产的资本主义性质。产品不仅是商品，而且是资本产品；危机期间的生产过剩不是单纯的商品生产过剩，而是资本生产过剩。而这只不过意味着，资本以使它的增殖条件和实现条件陷于矛盾的规模投入生产，以致产品销售不再产生能进一步扩大规模和进一步进行积累的利润。商品销售停滞，因而生产的扩大也停止了。因此，把资本主义危机简单等同于商品生产过剩的人，在分析危机时仍然停留在最初阶段。从危机过后不久市场就显露出吸收更大量商品的能力这一事实便已经可以看出，问题不可能是单纯的生产过剩。每一个接踵而至的繁荣时期都大大超过以前的繁荣期，尽管吸收能力的这种增加不能由人口增长和提供消费的收入增长来解释。除了单纯的消费能力以外，还有几个完全不同的因素应该考虑到。

卡特尔不是减少而是加剧价格调节中的干扰，这些干扰最终导致比例关系失调，从而导致资本增值条件和实现条件之间的矛盾。

第一，卡特尔造成一个生产部门内部竞争的停止，或者更确切地说，使竞争成为潜在的，即使该部门的竞争不再发挥降低价格的作用。第二，它使卡特尔化生产部门间的竞争在比非卡特尔化产业更高利润率的基础上进行。但是，卡特尔不能改变资本争夺投资领域的竞争，也不能阻碍积累对价格形成的影响，因此也不能阻碍比例关系失调的产生。

我们已经看到，在繁荣期间，同一生产部门内部的竞争并不起降低价格的作用；需求实际超过供给，在这种情况下，竞争存在于买者中间，而不存在于卖者中间。

只有当供给超过需求时，卖者间的竞争才会发生；此时价格开始下跌。卡特尔遵从价格的形成而不是决定它，这是生产机制所造成的结果。假定卡特尔在繁荣时期仍保持较低价格；于是，利润没有提高，积累也没有增加。如果卡特尔化产业的价格仍保持低水平，而同时非卡特尔产业的价格却提高了，那么，资本便从卡特尔化的产业中流出。很快，非卡特尔化生产部门便出现资本生产过剩，而卡特尔化的生产部门则出现生产不足，即发生导致普遍危机的极严重的比例失调，因为危机即使在生产保持不变或者甚至缩减时也是可能的。事实上，卡特尔早就该被摧毁，因为它不是满足而是妨碍利润欲，因而也就丧失了其存在的理由。局部调整，即把某产业部门并入一个企业，对整个产业的比例关系没有任何影响。生产的无政府状态不能通过各个因素在增强它们的效率和强度的条件下同时减少量来消除。它根本不能分期分批地或逐渐地加以消除。有调节的生产和无政府的生产不是量的对立，以致可以通过补缀越来越多的“调节”便由无政府状态变成自觉的组织，而是只有通过把整个生产置于自觉的监督之下，这个转折才能突发式地产生。谁实施这种监督，生产属于谁，是一个权力问题。从根本上讲，一个领导全部生产并以此而消除危机的总卡特尔本身，在经济上是可以想象的，虽然这种状态在社会上和政治上是不可能的，因为它必然由于发展到极其尖锐程度的利益对立而毁灭。指望用个别卡特尔消除危机，只不过表明对危机的原因和资本主义制度联系的无知。

正像卡特尔不能阻止危机的产生一样，卡特尔本身也不能避开危机的影响。当然，如果把危机同商品生产过剩等同起来，救治的方法也就很简单了。卡特尔缩减生产，从而以加速度，也许还在更大的规模上，造成了危机，通过企业破产和减少企业生产所直接造成的结果。它的社会后果，特别是失业和工资下降，当然也是一样。但是，卡特尔化的资本家能够保持高物价，因为供给受到很大限制。价格维持高水平，利润却减少了，因为销路减少了，生产成本也提高了。经过一段时期以后，市场吸收了过剩的产品，繁荣便可以产生。这种论证既是简单的，也是错误的。繁荣再现的前提是这样两个条件：第一，结束萧条所必要的比例关系的建立；第二，生产的扩大，因为只有这一点才确实地意味着繁荣。而上述卡特尔的政策恰恰使这两个条件难以出现。生产的限制意味着停止一切新投资；高物价的维持加剧了危机对所有非卡特尔化的或不那么巩固的卡特尔化的产业的影响。这里，利润的下降更为急剧，或损失更大，而因此被迫进行的生产缩减更多。这又加剧了比例失调。卡特尔化产业的销售也蒙受进一步的损失。事实表明，尽管生产急剧缩减，“生产过剩”还在继续，甚至还在加剧。但是，生产的进一步缩减意味着，在“一般费用”保持不变的条件下，资本进一步闲置；从而，成本价格进一步提高；于是，利润进一步降低，即使是在维持高价格的条件下。高物价吸引着局外企业。由于价格普遍下跌，他们可以以较低的设备费用和劳动费用进行计算。因此，它们便有了竞争能力，开始以低于卡特尔的价格出售。卡特尔不再能维持原有价格，价格暴跌波及卡特尔化产业。人为的干预受到纠正；价格形成遵循一定的规律，卡特尔力图摆脱这些规律是完全徒劳的。[34]在新的价格形成的基础上，资本在不同生产部门中进行重新分配，逐渐恢复比例关系，萧条被克服。一旦技术革新或新的市场引起需求的增加，后者又引起生产资本尤其是固定资本的新投资，繁荣就会开始到来。

因此，卡特尔并没有消除危机的影响。它们只是在把危机的重担转嫁到非卡特尔化产业身上的意义上，使危机发生变形。卡特尔化产业和非卡特尔化产业之间利润率的差别（卡特尔越巩固，它的垄断越有保证，这种差别平均来说也就越大），繁荣时期缩小，萧条时期扩大。在危机和萧条的初始阶段，卡特尔也可以比独立的产业更久地保持利润，并加剧危机对后者的影响。这种情况并非不重要，因为恰恰在危机时期和危机刚刚过后的时期，产业资本家的处境最困难，他们的独立面临最大威胁。正是在这一时期，他们得不到例如不降低他们的原料价格等等的卡特尔政策的帮助。这一因素对非卡特尔化产业状况的恶化和集中的加速进行具有重要意义。

第五篇

论金融资本的经济政策

第二十一章 商业政策的转变

金融资本意味着资本的统一化。以前被分开的产业资本、商业资本和银行资本等，现在被置于产业和银行的支配者通过紧密的个人联合而结成的金融贵族的共同领导之下。这种联合是以大垄断联合从而消除个别资本家自由竞争为基础的。当然，资本家阶级同国家权力的关系也因此而发生变化。

资产阶级的国家观产生于反对重商主义政策以及反对中央集权和享有特权的国家权力的斗争中。资产阶级的国家观代表了早期资本主义工场手工业和工厂的利益，一方面反对大商社和殖民公司的特权和垄断，另一方面也反对封闭的行会手工业的特权和垄断。但是，只有在证明国家的经济立法是多余的或有害的情况下，才能进行反对国家干预的斗争。同国家法律相对立，经济固有的规律性及其对国家立法的优越性，还必须加以证明。[1]

这样，资产阶级的政策便建立在国民经济学的基础之上，反对重商主义的斗争变成了争取经济自由的斗争。后者又扩大成为争取个人自由、反对国家监护的斗争。这些观点如何上升到自由主义的世界观，这里不能详加考察。也许应该指出的只是，例如在英国，争取经济自由的斗争在现代科学观点还不知道的某一时间取得胜利，但自由主义却没有把这种观点纳入自己的世界观之中。

像法国自由主义所阐明的有关一切道德和宗教观点的革命转变，在英国绝没有成为国民的共同意识；相反地，经济自由主义在英国却比在欧洲大陆上的任何地方都得到了更强的贯彻。

然而，即使在英国，自由放任的胜利也是不完全的：银行业领域依然被排除在外。银行自由的理论服从于英格兰银行统治者的实际需要。曼彻斯特学派的理论对实际执行的对外政策的影响则更小，这种对外政策在 19 世纪，如同在 17 世纪及 18 世纪一样，执行的依然是英国的世界贸易。在欧洲大陆，其实践则完全是贯彻营业自由，并依然作为对内政策的原则。而贸易政策很自然仍是保护关税的。因为英国的自由贸易政策是建立在资本主义发展的领先地位以及由此而产生的英国产业的技术的和经济的优势的基础之上的。英国的这种领先地位绝不是仅仅由于自然原因，尽管这些原因也起重要作用。只要现代的交通运输体系还没有发展起来，水上运输以及由于矿石和煤炭产地相近而产生的运费的节约便具有决定意义。但是不应忘记，资本主义的发展就是资本积累。英国积累较快，其基本原因是：一方面，同西班牙、荷兰和法国争夺海上霸权从而对殖民地统治权力的斗争已经结束；另一方面，由于大地主对农民的胜利而使无产阶级化的过程加快。

英国产业的领先地位增加了它对自由贸易的兴趣，正像早些时候荷兰资本主义发展的领先地位使它采取自由贸易政策一样。[2] 在国内，产业的发展、人口的增加以及人口在城市里的集中，很快便造成农产品的不足。因此，谷物价格便由当时运输方式变革前的特别高的运输费用以及后来生效的关税所决定。此外，在只是丰收使谷物进口没有必要而歉收却使谷物进口大大提高的过渡时期，土地所有者已经通过出口奖励制度周期地制造饥荒价格。英国货币制度的狭隘基础,在生活资料变贵之后,也造成货币危机。这一整个体系现在同产业的利益处于最尖锐的对立之中。外国工业品进口并没有使工厂主感到害怕,因为他们的企业在技术和经济上都远为优越。但是,谷物价格是“劳动价格”的最重要的组成部分,它在产业资本家的成本价格中起着更为重要的作用,因为在资本有机构成还很低时,活劳动占总产品价值的份额比较高。英国反关税斗争的公开的动机是,通过降低原料和劳动力价格来降低成本价格。

英国产业资本和商业资本对其他国家的自由贸易也很感兴趣,而对殖民地的占有兴趣不大。就殖民地作为工业品销售市场和原料购买市场来说,只要这些地区实行自由贸易制度,英国就没有值得一提的竞争对手。要求一项积极的殖民政策的代价是昂贵的——增加税收和削弱宗主国的议会制度。这种要求退到了自由贸易的宣传之后。当然,放弃殖民地仍不过是激进的自由贸易论者的柏拉图式的要求。因为最重要的殖民地印度,不仅仅被看作市场,对印度的统治也保证一个大的和有势力的阶级获得作为“对善政的贡赋”的优厚收入。[3] 此外,在这一重要市场上,“治安”是销售的条件。值得怀疑的是,英国放弃统治是否一定能阻止先前那种使销售能力恶化的斗争重演?[4]

在大陆,商业政策的利益关系完全不同。在这里,首先是农业原料的供应者,从事出口的地主主张自由贸易。因为自由贸易扩大他们自己的产品销售,能便宜地获得工业品。产业资本家的利益却相反。对农产品实行保护关税不成问题,但是强大的英国竞争却妨碍了或延缓了自己的产业发展。需要做的仅仅是克服最初的困难，战胜一切由于缺乏熟练工人、工长和工程师而带来的障碍，克服技术落后状态，建立商业组织，促进信用的发展，通过镇压手工业的竞争和瓦解古老的农民经济来加速无产阶级的形成，——简言之，就是要补做作为英国优先地位基础的一切东西。此外，对关税收入的国家利益，在间接税制的初期，以及在广大地区的自然经济状态对这种税制的发展设置了不可克服的障碍的时期，比现在更为受到重视。此外，在那一个时期，大陆国家的关税收入，就其是对工业品的征收而言，对国民经济并没有什么害处，虽然国内消费者必须为例如英国工业品多付关税税钱，但这种差额毕竟流进国库里了。而现在保护关税却造成如下结果：国内消费者必须把超过流入国库的巨大数额付给产业资本家和地主。相反地，在英国，国库的利益现在变得突出了。因为在这种阶级的政治权力关系下，已经形成的关税制度只有经过巨大的困难和反抗才能得到完善。

至于殖民地占有问题，如果殖民地国家废除了保护性的关税壁垒和特权，它们就必然面临极强大的英国的竞争的威胁。

因此，产业阶级的关税政策在大陆和美国具有不同的方向，这可以由美国资本主义的产业优势加以说明。大陆及美国的保护关税制度由凯里和李斯特作了理论上的论证。李斯特的体系并不像李嘉图所表述的那样，是对自由贸易理论的驳斥。它只不过是一种经济政策，这种经济政策只有通过促进民族工业的发展才能使自由贸易制度成为可能。而后，自由贸易制度便是民族工业的最适当的制度。李斯特的培育关税只应服务于这一目的。因此，他要求低额关税，以便弥合英国的先进和德国的落后之间的差距。这种关税只是暂时的，因为他的政策必然使关税最终成为多余的。

这种发展资本主义的关税政策，由于发达的资本主义关税政策而走向了自己的反面。

坦率地说，李斯特的体系是适合于资本主义落后国家的体系。目的变异规律*又一次证明了自己的有效性。一旦以资本集中和积聚的程度即卡特尔化和托拉斯化的程度以及银行支配产业的程度——简言之，以所有资本向金融资本转化的程度为标准，那么，不是自由贸易国家的英国，而是保护关税的国家德国和美国，变成了资本主义发展的典型国家。在德国，在国内关税壁垒瓦解之后，特别是在帝国建立之后，产业的迅速高涨引起了商业政策利益的彻底演变。农产品输出的停止使地主成为保护关税的既得利益者。工业中的保护关税的既得利益者同他们结合在一起。这正是要求保护关税、对抗更强大的英国竞争的重工业的代表，特别是冶铁业的代表。这种产业部门有较高的有机构成，可以比较容易地承受生活资料价格的上涨。此外，生活资料价格的上涨当时还不太明显，它的影响被正在开始的美国农业竞争所消除。另一方面，产业由于危机的结果而遭受极其严重的危害。当德国的冶铁业由于自然和技术的原因而落后于英国时，特别是生铁除磷法发明以前，对来自英国的竞争更难以承受。此外，在具有很高的有机构成和特别大的固定资本份额的产业中，后起者也很难赶上先发者的优先地位。在德国，从一开始就已经同重工业发展有密切联系的银行资本的一部分，也赞成保护关税政策。保护关税的反对者，是

* “目的变异”来自德国著名理学家威廉·冯特的心理学理论，指行为过程的结果导致最初目的的改变或非最初目的的出现的可能性。——译者

那些投资于出口产业的产业资本的一部分和商业资本。但是1879年保护关税的胜利意味着保护关税职能转变的开始，即从培育关税逐渐变成卡特尔关税。[5]

毫无疑问，排除外国竞争极大地促进了卡特尔的形成。这是直接的促进，因为竞争者的减少使他们结合更容易；这也是间接的促进，因为保护关税就它的实际形成和起源来说（保护关税在这个阶段上，在欧洲和美国，受经营原料和半成品生产的强大资本家的支持），通常对生产原料和半成品的产业比对为出口的成品产业更为有利。后者必须在世界市场上同英国的这种产品竞争，而英国这种产品的成本价格并没有因为保护关税而提高。正是这种情况，必然促进从事生产资料生产的产业的发展，把其技术发展所必要的一切资本提供给它们支配，加速它们向更高的有机构成方面发展，从而也加速它们的积聚和集中。这样便为它们的卡特尔化创造了前提条件。

同时还存在着另一种最初由德国资本主义发展的落后而造成的情况，这种情况最终成为德国产业对英国产业具有组织优势的一个原因。英国产业的发展在组织上可以说经历了由小的萌芽逐渐到大规模的发展。由协作和工场手工业变成工厂。工厂最初主要在纺织工业中发展起来，这种工业要求比较小量的资本。就组织方面来看，主要仍是个人企业。个别资本家而不是股份公司占统治地位。资本主义财富依然掌握在个别产业资本家手里，因此，一个富有的资本雄厚的产业企业家阶级渐渐以越来越快的速度产生出来。他们的财产就是生产企业。后来，特别是由于大运输企业的发展，股份公司便获得了更大的意义。这时，这些大产业资本家基本上都成了股东。就股份公司的产生和其性质而言，投资于这些股份公司的也是产业资本。像产业资本和商业资本一样，银行资本和从事发行活动的资本也掌握在个别资本家手里，而股份银行仅服务于流通信用，因此对产业不产生很大的影响。从事发行活动的银行家也一样，他们正因为是发行家而不再是银行家，至少部分地变成了产业资本家。资本在个别资本家手中积聚的这种趋势，是英国资本主义较早的可以说是有机发展的一个结果，在大陆和美国都是不存在的。另外，来自殖民地特别是来自印度的大量货币额也像利用英国的贸易垄断而获得的大量货币额一样，在个别资本家手中积累起来，这在德国和美国则是完全不存在的。

后来，在德国，当资本主义发展的政治障碍由于关税同盟以及随后帝国的建立而被最终克服的时候，当资本主义的道路被扫清的时候，资本主义发展当然不必步英国的后尘。尽可能地在技术和经济上以先进国家已经达到的阶段作为本国的起点的努力，是必然的。然而在德国，缺少资本在单个人手中的积累，这种积累是在最发达的产业中按英国已达到的规模进行生产所必要的。因此，在这里，股份公司除同德国的和英国的形式有共同职能外，还获得了新的职能，即筹措必要资本的手段。由于积累较小，不仅个别资本家没有必要的资本，就是整个产业资本家阶级也没有必要的资本。在英国，股份公司，特别是在它的初期，把富有的资本家联合起来；而在德国，股份公司也向产业资本家提供必要的资本，把其他阶级的货币提供给他们，用于他们的企业。但是，直接发行股票是不能达到通过银行中介那样的规模的。在银行中，所有资本家本人的闲置货币，还有其他阶级的货币，可以被集中起来，提供给产业支配。在产业中鼓励股份形式的同一原因，也使银行作为股份银行而产生出来。因此，德国银行从一开始就具有给德国产业股份公司提供必要资本的任务，从而不仅提供流通信用，而且也提供资本信用。因此，在德国和（部分地也以不同的形式）在美国，银行同产业的关系从一开始就必然不同于英国。如果说这种区别首先来自德国比较落后和比较迟缓的资本主义的发展，那么在德国和美国，这种产业资本和银行资本之间的密切联系相反地却成为向更高的资本主义组织形式发展的重要因素。[6] 在产业迅速发展的条件下，保护关税政策同产业由于银行而金融化的这种结合，必然很快造成卡特尔化的趋势，而这种趋势本身又造成新的保护关税利益，因为保护关税本身的职能由此而发生了变化。

古老的保护性关税的使命，除了弥补既有的不利自然条件外，就是促进在被保护范围内产业的建立。它应保护处于发展中的国内产业，防止被已发展起来的外国产业的强大竞争所阻碍或消灭。关税只需确定在恰好足以抵消外国产业优势的适度水平。这种关税还不能设想为禁止性的关税，因为国内产业还不能满足需要。它首先不能成为长期的。如果保护关税仅仅执行它的“培育关税”职能，如果国内产业发展起来能够满足需要并造成出口的可能性，保护关税便失去自己的意义。它完全变成有利的出口机会的障碍，因为它促使其他国家也采取类似的措施。在自由竞争的制度下，从被保护的产业满足了国内需要并能开始出口时起，保护关税的提高价格的作用便不再有效了。其实，在自由竞争的条件下，这时受保护的市场价格必然等于世界市场的价格，因为运往遥远的世界市场的运输费用的节约使国内市场的销售比国外市场的销售盈利更多。产业的供给等于或大于国内需要，因此，保护关税按其水平来说更为适中，按其时间说更为短暂，只是帮助某产业部门度过它幼年时期的最初困难。

但是，在资本主义垄断时代，情况就不同了。现在正是那些具有最强出口能力的产业支持高额保护关税。它们在世界市场上的竞争能力是毋庸置疑的，因此，根据过去的理论，他们对保护关税不该再有什么利益。从国内产业完全满足需要时起，保护关税便不再具有提高价格的作用（假定自由竞争占统治地位）。但是产业上的保护关税是促进卡特尔化最有效的手段之一。首先，它使外国竞争更加困难；[7] 其次，卡特尔提供了利用关税差额的可能性，即使是出口能力已经达到。卡特尔通过分摊用于国内消费的生产量，排除了国内市场上的竞争。即便在生产早已超过国内需要的阶段上，竞争的消失也维持了保护关税提高价格的作用。因此，卡特尔化产业的一个重大利益就是使保护关税成为一项长远的制度。保护关税首先保证这种产业作为卡特尔的存在，其次使这种产业在国内市场上出售自己的产品获取超额利润。这种超额利润的高度是由国内价格超过世界市场价格的幅度决定的，但是这种差额取决于关税的高低。因此，正如追求利润的努力一样，追求提高关税的努力也是没有止境的。因此，卡特尔化的产业对保护关税额度的大小有着直接的、极大的利害关系。关税越高，国内价格也就越能提高到世界市场价格以上，因而也就由培育关税变成高额保护关税。逐渐降低关税的缔约的拥护者、辩护者，变成了狂热的高额关税论者。

但是，卡特尔不仅从对由它自己生产的产品实行保护关税中得到好处。我们知道，在其他情况不变的条件下，卡特尔价格受其他产业利润率的限制。例如，如果机械工业的利润率由于机械关税的提高而提高了，那么，煤炭和冶铁生产的卡特尔就能提高自己的价格，从而把机械工业超额利润的一部分或甚至有时全部据为己有。这样，垄断同盟便对关税产生了利害关系，不仅对它自己的产品，而且也对加工工业的产品实行保护关税。

因此，保护关税向卡特尔提供了超过由于卡特尔化所达到的超额利润的超额利润，[8] 并赋予卡特尔向国内人口征收间接税的权力。这种超额利润不再来自卡特尔雇用的工人所生产的剩余价值，也不是对其他非卡特尔化产业的利润的扣除，而是对国内整个消费者阶级所课的贡赋。它在何种程度上由消费者阶级来承担，具体地说，是否和在何种程度上是对地租、利润或工资的扣除，恰像对工业原料和享受资料所课间接税的转嫁中那样，取决于具体权力关系和由于卡特尔保护关税而变得昂贵的物品的性质。例如，食糖价格的上涨比农业机械或硬木家具的价格上涨对工人群众影响更为严重。但是，不管最后这种价格上涨的作用如何，社会收入的一部分都由于这种价格上涨而被受关税保护的卡特尔化产业所占有。这些产业的积累也因此而受到强有力的促进。

同时，这种提高利润的方式必然变得更加重要，因为通过提高绝对剩余价值即延长劳动时间和降低工资而造成的利润率的提高，由于工人组织的加强而成为不可能的事情，而相反的趋势却日益加强。实行工业关税带来农业关税提高的事实，恰恰对重工业没有什么意义。因为后者有机构成高，劳动力昂贵，并不会过于加重它们的负担。它们在工资斗争中的地位很强大，如果保护关税确实定得足够高，那么由于农业关税而引起的生产费用的少许提高，也可以由保护关税而产生的超额利润绰绰有余地加以补偿。

然而，国内市场价格的上涨有缩小卡特尔产品销售的趋势，这样就和扩大生产规模、降低生产成本的趋势相矛盾。在卡特尔还不巩固的场合，这就可能对卡特尔的生存构成威胁。对那些具有最好装备的大企业来说，由于卡特尔政策而引起的销路的减少是不堪忍受的。于是，他们重开竞争战，以消灭弱小企业并占领后者的销售市场。在竞争战结束之后，便会在新的基础上产生一个更加强大的卡特尔。但是，如果卡特尔已经巩固，它就力图通过加强出口来补偿国内市场的缩小，以便能够在同样的规模上或尽可能在更大的规模上进行生产。当然，在世界市场上，卡特尔必须按照世界市场的价格销售。如果卡特尔有足够的生产和出口能力（这是我们的前提），那么，它的实际生产价格（k＋p）便与世界市场价格相一致。但是，卡特尔也能以低于它的生产价格出售，因为它在国内市场上靠在该市场销售的产品获得了超额利润，这一超额利润的量是由关税的高低决定的。所以，卡特尔能够用这些超额利润的一部分，以低于竞争者的价格出售，从而扩大自己在国外的销售市场。如果这一点成功了，它也许能够扩大生产，降低生产成本，从而获得新的超额利润，因为国内的价格保持不变。如果国内的购买者把它的产品出口，它从自己的超额利润中向他们支付出口奖励，它也能达到同样的结果。这里，在经济区的规模和国内消费量既定的情况下，出口奖励的最高限额便由关税水平来决定。而在景气时期，卡特尔能够把这种奖励压得非常低，有时可以完全取消，并通过这种方式把一部分本应属于购买者的因景气而获得的利润据为己有。在不景气时期,全部奖励也许不足以补偿购买者由于世界市场价格下降而蒙受的损失。卡特尔的历史反复证明,把出口掌握在自己手里对卡特尔的生存是多么重要。因为不然的话,由于缺少发达的奖励制度而造成出口的障碍,便不断威胁卡特尔的生存。但是,随着奖励制度的发展,保护关税的职能便发生了彻底的变化,实际上走到了自己的反面。从抑制外国产业占领国内市场的手段变成了国内产业占领外国市场的手段,由弱者手中的防御武器变成了强者的进攻武器。

英国的自由贸易绝没有被它的代表者看作仅仅是适用于英国的经济政策。相反地,自由贸易政策的普遍化是英国产业的普遍利益,它保证了英国产业在世界市场上的垄断。其他国家的保护关税意味着英国商品销售能力的限制。现在,这里也发生了这样一种意义上的变化,即资本也克服了这种障碍。虽然他国实行或提高关税对向它输出的国家始终意味着销售能力的限制,从而成为后者产业发展的障碍,但是保护关税在前者国家中意味着超额利润,这种超额利润便成为不是把商品而是把商品生产本身带到国外去的动机。只要资本主义还不发展,这种能力就比较小,这部分地是因为当时国家立法的阻挠,部分地是因为资本主义生产的经济前提还没有充分具备,即缺少国家的保护,缺少劳动力,特别是缺少熟练劳动力。所有这些都是必须缓慢地和逐步地加以消除的并使资本转移特别困难的障碍。但是这些障碍现在大都被消除了。因此,对发达国家的资本来说,通过资本输出手段克服保护关税制度对利润率影响的有害结果,是可能的。

第二十二章　资本输出和争取经济区的斗争

一方面，保护关税制度的普遍化力图把世界市场日益分割为一个个按国家分隔开来的经济区，另一方面，金融资本的发展增强了经济区规模的重要性。这对资本主义生产的发展一直具有重大意义。[9] 经济区的规模越大和人口越密集，经营单位就能越大，从而生产费用就越低，企业内部的专业化程度也越高。而专业化程度的提高同样也意味着生产费用的降低。经济区越大，工业所在地设在自然条件最有利和劳动生产率最高的地区也就越容易。经济区域越广阔，生产就越多样化，不同的生产部门越有可能互相补充，从国外进口所花运输费用越能得到节约。在一个大区域内，需求变动或自然灾害对生产的干扰更容易得到补偿。因此，在发达的资本主义生产条件下，自由贸易会把整个世界市场联结成为一个唯一的经济区，并保证最高的劳动生产率和最合理的国际分工，这是没有疑义的。但是，即使在自由贸易条件下，产业仍能在其本国市场上享有一定优势，因为它熟悉本国的习俗和消费习惯，容易取得一致，特别是因为距离很近从而获得由于节约运输费用而提供的好处，这种好处还由于税率政策方面的措施而增强。相反地，对外国产业来说，由于语言、法律、货币等等的差异，增添了某些障碍。但是,保护关税大大加剧了对较小经济区的危害,因为它妨碍输出,从而缩小了可能的经营,阻止了专业化的发展,因而正像合理的国际分工受到阻碍那样,造成生产成本的提高。美国产业即使在保护关税制度下也能如此迅速地发展,首先归因于它的经济区辽阔,能使企业范围内的专业化达到非常高的程度。在已经相当发展的资本主义生产的条件下,从而在培育关税已经完成了自己职能的时候,经济区越小,该国对自由贸易的兴趣一般也就越强烈。例如,比利时对自由贸易的强烈兴趣即是由此而来。此外,经济区越小,生产力的自然条件分配也就越片面,从而有发展能力的产业部门也就越少,从国外进口本经济区不适合生产的商品的兴趣也就越强。

相反地,保护关税意味着对经济区的限制,从而意味着对生产力发展的阻碍,因为它缩小了产业企业的规模,使专业化陷于困境,最后阻碍一切国际分工,(国际分工使资本流向有关国家的具有最佳条件的那些生产部门)而在现代高额保护关税的条件下,这变得更加显著,因为关税率的确定常常不考虑各个生产部门的生产技术状况,而毋宁说是各个产业阶层政治权力斗争的结果,关税率的形成归根结底取决于这些阶层对国家政权的影响。但是,如果说保护关税是生产力发展,从而是产业发展的障碍,那么,对资本家阶级来说,它却直接意味着利润的提高。首先,自由贸易给卡特尔化造成困难,剥夺了一些具有卡特尔化能力的产业在国内市场上的垄断,这是就它们不是通过运价保护(如煤的情况)或自然垄断(如德国钾盐生产的情况)保证垄断化的意义上而言的。但是,这样的话,由于采用卡特尔的保护关税而得到的超额利润将不复存在。

当然,垄断化甚至在没有保护关税的情况下也会发展,这是肯定的。但是,第一,它的速度会因此而大大放慢;第二,卡特尔的稳定性变得更小;第三,担心同国际卡特尔的对抗,因为国际卡特尔直接被当作同民族相异己的剥削力量。相反地,保护关税为卡特尔保证了国内市场,赋予它更大得多的稳定性,这不仅是通过排除竞争,而且因为利用保护关税的可能性成为缔结卡特尔的直接有效的动力。国际卡特尔化的确最后也要在自由贸易条件下,在集中的长足发展的基础上进行,但它通过保护关税也被加速了。保护关税促进了卡特尔的缔结,首先是划分销售区域和签订价格协议的卡特尔形式,因为它不像在自由贸易制度下的情况那样,把世界市场上孤立的生产者联合起来,而是把已建立起来的各个国家的卡特尔彼此联合起来。保护关税把各个卡特尔作为缔约当事人,因而极大地减少了参加者的数目。保护关税从一开始就把国内市场留给各该国家的卡特尔,这也使协议的基础更容易建立起来。但是,这种由于保护关税而排除了竞争的、为一定国家的卡特尔保留的市场越多,就自由市场达成谅解就越容易;其次,国际协议也就越牢固,因为即使这种协议破裂也不会对外人提供像在自由贸易条件下那样大的对竞争结果的期待。

因此,这里有两种相反的趋势。一方面,保护关税成为卡特尔进行竞争的进攻性武器,因而加剧了价格战;同时卡特尔又试图通过使用国家的权力手段和外交干预来加强自己在竞争中的地位。另一方面,保护关税使各国的卡特尔保持稳定,从而为缔结国际卡特尔创造了有利条件。这两种趋势作用的结果是,这些国际协议与其说意味着持久的共同利益，不如说意味着暂时的休战，因为保护关税的武器上的每一个变化，各国市场关系上的任何更动，都会改变协议的基础，并产生达成新协定的必要。只有在以下两种情况下才能出现比较稳固的国际卡特尔机构，或者自由贸易多多少少消除了国家的壁垒，或者卡特尔的基础不是通过保护关税建立起来，而首先是通过自然垄断建立起来，例如像在石油产业领域中那样。

同时，卡特尔化也大大提高了经济区大小对利润水平的直接意义。我们已经看到，保护关税为进行国内市场销售的资本主义垄断提供了超额利润。经济区越大，国内销售量就越大（可以想想美国和比利时的钢铁业的出口部分），从而卡特尔的利润也就越大。卡特尔利润越大，出口奖励可能就越高，在世界市场的竞争能力因而也就越强。随着由追逐殖民地的狂热所引起的对世界政治的更积极的干预，同时也产生了在保护关税的壁垒内尽可能大地建立经济区的努力。

至于保护关税对利润率水平的不利影响，卡特尔试图用保护关税制度本身提供给它的手段来克服。首先，保护关税带来的出口奖励的发展，有可能克服或至少部分地克服外国的保护关税的壁垒，因此在某种程度上预防了对生产的限制。其次，由本国保护关税所鼓励的国内生产规模越大，就越能做到这一点。因此，这里产生的仍然不是对自由贸易的利益，而是对扩大本国经济区和提高关税的努力。但是，一旦这种手段不灵，便开始以在国外建工厂的形式进行资本输出。受外国保护关税威胁的产业部门现在自己也利用这种保护关税，把一部分生产移置国外。如果因此而使母企业不能扩大，也远远不能通过降低生产成本来提高利润率，那么，这便通过各该资本所有者目前在国外生产的产品的价格上涨所提供的利润的提高来补偿。因此，资本输出在不同形式上受到本国保护关税的有力促进，也同样受到外国保护关税的鼓励，它同时也为资本在世界范围的渗透和资本的国际化作出贡献。

于是，就这里所考察的利润率而言，由现代保护关税阻碍生产力发展所造成的利润率下降的结果便消失了。因此，在资本看来，自由贸易是多余的和有害的，资本试图补偿由经济区的缩小造成的对生产力发展的阻碍，但不是通过向自由贸易的过渡，而是通过扩大本国的经济区和加速进行资本输出。[10]

因此，如果现代保护关税政策加强了资本对不断扩张自己领地的始终存在的冲动，那么，一切闲置的货币资本向银行手里集中却导致有计划的资本输出组织的建立。银行与产业的联系使银行货币资本的提供受下述条件的制约：这种货币资本被用于与该银行有关的产业。因此，一切形式上的资本输出都大大加速了。

我们所说的“资本输出”，是指用来在外国生产剩余价值的价值的输出。这里根本的问题是，剩余价值仍然留归国内资本支配。例如，如果一个德国资本家携带他的资本移居加拿大，在那里进行生产，不再回归故里，这就意味着德国资本的损失，意味着资本脱离原国籍。这不是资本输出，而是资本转移。它形成本国资本的扣除和外国资本的增加。只有用于国外的资本仍由国内支配，才能谈得上资本输出。因而，这部分资本形成国家的资产负债表中的一项，每年期满日的剩余价值形成国家的国际收支平衡表中的一项。资本输出相应地（pro tanto）减少了国内资本量，按所生产的剩余价值增加了国民收入。

股份公司和发达的信用组织促进了资本输出，并在下述意义上改变了它的性质：它们能使资本离开企业家而移往国外；因此，所有权在相当长时间内或持久不变地留在输出国，而资本的民族化则很困难。为农业生产的目的而进行资本输出的地方，这种民族化通常要迅速得多，正如美国的例子所证明的那样。

从输出国的角度看，资本输出能以两种形式进行：作为带来利息的资本或作为带来利润的资本移往国外。作为带来利润的资本，它又可以执行产业资本、商业资本和银行资本的职能。从资本输入国的角度看，还要考虑用剩余价值的哪一部分支付利息：为在外国的抵押证券支付的利息意味着地租[11]的一部分流往外国；而为产业企业的债券支付的利息意味着产业利润的一部分流往外国。

在欧洲，随着资本向金融资本的发展，资本常常已经作为带来利润的资本移往国外了。德国的一家大银行在国外设立了分行，这个分行中介贷款，其收益用于建立一个发电厂。该厂的建立被委托于国内与该银行有联系的电力公司。或者，这个过程还可以更加简化：国外分行在外国建立一个产业企业，在国内发行股票，把供货再委托给予总行有联系的企业。当国家贷款被用于获取产业供货时，这一过程便在最大规模上进行。银行资本和产业资本之间的密切联系促进了资本输出的迅速发展。

资本输出的条件是利润率的差异。资本输出又是国内利润率平均化的手段。利润水平取决于资本的有机构成，从而取决于资本主义的发展程度。资本主义发展得越先进，平均利润率就越低。

对这个一般性的规定，我们这里不予考察，因为所涉及的问题是世界市场上的商品，它们的价格由最先进的生产方法所决定。但是，除了这个一般性的规定外，还要补充特殊的规定。至于利息率，它在资本主义不发达和缺少信用与银行组织的国家要比发达的资本主义国家高得多。此外，在前者的利息中还大都包括工资或企业主收入的部分在内。高利息率形成借贷资本输出的直接诱因。企业主收入在这里也比较高。首先，因为劳动力特别低廉，劳动力质量上的不足则通过超长的劳动时间来补偿。其次，因为地租低或仅是名义上存在地租，这是由于有自然的或对当地人民暴力掠夺造成的大量闲置土地的存在；因此，低廉的土地价格使生产成本降低。此外，利润通过特权和垄断而提高。由新市场本身形成其销售区的产品，实现了很高的超额利润，因为这里是以资本主义方式生产的商品与手工业方式生产的商品之间的竞争。

无论资本输出如何进行，它总是意味着外国市场吸收能力的提高。外国市场对欧洲工业产品的吸收能力，是以前商品输出的障碍。这种市场的消费能力受它们所支配的剩余的限制，这些剩余是由自然经济或其他不发达的生产中产生的。这种生产的生产率不能迅速提高，在短时期内还不能转变成为为市场的生产。因此，很容易理解，英国的资本主义生产即具有巨大弹性和扩张能力的生产，很快满足了新开辟的市场的需要，并超过了这些需要，这又反过来表现为纺织工业的生产过剩。但是，另一方面，英国对这些新开辟市场的特殊商品的消费能力也受到限制。虽然这种消费能力，从纯粹数量上来看，自然比其他外国市场上的消费能力要大得多，但是，这里决定性的因素是质的特性，即外国市场能作为英国商品以等价物送回来的产品的使用价值。就专门的奢侈品来说，它的消费在英国受到限制；而另一方面，特别是纺织工业，却力求异常迅速地扩大生产规模。但是，纺织品的出口，增加了对殖民地产品的进口，而对奢侈品的消费却根本没有按同样的程度扩大；相反地，纺织品生产的迅速发展，要求利润以提高的比率来积累，而不是用于奢侈品的消费。因此，每一个新的外国市场的开辟，在英国都以危机而告终。这种危机一方面是由纺织品价格在外国的跌落引起的，另一方面是由殖民地产品价格在英国的暴跌引起的。英国产业危机的全部历史都表明了这些特殊的危机原因的意义。值得注意的是，图克仔细地探索了所有殖民地产品的价格，以及早期的产业危机如何合乎规律地伴随着这些商业部门的完全崩溃。这种情况只是随着现代运输体系的发展才开始改变。现代运输体系的发展把重点转移到冶铁业，而与新开辟的市场的交易同时越来越沿着这样的方向推移：不再是单纯的商品贸易，而是资本输出。

资本作为借贷资本的输出，已经大大地扩大了新开辟的市场的吸收能力。假定一个新开辟的市场能够出口 100 万英镑的商品，那么，它在商品交换中的吸收能力（假设是等价交换）也同样等于 100 万英镑。但如果这一价值不是作为商品，而是作为借贷资本（例如以国家借款的形式）被输出到这个国家，那么，新市场通过输出自己的剩余而能支配的 100 万英镑的价值，就不是用于交换商品，而是用来使资本生息。因此，如果这一价值作为资本被输送到这里，利息为 10%，那么，现在被输出到这个国家的价值可能不是 100 万英镑，而可能是 1 000 万英镑；如果利息降低到 5%，就可能是2 000万英镑。这同时也说明利息率下降对于市场扩大的能力的巨大意义。外国借贷资本的激烈竞争具有这样的趋势:利息率甚至在落后国家中也急剧下降,从而又增加了资本输出的可能性。但产业资本输出的影响远比借贷资本形式的输出重要得多。这也就是产业资本形式的资本输出具有越来越大的意义的原因。因为资本主义生产转移到外国市场,使这一市场完全摆脱了自己消费力量的限制。这种新型生产的收益实际保证了资本的增殖。但是,对销售来说,绝不仅仅考虑新开辟的市场。相反地,这些新区域里的资本也向那些其产品在世界市场上的销售得到保证的生产部门那里转移。例如,南非的资本利用就完全摆脱了南非的吸收能力,因为其主要的生产部门即金矿开采业的销售的可能性恰恰是无限的,资本的利用在这里仅仅取决于采矿的自然扩张能力和充足的劳动人口的存在。同样,例如铜矿的开采也与殖民地的消费力量无关,而必须在新市场上寻求自己大部分产品销路的真正消费资料工业的扩大,很快就遇到消费能力的限制。

因此,资本输出扩大了由新市场的消费能力所产生的限制。但是同时,把资本主义运输方法和生产方法移到外国,也在那里造成经济的迅速发展。通过自然经济关系瓦解而产生出的较大的国内市场,扩大了为市场而进行的生产,从而增加了被出口的以及因此又可以用来支付新输入资本的利息的产品。如果开发殖民地和新市场以前首先意味着开发新的消费资料,那么,现在新资本主要投向为产业提供原料的生产部门。同时,随着服务于资本输出需要的国内产业的扩大,被输出的资本就投向为这些产业提供原料的生产。因此,被输出的资本的产品便在宗主国找到吸收场所;由于国内产业和被输出的资本的生产相依为命，英国生产活动的狭小范围便大大扩展了。

但是，我们知道，开辟新市场是结束产业萧条、延长繁荣时期以及缓和危机影响的一个重要因素。资本输出加速了对国外的开发，最大限度地发展了它们的生产力。同时，它在本国也增强了那种必须提供被作为资本输往国外的商品的生产。因而，它成了资本主义生产的强大动力。随着资本输出的普遍化，资本主义生产进入了一个新的狂飙与突进运动的时期，[12]在这一时期内，似乎繁荣和萧条的周期缩短了，危机也缓和了。生产的迅速提高也造成对劳动力需求的增加，而这种需求的增加有利于工会。资本主义固有的贫困化趋势，在老的发达资本主义国家似乎被克服了。生产的迅速增长阻碍了人们对资本主义弊病的认识，造成人们对资本主义社会生命力的乐观估计。

今天，殖民地和新市场开发的快慢如何，从根本上取决于它们为投资服务的能力。按资本主义方式生产的、在世界市场上的销路被保证的以及对宗主国的产业具有重要意义的产品在殖民地越多，上述能力也就越大。但是，1895 年以来的资本主义的急剧膨胀造成价格上涨，首先是金属和棉花价格上涨，从而大大加强了对开发这些重要原料的新来源的冲动。于是，输出的资本主要在能够生产这些产品的地区寻找活动余地，并转到尤其像采矿这样能立即按高度资本主义方式来经营的领域。由于这种生产，殖民地可以输出的剩余又增加了，从而提供了新投资的可能性。因此，新市场上的资本利用的步伐大大加快。开发的障碍不是各该国家资本的缺乏，这倒是可以通过资本输入来消除；在大多数场合，另外一种情况越来越起干扰作用：缺少“自由的”劳动，即缺少雇佣劳动；工人问题采取了激烈的形式，似乎只有通过暴力手段才能解决。

情况总是这样，当资本最初面对与它的增殖需要相矛盾、在经济上只能逐渐地和极其缓慢地加以克服的关系时，它便诉诸国家政权，使它服务于创造必要的自由雇佣无产阶级的暴力剥夺。在其初期阶段，这种无产阶级可能是欧洲农民、墨西哥和秘鲁的印第安人；今天，则是非洲的黑人。[13]这些暴力方法属于殖民政策的本质，没有它们，殖民政策就失去了自己的资本主义意义。正如一无所有的无产阶级的存在一般来说是资本主义必不可少的条件一样，它们也成为殖民政策的不可缺少的组成部分。推行殖民政策而又要消除它的暴力方法，就如同废除无产阶级而又想维持资本主义一样，是一种没有经过严肃思考的幻想。

强制劳动的方法是多种多样的。主要的手段是对土著人的剥夺，夺走他们的土地，即夺走他们迄今为止的生存基础。土地被移交给征服者；同时，这样一种趋势也日益发挥作用：土地不是移交个别殖民者，而是移交大土地公司。矿产品的开采尤其如此。这里，按照原始积累的方法，资本主义财富突然集中到少数资本巨头手中，而小殖民者却没有捞到什么好处。只要想想下述情况就足以理解：巨大的财富以上述方式向掌握着英属南非的金矿和金刚石矿的集团手里集中，少量的则集中在西南非与大银行有最密切联系的德国殖民公司手中。这种剥夺同时也在被从土地上游离出来的土著居民中创造出一个无产阶级，他们必定成为任人摆布的剥削对象。征服者的要求自然引起了土著居民的反抗，因而使剥夺本身成为可能。殖民者的暴力行为本身引起冲突，这种冲突使国家干预成为“必要”。于是，国家着手进行彻底整治。资本追求不加抵抗的剥削对象的努力，现在以在该地区“维持治安”的名义成为国家的任务。整个民族，即首先是无产阶级的士兵和宗主国的纳税人将要承担执行这一任务的责任。

在剥夺不能一蹴而就的地方，就通过建立税收制度达到同一目的，这种税收制度要求土著居民缴纳货币贡赋，其数额唯有通过不断为外国资本进行劳动才能筹措。这种对劳动的训练在比属刚果达到完善化。在那里，除了压榨性的征税之外，极其无耻地慢性施用暴力、欺诈和蒙骗就是资本主义积累的手段。奴隶制重新成为一种经济上的理想；残暴精神也与之同时从殖民地转移到宗主国的殖民地既得利益者身上，并在这里进行丑恶的庆祝狂欢。[14]

如果土著居民不足以提供所期望的剩余价值率水平，这或者是由于剥夺时的过激行为使土著居民不仅脱离土地，而且也丧失生命，或者是由于居民的身体素质不强或数量不足，那么，资本就试图通过引进外国劳动来解决劳动力的问题。输入苦力是有组织地进行的；同时，通过契约奴隶制这样一种精心策划的制度，使供求规律在这种劳动市场上不发生令人不快的影响。当然，这不是为资本解决劳动力问题的根本办法。一方面，在对白人雇佣劳动留有余地的所有国家中，引进苦力遇到白人工人的越来越强烈的反对；同时，另一方面，在欧洲殖民政策与日本（中国本身在不久的将来也必然步日本的后尘）的日益加强的扩张野心发生利害冲突的地方，在统治者阶层看来，这种引进也是危险的。[15]

因此，如果引进黄种人劳力受到限制，那么，从某种意义上讲，白人劳动范围的扩大就更受到限制。通过资本主义的发展把工人游离出来的做法在欧洲已大体停止。资本主义的迅速扩张，在最先进的国家中部分地造成相反的趋势，而在这个狂飙与突进运动时代甚至造成完全相反的趋势。

例如，德国资本主义在最近的两个高涨时期，就遇到劳动人口的障碍，不得不以外籍工人对产业后备军进行必要的补充。美国的资本主义也在更大得多的规模上依赖引进移民。而英国发展的缓慢却表现为明显的失业。因此，欧洲的向外移民的地区缩小至南欧、东南欧和俄国的范围。但是同时，由于迅速的扩张，对雇佣劳动的需求则大大增加了。

那些由于社会政治或世界政治的原因而排斥亚洲移民的国家，在它们扩张时遇到人口的障碍。这种障碍恰恰在资本主义发展前景最好的地区里最难克服，例如在加拿大和澳大利亚。此外，在拥有广阔自由地的这些地区，农业的扩大也同样需要迅速增长的追加人口，这严重阻碍了无产阶级的产生。而且，这些地区的有些地方，人口自然增长相当缓慢。即使在发达的欧洲国家，人口增长也不断减慢，[16]从而减少了可以向外移民的剩余人口。

然而，人口的这种缓慢增长恰恰发生在对增加农产品产量有较大意义的地区，例如加拿大、澳大利亚和阿根廷。这种缓慢化造成农产品价格上涨的趋势。尽管农业生产本身具有强大的扩大能力，但是这种趋势还是越来越强。

但是，人口的障碍始终仅仅是相对的。它说明资本主义扩张还不能更迅猛地向前推进的原因，但它绝不能消除这种扩张本身。此外，它自身就带有医治自己的手段。撇开在真正的殖民地地区创造自由的雇佣劳动或强制劳动不论，撇开在资本主义宗主国由于技术进步而不断进行的对白人劳动的相对游离（它在扩张减慢时则提高为绝对游离）不论，在白人劳动的殖民化地区的资本主义扩张的更严格的限制，就会导致资本主义在克服对立的政治障碍的条件下，在更大的程度上转向欧洲本土中仍然落后的农业区，从而开发一些地区，通过破坏农村家庭工业和使农业人口游离出来，在极大规模上为加强向外移民提供了材料。

如果说新市场不再仅仅是销售地点，而且也是投资场所，那么，这也带来资本输出国的政治态度的变化。

单纯的贸易，就其不是与抢劫和掠夺相联系的殖民贸易，而是与具有抵抗能力的和比较高的发展程度的白人或黄种人的贸易而言，并不使这些国家的社会关系和政治关系的基础长期受到影响，而只是限于经济关系。只要有国家权力存在并能在相当程度上维持秩序，直接的统治并不重要。但是，随资本输出占据优势，这种情况发生了变化。这时，有更大得多的利害关系发生了。在外国修铁路、获取土地、建港口、创办和经营矿业等等的风险，比单纯的商品买卖的风险要大得多。

因此，法律关系的滞后成为障碍，金融资本也越来越迫切地要求以暴力手段克服经济障碍。这就导致发达的资本主义国家和落后地区的国家政权之间的日益尖锐的冲突，导致把适合于资本主义的法律关系强加于这些地区的越来越急切的尝试，而不管是保护还是毁灭迄今为止的政权。同时，争取新开投资场所的竞争，也在发达的资本主义国家本身之间造成新的对立和冲突。而在新开发的国家自身内，被输入的资本主义加剧了对抗，激起了民族意识日渐苏醒的人民对入侵者的越来越顽强的抵抗，这种抵抗可以很容易地达到对外国资本采取危险性的措施。旧的社会关系被彻底革命化了，那些“无史民族”的千百年来的农业纽带被斩断了，他们自己也被卷入资本主义的旋涡之中。资本主义本身逐渐为被征服者提供自身解放的手段和途径。欧洲民族过去的最高目标，是建立作为经济和文化自由的手段的统一的民族国家。这种目标现在也成为被征服者的目标。这种独立运动恰恰在欧洲资本的最有价值和前途的开发地区威胁着欧洲资本。这种资本只有日益通过不断加强自己的权力手段，才能维持自己的统治。

因此，一切在外国有利益关系的资本家，呼吁建立一个强大的国家政权，凭借它的权威保护自己即使是在世界最遥远的角落的利益；呼吁举起必然到处可见的战争旗帜，从而能够到处竖起商业的旗帜。然而，输出的资本在由本国的国家政权对新地区实行完全的统治时，感到最称心如意。因为那时其他国家的资本输出被排斥在外，而它享有特权地位，它的利润还可以得到国家的保证。于是，资本输出也促使采取帝国主义政策。

资本输出，尤其是从它以产业资本和金融资本的形式输出以来，大大加速了所有旧的社会关系的变革并把整个地球包容于资本主义范围之内。资本主义的发展并不是在每个个别国家里自发进行的，而是资本主义生产和剥削关系随同资本一起输入，而且总是在最先进的国家所达到的阶段上被输入的。今天新建的工业，不是仅仅从手工业的端绪和技术发展到现代的大企业，而是一开始就作为高度发展的资本主义企业建立起来的。同样，资本主义现在也是在它当时完成的阶段上被输入到一个新的国家，从而以比荷兰和英国的资本主义发展所要求的力量大得多和时间短得多地发挥自己的革命作用。

运输业的变革在资本输出史上划出了一个时代。铁路和轮船本身，由于缩短了流通时间，对资本主义具有极大的意义。因此，第一，流通资本被游离出来。第二，利润率被提高。原料价格的低廉降低了成本价格，扩大了消费。再次，只有铁路和轮船才能创造出大的经济区，使现代大企业有可能进行它们的大规模的生产。但是，铁路首先成为开发外国市场的最重要的手段。只有通过铁路，这些国家的产品才能如此大规模地为欧洲所利用，市场才能如此迅速地扩大为一个世界市场。然而，更重要的是，现在必须以极大的规模进行资本输出，才能修建这些几乎完全用欧洲资本特别是英国资本来修建的铁路。

然而，资本输出是英国的垄断，保证英国对世界市场的统治。因此，无论是在产业上或金融上，英国都无需担心别国的竞争。因而，市场自由仍然是它的理想。相反地，英国的优势必然促使所有其他国家更加努力地维持和扩大他们对已经获得的地区的统治，以便至少在他们的疆域内保护自己和抵抗英国的强大竞争。

但是，一旦英国的垄断被打破，一旦美国和德国的资本主义对于由于自由贸易而未充分有效地组织起来的英国资本主义成长为占优势的竞争者，情况就不同了。向金融资本的发展，在美国和德国造成对资本输出的强大冲动。我们已经看到，股份公司和卡特尔的发展如何产生创业利润，这种利润作为努力寻求使用的资本流向银行。此外，保护关税制度限制了国内的消费，从而促使输出加速进行。同时，由于卡特尔保护关税而成为可能的出口奖励，为在中立市场上对英国造成占优势的竞争提供了一个手段。当这些国家中更年轻的大工业由于自己的新设备而在技术上部分地胜过英国时,这种竞争就更危险。如果说出口奖励已成为国际竞争中的重要手段,那么,出口奖励越高,这种手段也就越有效。这种奖励的水平取决于关税水平。这种水平的提高现在成为一切民族资本家阶级的利益。这里不存在长期的落后。一个国家的保护关税必然随另一个国家的保护关税接踵而至。这后一国家的资本主义越发展,资本主义垄断越强大和越普遍,保护关税越是必然发生。保护关税的水平成为国际竞争中的决定性因素。一国关税的提高,必然立即为其他国家所仿效,以避免竞争条件恶化,不致在世界市场上遭到失败。工业保护关税(农业保护关税按其性质来说也是这样)也就无休止地螺旋式上升。

但是,只有通过较低廉的商品价格才能一决雌雄的竞争战,面临着日益遭受损失或不能产生完全的平均利润率的威胁。这里,消除竞争也成为大资本家集团的理想。正如我们所看到的,当输出对于大资本家集团成为一种迫切的必然性时,情形就更是如此。这种必然性是在任何情况下都必须实现的,因为尽可能大的生产规模的技术条件强制地要求这一点。但是,在世界市场上,竞争占统治地位。因此,留下的出路无非是:一种竞争方式为另一种危险性较小的竞争方式所代替,商品市场上的竞争(这里,只有商品价格才是决定性的)为供给借贷资本(这种资本的提供已经为后来接受商品的条件所约束)的资本市场上的竞争所代替。资本输出现在成为保证资本输出国工业品供给的一种手段。购买者现在没有任何选择的余地,他成为债务人,从而成为必须接受债权人条件的依附者。塞尔维亚只有在承诺从斯科达、克虏伯或施奈德购买大炮或铁路材料时，才能从奥地利、德国和法国得到借款。争夺商品销路的斗争成为各个国家银行集团之间争夺借贷资本投资场所的斗争。由于利息率的国际平均化，经济竞争在这里被限制在相对狭窄的界限内，因此，经济斗争很快成为运用政治武器进行的权力斗争。

但是，从经济上来看，老的资本主义国家在这些斗争中仍保持优势。英国[17]拥有资本充足的老的产业，它是由英国在世界市场上的垄断时代为适应世界市场的需要而建立的。它的发展比德国或美国要慢，其扩张能力也比较小。但是，另一方面，它积累的资本特别大，新的用于积累的大量利润不断地从国外投资流回英国。进行积累的资本量与能在国内投资的资本量之间的比例在这里是最大的，因此，向国外投资的冲动在这里也最强，所要求的利息率也最小。在法国，不同的原因也导致同样的结果。在那里，一方面，除了国外投资的收入不断流回之外，还有过去积累的、虽按财产关系来说不那么集中但却通过银行集结起来的财富，另一方面，本国的产业发展停滞，因而也形成资本输出的强大冲动。两国的这种优势只有通过下述途径才能得以发挥：或者政治上通过强大的外交压力这一危险从而有限的手段，或者经济上通过有时可以有余地抵偿较高利息的价格上的牺牲。

但是，竞争的激烈性唤起消除竞争的努力。如果把世界市场的一些部分纳入国内市场，即通过殖民政策把外国的一些地区合并过来，就能最简单地做到这一点。如果说自由贸易对殖民地无关紧要，那么，保护关税便直接导致殖民政策领域的更大的活动。

在这里，各个国家的利益相互间发生直接的敌对冲突。

另一个因素也朝同一方向发生作用。从纯粹量的角度来看，一个国家把它的资本以带来利润的形式输出比带来利息的形式输出更有利，因为利润比利息大。但是，如果从事输出的资本家把他们的资本作为产业资本而投入，那么，对资本的支配仍然是直接的支配，对资本的控制也是直接的控制。投在美国铁路证券上即作为生息资本投入的英国资本，对美国铁路大王的影响是微不足道的；而在产业企业本身以英国资本经营的场合，这种影响则是决定性的。然而，今天产业资本输出的承担者首先是卡特尔和托拉斯，而且是出于各种不同的原因。首先，它们在重工业中是最强大的；正如我们所看到的，在重工业中，为了对自己巨大增长的产品获得新的销售市场，资本输出的冲动最强烈。这些垄断的重工业的兴趣，首先是铁路建设、采矿、扩充外国的军备、建立发电站。在它们背后也有与这些部门联系最紧密的大银行的支持。此外，一方面，在卡特尔化的产业中扩大生产的冲动很强；另一方面，较高的卡特尔价格妨碍了国内市场的扩大；因此，扩张为满足扩大生产的需要提供了最好的可能性。此外，由于自己的超额利润，卡特尔总是支配有准备用于积累的资本，希望把这部分资本投在自己的利润率最高的部门。同时，银行与产业之间的联系在这里也最紧密。企业通过发行股票而获得创业利润的可能性，成为资本输出的强大动因。因此，在有组织的最先进的工业国家中，即在德国和美国，我们现在看到了产业资本输出的最强烈的冲动。这说明了一种奇特现象，即这些国家一方面输出资本，另一方面又从外国部分地输入自己的国民经济所必要的资本。它们首先输出产业资本，从而扩大自己的产业，而又从那些产业发展缓慢但却积累了较大资本财富的国家中，部分地以借贷资本的形式获得自己产业的经营资本。这里，它们不仅从自己在外国市场上牟取的产业利润与自己向英国或法国所借资本支付低得多的利息之间的差额获利，而且也同时通过这种资本输出保证本国产业的更迅速地扩大。例如，美国以极大的规模向南美输出产业资本，而同时又从英、荷、法等国以证券和公司债券的形式[18]输入借贷资本，用来经营自己本国的产业。

因此，在这方面，卡特尔化和托拉斯化通过加速资本输出，也使产业垄断化最发展的国家中的资本家与产业组织较差的国家相比占优势，因而一方面在后者中间唤起通过保护关税加速本国产业卡特尔化的努力，同时也在最先进的国家中加强了通过排除任何外国资本的竞争以保证在一切情况下继续进行资本输出的努力。

如果发达形式上的资本输出是由资本积聚程度最高的部门进行的，那么，这反过来又加强了这些部门的资本力量和加速了积累。最大的银行和最大的产业部门为自己取得了在外国市场上利用资本的最好条件。丰厚的超额利润落入大银行和大产业之手，而弱小的资本力量是根本无法分享的。

因此，金融资本政策有三个目的：第一，建立尽可能大的经济区；第二，通过保护关税壁垒排除外国竞争；因而，第三，把这一经济区变成为民族垄断联盟的开发地区。然而，这些要求必然与这样的经济政策发生尖锐的冲突，这种经济政策使产业资本在它的绝对统治（在双重意义上，即商业资本和银行资本隶属于它，它同时又在世界市场占绝对统治地位)时期在英国达到古典的完善状态。当其他国家实行金融资本政策日益威胁英国产业资本的利益时,情况更加如此。的确,自由贸易国家是外国竞争的天然的进攻对象。当然,"倾销"对英国产业也是有利的。加工工业由于抛售的竞争而赢得比较便宜的原料。但是,另一方面,这也损害了原料工业。于是,随着卡特尔化的发展,随着越来越多的生产阶段的合并以及出口奖励制度的形成,那些迄今从"倾销"中获取利润的英国产业的末日也一定会到来。然而,除此之外,最重要的因素是,关税以其获取超额利润和创业利润(这对英国资本是个很大的诱惑)的机会,开拓了一个迅速垄断化的时代的前景。

另一方面,通过保护关税把英国同它的殖民地联合起来是完全可能的。英国的自治殖民地大都是这样一些国家,它们首先是作为英国的原料供应者[19]和工业品购买者[20]而具有重要性。其他国家的保护关税政策,特别是农业保护关税政策,终归会把殖民地国家引向英国,把英国作为自己的主要销售市场。但是,就英国产业会妨碍这些殖民地国家自己的产业的发展而言,这些国家仍处于培育关税阶段,即关税不能超过一定水平的阶段,因为外国工业品的进口对于供应本国市场是绝对必要的。因此,在保持"国内的"培育关税的情况下,整个不列颠帝国实行更高的卡特尔保护关税是相当容易的。建立一个政治上和经济上都强大到足以限制其他国家用提高保护关税来排挤不列颠产业的经济区的前景,促使整个资本家阶级联合起来。[21]此外,用于殖民地的资本绝大部分归英国资本家所有,对他们来说,帝国的关税比自治殖民地的关税率的显著提高更重要得多。[22]

美国本身即使在帝国主义时代也是一个足够大的经济区;此外,它的扩张方向是由地理条件决定的。以门罗主义作为其最初的政治表现的泛美运动只是处于初始阶段,而且由于美国的巨大优势还有很大希望。

在欧洲,情况就不同了。在那里,国家的分裂造成经济利益的对立。通过中欧关税同盟来消除这些对立,遇到了很严重的障碍。这里,不像在不列颠帝国中那样,是一些互相补充的部分,而一些是多少同样的因而互相竞争和互相敌对的实体。

但是,这种敌对由于金融资本的经济政策而大大加强了。这时,对立已不像19世纪那样产生于对在欧洲本土建立统一经济区的追逐,而是产生于对吞并外国中立市场的追逐。为了这个目的,欧洲国家现在部署了国家的武装力量。这不是为了吞并已经高度发展的资本主义国家,这些国家的产业本身有输出能力,它对征服者国家的产业来说仅仅意味着竞争的加剧,而无论如何作为其他国家剩余资本投资场所的意义很小。重要的毋宁说首先是为了那些尚未被开发的地区,而这些地区的开发恰恰对最强大的资本家集团具有重要意义;也就是说,主要是为了海外殖民地。因为这里为资本提供了大规模投资的机会。特别是现代交通运输体系、铁路和轮船航线的创立,吸引了大量的资本。[23]

国家按照能够创造超额利润的条件把殖民地的活劳动提供出来。同时,在许多情况下,它也通过接受国家保证来保证整个利润。殖民地的自然财富同样成为超额利润的来源。这里,特别重要的是原料价格低廉,从而工业品的成本价格降低。在殖民地,地租还没有发展起来,或者发展程度很低。把土著居民驱逐出去或彻底消灭，或者在最有利条件下把他们从牧民或猎人转变为契约奴隶或被限制在狭小的固定地区的农民，一举而创造出只有名义价格的自由土地。如果土地一般是肥沃的，它就能为国内产业提供远比旧的供给来源便宜的原料，如棉花。即使价格上反映不出这一点（因为例如在棉花上，美国的价格仍然是决定性的），它也意味着，本来要付给美国农场主的一部分地租现在落入了殖民地种植园主的腰包。

金属加工业的原料供应更重要。尽管技术在进步，这种工业的迅速发展仍有提高金属价格的趋势，而这种趋势还受到资本主义垄断的促进。因此，在自己的经济区内拥有原料来源变得更加重要了。[24]

因此，获取殖民地的努力导致大经济区之间不断激化的对立，并对欧洲各个国家之间的关系产生决定性的反作用。如像美国这样一个大的经济区内部，不同的自然条件是经济迅速发展的源泉；而在欧洲，不同的自然条件按照极其多种多样的、从经济角度来看是偶然的从而是不合理的方式分配于大量的小经济区之间，则相反地阻碍了经济发展，使之发生分化，更加有利于大经济区和损害小经济区，因为没有自由贸易把这些地区联结成为一个具有较高发展程度的经济统一体。但是，这种经济不平衡对于各个国家的关系，也就是它在这些国家内部对各个阶层的关系，即经济力量弱的依赖于经济力量强的。这里，经济的手段也是资本输出。资本富有的国家把资本作为借贷资本输出，成为借债国的债权人。

只要资本输出主要用于在落后国家首先建立交通运输体系，其次发展消费资料工业，它也就长期促进了输入国的资本主义的发展。当然，这种方法对输入国家也带来一些不利，利润的最大部分流到国外，在那里部分被作为收入花费掉，因此没有用于债务国的产业；或者积累起来。自然，这种积累完全无需发生在产生利润的国家；但是，这种资本主义的“不在制”[25]会大大放慢债务国的积累速度，从而大大放慢其资本主义的进一步发展。在资本主义由于国内条件而必然迅速发展的大经济区里，不久便会发生外国资本的民族同化。例如，德国很快就把比利时和法国的资本同化，这些资本特别在莱茵—威斯特法伦的矿山中具有重要意义。然而，在小经济区里，这种同化较难完成，因为本国的资本家阶级的出现要慢得多，而且有较大的困难。

一旦资本输出的性质发生变化，一旦大经济区的资本家阶级不打算在外国建立消费资料工业，而相反地旨在保证对其不断发展的生产资料工业的原料的控制，这种解放就完全不可能了。例如，比利牛斯半岛国家的矿井和矿山便受到外国资本的控制，这些外国资本现在不再作为借贷资本输出，而是直接投于这些矿场；斯堪的纳维亚的，尤其是瑞典的矿产资源也发生同样情况，虽然碰到较强的反抗。这些国家在一般也许能建立最基本的现代工业即自己的冶铁业之时，原料却被夺走，用来促进英、德、法的产业。因此，它们的资本主义发展，从而它们的政治的和金融的发展，在开始阶段就受到阻碍。它们在经济上依附于外国资本[26]，在政治上也成为二等国家，依赖于强国的保护。

另一方面，资本主义殖民政治的日益增长的意义，使英国面临保证其殖民帝国地位的任务，这一任务同维持它的海上霸权和通往印度的道路具有同样的意义。但它为此须掌握大西洋的港口，这就促使英国必须与大西洋沿岸国家保持良好关系。英国在政治上能够达到这一点，因为它通过自己的资本输出使这些较小的国家在经济上依附于自己。当德国要求参与殖民政治而使法国和德国相对立并使法国像其他占有殖民地国家一样为自己的占领地感到担忧时，英国海军的强大力量必然促使法国倒向英国一边。从而，出现一个日益增强的趋势：虽然欧洲内部的关税壁垒没有被废除，并因此而没有形成一个大的统一的经济区，但是一些较小的、政治上从而经济上落后的统一体却环绕大的统一体结成政治集团。这些政治关系反作用于经济关系，使政治上处于从属地位的国家成为保护国资本的特殊的投资场所。这里，外交直接为寻求投资的资本服务。

但是，只要小的国家还没有被完全攫取，它们便成为外国资本的竞争场所。这里，人们也试图使用政治手段加以解决。例如，对塞尔维亚来说，大炮的供应也是同时与这样的政治决策联系在一起的：是选择法、俄的援助，还是选择德、奥的援助。[27]因此，政治力量成为经济竞争中的决定性因素；对金融资本来说，国家的权力地位成为直接的利润利益。现在，外交把代表金融资本当作自己最重要的职能。除了纯粹的政治武器之外，还有商业政策的武器[28]；商业协定的条款不再仅仅由商品交换的利益所决定，而且也由小国使大国的金融资本在竞争面前占优势的自愿程度所决定。

经济区越小，借助高额出口奖励能使竞争取胜的力量就越小，为参与其他列强的经济发展及其高额利润而进行资本输出的冲动也就越强烈；本国已经积累的财富量越大，这种需要就越是能够得到满足。

但是，这里也有相反的趋势在起作用。经济区越大，国家权力越大，其民族资本在世界市场上的地位也就越有利。因此，金融资本成为利用一切手段加强国家权力的理念的承担者。但是，历史上所生成的国家权力的差别越大，竞争条件也就越不同，大经济区争夺世界市场支配权的斗争也就越有希望，因而斗争也就越残酷。金融资本越发展，金融资本为民族资本而把世界市场的一部分垄断化的努力越强，这种斗争也就越激烈；而垄断进程越是向前发展，为争取世界市场的剩余部分所作的斗争也就越残酷。如果这种对立由于英国的自由贸易制度还可以承受的话，那么，它由于短期内必定发生的向保护关税的过渡则大大激化。德国资本主义的发展和它的经济区比较小的部分之间的矛盾大大增强。同时，德国产业取得迅速发展，它的竞争地盘突然被缩小。这一点，由于下属情况而使人更加明显地感觉出来：由于历史的原因[29]，从而由于对现代资本主义（它对过去是完全漠不关心的，除非是积累的“过去劳动”）来说是偶然的原因，德国没有值得一提的殖民地占领区；不仅仅它的最强大的竞争者英国和美国（对美国来说，它的整个大陆在经济上都带有殖民地的性质），即使比较小的国家，如法国、比利时和荷兰，也都支配有相当多的殖民地占领区，连它今后的竞争者俄国也占有非常广阔的经济区。这种情况必然大大加剧德国同英国及其卫星国之间的对立，最后诉诸暴力解决。

如果没有相反的原因进行阻碍，这种暴力情况可能早已发生了。资本输出本身造成阻碍这种暴力解决的趋势。产业发展的不平衡造成资本输出形式上的某种区别。只有产业发展在技术方面和组织方面达到最高形式的国家，才能直接参与对产业落后或发展缓慢的国家的开发。其中，首先是德国和美国，其次是英国和比利时。其他老的资本主义发达国家，与其说是以建工厂的形式参与资本输出，不如说是以借贷资本的形式参与资本输出。这便导致了，例如法国的、荷兰的甚至在很大程度上英国的资本变成向德国和美国管理下的产业提供的借贷资本。因此，出现了国际资本利益团结一致的趋势。法国资本作为借贷资本，对德国在南美等地的产业发展发生利益关系。同时，这种大大增强的资本力量的联系，使更迅速地开发外国地区成为可能；此外，由于联系在一起的国家的强大压力，这种开发变得更容易进行。[30]

在这些趋势中，哪种趋势占优势，因具体情况而有所不同。这首先取决于由斗争的结果所开辟的获取利润的前景如何。这里，决定竞争在一个产业部门内继续下去还是通过卡特尔或托拉斯在或长或短的时期内使竞争结束的同样情况，在国际和国与国之间的范围内也起作用。力量差距越大，通常越有可能发生斗争。然而，每次斗争的胜利都增强了胜者的力量，使力量对比关系有利于胜者，而不利于所有其他各方。最近时期的国际占领地政策，整个地使人想起资本主义初期阶段的均衡政策。此外，还产生了社会主义运动所造成的对战争的内部政治结果的恐惧。但是，另一方面，战争与和平的决定权，不仅仅掌握在高度发展的资本主义国家的手上；在这些国家，反战的倾向已十分显著。东欧和亚洲国家的资本主义觉醒，伴随着力量关系的推移，又反作用于大国，也可以使现有对立暴发。

但是，如果国家的政治力量在世界市场上成为金融资本的一种竞争手段，那么，这自然就意味着资产阶级同国家的关系的彻底变化。在反对经济上的重商主义和政治上的专制主义的斗争中，资产阶级是同国家相敌对的力量的代表。自由主义是真正的破坏力量，它实际上意味着“推翻”国家政权和瓦解旧的羁绊。经过艰苦努力建立起来的土地依附关系，城市的行会纽带，及其特权和垄断的复杂上层建筑的整个体系，被彻底废除了。自由主义的胜利，首先意味着国家政权力量的大大减弱。至少在原则上经济生活应完全摆脱国家的调节，国家在政治上应限于安全监督和建立公民平等。因此，自由主义纯粹是否定国家调节的，与资本主义早期重商主义阶段的国家形成鲜明的对照，那时的国家原则上要调节一切事情；它也与所有的社会主义制度形成鲜明的对照，社会主义制度试图建设性地而不是破坏性地以对自己的经济生活从而对自己组织起来的社会进行自觉调节，来代替无政府状态和自由竞争。自由主义原则最早在英国实现，是完全自然的。在英国，自由主义原则由自由贸易的资产阶级来代表，而资产阶级只是由于同无产阶级的对立才在短时期里不得不诉诸国家权力。但是，甚至在英国，自由主义原则的实现也遭到抵抗，它不仅来自推行保护关税政策从而反对自由主义原则的旧贵族，而且也部分地来自商业资本和旨在向国外投资的银行资本。后者首先要求维护海上霸权，这个要求受到对殖民地有利益关系的阶层的最有力的支持。但是，在大陆上，自由主义的国家观从一开始就只有通过很大的曲折才能流行。法国人经典方式表述的大陆自由主义，比英国的自由主义更勇敢和更彻底得多地得出对全部政治生活和精神生活一般领域的一切理论结论。由于它是后来出现的，成为同英国的自由主义完全不同的科学工具（因此，它的表述也普遍得多，它的基础是理性主义哲学，而英国的自由主义基本上是建立在经济学基础上的），所以它在大陆上的实际实现从一开始就受到一定的限制。这是观念体系同现实之间的鲜明对立。资产阶级经济上需要把国家作为自己发展的最有力的杠杆；对它来说，问题不是废除国家，而能是把国家从一种障碍物转化为自己发展的工具。那么，资产阶级应该怎样做才能实现削弱国家权力的自由主义的要求呢？大陆资产阶级首先需要的，是克服小国的分散状态，以统一国家的强大优势代替小国的软弱无力。建立民族国家的要求必然使资产阶级一开始就是维护国家论者。但是，在大陆上，问题不是海上实力，而是陆上实力。但是，现代陆军在使国家权力同社会相对立的问题上，是同海军完全不同的一种手段。这从一开始就意味着支配军队的人的手里所掌握的国家权力的独立化。另一方面，把群众武装起来的普遍兵役义务，很快便使资产阶级相信，如果军队不应成为对自己统治的威胁力量，那它就需要建立一个带有作为国家驯服工具性质的独立军官团的严格的等级组织。因此，如果自由主义不能在德、意、奥这样的国家实施自己的国家纲领，那么，它的努力在法国也很快会受到限制，因为法国资产阶级在商业政策上不能没有国家的帮助。此外，法国革命的胜利必然使法国从两条战线卷入战争。一方面，法国必须反对大陆的封建主义，确保自己革命的成果。另一方面，建立现代资本主义新帝国，意味着对英国在世界市场上的原有地位的威胁；因此，法国同时势必同英国展开争夺世界市场支配权的斗争。它的失败加强了英国土地所有者、商业资本、银行资本和殖民地资本的力量，从而使国家权力加强到超过产业资本，因此推迟了英国产业资本统治的最终出现和自由贸易的胜利。另一方面，英国的胜利必然使欧洲的产业资本成为保护关税的追随者，使经济自由主义的胜利完全化为泡影，同时也为大陆金融资本的迅速发展创造了条件。

因此，资产阶级的观念体系和国家观适应金融资本需要的过程，在欧洲从一开始障碍就很小。德国统一以反革命的方式而实现，这个事实必然大大增强人民意识中的国家政权的地位；而在法国，军事上的失败首先使一切力量集中于恢复国家权力。因此，金融资本的需要遇到这样思想因素，这种因素可以很容易地为金融资本所利用，从中创造出新的与自己利益相适应的思想。

但是，这种思想体系与自由主义的思想体系是完全对立的。金融资本所希望的不是自由，而是统治；它对个别资本家的独立性毫无兴趣，而是要求对后者的束缚。它厌恶竞争的无政府状态，希求组织，当然只是为了能够在越来越高的阶段上展开竞争。但是，为了达到这种目的，维持和加强自己的优势，它需要国家通过关税政策和税收政策保证其国内市场，并有助于它征服外国市场。它需要政治上强大的国家，这个国家在其商业政策上不必考虑其他国家的对立利益。[31]它需要强大的国家使自己的金融利益延伸到国外，并运用自己的政治力量把于己有利的供给合同和贸易协定强加给小国。它需要的是这样一个国家，这个国家能在世界各地进行干预，以便能把整个世界转变为自己金融资本的投资场所。最后，金融资本需要一个足够强大的国家，以便能够推行扩张政策并吞并新殖民地。如果说自由主义是国家的强权政治的反对者，那么，它却企图在尽可能小的范围内向贵族和官僚提供国家权力手段，来保证自己的支配权，对抗贵族和官僚的原有权力。因此，没有任何限制的强权政治便成了金融资本主义的要求，即使由于军国主义和海上霸权主义的支出而不能直接保证最强大的资本主义阶层得到在大多数情况下提供垄断利润的重要销路，情况也会如此。

但是，对扩张政策的要求也使资产阶级的整个世界观彻底变革了，它不再是和平的和人道的了。老的自由贸易论者信仰自由贸易，认为它不仅是最正确的经济政策，而且也是和平时代的开端。金融资本早已丧失了这一信念。它不相信资本主义利益的和谐，而是清楚地知道，竞争日益成为政治的权力斗争。和平理想失去了光泽，代替人道理念的是国家强大的理想。现代国家是由于民族统一努力的实现而产生的。因为民族思想承认所有民族有形成自己国家的权利，从而国界是由民族的自然边界而定，所以这种思想在民族构成国家的基础时便发现了自己的自然界限。这种民族思想现在转化为把本民族凌驾于其他民族之上的思想。[32]现在作为理想表现出来的是，保证自己的民族对世界的支配；这种努力正像它由以产生的资本追逐利润的努力一样，是无限的。资本成为世界的征服者；随着征服每个新国家，它也征服了需要跨越的新边界。这种努力成为经济的必然性，因为每一步落后都降低金融资本的利润，削弱它的竞争能力，最后可能使较小的经济区成为大经济区的附庸。这种努力在经济学上被加以论证，在思想上则被显著歪曲了的民族思想加以辩护。这种民族思想不再承认每个民族的政治自决权和独立性，不再是一切人类成员平等的民主信条在民族范围内的表现。垄断的经济上的优越性，反映在别的民族必须归附于自己民族的优越地位上。这个民族被认为是选拔出来的优于所有其他民族的民族。既然征服别的民族是靠武力即靠完全自然的方式进行的,所以,统治民族显然是把这种统治归功于自己的特殊自然性质,即归功于自己的种族性质。因此,在种族主义思想下,金融资本的权力欲便得到披着自然科学外衣的论证。于是,这种权力欲便证明了它的行为具有自然科学的制约性和必然性。寡头统治的理想代替了民主平等的理想。

但是,如果说这种理想在对外政策范围内表面上还包括整个民族,那么,它在国内政策范围内却加强了雇主对工人阶级的阵地。同时,工人日益增长的力量,也加强了资本进一步强化作为反对无产阶级要求的保障的国家权力的努力。

于是,帝国主义思想体系便产生了,它是对旧的自由主义理想的否定。它嘲笑后者的天真。在武器优势是最终主宰的资本主义斗争世界里,相信利益的和谐是多么可笑的幻想!在只有权力才能决定人们命运的地方,期待永久和平的王国,进行国际法的说教,又是多么可笑的幻想。想把国内法律关系的调节移往国外,是多么愚蠢。这种把工人变成为劳动问题、在国内发明社会改良以及想在殖民地消除契约奴隶制(这是合理化地进行剥削的唯一可能性)的人道主义幻想,是对事业多么不负责任的干扰。永恒的正义是一个美梦,而用道德是不可能在国内建起铁路来的。如果我们想期待竞争的幡然悔悟,那我们怎样能征服世界呢?

但是,帝国主义以消除一切幻想来取代资产阶级已经黯然失色的理想,仅仅是为了唤起一个新的更大的幻想。在衡量资本主义利益集团之间的实际冲突时,它保持清醒的头脑;它把整个政策理解为互相斗争但又互相联合的资本主义辛迪加之间的事情。但是，当它暴露自己的理想时，就变得很迷人和令人陶醉了。似乎帝国主义者自己不打算索取什么，也不是空想家和梦想家，这种空想家和梦想家把一切发展阶段上和具有一切发展可能性的杂乱无章的种族，溶解为人的空泛概念之中，以代替丰富多彩的现实。它以严峻而清晰的目光观察这些混杂的民族，并看到自己的民族凌驾于所有民族之上。这个民族是实实在在的，生活在强大的、越来越强大的国家之中。这个民族地位的提高值得它付出一切努力。于是，便达到了把个人利益献于较高的一般利益，而后者是一切有生命力的社会思想体系的条件；与人民相异己的国家同民族本身被联结为一个统一体；民族思想被作为政治的推动力。阶级对抗消失于为整体利益服务之中。为民族强大的共同目标而联合起来的民族的共同行动，代替了对所有者阶级来说是绝望的和危险的阶级斗争。

似乎为陷于分崩离析的资产阶级社会扎上一条新的纽带的这种理想，当资产阶级社会的瓦解过程进一步加深时，必然更加受到热烈的欢迎。

第二十三章 金融资本和各阶级

我们已经看到，资本主义垄断的结成如何唤起资本对强化国家权力的关心。同时，资本直接通过它自身的经济力量，间接通过使其他阶级的利益服从于它自身的利益，来获得支配国家政权的力量。

金融资本的发展，根本地改变了社会的经济的从而政治的结构。早期资本主义时期的个别资本家，彼此在竞争中相敌对。像在其他领域一样，这种对立也妨碍他们在政治领域中采取共同行动。此外，阶级需要还没有要求采取这种共同行动。因为对国家政权的消极态度，使产业资本不是作为资本主义利益的代表出现，而是使个别资本家作为国家公民出现。使资产阶级焦虑不安的大问题，实质上是宪法问题，是现代立宪国家建立的问题，从而也是以同样的方式影响所有公民并使他们在反对反动和反对封建的专制官僚统治方式的残余的共同斗争中联合起来的问题。

但是，一旦资本主义的胜利使资产阶级社会内部的对立摆脱羁绊时，情况就不同了。小资产阶级和工人阶级首先起来反抗产业资本的统治。这两个阶级在经济领域进行干预，经营自由似乎受到要求行会式约束的小资产阶级以及要求对劳动契约进行法律调节的工人阶级的威胁。现在所涉及的不再是公民，而是工厂主和工人，工厂主和行会师傅。现在，政党公开地根据经济利益确定自己的方针，而这些利益以前是隐藏在反动政治、自由主义和民主的口号之后的，在这些口号下，又隐藏着早期资本主义的三个阶级：地租获得者及其在宫廷、官僚和军队中的仆从，资产阶级以及联合的小资产阶级和无产阶级。因此，在争取产业制度的斗争中，产生了三个经济集团：产业资本家联合会、合作团体和工人组织，前两者受到国家政权的多方面的支持，国家政权按照一定的职能把它们改造成为合法团体。但是，合作团体和工会很快统一了目标，而资本家联合会却由于商业政策的冲突依然四分五裂。此外，产业资本在政治上与商业资本和借贷资本陷于对立的状态。

商业资本比产业资本更倾向于增强国家的权力，因为批发贸易，特别是作为对外贸易和殖民地贸易，力求得到国家的保护，此外也容易趋向托庇于特权。早期资本主义的借贷资本支持国家政权，它借助国家政权解决自己的最重要的交易即国债，完全脱离开激励产业资本的对和平和宁静的渴求。国家财政的需要越大，借贷资本的影响就越大，国家借债和金融交易也就越频繁。但是，这些不仅仅是当时直接利润的基础，而且也是交易所交易的支柱以及银行获得国家特权的重要手段。例如，英格兰银行的发券特权，在历史上就是同国家对银行的债务关系密切地联系在一起的。

卡特尔化把经济力量联合起来，从而直接增强它的政治影响。但是同时，它也与资本的政治利益相一致，使整个经济力量影响国家政权。它把所有资本的利益联合起来，从而以比自由竞争时代分散的产业资本更团结一致地同国家政权相对立。但是同时，资本也在其他居民阶级中找到了更大得多的支持。

乍一看来，这一定使人觉得不可思议，因为金融资本看来首先是与所有其他阶级的利益相对立的。的确，正像我们所看到的，垄断利润是所有其他阶级收入的一种扣除。工业品的卡特尔利润，使农业生产资料昂贵，削弱了农业收入的消费力量。工业的迅速发展夺走了农业的劳动力，由于农业生产中的科技革命，造成农村慢性的人力短缺。只要金融资本提高工业产品价格的趋势与农产品的同样趋势不相适应，这种对立必然更加尖锐。

资本主义发展的初期阶段，在农业人口中遇到相反的利益。工业摧毁了农民的家庭劳动，把基本上自给自足的农民经济变成为依赖市场销售的纯粹的农业企业。这种转变是以农民的巨大牺牲为代价的。因此，农民敌视工业的发展。但是，在现代社会中，农民仅仅是一个没有活动能力的阶级。没有地区之间的联系，与城市文化隔绝，视野局限于最狭隘的地方利益上，使农民所能进行的政治活动大都仅仅是追随其他的阶级。然而，在资本主义发展初期，农民恰恰同农村中具有最强的活动能力的阶级即大土地所有者相对立。大土地所有者能从工业发展中获得直接的利益。他们的生存取决于自己产品的销售。资本主义为他们创造了广阔的国内市场，提供了发展农村工业的可能性，比如制造烧酒、啤酒、淀粉和糖等等。大土地所有者的这种利益对资本主义的发展具有重要意义。因为它保证资本主义在其发展的初期阶段得到大土地所有者的支持，从而得到国家政权的支持。重商主义的政策也始终是由大地产即对领主制度的资本主义改造的产物所担载的。

由于反对重商主义及其执行机构即专制主义国家政权的斗争，资本主义的进一步发展很快摧毁了这种利益共同体。这场斗争直接针对土地所有者。土地所有者在很大程度上支配国家权力，在军队、官僚和宫廷中占据领导地位，通过对国家权力的经济上的利用，增加他们的收入，以及最后在领地范围内成为国家权力的直接承担者。在对专制主义取得胜利和现代国家创立以后，这种对立激化。工业的发展增强了资产阶级的政治力量，使土地所有者面临完全被剥夺统治权力的威胁。除了政治的对立之外，经济上的对立也加剧了。工业的发展使农村人口减少，造成人力不足，最后把出口利益转变为进口利益。于是，产生了商业政策的对立。这种对立在英国是以土地所有者的失败而告终的。然而，在大陆，保护关税的共同利益，阻止了这种对立向完全激化的程度发展。在大陆，只要落后的工业的发展还不得不使大农业出口自己的产品，大土地所有者也就在一定限度内对工业，特别是对贸易持友好态度。他们成为自由贸易论者；只是进口利益的出现，才使他们改宗信仰保护关税，使他们在经济政策上更倾向于重工业。但是，同样的工业发展却使大土地所有者在德国强大起来，提高了农产品价格和增加了地租，但是同时也产生了新的对立的萌芽。在卡特尔化时期以前，工业的增长加强了工业欢迎自由贸易论和贸易协定的倾向。它的力量足以造成以低廉的谷物价格来实现工业利益的威胁。因此，对土地所有者的利益来说，工业的发展成为一种危险。这种危险由于下述情况而变得更加严重：在欧洲把大陆变成一个工业国的努力，唤起美国农业的竞争，这种竞争以谷物价格、地租和地价的急剧下跌威胁着欧洲农业。金融资本的发展通过改变保护关税的职能来调解这种对立，在大土地所有者和卡特尔化的重工业之间建立一个新的利益共同体。现在，农业的价格水平得到保证，而工业的进一步发展也必然会提高这一价格水平。土地所有者的主要忧虑，现在不再是同工业的对立，而是工人问题。现在，遏止工人的要求成为他们最紧迫的政治问题，因此，他们同时也强烈反对产业工人改善自己状况的努力，因为每一次这样的改善都为保持农业劳动力造成困难。因此，对工人运动的共同的敌视，促使这两个最强大的阶级联合起来。

同时，由于与小土地所有者的对立的消除，或者至少是极大的减弱，大土地所有者的势力在增强。他们之间过去的历史的对立，由于封建土地贡赋的废除早已被解决。谷物价格下降时期和工人问题的困难，使大土地所有者靠牺牲小土地所有者进行扩张的情况，现在差不多完全停止了。另一方面，为农业关税的共同斗争使大小土地所有者联合起来了。小企业比大企业更关心对家畜和肉类进口的保护，自然绝不会阻碍联合，因为关税只有通过共同的斗争才能达到。此外，农业关税对土地价格有特殊的影响。虽然土地价格的上涨对农业本身有害，但对每一个农业土地的所有者却非常有利。因此，商业政策的共同斗争，团结了需要进口农产品的国家中的农业土地所有者的所有阶层，从而为金融资本提供了农村的支持。当合作制度的迅速发展扩大了所有农民经济的市场销路和减少了自给自足的生产时，中小土地所有者更是积极地参加这些斗争。同时，在这些合作组织中，大所有者很容易取得领导地位，因为一方面不存在强烈的利益对立，另一方面正是他们掌握必需的经验、知识和权威。这就又加强了大土地所有者在农村中的领导作用，导致农村政治日益转移到大土地所有者手中。

同时，发展的趋势是，所有者的利益越来越统一化，因为收入来源变得更多样化了。关税政策迅速地增加了地租收入，特别是在过去的十年间，海外农业竞争的激烈程度减弱，部分是因为美国的工业发展迅速[33]，部分是因为中南美国家的农业生产虽然发展迅速，但却不能与需求的增加保持同步。但是，地租的增加意味着大土地所有者握有剩余收入。不过，把这些收入用于扩大农业生产却遇到困难，因为正是耕地面积的扩大在土地所有的分配中遇到严重障碍。如果谷物价格提高的趋势强烈而持久，从而使土地价格提高到适当水平以上；或者如果（这是第二个重要因素）大土地所有者遇到的是陷于贫困的和无法抗拒而不得不抛售土地的农民，那么，这些障碍就会被克服。但是，从 19 世纪 70 年代中到 20 世纪头 10 年，对农民曾是有利的。被外国竞争全力打击的和受劳力不足损害最大的，正是大规模耕种谷物和广泛饲养牲畜的大土地所有者；而城市对小农业的主要产品——牛奶、肉、蔬菜、水果等等需求的巨大增加和劳动力问题意义的减小，对中小所有者有利。只有当谷物价格下降的趋势让位于相反趋势的时候，大企业才能十分有力地贯彻扩大土地占有的意向。而这种意向遇到强大的中小所有者的抵抗，它们的主要产品同样有价格上涨的趋向。因此，这些剩余收入不得不主要在对工业有利可图的投资领域中寻求自己的用场。这也受下述情况的推动：自 1895 年以来的狂热的高涨时期提高了工业的利润率，这种利润率不管怎样都远远高于农业利润率。这样使用的可能性也更容易达到了，因为股份制度的发展为来自其他领域的这种投资创造了适当的形式，大工业的集中和联合也使那些门外汉大大减轻了风险负担。此外，真正的农村工业有了迅速的发展，它们由于国家政权（赋税法）的鼓励而发展为垄断；在农村有自己的所在地的工业也迅速地发展起来；最后，对大土地所有者重要的是，由古老时期产生的农地所有和矿山所有的结合。所有这一切，把大土地所有者阶级从一个由地租获取收入的阶级变成为一个除了地租之外还越来越从产业利润中或从“可动的资本”的利润分成中获取收入的阶级。[34]

另一方面，金融资本对抵押业务的兴趣越来越浓。但是，在其他情况不变的条件下，土地价格的水平对这种业务的扩大具有决定性的意义。土地价格越高，抵押债务就越大。因此，农业关税的提高，使银行业务的并非不重要的一部分，成为重要的利益。同时，土地所有者和租地农场主收入的提高，对农业中新投资的增加和集约化经营程度的提高，从而对借入生产资金的增加以及银行资本投资领域的扩大，提供了刺激。

另一方面，城市资本家提高自己社会地位的欲望，促使他们谋取地产，或者（这里我们又看到了个人联合的原则）通过联姻（这是进行社会渗透和防止财产分割的常用的形式）谋求与大地产的结合。

因此，通过由股份制度产生的所有权与生产管理权的职能的分离，便产生了利益一致化的可能性；而随着一方面地租的增加和另一方面产业超额利润的增加，产生了这种一致化的现实性。“财富”不再按收入来源，从而不再按来自利润或地租来区分，而是来自对工人阶级生产的剩余价值所分割的各个部分的分成。

但是，与大土地所有者的结合，极大地增强了金融资本支配国家政权的力量。它与大土地所有者一起赢得了领导阶层的地位，从而在大多数问题上赢得了一般农村。当然，这种支持不是无条件的，而肯定是代价很高的。但是，必须以农产品价格提高的形式支付的费用，很容易通过超额利润来补偿，这种超额利润是支配国家政权从而推行帝国主义政策的金融资本提供的。对金融资本来说，支配国家政权是不可或缺的条件（contitio sine qua non）。由于大土地所有者的支持，金融资本同时也就为自己保证了占据大部分最高的和最有权势的官职、支配官僚和军队的阶级的支持。同时，帝国主义意味着国家政权的加强以及陆海军和官僚的增加，从而也增强了金融资本和大土地所有者之间的利益一致性。

因此，如果说金融资本支配国家政权的努力得到农村有决定性影响的阶层的支持，那么，工业生产者内部阶级对立的发展最初就促进了这种努力。

从一开始，金融资本就同中小资本陷入对立状态。我们看到，卡特尔利润是非卡特尔化产业利润的扣除。因此，非卡特尔化产业具有反对卡特尔化的利益。但这种利益被其他利益所阻挠。就那些没有或现在还没有出口能力的产业来说，它们由于共同的行动并且只有通过共同的行动才能实现的保护关税的利益，同作为保护关税的最强大的先锋的卡特尔化产业结合起来。但是，一个产业中卡特尔的形成，实际意味着其他产业中垄断化趋势的加速发展。恰恰是还没有卡特尔化的产业中的最强大和最有竞争能力的资本家，欢迎这种卡特尔的形成，因为它必然促进他们自己产业中的积聚，从而必然使自己的卡特尔化能力迅速发展。这种产业力图通过创建自己的卡特尔来抵御其他产业的卡特尔，绝不是为了自由贸易而斗争，因为它努力追求的不是自由贸易，而是通过自己的卡特尔谋求利用保护关税的可能性。此外，在中小资本家中间，对资本间接隶属的情况增加了。我们已经看到，在资本主义商业中，这种情况达到最大规模。而且，只要这一过程还在生成中，就会带来对立。但是，这一过程一经完成，这些阶层的利益便同卡特尔一致起来。现在作为煤炭辛迪加或酒精贩卖中心代理人的商人，只对使他们摆脱外来者竞争的辛迪加的加强和扩大他们交易的辛迪加的扩张感兴趣。一般卡特尔的扩大，意味着一切资本所有者利益的一致。为一个百货商店，一个大的工业康采恩等等工作的产业资本家的间接隶属的大量的和越来越多的情况，其结果也是一样。中小资本家对大产业的参与，沿着同样的方向发生作用。股份制度也使其他产业部门积累的利润有可能部分地投于重工业，因为这里要求生产资料的生产相对迅速扩大的那种发展进展最快，卡特尔最发达，从而利润率也最高。

最后，金融资本的政策意味着最大限度的扩张，以及对新的投资领域和销售市场不断的追逐。但是，资本主义越是迅速扩张，繁荣时期就越长，危机就越短。扩张是所有资本的共同利益。在保护关税时代，它只有作为帝国主义扩张才是可能的。此外，繁荣期越长，国内资本的竞争越不明显，对那些屈服于大资本家竞争的小资本家的危险也就越小。这适用于所有产业（也包括卡特尔化产业）的小资本家。如果说萧条时期恰恰是对卡特尔的生存构成最大危险的时期，那么，相反地带有国内激烈竞争和大量闲置资本的萧条时期，则是开拓新市场的冲动最强烈的时期。

马克思的集中理论在受过数十年的批驳之后，现在已经成为老生常谈。产业中间等级的衰落被当作是不可遏止的。但是，这里使我们感兴趣的，与其说是由小企业的毁灭引起的它们数量的下降，不如说是现代资本主义的发展在工商业的小企业中造成的结构变化。一大部分小企业成为大企业的附属企业，因此对大企业的扩张有利益关系。城市里的修理业、设备安装业等等，受尚未占领修补工作的大工厂生产的制约。各种修理业的敌人不是工厂，而是全都从事这种工作的手工业。因此，这些阶层与工人阶级相对立，而不是与大产业相对立。但是，还有更大部分的小企业，一般仅仅是有表面上的独立地位；实际上，它们已陷入"对资本的间接隶属"（桑巴特），从而成为"从属于资本的"（奥托·鲍威尔）。它们是一个没有什么抵抗能力、缺乏组织能力、完全依附资本主义大企业（它们是这些大企业的代理者）的没落阶层。例如，只不过是酿酒厂代销店的小客栈老板，由鞋厂设立的鞋店店主等等，就属于这一类。其中也同样包括大量表面独立的为家具店工作的木工师傅和为服装厂工作的裁缝师傅等等。没有必要对这方面作更详细的研究了，因为这已经由桑巴特在他的《现代资本主义》一书中，作了详细的和确切的描述。

然而，重要的是，随着这种发展，同时也产生了这些阶层的不同的政治态度。在资本主义早期阶段表现为手工业反对资本主义企业的斗争，以及小企业和大企业之间的利益斗争，已经基本解决了。这种斗争迫使老的中间等级采取反资本主义的态度。中间等级试图通过反对营业自由和限制资本主义大企业，来延缓它们的失败。为了通过保护手工业、恢复行会、确定学徒期以及区分不同的赋税立法等等来延长中间等级的寿命，便对立法进行呼吁。在这种反对大资本的斗争中，中间等级得到当时同样有反资本主义倾向的农村阶级的支持。但是，它遭到工人阶级的敌视。工人阶级必然会看到，生产力的限制是对他们切身利益的一个威胁。

现存小企业的态度是根本不同的。就资本和手工业之间的竞争而言，竞争在这里已基本解决。围绕积聚的斗争，毋宁说是在资本主义范围之内，作为中小企业反对大企业的斗争而进行的。小企业现在基本上仅仅是大企业的附庸；即使在它们的独立性不仅仅是虚构的场合，它们也不过是大企业的附属企业罢了。例如，安装照明设备的企业，销售工厂产品的现代大城市的商店等等，它们全都没有同大产业进行竞争，而相反地对大产业的尽可能大的扩张有利益关系，因为它们作为修理业或附属企业以及作为商人或代理人经营大产业的业务。这既不排斥它们相互的竞争，也不排斥积聚运动在它们中间的作用，但是，这种斗争不再引起一般的反资本主义的态度，相反地，它们在资本主义更迅速的发展中看到自己的幸福。它们自身就是这种发展的产物，这种发展扩大了它们的就业场所。但同时，它们却陷入与工人阶级日益尖锐的对立之中，因为工人组织的力量恰恰在小企业中最强。

然而，即使在小企业还占优势的地方，例如在建筑业中，那些占有小企业的阶层同大资本的对立也失去了尖锐性。不仅仅因为这些依赖银行信用的企业家完全充满资本主义的精神，也不仅仅因为他们同工人的对立越来越强烈，而且还因为他们提出特殊要求时，恰恰在最大的资本那里遇到越来越少的阻力，甚至还常常得到支持。赞成还是反对营业自由的斗争，是一场在生产消费资料部门里手工业师傅同中小工厂主之间异常激烈地进行的斗争。一方以裁缝、鞋匠、修车匠和泥瓦匠为先锋，另一方则是纺织厂主和服装厂主等等。相反地，今天当这种斗争已经在一切基本方面获得解决时，保护手工业对资本主义最先进部门的切身利益没有任何影响。煤炭辛迪加，钢铁联合企业，电力工业和化学工业，对中间等级现在提出的要求完全无所谓。由此而遭到损害的中小资本家的利益，不是或至少不直接是他们的利益。相反地，这些要求的代表恰恰是工人要求的最激烈和最残酷无情的反对者。在这些小生产范围里，竞争最激烈，利润率最低。每一项新的社会改革，每一次工会所取得的成就，都使一批这样的人陷于绝境。这里，工人发现了他们最凶恶的对手，而大资本和大土地所有者也在这里发现了自己最好的守备军。[35]

但是，同样的利益也为中间等级保证了农村阶级的支持。因此，资产阶级和小资产阶级之间的原有的利益对立消失了，后者变成为大资本的一支政治守备军。即使中间等级要求的满足没有改善中间等级的状况，也没有因此而发生变化。国家强制建立小企业组织的活动，到处都遭到失败。在小企业还有生存能力的地方，合作社和行会，也像在大城市的生活资料产业中那样，已经成为一种试图共同掠夺消费者的卡特尔，例如肉类加工厂和面包房中的情形就是如此。它们也许成为雇主协会，不管是直接参加或通过行会会员集体参加一个独立的但内部却依赖行会的雇主联合会。[36]

但是，中间等级已不能提出与老手工业对立的重要的经济要求。正是这一点使它没有能力推行独立的政策，使这种尾随政策成为必然性。由于不能推行自己的阶级政策，它便成为一心打算利用它对工人阶级的敌视的所有煽动的俘虏。它从工人的经济对手变成为工人的政治对手，把自己不再能够利用的政治自由看作是促进工人阶级政治力量从而经济力量加强的手段。它成为政治上的反动派，它的家庭越小，它赋予保持家长地位的价值也就越大。它吁请政府的强有力的帮助，准备支持任何旨在反对工人的暴力政策。因此，它成为加强政府权力的热情的促进者，醉心于军国主义、海上霸权主义和权威的官僚政策；于是，它为帝国主义阶级的事业服务，并在这方面成为它们的最有价值的盟友。帝国主义本身向它提供新的意识形态；它也从资本的迅速扩张中，期望自己事业的畅顺，自己营业机会的增加，自己顾客购买力的增强。它成为帝国主义政党的热情追随者。同时，它也最容易接受影响选举的手段，特别是营业抵制；它的弱点也使它成为政治上合适的盘剥对象。

当然，当费用账单交到中间等级的面前时，它感到疑虑了。它和大资本之间的和谐在一段时间内被破坏。但是，赋税绝大部分由工人缴纳。如果说间接税对它的影响比对大资本要大，那么，它的抵抗力量是太小了，以致不能解除同大资本的联盟；仅仅其中的一小部分摆脱了对资产阶级的随从，归附于无产阶级。除了表面上独立的而实际上是家庭工业者的单独经营者外，大多数城市小商人阶层就属于这一部分人。他们依赖于工人顾客，出于营业考虑或通过同工人的经常交往，开始赞同工人的观点，参加工人政党。

最近被按照坏习惯称作“新中间等级”的那些阶层，采取了完全不同的态度。这里指的是工商业中的雇员，他们由于大型企业的发展和企业的公司形式而大大增加，并在各个级别上成为生产的真正管理者。这个阶层的增长甚至超过无产者阶层。向更高的资本有机构成的发展，意味着工人的相对减少；在一些情况下和一些产业部门，甚至意味着工人的绝对减少。技术人员的情况绝不是必然如此，他们毋宁说是随企业规模的扩大而增加，即使不是按同样的比例增加。因为资本有机构成的发展意味着企业自动化的发展，意味着机器体系的变革和复杂化。新机器的采用使人的劳动力成为多余的，但绝没有使技术人员的监管成为多余的。因此，机械化的和大规模的资本主义企业的扩张，符合各类技术雇员的切身利益，并使产业中的雇员成为大规模的资本主义发展的最热情的拥护者。

股份制度的发展，最初也以类似的方式发生作用。它使管理权同所有权相分离，使管理成为具有较高报酬的雇佣劳动者和雇员的特殊职能。同时，较高的职位变成势力强大和报酬优厚的职位，谋取这种职位的可能性似乎对所有雇员都是敞开的。对发迹的关心，对晋升的渴望（这种渴望在任何等级制度中都会产生），在每个雇员身上苏醒过来，战胜了他们的休戚与共的感情。每个人都希望提升得比别人快，由半无产者的境遇提高到资本家收入的高度。股份公司发展越快，它们的规模越大，职位的数目，首先是势力强大和报酬优厚的职位的数目，也就越多。雇员最初仅仅看到这种利益的和谐一致。因为每个职位在他们看来都只不过是向更高职位的过渡，所以他们感兴趣的与其说是为自身劳动契约而斗争，不如说是资本为扩大自己势力范围而斗争。

这是一个阶层，按它的思想意识和出身都属于资产阶级，它的最有能力的或者最无顾忌的代表还上升到资本家阶层；它由于自己的收入，在某种程度上处于无产阶级之上。这个阶层的成员同处于领导地位的资本家接触最多，受后者最严密的监视和最精心的选择，反对雇员组织的斗争最激烈和最无情。如果说发展最终恰恰把这些对生产不可缺少的阶层推到无产阶级一边，特别是在权力关系已经发生动摇、资本主义权力虽然还没有被打碎但却不再显得是不可克服的时候，那么，这些阶层现在也还不是独立斗争中的特别积极的部队。

当然，进一步的发展，必然逐渐改变这种消极的态度。取得独立地位的可能性的减少，是积聚发展的结果。它日益迫使小企业主和小资本家让自己的后代进入雇员生涯。同时，随着雇员人数的增加，由他们的工资形成的支出项的分量加大了，引起压低工资水平的倾向。这类劳动力的供给迅速增加。另一方面，在大企业里，形成越来越细的分工和专业化，甚至对这种熟练程度最高的劳动力也是如此。具有自动性质的一部分劳动，由熟练程度较低的工人担任。现代的大银行、现代的电力公司和百货商店，雇用了大量雇员，他们同经过培训的局部工人没有多大差别。即使他们有较高的教养，但对企业家来说，这多少是无关紧要的。他们经常面临被没有经过培训的或只经过简单培训的工人所取代的危险，即使女工也对他们造成强有力的竞争。他们不得不在自己劳动力价格上把这种竞争进行到底，他们的生活水平被压低。当他们已经习惯于资产阶级的要求时，就更加痛苦地意识到这一点。此外，随着大企业的扩张，仅仅是这些低收入职位的数量增加了，而较高职位的数量绝没有按同样的程度增加。如果说大企业及其现代形式的增加，迅速增加了对各种职员的需要，那么，现有企业的扩大绝没有引起这种要求按同样比例增加。此外，随着股份公司的合并，最优报酬的职位越来越被大资本家阶层垄断，职业升迁的前景微乎其微了。[37]

产业和银行结成大的垄断，使雇员处境进一步恶化。他们现在面对一个占压倒优势的资本家集团。他们的自由流动，从而他们利用企业家争取最好职员的竞争来改善自己地位的希望，即使对他们中间最有能力和天才的人来说，也越来越困难。由于联合，雇员的数目也可能绝对地减少。这首先影响最优报酬的职位数目，因为管理能够被简化。联合的形成，尤其是托拉斯，减少了最高技术职位的数目。流通代理人、推销员以及广告人员等等的数目被绝对减少了。[38]

但是，要使这些后果对该阶层的政治态度产生影响，需经过一段较长的时间。由于他们从资产阶级圈子里产生和补充，所以他们最初完全在自己的旧的思想意识中生活。他们是这样一个阶层：由于对沦为无产阶级的恐惧，使他们保持仅仅不被当作无产者而做的不懈努力。他们同时也是这样一个阶层：对无产阶级的仇恨最强，对无产阶级斗争手段的嫌恶最深。商业职员如若被称为劳动者，便感到是一种侮辱；而枢密顾问，有时也包括卡特尔的经理，却热心地为自己索取这个称号。当然，在这里，一方是害怕社会地位低微，另一方则是重视对劳动的伦理评价。但是首先，这种思想意识毕竟使雇员对无产阶级的观点保持较远的距离。而另一方面，股份公司的发展，特别是卡特尔和托拉斯的发展，意味着资本主义发展的步伐大大加快。大银行的急剧发展，通过资本输出手段造成的生产扩大，新市场的占领，所有这一切都是为各种雇员日益开辟新的就业场所的手段。他们脱离无产阶级的斗争，在资本活动领域的扩张中，看到了自己的全部前景。他们比上述那种中间等级有更高的教养，所以更容易被帝国主义的意识形态所侵袭。他们同资本的扩张有利益关系，成为帝国主义意识形态的俘虏。社会主义在意识形态上同他们还相距甚远，事实上也太危险。而帝国主义的意识形态似乎为他们提供了一条出路，打开了晋升和提薪的迷人前景。这个雇员阶层虽然在社会上是微弱的，但由于它在小资本圈子内的联系以及在公共活动中的较大便利性，所以对舆论形成有相当大的影响。他们是专门的帝国主义机关刊物的订阅者，种族主义理论的拥护者（这种理论在他们中间也常常成为竞争武器），战争小说的读者，殖民英雄的颂扬者、鼓动者以及金融资本的选民。

但是，这种态度不是固定不变的。资本主义的进一步推广越是遇到延缓它的障碍，卡特尔化和托拉斯化越是达到完成从而压低雇员生活状况的趋势越是占上风，执掌最重要的生产管理职能以及最无用的职能的那些阶层同资本的对立也就越尖锐；构成雇员主要群众的、处于和始终处于依附地位的以及沦为报酬低和劳动时间长的工人地位的那部分雇员，也就越是被推到无产阶级一边，进行反对剥削的斗争。无产阶级运动的力量越大，从而胜利的希望越大，这一时期到来的也就越早。

最后，抵制工人阶级前进运动的共同利益，越来越把一切资产阶级阶层联合起来。但是，在这种防御战中，大资本早已接管了领导权。

第二十四章　围绕劳动契约的斗争

众所周知，围绕劳动契约的斗争，经历了三个阶段。第一个阶段，个别工厂主同各个工人相对立；第二个阶段，个别工厂主同工人组织进行斗争；第三个阶段，企业家组织联合起来同工人组织相对立。

工会的职能是消除工人之间在劳动市场上的竞争。它力图取得对劳动力商品供给的垄断权。因此，它是某种限额分配的卡特尔，它在这里涉及的仅仅是同资本家关系中的商品买卖，是某种联营。但是，每个限额分配卡特尔和每个联营，因软弱而受到损害，它不能控制生产，因而不能调节供给的规模。这种软弱对工会来说是不可避免的。劳动力的生产几乎总是使它的调节落空。只有熟练劳动力，工人的组织才能够通过某些措施，成功地削减它的生产。一个强大的熟练工人的工会，通过限制学徒的人数，延长学徒期，以及禁止雇用除熟练劳动力即工会承认的熟练工人以外的任何其他工人，也能够限制这类劳动力的生产，并保证自己的一定的垄断地位。印刷工会就是一个例子。例如，它们实行只有经过高级技术“培训”的印刷工人才允许操作排字机，虽然只经过纯技术培训因而熟练程度较低的劳动力就足以胜任这个工作。在顺利的环境下，一个有力的工会甚至可能成功地颠倒关系，通过承认仅仅具有一定较长使用期的工人为完全熟练的工人，赋予某种劳动以熟练的从而获取高报酬的劳动资格。例如英国纺织工业的情况就是这样。它在世界市场上的垄断地位(它迄今还有某些产品部分地占有垄断地位)，曾一度有利于强大的工会的形成；另一方面，也使企业家更容易让步，因为这种垄断地位使他们可以把较高的工资转嫁到消费者身上。

控制劳动市场的努力，也产生了通过增加移民的困难来阻止外籍工人竞争的倾向，特别是控制对生活要求不高而又难以组织起来的无产者的移入。就像保护关税制帮助卡特尔那样，禁止移民则为工会提供了同样的帮助。[39]

但是，工会是活生生的人的组织，要达到它的目的，只有经过其成员的意愿来实现。垄断的建立是以工人只通过工会并只按照工会所确定的条件出卖劳动力为前提的。劳动力的价格必须摆脱供求的波动。然而，这就意味着，供给者即失业者不能按照同被确定的价格不同的价格在劳动市场上进行活动。价格是既定的，即按工会的意志确定的；供给必须适合于价格，而不是价格必须适合于供求。因此，工会成为就业者和失业者之间的协作。必须拒绝失业者进入劳动市场，正像卡特尔在生产一经超过它所需要的供给量时便通过储存产品防止市场饱和一样。储存费用相当于工会的失业救济金。但是，后者在这里具有更重要得多的意义，因为它是工会限制供给的唯一手段，而卡特尔却具有限制生产的更有效的手段。但是，另一方面，拒绝失业者进入劳动市场的同一目的，也通过道德强制手段来达到，例如唾弃那些愿意去劳动的人，宣传阶级利益如何受损害，简言之，通过工联主义的教育，使工人阶级结成一个战斗的集体。

像每个垄断集团一样，工会面临的问题当然也是尽可能彻底地控制市场。但是，工会这里遇到了巨大的障碍。个别工人暂时的个人利益同工人的阶级利益相矛盾。组织要求作出一定的牺牲：捐助，花费时间，准备投身斗争。与工会保持距离的人，赢得企业家的好感，避免了冲突、失业或冷遇。工会变得越强大，企业家越是力求使他的工人远离工会。他用自己的救济措施代替工会的救济措施，自觉地利用个人利益和阶级利益之间的对立。

工会斗争是围绕劳动收益而进行的斗争。工人再生产出 c 的价值，创造出一种新价值，这种新价值分解为 v+m，即工资和剩余价值。v+m 的绝对量，取决于劳动时间的长度。工作愈短，v+m 就愈小；假如 v 保持不变，m 就愈小。在劳动时间保持不变的情况下，当 v 下降时，m 就上升，反之亦然。但是这种结果被劳动强度的变化所抵消；在工资提高和劳动时间缩短的情况下，劳动强度提高了。计件工资制度和奖励工资制度的发展，力图把劳动强度提高到工资和劳动时间既定条件下的最大限度。同样，机器运转速度的加快，为提高劳动强度提供了客观手段。工人阶级在缩短劳动时间方面所取得的成果，肯定处在劳动时间的缩短被劳动强度的提高完全抵消的限界之内，有时抵消之外还大大有余。不管劳动时间的缩短对工人的社会状况具有多么重要的作用，不管缩短劳动时间的成就和为此而进行的斗争对工人体力和智力水平的提高多么大，这种劳动时间的缩短并不使 v 与 m 之比不利于 m，这几乎是毋庸置疑的。利润率并没有因此而受影响，因而从纯粹经济的观点来看，没有发生什么变化。应该顺便指出，许多产业对精确性有自己的较高的要求；对它们的发展来说，较长时间的工作是不可能的；一般说来，随着劳动时间的缩短，劳动质量提高了，技术进步加速了，相对剩余价值也增加了。就工资水平而论，工资增长和劳动强度提高之间的联系并不那么明显，即使它在这里是存在的。特别对非熟练劳动来说，实际工资的细微提高，究竟是以牺牲m为代价提高呢，还是相反地（这有更大得多的可能性）在这里被劳动强度的提高完全抵消，这至少仍然是极其可疑的。当然还必须承认，产生这种抵消得经过一定时滞，在这段时间内，m由于v的提高而变小了。

因为商品价值（这里涉及的是社会关系，为了简单起见，我们可以说成价值）等于不变资本加可变资本加剩余价值（c＋v＋m），所以与m的相反变化相应的v的变化，对商品的价格没有影响，从而对消费者没有影响。李嘉图已经令人信服地证明，工资的提高和劳动时间的缩短不可能对商品的价格发生影响。这是简单明了的。每年的社会产品分成两部分。第一部分是对耗费的生产资料如机器、原料等等的补偿，这一部分首先应从总产品中补偿。第二部分是生产工人一年内新生产出来的〔价值〕产品。这种产品首先掌握在资本家手中，又分为两个亚部：一个亚部构成工人的收入，另一个亚部作为剩余价值归于资本家。对消费者来说，产品价格等于两个部分的总和，并不因第二部分在工人和资本家之间分配的比例而发生变化。因此，从社会的观点来看，断言工资的提高和劳动时间的缩短使产品变贵，是十分荒谬的。尽管如此，这种论调总是一再重新出现，而且不无充足的理由。

我们刚才所作的推论，直接适用于商品的价值，即仅仅从社会的观点来看是如此。然而，我们知道，商品价值由于追求利润率的平均化而发生了转型。但是，对个别资本家来说，或者对某一个别产业部门的资本家来说，工资的提高表现为成本价格的提高。假定他的工资总额迄今是100，在所耗费的不变资本为100以及利润率为30%的条件下，他以260出卖产品。假如由于罢工获得成功，工资现在提高到120，他的成本价格等于220；若是他仍然按260出卖他的产品，他的利润便绝对地从60降低到40，他的利润便从30%降低到19%以下，从而远远低于平均利润率。因此，利润率的平均化必然发生。这意味着：某一个别生产部门里工资的提高，导致了该部门产品价格的提高；这种提高是在形成一种新的一般利润率的基础上实现的，这种一般利润率低于以前的一般利润率。但是，价格提高总是遭到抵制；价格提高意味着销售困难，而销售困难又反过来抑制价格的提高。按原有价格缔结的契约还必须履行。首先，在价格的提高能够实现之前，还要延续一段较长的时间。严格地说，必须首先实现资本由该生产部门外流，因为价格的提高意味着销售的减少，因此供给即生产必然缩减。销售减少的危险，在不同的生产部门中是不同的，从而引起企业家对工资要求的抵制。这种对工资提高的转嫁在或大或小和或快或慢的程度上进行，也在很大程度上取决于行情状况和产业的组织。假定工资提高是普遍现象，被改变了的利润率的平均化将会导致如下结果：高于平均有机构成的产业的产品价格下跌，低于平均有机构成的产业的产品价格上升。然而，一切工资的提高都造成了平均利润率的下降，哪怕这种下降由于某一部门的工资提高而只是缓慢地进行的，并且幅度也很小。

但是，对单个资本家来说，在达到新的价格水平之前要遭受损失，所以资本家的抵抗是完全自然的。利润率越低，抵抗越强烈。我们先前看到，在小企业和小资本家活动的范围内，低于平均水平的利润率占统治地位；由于这个原因，抵抗在这里表现得最显著，而抵抗力量同时又最弱。工会斗争，从企业家的观点来看，是为利润率的斗争；从工人的观点来看，是争取提高工资的斗争（包括缩短劳动时间）。它绝不是废除资本关系本身即废除对劳动力剥削的斗争。因为这样一种斗争始终是一开始就决定了的。由于资本主义生产目的是通过对工人的剥削生产利润，所以对企业家来说，废除了剥削，生产也就没有意义了。因此，他将停止生产。不管他个人的处境怎样，这种处境也不可能通过继续生产得到改善。在这样的情况下，他就不得不冒使他的工人挨饿的风险了。如果仅仅是他所在的部门受到威胁，他就会力图通过转移到另一个部门来挽救自己的资本，哪怕只有一部分也好。因此，彻底废除剥削的斗争不在纯粹的工会任务之列。这是一种根本不能通过纯工会的斗争方法求得解决的斗争，正像工联主义“理论”希望使人相信的那样。即使这种斗争从工会斗争方法中借来，例如群众性罢工的形式，但它并不就是反对企业家经济地位的斗争，而是工人阶级作为一个整体反对资产阶级权力组织即国家权力的斗争。对企业家的经济损害，始终不过是瓦解国家权力机构斗争中的辅助手段。这种政治任务绝不可能是工会本身的任务，而只能使工会的组织形式为无产阶级的政治斗争服务。

但是，如果工会斗争意味着为利润率而斗争，那么，由此便总是为工会的目的设置了一定限制。对于企业家来说，问题在于盘算;他是否能实行新的价格规定,过渡期间的损失是否会超过旷日持久的罢工损失,以及最后他是否有可能把他的资本投往其他不使自己的利润率直接受罢工后果影响的生产部门。但是,由此可以得出结论:任何一次工会斗争,从一开始就遇到一定限制;认识这些限制是工会领导的艰巨任务,并决定他们的策略。这里还可以得出结论:利润率越高,一般说来,工会就越能卓有成效地开展活动,不管这种利润率是一般地在繁荣时期产生的,还是在某一特殊部门由于垄断地位、通过专利获得超额利润等等产生的。详细考察这些条件已超出我们研究的范围。不过,这里还必须简单谈谈两个阶级力量对比关系的一般变化。

当然,企业家组织的出现,意味着资本和劳动之间力量对比关系的变化。

企业家组织的发展,通常被看作是对工人组织的反动,这是理所当然的。但是,企业家组织的发展速度及其力量,基本上取决于产业结构的变化,取决于资本的积聚和垄断。

只要是孤立的企业家同组织起来的工人阶级相对立,工会就拥有一系列办法使企业家组织的发展搁浅。

随着资本积聚的增长,企业家在围绕劳动契约的斗争中的力量增强了,被集中了的工人的组织能力也增强了。企业规模的差别,造成对工会的完全不同的抵抗力量。一个产业越分散,企业的平均规模越小,工会的力量一般说来就越强。在同一产业内部,中小企业的工会力量比大企业要强,原因很简单:由于大企业的竞争本来就面临严重威胁的小企业,与大企业相比,更经受不起斗争的损失。一般说来,工会斗争促进中小企业向大企业发展,从而促进生产率提高、技术进步、生产成本降低以及相对剩余价值的产生。因此,这种斗争本身便为达到新的妥协创造了前提条件。

只要工会同个别企业家相对立,工会的处境就是有利的。它们能够发挥集中起来的力量来对付孤立的企业家。工资斗争被分为一系列的个别罢工。该企业家的工人,背后有工会全部财力的支持,这种财力由于有会费以及继续劳动的会员在斗争期间经常的额外资助而没有被削弱。该企业家必定十分担心,他的顾客被那些继续开工的企业家夺走,他的销路在罢工结束以后也会变小。他不得不下决心作出让步,并且从这时起关心他所同意的条件在各个企业中普遍化,从而关心其他企业家也必须自愿地或被迫地承认同样的劳动条件。企业家的相互孤立,使工会能够强迫他们一个个地相继陷入有组织进行的个别斗争之中,而不致因这些罢工而使工会的力量损失过大。这些成果通过扩充会员和增加会费更加强了工会,工会在斗争之后比以前更强大了。很显然,企业家之间越不团结,他们彼此之间的竞争越激烈,从而涉及的企业家越多以及每个个别的企业家的抵抗力越小,这种策略也就越容易被使用。所有这一切,就是中小企业占统治地位的行业中的情况。在这里,工会的影响最大,力量最强。能够做更精确计算的大企业,从一开始就对这种个别罢工进行了强烈得多的抵抗,因为大企业更强调坚持生产费用的尽可能的平等。在这里,成效只有作为一般的成效才是可能的。个别罢工在这里遭到大得多的抵抗,这种抵抗必然更难克服,因为个别的大企业家的力量也较中小企业家的大得多,较少的企业家之间的谅解也能迅速得多地达成。[40]工会的发展越强,它在企业家中间激起的抵抗也就越强。现在,工人的联合同企业家集结起来的力量相对立。既然工会对中小企业的影响最大，抵抗在这里也就表现得最强烈。事实上，企业家阶级的组织开始于手工业和小成品产业，[41]在这里，工会的力量最显著，而在高涨年代达到了最迅速的发展。[42]但是，虽然雇主联合会的建立必定被视为对工会的反动，[43]虽然首先出现在轻工业中，但它并不限于这个范围。卡特尔化和托拉斯化把参加进来的资本家的利益，以更紧密得多的方式结合起来，使他们成为同工人阶级相对抗的统一体。消除竞争并不像非卡特尔化的轻工业中那样限于劳动市场，从而在高得多的程度上加强了企业家的团结。这种团结可以达到这样的程度，以致正是在企业家地位最坚固的那些部门里，建立特别的组织就成为多余的了。煤炭辛迪加使得雇主联合会成为不必要的，钢铁托拉斯使雇主联合会不可能存在。即使真的像官方常常宣称的那样，德国卡特尔不染指工人事务，但是企业家的统一行动在这里从一开始就是既定的，正是他们力量的强大使得雇主联合会的一些特殊职能（例如罢工期间的相互援助）成为多余的，因为只要按照各自的情况取得"友好的谅解"也就够了。但是，即使在这里，建立雇主联合会的倾向也越来越显著了。

雇主联合会的形成，首先使工会个别出击更难奏效了，虽然不是不可能的。现在，个别企业家得到自己组织的支持；这个组织补偿他的损失，保证罢工工人不能找到其他工作，同时努力解决企业家自身最迫切的问题。如果必要的话，它采取更强有力的措施；它反过来成为进攻者，通过同盟歇业使斗争一般化，以便削弱工会和迫使工会就范。在整个企业家反对工会的这种斗争中，企业家组织常常是强者。[44]

雇主联合会首先意味着一种根本的可能性，即推延斗争的时间。只要工人组织与孤立的企业家相对立，这种时间的选择就取决于工人。但是，对斗争的成果来说，时间是决定性的因素。在高涨时期，利润率最高，获得超额利润的机会最佳。在这样一个时期，停止劳动最令人感到痛心。为了不致失去全部利润，即使一个强大的企业家，在这个时期也力图避免斗争，因为对于他来说，这是一个不会再来的机会（至少在下一次繁荣到来之前不会再来）。单纯从工会成绩的观点来看，罢工必须置于生产力开足马力的时期。工会教育工作的困难任务之一，就是使会员信服这种策略。因为恰恰在这个时期，由于加班劳动和正常就业，工人的收入最高，因而举行罢工的心理动因软弱。这也说明了为什么绝大多数罢工发生在鼎盛阶段到来之前的繁荣期。

然而，一旦企业家组织被确立起来，这个时间的选择就不再仅仅是工会的权力，因为现在企业家组织能够决定斗争的时间。但是，对企业家组织来说，同盟歇业是一场在萧条时期最适宜于进行的先发制人的战争。因为在萧条时期，由于生产过剩而使停业十分有利，由于劳动市场的充斥，工会组织因需要增加资助以及会员丧失而使财力受到削弱，所以工人的抵抗能力最低。这种延缓斗争时间的可能性，仅仅意味着已经发生的巨大的力量推移，而这正是企业家组织起来的结果。[45]

然而，导致企业家组织形成的同样原因，又带来工会的加强。现在，工会到处都成为不想完全无条件地听任企业家摆布的工人的庇护所。企业家的斗争手段也针对那些迄今仍未加入工会的工人。同盟歇业、特别是普遍的同盟歇业，也是迄今未组织起来的工人参加组织的强有力的动力，工会会员急剧增长，从而增强了工会的力量。

企业家组织力图通过反对工会的持续斗争阻止这种发展。它们企图在自己的工人中间进行人为的选择，使未组织起来的工人留存下来。企业家联合会的劳动介绍制度，有计划地优待未组织起来的工人，排挤组织起来的工人，把其中最危险的分子通过黑名单而加以放逐。它组织“黄色”工会这一阶级叛徒的培养所，试图通过收买和给予特殊利益来分裂工人，保证自己得到破坏罢工的卫队。[46]它通过拒绝和工会领导人谈判，以缩小这些人的道德影响。这种斗争是徒劳的，因为归根结底工人的阶级利益同时也是他们的个人利益，工会组织已经成为工人的一般生存条件。但是，这种斗争给工会运动的发展带来困难，缩小了它的影响。在企业家组织出现以前的时期，个别企业家的抵抗力量，按企业的规模而有所不同。同样，企业家组织的抵抗力量，也按它们的构成而有所不同。大产业的联合会是最强的；这里，大卡特尔产业的地位又尤其强大。它们首先不必担心各成员的衰落或破产。它们尽可放心，没有任何竞争者能从它们的停产中捞到好处。最后，在垄断得到保证、外国竞争也由于保护关税起不了什么作用的场合，他们能够重新补上罢工期间的损失。拖延的契约后来被履行，由于停产而引起的商品短缺，可以使价格提高，从而转嫁罢工的损失。

因此，这里的抵抗最激烈，最容易进行反对工会的斗争。这些产业在所有企业家组织的斗争中成为领导者，在反对工人阶级的斗争中，表现为企业家共同利益的维护者。小资本家越是被迫向工会让步，越是感到工人力量的威胁，同作为他们自己事业斗士的最大的产业资本家休戚相关的意识也就越强。

较弱的联合会，虽然比以前的个别企业家处境更有利，但另方面也不得不对工会让步，在这一点上并没有什么变化。对它们来说，联合会消除了最大的危险。联合会善于实行罢工条款以对企业有利，通过原料封锁的武器（它以此使原料供应者成为它斗争的援助者），阻止联合会之外的人叛离。最后，通过阻止个别雇主缔结特殊契约以保证在任何情况下竞争条件的平等。这最好还是通过工资率协定和企业家组织之间关于劳动契约的共同协议来进行。这种工资率协定也符合工会的利益，因为它使所达到的成果立即在整个行业中一般化。不利之处是，它事先便确定了新协议的时间，从而夺去了工会的斗争时间选择的自由。但是，由于企业家联合会本身的存在，时间的选择已不再仅仅听任工会确定，因此上述情况便以同样的方式影响两个组织。然而，工资率协定把偶然的因素带进未来的斗争之中。因此，在工资率协定的期限选择上，一个强大的工会努力避免使利用繁荣时期成为不可能的那种情况。

对企业家来说，自己组织的存在还有一个好处：他们能比较容易地把生产成本的提高转嫁到别人身上。我们知道，对相关产业部门来说，罢工的结果直接意味着利润率降低到平均水平以下。由必然发生的价格提高而造成的平均化，通过雇主联合会在这种情况下能够容易促成的，甚至在非卡特尔化产业中也能够实行的共同行动，变得比较容易和加快了，因为价格提高和成本价格的变化是相应的。因此，正是小资本家的非卡特尔化的成品产业，倾向于缔结工资率协定。[47]

这里，缔结产业同盟的趋势也加强了。由于自己的技术所决定的分散化还不具有卡特尔化能力的产业，力图通过对外来者关闭劳动市场以保证自己的垄断。对外来者关闭劳动市场应由工会为他们来做。现在，联合起来的企业家有一个由工会保护其免受外来者竞争的卡特尔。这个卡特尔的超额利润在企业家和工人之间分配，工人对卡特尔的存在有着利害关系。

卡特尔化产业的情况就不同了。这里，利润率已经是在现有生产条件下所能达到的最高水平。价格等于或大致等于世界市场价格加保护关税加运输费用。这里，工资的提高不可能被转嫁，因而对它的抵抗特别强大。此外，高额卡特尔利润已经在股票价格中被确定下来。利润的减少意味着股票市价的下降，从而引起股东对领导层的一切让步的抵抗。在这一点上，股东们受到银行利益的支持，因为对银行来说，较小的利润意味着发行股票时发行利润的减小。另一方面，由于心理上的原因，股份公司的那些仅仅被委托的管理者的抵抗也增强了。他们已经失去同工人的任何联系，成为同工人相对立的他人利益的代表。代表自己事业的企业家偶尔作出的让步，在他们看来是不遵守义务的。工人和资本家关系中人情的最后痕迹消失殆尽，劳动契约的内容成为完全脱离任何情感考虑的力量问题。[48]

对企业家来说，工资率协定的有价值的特性，即保证费用相等，在卡特尔那里是通过企业家的共同行动达到的；生产的和平时期，是通过排除多次重复的大规模的斗争达到的。剩下的不利之处是，使企业家在下一次斗争时间的选择上受到约束，对工会起到宣传的作用。因此，工资率协定在这里遭到拒绝。同时，在没有工会帮助下实行卡特尔化的可能性，使带有自己的卡特尔超额利润分配的产业同盟成为完全多余的。[49]主要从事出口的产业，与卡特尔化产业的地位相类似，因为它们的价格由世界市场决定，因而很难进行转嫁。

企业家组织和工人组织的发展，赋予工资斗争以越来越大的一般社会和政治意义。工会反对个别企业家的游击战，让位于影响整个产业部门的群众斗争；如果工会掌握了由于分工而互相依赖的生产的要害部分，它们便使整个社会生产面临停止的威胁。这样，工会斗争便超越了它自己的范围，由直接有关的企业家和工人的事情变成为社会的一般事情，即成为一个政治事件。同时，仅仅依靠工会的手段来结束斗争，变得越来越困难。企业家组织和工会越是强大，斗争持续的时间也就越久。提高工资和降低利润，成为一个力量问题。企业家坚信，任何让步都将削弱他们未来的地位，而工会的道德力量和实际力量则会增强，工会今天的胜利意味着未来的胜利。企业家想一劳永逸地解决这种战斗，为了达到长期征服的目的而不惜支付战争费用。他们的资本力量雄厚，可以坚持下来，而且比工会坚持得要久，因为补助金的支出越来越迅速地耗尽工会的资金。但是，斗争不总是限于这个部门，而且也波及其他向这个部门提供原料或辅助材料的部门。这里，企业也不得不停产，工人不得不被游离。这种情况在工人中间，以及在靠工人阶级养活的零售商业部门里，造成越来越严重的苦难，可能导致大规模的社会和政治冲突。非直接参加者要求结束最初的工资斗争的欲望加强了。因为他们没有其他实现这一要求办法，所以便要求国家干预。因此，结束罢工的问题便从一个工会问题变为一个政治权力的问题。力量的演变，由于企业家组织的产生，越是变得有利于企业家，对于工人阶级来说，保证自己在政治代表机构中的尽可能大的影响，拥有一个独立而坚决地代表工人利益以反对企业家利益并帮助工人取得胜利的代表机构，就越重要。然而，这种胜利不仅仅归因于政治影响，相反地，只有在工会强大到足以以这样的强度和力量进行纯经济的斗争，以致使资产阶级国家在劳动条件不利于企业家时进行干预的抵抗发生了动摇，使政治代表的任务仅限于彻底破坏这个国家时，这种政治影响才能开始发挥作用并最后取得成功。这绝不是说，工会对工人阶级是多余的，可以用政治斗争取而代之；相反地，工会组织的日益强大是取得一切成就的条件。但是，不管工会多么强大，正是工会斗争的规模、强度和普及程度同时使这种斗争成为政治斗争，并提示在工会中组织起来的工人，以政治活动补充工会活动。因此，在一切工会发展的过程中，这一时刻必然到来：一个独立的工人政党的形成，成为工会斗争本身的条件。但是，一旦一个独立的工人政党存在，它的政策就不可能长期限制在推动这个政党建立的因素上，而是成为这样一种政策，这种政策试图从整体上代表所有工人的阶级利益，从而超出资产阶级社会内部斗争的范围，成为反对资产阶级社会的斗争。

但是，另一方面，企业家组织的加强，不仅没有使工会斗争成为多余的，而且也没有使工会斗争成为毫无希望的。有人得出结论说，因为企业家组织有力量，可以安心等待，直到工人筋疲力尽，他们的工会财力枯竭以及希望就业的人逐渐占优势，所以工会斗争必定总是以失败告终，同盟歇业必定总是胜利。这种结论是片面的。因为这不仅仅是一个力量的问题，而是对利润率影响的计算问题。在高涨时期，同盟歇业或罢工，无论如何都意味着巨大的损失，以致向提高工资的要求让步，以避免斗争，对企业家可能更为有利。[50]甚至以前由于同盟歇业而被削弱的工会，也能付出足够的力量，迫使企业家在高涨时期作出让步。只是在这里，同工会还未遇到任何企业家组织的时候相比，这些让步将被限制在更有限的范围内，因为工会也必然对斗争的困难感到担心。

第二十五章　无产阶级和帝国主义

无产阶级的经济政策是同资本家的经济政策根本对立的，在各个问题上所采取的立场也是以这种对立为特征的。雇佣劳动反对资本的斗争，首先是为了由工人阶级（包括那些从事生产的雇员和生产管理人员）所创造的产品中的新价值而进行的斗争。这种斗争直接表现为争取劳动契约的斗争，继而又渗透到国家经济政策的斗争中。在商业政策方面，工人的利益首先要求扩大国内市场。工资越高，新价值中形成对商品的直接需求的部分也就越大，特别是对消费资料的需求也就越大。但是，生产消费资料的工业和生产成品的工业的扩大，意味着那些有机构成较低的生产领域的扩大，即容纳劳动能力较大的工业的扩大。这引起劳动需求的迅速增长，从而造成工人在劳动市场上更为有利的地位，加强了工会组织，增大了新的工资斗争胜利的希望。企业家的利益却恰恰相反，由工资增加而引起的国内市场的扩大意味着他们利润率的下降，并面临进一步下降，这又造成积累的缓慢。同时，他们的资本也挤入制造成品的工业中，在那里，竞争最激烈，卡特尔化的能力也最小。当然，他们也关心扩大市场，但不是以牺牲利润率为代价；当他们在国内市场不变的情况下扩大国外市场时，也可以达到这一点。新产品的一部分并没有成为工人的收入，也没有增加对国内产品的需求，而是作为资本被投入面向外国市场的生产中去。因此，在这种情况下，利润率更高，积累率更快。于是，企业家的商业政策首先越来越着眼于外国市场，而工人的政策则着眼于国内市场，特别是融汇于工资政策中。

只要保护关税对制造成品的工业意味着培育关税，它们就不会与雇佣劳动的利益发生冲突。它们虽然损害了作为消费者的工人，但是如果工会得到充分发展并利用这种形式，那保护关税便可以起到加速产业发展的作用，从而能够使工厂工人作为生产者得到补偿。在实行保护关税的时期内，受苦的与其说是工厂工人，不如说是手工业工人、家庭工业工人和农民。保护关税一旦变成卡特尔保护关税，情况就不同了。我们知道，卡特尔主要是在那些有机构成得到较高发展的生产部门中发展起来的，这些部门超额利润的出现，阻碍了制造成品的工业和消费品工业的发展。与此同时，由于同农业关税的必然联系而造成的所有生活资料价格的上涨也意味着实际工资的下降，从而就国内市场受工人对工业品需求制约的限度内，也意味着国内市场的缩小。由于对劳动密集型产业的破坏，工人不管是作为消费者或是作为生产者都深受其害。但是，卡特尔化同时也意味着企业家在劳动市场上地位的加强和工会的削弱。更有甚者，卡特尔保护关税是对增加资本输出的最强大的刺激，必然导致帝国主义的扩张政策。

我们已经看到，资本输出是资本主义迅速扩张的条件。这种扩张，从社会的角度来看，是资本主义社会一般得以维持的条件；从经济上来看，同时又是利润率得以维持或暂时得以提高的条件。这种扩张政策把整个有产者阶层结合为金融资本的奴仆。因此，保护关税和扩张成为统治阶级的共同要求。但是,资本家阶级对自由贸易政策的放弃,意味着这种政策毫无希望。因为自由贸易不是无产阶级的积极要求,它只不过是无产阶级对保护关税政策的抗拒。保护关税意味着更迅速、更严格地卡特尔化,从而企业家组织的加强,民族对立的尖锐化,军备的增加,税收负担的加重,生活费用的昂贵,国家权力的扩大,民主的削弱,以及推崇敌视工人的暴力活动的思想的抬头。一旦资产阶级放弃了自由贸易,为自由贸易进行斗争也就毫无希望了,因为无产阶级要把自己的政策强加给统治者,仅仅自己的力量是太弱了。

但是,这绝不意味着无产阶级现在要转到和帝国主义不可分割地联系在一起的现代保护关税政策中去。这种政策对资本家阶级具有必然性;因此,只要资本家阶级还进行着统治,这种政策就会存在。对这一点的认识,并不能成为一种理由要无产阶级现在放弃自己的政策,在自己敌人的政策面前投降,甚至还沉浸于剥削的普遍化和加强会对自己的阶级状况带来所谓好处的幻想。但这并不妨碍无产阶级认识到,只有帝国主义才使资本主义本身所意味着的那种革命一般化,从而也同时使社会主义胜利的条件一般化。但是,对金融资本的政策必然导致战争的发展从而必然导致革命风暴的信念,并不能使无产阶级放弃它对帝国主义和战争政策的敌意。同样也不能因为资本的扩张政策归根结底是无产阶级的最终胜利的最强大的促进者,就支持这种政策。相反地,这种胜利只有从反对这种政策的不断斗争中才能产生,因为只有到那时,无产阶级才能成为这种政策必然导致崩溃的继承人。但是,这里所指的是政治的和社会的崩溃,不是经济的崩溃。经济的崩溃根本不是合理的概念。保护关税和卡特尔意味着生活费用的昂贵，企业家的组织加强了资本对工会进攻的抵抗力量；军备政策和殖民政策日益急剧地加重了无产阶级身上的税收负担；这一政策的必然结果，即资本主义国家之间的暴力冲突，意味着贫困的大大加深。但是所有这些使人民群众革命化的力量，只有成为新社会的创造者阶级在其意识中预见到这一整个政策及其必然结果时，才能被用于改造经济。但是，实现这一点，就必须把这种与人民群众的利益相对立的政策的必然结果反复向群众解释清楚。而这只有在对帝国主义政策进行不断的、义无反顾的斗争中才能做到。

但是，如果说资本除了奉行帝国主义政策之外不可能奉行任何其他政策，那么，无产阶级也不能用产业资本占绝对统治地位时期的政策同帝国主义政策相对立；无产阶级的事业，不是用自由贸易时代的和敌视国家的已经被克服的政策同更先进的资本主义政策相对立。无产阶级对金融资本的经济政策、对帝国主义的回答，不可能是自由贸易，而只能是社会主义。无产阶级政策的目标，现在不可能是已经变得反动的恢复自由竞争的理想，而只能是通过克服资本主义而彻底消除竞争。无产阶级以如下回答摆脱了要保护关税或是自由贸易的资产阶级的困境：既不是保护关税，也不是自由贸易，而是社会主义、生产的组织化以及对经济的自觉调节（不是通过和为了资本巨头，而是通过和为了社会全体）。到那时，社会就像它自发现自然运动规律以来而使自然服从于自己一样，也最终使经济服从于自己。社会主义不再是遥远的理想，甚至不再是仅仅对"当前要求"发生决定性影响的"最终目的"，而是变成了无产阶级直接的实际政策的基本组成部分。为了保证工人政策的独立性并且证明它对保护无产阶级利益的优势，正是在那些资产阶级政策得到最充分的贯彻以及工人阶级的民主—政治要求的最主要的社会方面已被实现的国家，社会主义作为对帝国主义的唯一回答必须提到宣传的首位。

金融资本把社会生产的支配权越来越集中到少数最大的资本集团手中，生产的经营权同所有权相分离，生产社会化达到资本主义范围内所能达到的限界。资本主义社会化的限界是由下述因素所形成的：第一，世界市场被分割成各个国家的民族经济区，这种分割只有通过国际卡特尔化才能艰难地和不完全地加以克服；同时，这种分割也延长了卡特尔和托拉斯借助国家的权力手段相互展开竞争的时间。第二，为了完整起见，这里还必须提到阻碍农业积聚的地租的形成。第三，为延长中小企业的生存能力而采取的经济政策上的措施。

金融资本就其趋势而言，意味着建立对生产的社会监督。但是这是对抗形式上的社会化，对社会生产的统治仍操纵在大金融寡头手里。剥夺这种寡头的斗争构成资产阶级和无产阶级之间阶级斗争的最后阶段。

金融资本的社会化职能使克服资本主义变得非常容易。一旦金融资本把最重要的生产部门置于自己的控制之下，只要社会通过自觉的执行机关即被无产阶级夺取的国家占有金融资本，就足以立即获得对最重要的生产部门的支配权。由于所有其他的生产部门都依赖于这些最重要的生产部门，所以，即便没有进一步的直接社会化，对大产业的统治就已经意味着最有效的社会控制。社会支配了矿山、钢铁工业直至机械工业、电力工业和化学工业，并控制了交通运输系统，也就通过对这些最重要的生产部门的控制掌握了原料在其他产业中的分配以及它们产品的运输，从而同样能够控制这些产业。在今天，占有柏林六大银行实际也已经意味着占有大产业的最重要的部门。在过渡时期，只要资本主义的簿记还证明是适用的，社会主义政策的最初步骤就非常容易进行。剥夺根本不必延及大量农民的和工业的小企业，因为这些小企业通过夺取它们很早就依赖的大产业而间接社会化了，正像大产业直接社会化了一样。因此，正是在剥夺过程由于它的分散化而成为慢性的和政治上危险的地方，有可能使这一过程在缓慢的发展中成熟；即是说，通过社会自觉提供的经济好处，由国家政权的一次性的剥夺行为而变成为逐渐的社会化。因为金融资本已经办理了社会主义所必要的那种剥夺。

因此，如果说金融资本在组织上为社会主义创造了最后的前提，那么它也在政治上使过渡更容易进行。帝国主义政策所体现的资本家阶级本身的行动，必然向无产阶级指明奉行独立的阶级政策的道路，这种政策只能以最后克服资本主义而告终。只要自由放任的原则还广泛流行，只要国家对经济事物的干预从而国家作为阶级统治组织的性质被掩盖起来，就需要有较高程度的洞察力，以便理解政治斗争的必然性。正是在英国这样一个不存在干预的典型国家里，独立的工人阶级的政治行动的出现是那样困难，也就不是偶然的了。现在，这种情况正在发生变化。资本家阶级直接地、毫无掩饰地和公然地占有国家组织，并以这种方式把它变为自己剥削利益的工具，以致即使最后一个无产者也能感觉得到；他现在必然认识到，无产阶级夺取政权是自己首要的和切身的利益，资本家阶级对国家的明目张胆的攫取，迫使每一个无产者为夺取政权（这是结束自己受剥削地位的唯一手段）而努力。[51]

反对帝国主义的斗争激化了资产阶级社会内一切阶级的对立。但是，作为资产阶级最坚决的敌人的无产阶级，得到其他阶级的增援。帝国主义最初也得到其他阶级的支持，但最后却把自己的拥护者赶跑了。垄断化越是进一步发展，超额利润的重担就越是压在其他阶级身上。由托拉斯造成的物价昂贵，降低了这些阶级的生活水平。当食品价格上升的趋势也推动最必需的生活资料价格提高时，尤其如此。与此同时，赋税的负担也加重了。这也打击了中间阶层。这些中间阶层越来越反叛了。雇员们看到他们的前景日趋暗淡，越来越感到自己是受剥削的无产者。甚至工商业的中间阶层也注意到自己对卡特尔的隶属关系，这种隶属关系使他们变为单纯拿佣金的代理人。所有这些对立，在资本扩张进入缓慢发展时期，必然尖锐化到不堪承受的程度。当股份公司和卡特尔的发展不再如此急剧地进行、新的创业利润的产生从而对资本输出的冲动减缓时，情况就是这样。当对外国的迅速开发由于引入资本主义而受到延缓时，对资本输出的冲动也必然减弱。对远东的开发，加拿大、南非和南美的迅速发展，对资本主义的如此令人炫目的急剧发展起了主要作用；只是从 1895 年以后，这种发展才被短暂的萧条时期所打断。然而，如果说这种发展放慢了，那么，卡特尔对国内市场的压力必然更加尖锐地表现出来；因为正是在萧条时期，集中进展得最快。同时，随着世界市场扩大的放慢，资本主义国家之间为争夺自己的势力范围的对立更加尖锐。当先前对竞争开放的大市场（如英国）由于保护关税的扩大而对其他国家的竞争关闭时，情况就更严重。战争的危险加强了军备和赋税负担，最终促使生活日益受到威胁的中间阶层加入无产阶级行列。这样，无产阶级便能够在国家权力的削弱和战争冲突中摘取果实。[52]

在建立在阶级对抗基础上的社会形态中，只有统治阶级已经把自己的权力集结到尽可能高的程度时，伟大的社会变革才能发生。这是一个历史规律。统治阶级的经济权力，同时也总是意味着对人的权力，对人的劳动力的支配权。但是，正因为如此，经济的统治者也依赖于被统治者的权力。因为这种统治者自己通过增强权力，同时也加强了那些在阶级敌对状态中同他们相对立的人的力量。后者作为被统治者似乎是软弱无力的，他们只是在斗争中，在推翻统治阶级的权力中才能证明的力量，表现为潜在的力量；而统治者的力量则表现为完全明显的力量。只有在两种力量的较量中，即在革命时期，被压迫者的力量才证明为实际力量。

经济权力同时也意味着政治权力。对经济统治的同时也提供了对国家政权的权力手段的支配。经济领域中集中程度越高，对国家的控制越是不受限制。一切国家权力手段的这种严密结合，表现为国家权力的最高发展。国家表现为维护经济统治的不可战胜的工具，从而夺取政权也就同时表现为经济解放的先决条件。只有当专制国家在克服了国内大领主的领地权力之后把一切权力集中于自己一身，而政权在少数最大地主手里的集中本身形成专制王权的胜利的前提条件的时候，资产阶级革命才开始。同样，无产阶级的胜利也是同经济权力在少数资本家巨头或这些巨头联盟手里的集中以及他们对国家政权的控制联系在一起的。

金融资本，在它的完成形态上，意味着经济的或政治的权力在资本寡头手上达到完成的最高阶段。它完成了资本巨头的独裁统治。同时，它使一国民族资本支配者的独裁统治同其他国家的资本主义利益越来越不相容，使国内的资本统治同受金融资本剥削的并起来斗争的人民群众的利益越来越不相容。在这些敌对的利益的暴力冲突中，金融巨头的独裁统治将最终转化为无产阶级专政。

注　　释

第一篇

1　由于交换活动的这种完全不同的性质，要想为完全不同的社会形态下的交换活动寻找同样的规律是荒谬的。

2　约·卡尔耐尔(卡尔·伦纳博士)：《法律制度的社会职能》，载《马克思研究》第1卷第2期第108页。因此，这是十分独特的类型的规律，这些规律仅仅由一定社会联系中产生，并随这种联系的消失而消失，但在这种联系内部具有因果作用。只有认识这些规律才是理论经济学的任务。

3　“他们(即商品生产者)的社会关系似乎归结为私人的交换关系。但是，交换本身首先仅仅是私人关系。为了使两个人交换，只需要他们手中有物并愿意互相让渡。交换本身是一种属于一切社会形态的现象，因为一切社会形态都有财产。

实际上，课桌上钢笔杆和邮票的交换，社会主义社会的两个成员之间的马和汽车的交换，是一种私事，同理论经济学毫不相干。企图通过对作为纯粹私人活动的交换的分析来探索资本主义社会的规律，是边际效用理论的幻想。”(希法亭：《论卡尔·马克思理论经济学的问题》，载《新时代》1904—1905年第1卷第106页)

4　这些物在商品生产的社会一般必然互相发生关系，而且它们可以作为社会必要劳动时间的表现发生这种关系。只有作为这种表现，它们才能通约。价值学说中的本质的东西在于，它们是社会劳动时间的产品即社会产品，而不是这一劳动时间在任何情况下在交换关系的两个方面都是相等的。后者是次要的因素，仅仅决定简单商品生产条件下的交换关系。

5　这个命题由于现代纸币本位制的形式而产生怎样程度的变形，是后面要研究的对象。

6　任何商品作为社会必要劳动时间的体现，从而作为商品生产过程的结果，都有价值。在这种意义上，马克思说："对于交换过程使之转化为货币的那个商品，交换过程给予它的，不是它的价值，而是它的特殊的价值形式"，即作为一般等价物（《资本论》第1卷，《马克思恩格斯全集》第23卷第108页）。

7　马克思：《政治经济学批判》，人民出版社1976年版，第33页。

8　至少在黄金的独占统治还没有完全实现的时候，暂时还是如此。

9　1770年以来的汉堡的银行币制就是一个例子，交易是通过在汉堡交换银行的转账解决的。仅仅对支付十足重量的银记入贷方项。银被作为货币材料，科伦的纯银马克被作为单位以27 $\frac{3}{4}$ 银行马克入账。因此，这种1872年以前用于汉堡商业的账簿货币，是建立在未加铸造的银的基础上的。这里，银本身完好地保存在银行的地下室里，只是所有证书（同银行券完全不同）在流通。这是无关紧要的。有完全准备的"纸币"，不过是证书所有者实际寄存的和在银行中实际保管的金属的证书，是纯粹技术上的方便措施和单纯的防止金属磨损的手段。这好像银块用皮或纸包着进行流通一样，对货币流通的所有规律都没有影响。

正文中所作的叙述，首先是国家所起的唯一的作用。因此，克纳普关于货币只有通过国家的法令才能产生的幻想便完结了。同时，我们也看到，货币在历史上最初怎样从流通中产生出来。因此，它首先是流通手段。只是在它成为价值的一般尺度和商品的一般等价物之后，才成为一般的支付手段。这同克纳普是对立的（见克纳普：《国家的货币理论》第3页）。

10　《资本论》第1卷，《马克思恩格斯全集》第23卷第138页。

11　同上，第142—143页。

12　威尔逊认为，闲置货币对社会是一种损失，这只是从资产阶级社会的观点作出的判断。相反地，整个流通机制，就其耗费价值来说，形成非生产费用（faux frais）；甚至从发达的资产阶级观点来看，黄金就其是流通手段的限度内，表现为非生产（即不带来利润的）支出，因此是应该加以避免的。对重商主义来说，这种思想是可怕的东西（见詹姆斯·威尔逊：《资本、通货和银行业》，1847年伦敦版，第10页）。

13 《资本论》第1卷，《马克思恩格斯全集》第23卷第131页。

14 这一规律是适用的："纸币的发行限于它象征地代表的黄金（或银）的实际流通的数量。"（《资本论》第1卷，《马克思恩格斯全集》第23卷第147页）

15 克纳普先是陷入货币"最初"不过是一定金属重量的幻想，后来便对货币能够被一种仅仅是社会通用的符号所代替而感到吃惊了。如果他认识到货币仅仅是社会关系的物的表现（缺少这种认识至今还阻碍经济学家们作出详尽的货币理论），那他对下述情况就不会感到费解了：在一定范围内，这种物的关系通过社会有效的、自觉加以调节的协议表现出来，而强制通用的国家纸币就是这种协议的表现。正确的是：这里包含了一个根本性的问题，即这种国家的从而自觉的社会调节的限界问题。但是，克纳普恰恰把这个经济学问题从他的考察中排除出去了。

16 众所周知，所谓自由铸造，是指将任一货币材料量在国家造币局按确定的铸造标准改铸为国家铸币的私人权利。当国家拒绝这种改铸时，铸造便被禁止了。

17 实际上，对在英国银行限制法的印象下进行写作的著作家来说，提高估价的可能性是不成问题的，因为他们十分天真地把纸币的规律用于金属货币上。试比较一下下述引文："很明显，正像滥发纸币使商品的名义价格提高一样，由于同样的原因，向流通需要的自然限度以下的缩减，也以同样的程度使名义价格降低。……条块形式的黄金在市场上常常比铸币形式的黄金价值小，商人们为了从黄金由条块向铸币的转变中获利而把黄金送往造币局。"（威廉·布莱克：《关于调节交换市价的原理和目前通货价值下跌的状况》，1810年伦敦版，第40页。）

18 见黑尔费里希：《货币》第77页。

19 同上书，第80页。

20 施皮茨米勒：《奥地利-匈牙利的货币改革》，载《国民经济、社会政策和管理杂志》，1902年，第Ⅺ卷第339页。

21 金盾是八盾币的八分之一。这八盾币是作为贸易货币铸造的，因此不用于国内流通，按含金量来看等于 20 法郎。

22　同注⑳，第 311 页。

23　安东·阿诺尔德博士：《印度的货币制度。特别考虑它自 1893 年以来的改革》，第 227 页。

24　一位从印度旅行归来的朋友曾对我讲过如下的情况：他看到几个欧洲人在一个印度的市场上购买银饰品。印度商人给他们拿货的时候把首饰称了一下，以消除他们害怕上当的疑虑。据说，买价是同样重量的银卢比。这些欧洲人对此十分满意并达成交易。他们洋洋自得，因为补偿给商人的仅仅是金属价值，而加工的费用却无偿地得到了。然而，由于货币立法，这个商人却同时获得差不多超过金属价值 100％的价格，这自然是他们所不知道的。认为这是对经济学无知的罚金，肯定是完全合适的。只是可惜，它还不能一般化。

25　"实际上，值得怀疑的是：自实行新的银行制度（指 1797 年停止现金支付和赋予英格兰银行券强制通用的能力）以来，黄金是否仍然实际上是我们的价值尺度（measure of prices）；我们是否具有与英格兰银行和地方银行的流通手段（circulafion medium，它的相对价值变动与这种'流通手段'的可能的过剩一样是不能确定的）不同的价格标准（standardl of prices）"。（《特别调查委员会关于黄金条块价格昂贵原因的报告》，1810 年伦敦版，第 16 页。这个报告对自己提出的问题没有作出决断。）

26　林赛在 1898 年由托夫勒勋爵主持召开的货币委员会上正确地宣称："在现行货币制度下，卢比不过是一种不可兑的、强制通用的金属证券。因此，适用于不可兑的纸币的所有规律，对它都是适合的"。按林赛的看法，这些规律是由李嘉图制定的。（引自博特：《印度的货币改革》。）

27　博特（《1893 年以来的印度货币改革》，1904 年科塔出版社版，第 48 页以下）的下述问答游戏是颇有特色的："1893 年 6 月 26 日以后，印度的价值尺度是什么？"一旦卢比的黄金价值提高到超过其中所含有的纯银量的黄金价值，银便不再是价值尺度……是很明显的。那么，像勒克西斯教授在他的《纸币》词条（《社会科学词典》）中所阐明的那种意义上，"卢比"是否就成为印度的价值尺度了呢？勒克西斯指出：不兑换的、强制通用的证券可以成为独立的货币，即成为价值尺度，因为它们的法定支付力量使它们具有"支付信用的最明显的痕迹”，使它们对商品保持自己的价值。在造币局关闭之后，黄金在印度是价值尺度吗？如果把价值尺度的属性赋予卢比，那就等于说，抽象的价值尺度是可能的，因为1893年6月26日以后，卢比的价值不再由它用以铸造的材料的使用价值(!)来决定（这使用价值只是不断变动的下限），而是由卢比的并非从其材料中导出的属性和有用性的判断来决定。

约翰·卢博克的意见也完全一样：“说‘交换’（exchange）自造币局关闭以来成为价值尺度，这只不过是抽象的价值尺度是可能的这一并非不可怀疑的(!)说法的另一种形式。”如此而已（voila tout）。我们看到，对勒克西斯教授的权威的十分具体的尊重，妨碍了作者对使勒克西斯达到著名的抽象物的理论“抽象”的缺点作任何批判。但是，在缺少价值概念的地方，却及时出现了“信任”的词句。此外，关于这个问题，请参照阿诺尔德前面所引的著作《印度的货币制度》第241页以下对勒克西斯的反驳。

28　马克思：《政治经济学批判》，人民出版社1976年版，第148页。

29　李嘉图：《金银条块价格高昂》，引自《李嘉图著作和通信集》第3卷，商务印书馆1977年版，第57页。

30　同上书，第58页。

31　同上书。

32　马克思：《政治经济学批判》，人民出版社1976年版，第100—101页。

33　约翰·富拉顿：《论流通手段的调整》，1845年第2版，第59页以下。

34　在1908年1月中旬向大会提交的报告中，美国财政部秘书科特庸估计，自尼克博克信托公司停止支付到信任恢复为止，公众抽回的现金总额约2.96亿美元。这一数额基本上是美国整个处于流通中的货币的十分之一。

35　按照古老的法则，劣币在流通中驱逐良币。我们在马考雷那里读道：“第一个注意到良币和劣币一起流通时劣币驱逐良币这一事实的著作家，是阿里斯托芬。他似乎相信，他的同胞们宁肯选择轻币，是与诱使他们把管理大事的权力委托给像克里昂和胡佩博卢斯这样的人的同样的恶趣味所致。尽管他的国民经济学不及格，但他的诗却是很出色的：

我常常思忖：我们的城邦

对待自己纯真而高贵的市民，
就像对待我们的和新金货并行的旧铸币一样。
这种铸币经过验定，没有丝毫掺假，
而且我认为是所有铸币中成色最好的，
道地的印纹可鉴，清脆的音响足证，
在海拉斯（希腊）后裔中间和外国到处通用；
可你们却不使用它，不，你们宁可使用
新近铸造的拙劣得要命的铜币。
同样，我们熟悉的市民生性高贵，
是些纯真、亲切、正直和善良的人们，
擅长格斗、合唱和诗歌艺术；
可你们却把他们驱逐出去，
胆大妄为地使用饰金者、比尔利克的舞蹈演员、
外路人、流氓和流氓子弟去做一切。”

（阿里斯托芬：《蛙》。J. 多纳译，1861 年莱比锡和海德尔堡版，第 744 页以下）。

36　人们一直急切地期待着现代经济学家们进行说明的尝试。90 年代中期，当黄金的生产急剧增长、同时货币的流动性加强以及利息率下降（伦敦市场的贴现率在 1% 以下）时，停止黄金的自由铸造的设想在伦敦展开了讨论。

此外，这个问题图克也曾发表议论。起因是关于实行造币手续费（Seignorage，李嘉图甚至提倡 5% 的造币手续费）的好处和影响的争论。“不足值的铸币（dedased coinage）或征收造币手续费的铸币，如若对全部处于流通中的货币量不同时加以限定，那么，与铸币是足值的或严格实行限制原则时相比，当然不具有同样的交换价值（not be of the same value in exchange）。”然后，图克以下述情况作为例证：“假定一国的通货仅仅由黄金构成，数额为现行重量和成色的 2000 万索维林，如果每块金币突然缩减二十分之一或 5%，但块数仍然准确地限制在同样 2000 万的数额，在其他情况相同和商品等等同铸币数的比例保持不变的条件下，价格自然是不发生变化的。如果块金以前

在市场上是每盎司值 3 英镑 17 先令 10 $\frac{1}{2}$ 便士，那么，在其他情况保持不变的情况下，价格也仍然一样。或者，换句话说，重二十分之十九磅的铸造了的黄金为 46 英镑 14 先令 6 便士，在市场上将与同样成色的一整磅未铸造的黄金相交换。但是，如果这样从每个铸币中抽去的黄金量现在以金币的追加量铸造出来并投入流通，那么，现在的 2100 万并不具有比以前的 2000 万更大的交换力量(The twentyone millions would then exchange for no more than former twenty millions)。一切商品价格都将提高 5%，其中也包括块金，它这时值 4 英镑 1 先令 9 $\frac{1}{4}$ 便士。或者，换句话说，铸币 46 英镑 14 先令 6 便士，将仅仅与一磅未铸造的黄金的二十分之十九相交换。

这是关于流通手段(currency)的全部议论的中心点。把它运用到在实行完全的金属本位制的条件下通过自己的发行垄断把铸币的名义价值提高到它们的内在价值(intrinsic value)以上的国家权力，是十分明显的。”(见《价格的历史》第 1 卷第 120 页以下)

37　《资本论》第 3 卷，《马克思恩格斯全集》第 25 卷第 585—586 页。此外，马克思关于货币问题的一些阐述，给人这样一种感觉：在他的意识中，由他的货币理论中产生的某些结论，在同由当时的经验材料中得出的以及不能通过单纯的逻辑途径完全加以克服的观点进行斗争。最近的经验也恰恰证明了由马克思的价值理论和货币理论中能够得出的最后结论。

当马克思强调流通中只能有与流通所必要的黄金相同数量的纸币存在的时候，回想一下这些黄金量本身由于自己的价值是既定的而在当时为社会流通价值所决定，对理解现代的货币现象是重要的。如果社会流通价值降低，黄金便由流通中流出；如果社会流通价值提高，黄金便流入流通之中。但是，在实行纸币本位制和禁止自由铸造本位制时，便不会发生流出和流入流通的情况，因为不流通的纸符号是价值很小的东西。因此，这里必然归结到作为决定性因素的流通价值。像马克思在《政治经济学批判》中所作的那样，把货币符号看作是单纯的黄金符号，是不能令人满意的。

我认为，马克思对纸币的(或禁止自由铸造的)本位制的规律作了最正确的表述，他说：“没有价值的记号，只有在它们在流通过程中代表金的限度内，才成为价值符号，它们又只有在金本身原来就会作为铸币进入流通过程的限度内，才代表金，这个量，在商品交换价值和商品形态变化速度既定的时候，是由金本身的价值决定的”。（引自《政治经济学批判》，人民出版社 1976 年版，第 99—100 页）只是马克思所走的这样的迂回道路，似乎是多余的：他先确定铸币量的价值，然后通过铸币量的价值才确定纸币的价值。如果直接由社会流通价值推导出纸币的价值，那么，这种确定的纯粹社会性质就更明确地表现出来。纸币本位制在历史上是由金属本位制产生的，并不是从理论上也这样看待它的根据，不诉诸金属货币，纸币的价值也必定能够推导出来。

38　因此，黑尔费里希下面的说法是不正确的：“从理论上来说，存在着这种可能性：纯粹的纸币适合于国民经济对货币需要的波动，从而避免了在实行金属本位制条件下由货币供求均衡的变化可能产生的许多干扰。”（《货币》第 470 页）

39　因此，纸币并不是“有缺点的”或“坏的、拙劣的”货币。它按正确的比例处于流通之中，与经济规律完全不矛盾。只是对这些规律漆黑一团，才使大多数“金属主义者”把故意的或出于理论的无知而产生的滥用看作是属于一切纸币本位制的本质的东西，使他们陷入完全迷信的恐惧之中，不仅是对一切不可兑的国家纸币，而且也对根本无害的小额兑换银行券。他们是巨人哥里亚（但不是理论上的），却害怕大卫（据圣经上的传说，哥里亚是非利士族的巨人。他在与青年大卫决斗时，被投石器杀死——译者）；银行券越小，恐惧也就越大。

40　马克思：《政治经济学批判》，人民出版社 1976 年版，第 97 页。

41　指内容上的经济保证。契约必须履行的形式上的法律保证，自然始终是前提条件。

42　在德意志帝国银行的转账业务中，1 芬尼现金，1894 年承担 4.35 马克的年交易，1900 年承担 8.30 马克的年交易。

43　马克思：《资本论》第 1 卷，《马克思恩格斯全集》第 23 卷第 158 页。

44　为清算社会交易，德国所需要的现金比英国多 9 至 15 倍。支票交易节约 14000 万英镑左右的银行券。如果现在的法律规定还有效的话，那么，为保证这些银行券必须有大约 3500 万英镑的货币储备的 4 倍。（S. 雅费：《英国银行制度》，1905 年莱比锡版。）

45 在致鲁道夫·迈尔的一封信中,洛贝尔图斯说:"金属货币不单是价值尺度和清算手段(就它仅仅符合货币观念的意义上。在这种观念中,不存在将这种凭证即商品价值证书记载在像贵金属这样昂贵的材料上的问题),而且现在也充当生产的调节者。但它只有通过自己贵重的材料才能履行这种职务。如果您想实行商品券,那您也必须能够向每个企业家发布他们应该生产多少的命令。商品券的思想归结为整个政治经济学最有兴趣的问题。但是,如果商品价值按劳动构成以及商品券体现按劳动计算的商品价值,那么,作为经常的流通手段(不单纯是暂时的放款证券),商品券是可能的。我不怀疑这种货币的可能性。但是,如果这种货币应是唯一的流通手段,那它的前提条件就是废除土地和资本的所有制。"(鲁道夫·迈尔博士编:《洛贝尔图斯-亚格措夫博士书信和社会政治论文集》,1881 年柏林版,第 2 卷第 441 页)此外,也像其他一些地方一样,这些地方证明了:当恩格斯把洛贝尔图斯同那些认为劳动货币在没有对生产的社会监督条件下也是可能的小资产阶级的劳动货币的空想家格雷、布雷等等同样看待时,他是冤枉了洛贝尔图斯。

46 确定资本概念以及一般经济概念的困难,是由这样一种现象产生的:它们附着于物本身,而同时仅仅反映这些物在其中起着完全变幻不定的作用的一定社会关系。例如,黄金作为货币,一方面仅仅反映了商品交换发展的一定时期的关系,成为流通手段;但在另一种关系中,它又成为资本。因此,提出黄金或货币是否是资本的问题,是提错了。在一些关系中,它是货币;在另一些关系中,它也是资本。说它也是资本,即是说,它作为资本总是只能执行货币的职能,仅仅是同资本的商品形式不同的资本的货币形式。

想赋予一定的物以资本性质,正像把空间看作是附着于物的某种东西一样,是错误的。只是我们的直观赋予物以空间形式,同样,只是社会发展的一定阶段赋予物以货币形式或资本形式。

47 马克思:《资本论》第 2 卷,《马克思恩格斯全集》第 24 卷第 42—43 页。

48 同上书,第 138 页。

49 同上书,第 174 页。

50 同上书,第 287 页。

51 同上书,第 293 页。

52　同上书，第309页。

53　同上书，第293页。这一数例在马克思那里与我们正文中不同。为了简单起见，我们把我们的数字插入马克思的引文中。

54　我们这里只能列举最重要的因素。在《资本论》第2卷中，马克思对这个问题作了详细探讨。这里顺便提一下，学究们还可以作得更详细些。但是，这些研究对理解信用关系的根本意义，向来就是被忽视的。

55　马克思：《资本论》第2卷，《马克思恩格斯全集》第24卷第90页。

56　同上书，第504页。

57　"就像简单的商品流通不是单纯的产品交换一样，年商品产品的交换也不能分解为它的不同组成部分的单纯的、直接的互相交换。货币在其中起一种独特的作用，这种作用尤其会在固定资本价值再生产的方式上表现出来。"（马克思：《资本论》第2卷，《马克思恩格斯全集》第24卷第504—505页。）

58　马克思：《资本论》第2卷，《马克思恩格斯全集》第24卷第320—321页（正文中的数字和货币名称作了改动——译者）。

59　同上书，第352页。

60　同上书，第352页。

61　同上书，第324—325页。

62　同上书，第350—351页。

63　将货币需要量急剧变动的农业地区游离出来的货币资本提供给工业地区的那些银行的活动，正是建筑在这种可能性的基础上的。另一方面，习惯能够产生何种影响，下述现代制鞋业的例子表明了这一点。虽然鞋的制造过程平均只有3至4周，但流动资本一年周转不超过两次，这可以由下述情况得到说明：一年中的主要订货要求在复活节和圣灵降临节前供货。商品在这期间被制成并贮存在仓库内，因为在供货期之前商品不被接受，或至少是鞋商的支付义务只是从供货期才开始的（卡尔·雷埃：《德国制鞋大工业》，1908年耶拿版，第55页）。

同时，这种情况对信用的利用产生决定性影响。"制鞋业中季节性交易的特性，也使制鞋工厂同银行打交道。主要季节之后所收到的大量金额被送到银行，银行在其他季节又向工厂提供为支付工资和其他经营费用所需要的

金额，也通过转账或支票交易承担原料的支付。”(同上书，第 57 页)

64　马克思：《资本论》第 2 卷，《马克思恩格斯全集》第 24 卷第 124 页。因此，这里预言了银行对产业的统治这一最近时期的最重要的现象，即使这种发展的萌芽当时还几乎是看不见的。

65　如果只看到票据以商品交换为基础，而忽略了只有在票据相互抵消，差额通过现金清偿以及没有支付的票据为货币所代替时，这种商品交换才能在社会中有效地进行，那么，就会陷入商品券、劳动货币等等的乌托邦中去，即陷入脱离开金属而独立地直接代表商品价值的信用符号的乌托邦中去。

66　一年中流通的票据总额，以百万马克为单位计算，1885 年是12 060；1895 年是 15 241；1905 年是 25 506。其中，银行承兑的分别为：1 965 或 16%；3 530 或 23%；8 000 或 31%。当然，在这一总数中，没有进入交易的票据(保证票据，货栈票据等等)也计算在内(维・普里庸：《德国的票据贴现业务》，1907 年莱比锡版，第 51 页)。

67　但是，如果正常的商品流通被非常的、超经济的从而是偶然的事件，例如革命或战争等等所中断，那么，这一中断时间不计入正常流通时间，而是等待这些事件过后，是合理的。这通过票据延期支付的法律规定而进行。

68　我们所说的生产资本家，是指实现平均利润的资本家，即同收取利息的借贷资本家和收取地租的土地所有者相对立的产业资本家和商人。

69　詹姆斯・威尔逊：《资本、通货和银行业》，1847 年伦敦版，第 44 页。

70　当然，银行继续对这些银行券进行贴现。在这些银行券对票据和其他保证而发行的限度内，它们仍然执行信用货币的职能。但是，这绝不排除它们是国家纸币。一旦它们由于纸币发行量超过社会流通的最小限额而发生贬值时，这一点便立即得到证明。如果这样的发行情况不曾发生，那当然也不会出现贬值。因为正是使纸币的流通量独立于工商业的需要而增加的向国家的预付，即使在英国实行银行限制的时期也仍然是很小的，所以贬值也很小。但是迪尔的下述说法是错误的：“但是，即使是具有法定支付手段实质的不可兑银行券，也说不上是‘货币’，因为缺少兑换义务也是十分可疑的。”(此外，迪尔没有考虑奥地利币制的经验，过高估计了这种怀疑)“即使在这种制度下，银行券也不是为使货币流通而发行的，而是以向国家或商人贷付的形式发行的，从而是对银行所达到的要求数而发行的。因此，在这种情况下，银行券的发行是否完全有利于和在多大程度上有利于国家和商业的正常的信用需要，或银行券的发行超过这一需要是否会导致危害整个信用的纸币经济，所有这些都取决于银行经营的方式，而不取决于银行券的数量。”（卡尔·迪尔：《对李嘉图的国民经济基本规律的社会科学的说明》，1905 年莱比锡版，第二部分，第 235 页）迪尔忽视了两种银行券发行之间的本质区别：一种是以票据贴现从而是以要求货币的商品交易（信用货币正是为此而提供的）为基础的银行券发行，另一种是为向国家进行预付的银行券发行。银行券代替票据，从而一种信用货币形式为另一种信用货币形式所代替，而票据代表实际的商品价值。但是，为取得国家的支付约定而进行的银行券发行，才能使缺少货币的国家购买商品。如果国家在货币市场上借债，它便获得处于流通中的货币，而货币通过国家支出又流回到货币市场上去。这里，处于流通中的货币量无需发生变化。但是，国家由于没有任何其他的信用，所以便转向银行，赋予银行券以强制通用的能力，否则银行就会破产。为这种借款而发行的银行券追加于流通并可能造成贬值。当国家自身发行为自己的支付所必要的纸币而不经银行的弯路时，情况也完全一样。只是这种弯路对银行有利，因为银行现在靠只花费它印刷费的“借款”便取得利息。正是这种情况，使李嘉图如此激愤地反对英格兰银行，并要求把纸币发行（当然，他这里把国家纸币和银行券混同起来了）变成为国家的事情。此外，了解下述情况是不无兴趣的：李嘉图在他的《经济的和安全的通货提案》（*proposals for an economical and secure Curreney*）中的一些著名建议，有许多部分在奥地利的“纯纸币本位制”中得到实现；而正是这种实现，使人再清楚不过地认识到李嘉图的理论根据的错误。

71　在关于货币制度的立法方面，资本主义社会面临一个纯粹的社会问题。但是，这个社会对它自身一点也不了解。它自身的运动规律对它一直隐藏着，必须通过理论的艰苦努力才得以揭示出来。但是，它的领导阶层的利益又反对采纳理论发现的结果。即使撇开作为银行立法问题上最杰出的专家的货币资本家的褊狭的、利己的利益不论，对劳动价值理论的憎恶，也成为正确认识货币和银行券流通规律的不可克服的障碍，导致通货学派的原理在英国银行立法中的胜利，尽管这种学说已经被图克、富拉顿和威尔逊的著作从历史上和理论上证明是荒谬的。这真是一个绝妙的历史的讽刺:这种理论可以在通常都是致力于彻底贯彻劳动价值理论的李嘉图那里找到根据(这在一定程度上是有正当理由的)。因为在这里,在纸币经济实践的印象下,李嘉图放弃了他自己的理论。

资本主义社会的无政府性质,使这个社会很难合理地和自觉地调节社会的任务。它只是从极其不同的国家和时代的严酷的和花费很大代价的经验中,才艰难地和极其缓慢地学到一些比较正确的原则,但又找不到将这些原则一般化的力量。在美国和英国,在较小的程度上也包括德国,迄今仍维持发行银行的立法和政策,便证明了这一点。资本主义社会统一地从理论上把握一些新的经验,现在就更加不可能了。某个克纳普的胆量已经使它目瞪口呆,这个人对新的事实既没有作出判断也没有加以解释,而至少由此作出了系统的术语说明。

既然货币流通和信用流通的管理是一个纯粹的社会任务,于是便提出了把这个任务转交给国家的要求。但是,因为资本主义国家被阶级利益所分裂了,所以引起那些担心现在正统治着国家的阶层的权力增加的人们的疑虑,他们会立即警觉地反对这种要求。斗争大都以对享有特权的私人公司进行广泛的国家监督的这样的妥协而告结束。所谓不可缺少的资本家的个人利益,恰恰必须被排除或受到限制。国家银行管理者的私人利益,同这些银行的势力没有什么关系。实际上,由于为自己的打算而利用国家信用,自由管理利润利益在这里就会造成极大的损害。任务的社会性质,使排除或至少严格限制利润利益成为必不可少的。

72　“我丝毫也不犹豫地表示,我完全赞同 1810 年老银行经理们如此激烈诋毁的下述原理:只要银行仅仅发行贴现不超过 60 天有效期的好的票据的银行券,如果它发行的银行券数量是公众乐于接受的,那它就不会处置失当。我认为,在这个如此简单的原则中,包含着比自那时以来颁布的某项关于这个问题的法令更多的真理和对支配货币流通的原理的更深刻的洞察。”(富拉顿:《论流通手段的调整》,第 207 页)

73　“在国际交易中解决支付的最重要的手段是票据。以前明显地是通过商业票据实行国家之间的清算,而从上一个世纪起,银行票据越来越重要了,商业票据,也包括由其他要求(例如由证券交易)所派生的票据,隐退于银行票据之后了。在商业票据中,以前商品购买的特殊方式消失了;在银行票据中,根据时代的特点,抽象化还更进了一层。现在已不能作出结论,说它的基础是商品交易;相反地,只能说应该清偿由某种经济过程产生的货币要求权。现在,国际信用可以同这种支付方式联系起来。”(阿·萨尔托里乌斯·弗赖赫尔·冯·瓦尔特斯豪森:《国外投资的国民经济制度》,1907 年柏林版,第 258 页以下。)

74　因为一切货币都是为利息而贷出的,从而对贷出者来说带有资本性质,所以,一切被贷出的货币,不管它的实际职能如何,不管它是形成新的生产资本的出发点或是仅仅中介既有资本的流通过程,都被看作是资本,并把对作为支付手段的货币的需求与对作为货币资本的货币的需求混同起来。

75　马克思:《资本论》第 3 卷,《马克思恩格斯全集》第 25 卷第 533 页。

76　那些在分析商品时忽略了特殊的形式规定而只考察交换活动内容的经济学家,在论述信用交易和交易所交易的发达的形式时,相反地又忽视了内容,不知餍足地陷于关于形式的无限遐想之中。即使是耶德尔斯,在他的我认为在其他方面是卓越的著作(《德国大银行同产业的关系》,1905 年莱比锡版)中,也给信用交易的形式以过高的意义。

77　雅费:《英国的银行制度》,第 200 页。

78　“首先,在差不多所有事业部门里,都可以察觉到越来越多地采用现金支付(而普里庸把银行支付也包括在里面)代替票据清算,而在原料交易和半成品交易中已经这样实行了。借助于银行信用,特别是承兑信用形式,商人通过转账或填写支票以现金支付,以致纯粹的商品票据越来越被排挤了。这必然最强烈地触及巨额的和最好的商品票据,因为在商业交易的最上层,资本财富通过吸收过程本来已经变得很强大了。即使在迄今为止最纯粹的票据的发源地的海外大宗交易中,例如在谷物交易中,如不使用银行承兑票据,那么,以即期票据代替两个月的票据和三个月的票据进行支付已是很普通的了。这种转变为下述事实所说明:买者在现金支付时总是能得到更有利的条件,即使为此目的必然要求相当大的银行信用,这些有利条件本身整个来说仍然存在。此外,为了实际上还处在流通中的商品票据,帝国银行和一些信用银行之间以及信用银行本身的各个集团之间,展开了激烈的竞争。大银行中的巨额资本的堆积，涌向相应的票据投资，因而在竞争中把好的商品票据的价格远远压低在帝国银行的贴现率以下，压低到私人银行的贴现率。”（普里庸：《德国的票据贴现业务》，第120页）

79　在个别情况下需要多大的信用，可以从例如1902年《股东》的一篇报道中看出来。按照这篇报道，产业资本家们必须对银行债务支付20%到40%的利息，这已经成为很普通的事情。在诺伊斯钢铁厂即原鲁道夫·德伦钢铁厂的一次总会上，一位股东曾作了如下计算：这个工厂1900年到1903年的债务，分别是各该流动资金的26%、85%、105%和115%。在1903年的71.8万马克债务中，50万马克是银行债务。这里，股份资本为100万马克（耶德尔斯：《德国大银行同产业的关系》，第42页）。

80　同上书，第32页。

81　埃德加·雅费：《英国的银行制度》，第60页。

82　往来账户信用的本质在于：“它使债务人能够完全地或部分地支配所约定的信用，并相应地随时归还。往来账户信用的这种特性，对债务人有利之处在于：他能使贷出资本的利用完全适合于自己经营的需要，并能以节约的方式减少这种利用的费用。相反地，对于银行来说，通过往来账户信用让出货币，意味着相当固定的投资。投资的期限虽然不受限制，但却可以使债务人的归还不断地进行。”（普里庸：《德国的票据贴现业务》，第102页）关于它在德国的利息率，该书作了如下叙述：“普通的情况是：往来账户的利息率相应于帝国银行抵押贷款的利息率，但在银行利息率降低的情况下，并不使它降低到一定的最低限度（大抵5%）以下。除了这种在实践中按同样的方式进行的利息的计算之外，对特种信用的提供，则按银行的基础和性质以及考虑业务关系的质的状况计算手续费。这种手续费大都通过被提供的或实际需要的信用量来计算，并取决于交易的活跃程度。总之，这种手续费改变了原来的利息率，对信用接受者十分不利，以致实际上必须按各个契约比名义上存在的利息计算多支付2%到3%。”

83　耶德尔斯：《德国大银行同产业的关系》，第32页以下。

84　马克思：《资本论》第3卷，《马克思恩格斯全集》第25卷第378—379页。

85　为了能够通过供求关系说明价格，供给与需求必须是既定的，必须是固定的量。边际效用理论力图以供给不变为前提，因而从一定的储备出发，也是由此而来。因此，当熊彼特(《理论政治经济学的本质和主要内容》，1908年莱比锡版)努力保卫边际效用理论而最终把政治经济学归结为静态的学说时，是完全首尾一贯的。但是，政治经济学必然是动态的学说，必然是资本主义社会运动规律的学说。实际上，这样便很好地和极其尖锐地表述了同马克思主义的对立，但同时也同样表明了边际效用理论的毫无结果，按海德曼的俏皮话说，就是：最终效用的最终无效用(the fina futility of final utility)。从经济学上说明供给量，即说明生产量的经济规律性，还有困难。需求本身是由生产及其分配以及社会产品分配的规律决定的。在决定利息率的原因方面，困难也仅仅在于说明那些决定供给量的因素。

86　马克思：《资本论》第3卷，《马克思恩格斯全集》第25卷第565页。

87　就现有的可以比较的经验材料来看，根本不支持利息率下降的教条。斯密曾指出：在荷兰，在他那个时期，政府支付2%的利息，有信用的私人支付3%的利息。在英国，在上次战争(1673年)后的一段时间内，不仅最有信用的私人，而且伦敦的最大的几家商店，通常都支付5%的利息；而他们在此以前常常最多支付4%到4.5%的利息。图克引用了后一材料，对此指出："1764年，四分息的国库证券下降到平价以下；海军证券决定9.625%的贴现率；三分息的公债，1763年3月达96，10月则下降至80。但是1765年，三分息的国库证券(其中包括新发行的)一般达到平价，有时超过平价；三分息公债提高到92。"此外，施穆勒(《一般国民经济学大纲》，第二卷第207页)指出，三分息的公债1767年已经达到107。还服从于其他决定原因的国家证券的市价，当然不是利息率水平的绝对可靠的尺度，但总还是应该注意。

但是，对发券银行贴现率的考察，也看不出同样下降的趋势。我们从1907年11月26日和27日《柏林日报》上阿尔弗雷德·施沃纳博士的一篇颇有兴趣的文章《从统计的角度看利息率和危机》中，借用如下一张图表：K表示危机年份，但1895年和1882年"邦图破产"(参见本书第447页——译者)是纯粹的投机危机：

最近55年中欧洲四个主要银行的平均贴现率：

	英格兰银行	法兰西银行	德意志帝国银行(1874年到1875年是普鲁士银行)	奥匈银行(以前是国立银行)
1907(头10个月)		3.3	5.72	4.72
1906	4.27	3.0	5.12	4.4
1905	3.08	3	3.82	3.68
1904	3.3	3	4.2	3.5
1903	3.76	3	3.77	3.5
1902	3.33	3	3.32	3.55
K1901	3.9	3	4.1	4.08
K1900	3.94	3.2	5.33	4.58
1899	3.75	3.06	5.04	5.04
1898	3.19	2.2	4.27	4.16
1897	2.64	2	3.81	4
1896	2.48	2	3.66	4.09
K1895	2	2.1	3.14	4.3
1894	2.11	2.5	3.12	4.08
1893	3.06	2.5	4.07	4.24
K1892	2.52	2.7	3.2	4.02
K1891	3.35	3	3.78	4.4
1890	4.69	3	4.52	4.48
1889	3.55	3.16	3.68	4.19
1888	3.3	3.1	3.32	4.17
1887	3.34	3	3.41	4.12
1886	3.05	3	3.28	4
1885	2.92	3	4.12	4
1884	2.96	3	4	4
1883	3.58	3.08	4.4	4.11
K1882	4.14	3.8	4.54	4.02
1881	3.48	3.84	4.42	4
1880	2.76	2.81	4.24	4
1879	2.38	2.58	3.07	4.33

续表

	英格兰银行	法兰西银行	德意志帝国银行（1874年到1875年是普鲁士银行）	奥匈银行（以前是国立银行）
1878	3.75	2.2	4.34	5
1877	2.85	2.26	4.42	5
1876	2.62	3.4	4.16	5
1875	3.25	4	4.71	4.6
1874	3.75	4.3	4.38	4.87
K1873	4.75	5.15	4.95	5.22
1872	4.12	5.15	4.29	5.55
1871	2.85	5.35	4.16	5.5
1870	3.12	3.9	4.40	5.44
1869	3.25	2.5	4.24	4.34
1868	2.25	2.5	4	4
1867	2.5	2.7	4	4
K1866	7	3.67	6.21	4.94
1865	4.75	3.66	4.96	5
1864	7.5	6.51	5.31	5
1863	4.5	4.63	5.08	5
1862	2.5	3.73	4.2	5.06
1861	5.25	5.86	4.2	5.5
1860	4.25	3.56	4.2	5.12
1859	2.75	3.47	4.2	5
1858	3	3.68	4.2	5
K1857	6.7	6	5.76	5
1856	5.8	5.5	4.94	4.27
1855	4.8	5	4.08	4
1854	5.1	4.37	4.36	4
1853	3.4	3.23	4.25	4
1852	2.5	3.18	4	4

施沃纳对这个表作如下说明：

“此外，如果想由19世纪银行贴现的统计中得出关于利息率运动的一般结论，那么，事实表明，不可能证明一个向上或向下的一定趋势。4%以下的公定贴现率，只是在时间的过程中才出现的，而且是按照国家的经济发展或迟或早地出现的。在这方面，英国远远走在其他国家前面。在那里，1845年已经第一次出现2%的银行贴现。在法兰西银行，1852年第一次出现了3%的利息率，1867年第一次出现2.5%的利息率，1877年第一次出现2%的利息率。在柏林银行，在上一世纪的20年代，已经出现3%的最低利息率，而在普鲁士银行和德意志帝国银行的支配下，利息率在1880年第一次下降到4%以下。在奥匈银行中，1903年第一次出现3.5%的利息率，这是帝国在币制调整后所经历的最初的萧条时期。因此，就利息率的界限随银行组织和币制的技术的完成而向下运动这一点来说，应该认为是一种进步。”

施沃耐尔还提供了下列数字：

最近50年中每10年的平均贴现率：

年代	英格兰银行	法兰西银行	德意志帝国银行	奥匈银行	总平均
1897—1906	3.52	2.85	4.28	4.05	3.67
1887—1896	3.04	2.71	3.59	4.21	3.38
1877—1886	3.19	2.96	4.11	4.26	3.63
1867—1876	3.25	3.89	4.34	4.85	4.09
1857—1866	4.82	4.48	4.83	5.06	4.79

“总平均在1857—1866这10年间最高，是4.79%。在1867—1876这10年间，它降到4.09%，但仍然很高。1877—1886年，它跌到3.63%。在1887—1896的10年间，它是3.38%，达到谷底。最后10年，平均为3.67%，高于前20年，但比产业和金融高涨的最初20年(1857—1876)还低得多。”

从所有这些材料可以得出结论：利息率的高低并不是以某种方式由利润率决定的，而是由对货币资本需求的大小决定的，正像这种需求受繁荣期的发展快慢、速度、强度和范围的制约一样。

在考察非常高的利息率时，情况总是表明，应该在货币制度中寻求它的原因。例如，在1799年，汉堡的贴现率提高到15%。但是，只有最好的票据和仅仅在有限的规模上，才能按这一比率贴现(图克:《价格史》，第一卷第241页)。原因恰恰在于缺少有弹性的货币体系，正像现在在美国利息率很高而又经历巨大波动时所表明的那样。相反地，它们同利润率的某些变化完全无关。

88 "在使用货币所获较多的地方，对于货币的使用，通常支付较多的报酬;在使用货币所获较少的地方，对于货币的使用，通常支付较少的报酬。"(斯密:《国民财富的性质和原因的研究》上册，商务印书馆1972年版，第81页)亚当·斯密的这一原理虽然很清楚，但却没有被证明，而且也不正确。

第二篇

1 当埃尔温·施泰尼策尔把自己关于股份公司的著作称为《股份公司的经济理论》(1908年莱比锡，东克尔和洪布洛特出版社)时，这种感觉大概也传到他的身上。但是，在这本书里，对股份公司的基本经济特性却没有什么认识。不过，这部著作也不乏准确和细致的评论。

2 "作为资本的货币或商品，其价值不是由它们作为货币或商品所具有的价值来决定，而是由它们为自己的所有者生产的剩余价值的量来决定。"(马克思:《资本论》第3卷，《马克思恩格斯全集》第25卷第398页)

3 股票市价同生产资本价值的联系毋宁说仅仅表现在:股票市价不可能下降到低于企业破产时在满足所有其他债权之后作为相应部分归于股票的价值部分。

4 鲁道夫·迈尔博士编:《洛贝尔图斯-亚格措夫博士书信和社会政治论文集》，1880年柏林版，第1卷第259页。

5 顺便指出，这是错误的。股份公司不是经营形式，而是企业形式。

6 鲁道夫·迈尔博士编:《洛贝尔图斯-亚格措夫博士书信和社会政治论文集》，1880年柏林版，第1卷第262页。

7 同上书，第1卷第285页。

8 但是，这个保守的社会主义者正确地感觉到股份公司的革命意义:

“把发自数千个小的资本源泉的一些支流联结为一条大河的这种经营形式。(即股份企业)必须完成一项使命。它必须补完上帝的创造,必须做全能的上帝遗忘了或没有抓住机会去做的事情,即贯串地峡和陆地,把被海洋分离开的陆地通过海底或海面联结起来,钻透阿尔卑斯山等等。金字塔的建造和腓尼基的方石也赶不上股份资本今后还应该创造的东西。”洛贝尔图斯的浪漫激情不亚于左拉的小说《金钱》中的萨卡尔。然后,他接着说:“但是,就我本人来说,对它还有十分特殊的‘爱好’。为什么?因为它为我扫清了道路。这是怎样的一种清扫啊!普通的没有股份形式的自由贸易,只不过是一把可怜的手用扫把;而具有股份形式的自由贸易,却是一部蒸气清扫机,它十年内就清扫了一百年的清扫量。股份企业之手啊!解决社会问题需要这样的清道夫。实际上,即使没有公司的形式,它也需要哪怕是鸽子衔食似的清扫。”(同上书,第1卷第291页)

同样,下面的议论也很确切:“在股份形式下,也像个人企业家一样,纯粹的借贷资本家将日益消失。”(同上书,第1卷第286页)

范·博尔格茨在《社会科学词典》的“股份公司”词条中的叙述,真是令人难以容忍的天真:“公司企业的任务和目的,既能够补充和加强企业家个人的劳动力、知识和经验,也能够加强资本的力量。”这真是妙极了,正像有人在一本食谱学的书中训诫说:李子团的任务和目的是既能够使味觉得到刺激和满足,又能够使女厨师得到工资。

9　马克思:《资本论》第3卷,《马克思恩格斯全集》第25卷第493—494页。

10　对正文中所提供的总括的叙述举一个例子。《柏林日报》1908年5月16日晚版做了这样一个报道:“这几天,克佩尼克的亚硝酸盐工厂的股票以80%以上的贴水进入交易所。从1901年到1906年,这个企业作为具有30万马克小资本的有限责任公司而存在。在经过几年亏损之后,这个有限责任公司一次就得10万马克的总利润,第二次就得30万马克的总利润,相应支付1.5万马克和7.5万马克的股息。因此,在创建者们看来,它注定应该成为拥有100万马克基本资本的股份公司,原有限责任公司的30万马克也转移到这个股份公司中。为了使新股份公司的贷方和借方得到平衡,在有限责任公司以9万马克入账的土地,必须由股份公司以21万马克接受下来;

筑物价值由 4.5 万马克提高到 14 万马克;机器、工具和器具的价值由 24.6 万马克提高到 40 万马克。新股份公司现在经过两个营业年度,在这两个年度中分别分配 15%和 16%的股息,虽然土地账上(不考虑新征地)还仍然标明负债 20 万马克,建筑物账上标明负债 15 万马克。只是在价值的提高看来最令人怀疑的机器和器具账上,下降到 25 万马克。这个公司的生产以两项专利为基础,其中一项已经一年满期,另一项由发明者以 5 万马克卖给股份公司。这些基础足以使发行机构以 180%的价格签订契约,即是说,这些发行机构以通过追加 10 万马克的现金支付形成股份公司基础的以前的 30 万马克,便可以支付 180 万马克!"这里,创业利润还增加了,因为这个企业通过专利的利用取得超额利润,这种超额利润当然也同样被资本化了。

11　投入股票的资本在最初投入或新投入时给它的所有者带来的股息,仅仅略微超过平均利息率。我们从 1907 年 6 月 1 日的《柏林日报》上摘下来和下一张表,证明了这一点。当时帝国银行的贴现率是 5.5%。

	5 月 30 日的市价(%)	股息(%)	盈利率(%)
柏林商业公司	150.75	9	5.97
达姆施塔特银行	129.30	8	6.18
德意志银行	223.60	12	5.36
贴现公司	169	9	5.32
德累斯顿银行	141	$8\frac{1}{2}$	6.02
国民银行	121.50	$7\frac{1}{2}$	6.17
波鸿铸钢厂	224.25	15	6.68
劳拉冶金厂	225.30	12	5.32
哈尔彭矿山铁路公司	207.60	11	5.29
格尔森基兴矿业公司	195.50	11	5.62
芬尼克斯矿业公司	205.30	15	7.30
尤巴赫尔冶金厂	204.50	14	6.84
多纳斯马克冶金厂	264.50	14	5.29
克拉夫特铁厂	166	11	6.62

续表

	5月30日的市价(%)	股息(%)	盈利率(%)
塔勒炼铁厂(优先股)	123	9	7.31
通用电气公司	198.50	11	5.54
拉默伊尔电气公司	122	8	6.55
霍夫曼车辆厂	335	22	6.56
加根瑙尔铁厂	105	8	7.61
舍林化学工厂	263	17	6.46
奥兰宁堡化工厂	184.50	10	5.42
舒尔特斯酿酒厂	288.50	18	6.23
联合酿酒厂(股票)	210.50	12	5.70

12　英国的创业也是一样。在描述一个混合铁厂和一个钢厂之间的利益组合时,麦克罗斯蒂指出:"应当注意,为了扩大企业而诉诸公众的帮助时(即通过发行债券如优先股),只要维持支付债券利息和优先股股息,支配权就仅仅掌握在卖者(比尔兄弟和杜尔曼·朗公司)手中。这的确是英国创业的一般特征。这就要求精心的投资家仔细检查购买条件。"(亨利威·麦克罗斯蒂:《英国产业的托拉斯运动》,1907年伦敦版,第27页)"在许多情况下,普通股大部分或完全被原来的卖者所握有,以便他们能够保持支配权。在这种情况下,对于公众来说,普通股的股息就无足轻重了。"(同上书,第54页)

以前德国(和奥地利)股票法中的所谓创业者权,具有同普通股相类似的职能(创业者垄断股份公司发展的有利结果)。创业者要求一定的特权,例如在新发行股票时,总是必须按额面价值提供给他们。但是,这种规定同资本动员的职能相矛盾,从而被废除。关于这一点,1907年9月24日的《柏林日报》写道:"在我们的时代,至今还在一系列股份公司中存在的创业者权的制度,犹如早已过去的时代的纪念碑似地耸立着。创业者权来自股票法还没达到现在这样发展程度的时代。以前,保证企业的创业者们以持续的特殊利益是允许的,但这种情况由于股票内在的可动性而必然使人感到压抑和不公正。1884年股票法的补充规定已经同创业者权制度有了裂痕;由于1900年1月1日生效的商业法,对新形成的公司来说,创业者权完全被废除了。当然，新的商业法没有返转的力量，所以旧时期所产生的创业者权继续不变地存在着，并在它不是通过自愿联合而消失的限度内，时而唤起对那些“有幸获得”创业者权的公司的股东们的不愉快地回忆。在柏林电气厂中（举一个创业者权作用的典型例证），通用电气公司的特权在于：它能够按额面价值接受新发行股票的半数。由于这种特权仅仅靠 1889、1890、1899 和 1904 年柏林电气厂的股票发行而流归通用电气公司的利润，估计有大约 1 500 万马克。对创业者或他们的继承人行使自己既得的权利，是不能抱怨的。但是，事实已经表明，关于股票本质的现代见解，有权要求消除永久的创业者的利益。”

13　美国钢铁托拉斯的历史，提供了最好的和规模最大的例子（见《1901 年产业委员会的报告》第 XIII 卷第 XIV 和 XV 页）。这个托拉斯把已经过度资本化的一些公司联合起来。报告通过仅仅将构成托拉斯的各公司的优先股相加（这实际上产生了可以按平价接受的股份资本）而计算出“实际价值”，并得出结论：仅仅出于“好意”（“good will”）而计算出 398 918 111 美元。1909 年 3 月 29 日《法兰克福报》的下述报道，对“过度资本化”，更确切地说是对实际执行职能的资本和股份资本之间的差额，提供了更为适当的概念：“加里的一些工厂值大约 1 亿美元，提供 200 万吨以上的钢。托拉斯的其他工厂使差不多 15 亿美元资本化，生产能力为 1000 万吨。不成比例是很明显的。”即使考虑到在这种资本化中包括价值大的矿石所有和其他对象，但这种不一成比例的情况也还是很大的。

但是，这并不妨碍钢铁托拉斯常常能向优先股支付 7％的股息，也不妨碍普通股的股息越来越高。托拉斯是 1901 年春创立的。1901 到 1903 年是景气时期，普通股获得 4％的股息。1903 年，股息降到 3％；1904 年和 1905 年，股息消失。但是，1905 年，情况好转，钢铁托拉斯余留 4 300 万美元作为股息分配，可以支付 8.5％的股息。但是，托拉斯把这一金额用作折旧、新投资和形成准备金。1906 年，又支付 2％。

但是，这种股息同钢铁托拉斯的利润并不处于正当的比例。因为 1906 年是一个很好的年景，提供给钢铁托拉斯作为股息支配的差不多有 1 亿美元。其中，对于优先股的支付，要求大约 2 500 万美元。从计算上来看，余留下来的是对普通股的 14.4％。现在，股东只获得 10 166 000 美元，而 5 000 万美元用于新的建设（其中包括对加瑞钢厂第二次分付的 2 150 万美元），此外还扣除剩余金 1 300 万美元。1907 年,董事们也采取了同样的政策。这一年比 1906 年赚得更多。对普通股所有者来说,提供支配的是相当于 15.6%的股息的数额。股东每年又获得仅仅 2%,从而每季度为 0.5%。5 400 万美元被用于新的建设,其中 1 850 万美元提供加瑞钢厂。剩余金扣除 2 500 万美元。与前几年相比,1907 年(此处似应为 1908 年,可能是笔误或排印错误。——译者)的结果很糟。但是,毕竟还是为钢铁托拉斯的普通股赚了大约超过每年 4%的股息。实际上,所有者仅仅获得 2%。对新的建设没有投资,而剩余金相反地却提供 1 000 万美元以上,以至于剩余金在 1908 年末增至 13 350 万美元。1909 年第一季度,与上一年同期相比,情况有所好转;而同 1908 年后两季相比,主要由于 2 月中旬美国钢铁市场上出现的价格暴跌,情况却又恶化了,正像自 1900 年以来的情况那样,这一季度对普通股支付 0.5%的季股息,300 多万美元划归剩余金。(见 1909 年 7 月 28 日的《柏林日报》)1909 年第二季度,钢铁托拉斯宣布季股息为 0.75%,相当于 3%的利息;第三季度,宣布季股息为 1%,相当于普通股的 4%的利息。普通股的一大部分,保留在创业者手中。就这些股票被转移到把它们看作最好的投机证券的投机者手里的限度内,在 1907 年恐慌时期和此后不久,被金融集团按最低市价买回。因此,这种靠牺牲股东长年截留利润以在适当时机突然加以分配的股息政策,是支配钢铁托拉斯的金融集团的巨大的发财致富的源泉。

14　金融化技术的详细阐述,不属于本书的范围。但是,下述典型例证却为本文所述作了说明。这个例证就是罗克—伊斯兰德—铁路系统的金融化(见 1909 年 10 月 6 日的《法兰克福报》)。这个系统的最上层是一个控股公司(Holding Company,即真正占有其他公司股票的公司),即罗克伊斯兰德公司,它没有任何固定利息的债券,而拥有经过审定的 5 400 万美元优先股和 9 600 万美元普通股的资本,其中分别发行 4 912.9 万美元和 8 973.3 万美元。只有优先股才具有表决权。这个公司占有芝加哥罗克·伊斯兰德和太平洋铁路公司的全部股份资本 14 500 万美元,而这个铁路公司此外还占有 4%和 5%固定利息的托拉斯附属担保债券 7 019.9 万美元和 1 736.1 万美元。这些都是为保证它们而把其他有价证券作为抵押交于受托管理人的债券。(关于托拉斯附属担保债券,见托马斯·拉·格林:《公司金融》,1906 年纽约版)这个铁路公司又有自己的两个铁路公司:一是芝加哥罗克·伊斯兰德和太平洋铁路公司。它的有担保的债务是 19 785 万美元。它的股份资本是 7 485.9 万美元，其中 7 019.9 万美元作为铁路公司上述 4%利息的托拉斯附属担保债券的发行基础交于受托管理人。二是圣路易斯和旧金山铁路公司。它的有担保的债务是 27 700 万美元。它的股份资本构成如下：头等优先股 500 万美元；二等优先股 1 600 万美元；普通股 2 900 万美元。其中 2 894 万美元由罗克·伊斯兰德公司得到。罗克·伊斯兰德公司对每 100 美元股票，给以自己的股票 60 美元以及芝加哥罗克·伊斯兰德和太平洋铁路公司的 5%利息的托拉斯附属担保债券 60 美元。现在，两个大的铁路公司又有了它们自己的子公司。

这种高明的金融化的目的是很清楚的。整个庞大的铁路系统的控制权在于罗克·伊斯兰德公司的独占表决权的优先股。在它 1902 年创建时，这种股票的市场价值在 40%和 70%之间。对为了进行控制所必要的优先股 2 700万美元，创业者最多只需要大约 1 500 万美元。这一货币就足以使它们成为整个铁路网的统治者。

15　E. 勒布(《监事会制度》，载《国民经济和统计年鉴》，1902 年第 XXIII 卷第 3 期)估计：1900 年德国监事会地位的人的收入达 6 000 万马克。在该杂志的一篇关于德国股份公司监事会的十分详细的研究文章中(1906 年第 XXXII 卷第 3 期第 92 页以下)，弗朗茨·奥伊伦堡估计：1906 年，这种收入的数额达 7 000 万马克左右。每个股份公司平均把它的名义资本的 0.6%作为监事会成员的红利进行分配，因此，每个监事会成员平均获得 0.1%。当然，在各大公司，这个数额是绝对更大的，大约 6 000 马克到 8 000 马克，或者还更多。例如，作为监事会成员红利进行分配的，德累斯顿银行是 21 000 马克，费尔滕和纪尧姆公司是 34 000 马克，迪尔科普公司是 10 000 马克，德意志银行是 3 2000 马克，赫德尔矿山是 15 000 马克，格尔森基兴公司是 87 000 马克，巴伐利亚抵押银行是 13 000 马克。

16　个人联合是休戚相关的联合体的开端和结尾，这些联合体由于外部的原因必然在组织上和结构上被分开，但它们的力量只有在一个最高的共同领导机关下结合起来才能充分发挥作用。奥地利和匈牙利之间的个人联合，是两国以前的联合时代遗留下来的残迹，也许只有在它能够成为别种联合的出发点的限度内才有意义。工人阶级经济组织和政治组织的联合，由于在其最高领导机关下的个人联合，才使两者的力量能够得到充分发挥。我们在对德国土地所有的农户同盟中，特别是在完全形成的普鲁士的波兰人的一些组织中，也发现经济组织和政治组织联合的同样的现象。

17　因此，私人企业的大量银行债务，常常是它向股份公司转化的前兆。

18　大银行力图"按照地区和生产种类而尽可能多方面地形成同产业企业的结合，日益消除可以由各个银行机构的历史加以说明的地区的和生产的配置的不平等。与此同时并行的是这样一种努力，即把同产业的关系建立在有规律的和长期的事业结合的基础上，并通过兼任董事会职位的制度把它表现出来，以及提供给它扩大和深化的可能性。"（耶德尔斯：《德国大银行同产业的关系》，1905 年莱比锡版，第 180 页。）

耶德尔斯提供了如下的一张表（1903 年），说明一些银行在股份大公司中的代表人数（见下页表）。

这就是说，从整个来看，仅仅柏林的六家大银行就掌握了 751 个监事的职位。

按最近的董事和监事会成员的名录（1909 年），这种职位在德国有

	德意志银行	贴现公司	达姆施塔德银行	德累斯顿银行	沙福豪森联合银行	柏林商业公司	总计
董事	101	31	51	53	68	40	344
监事	120	61	50	80	62	34	407
	221	92	101	133	130	74	751

12 000 个。但是，2 918 个监事职位仅仅掌握 179 个人手中。柏林商社的卡尔·菲尔斯滕贝格先生保持了占 44 个职位的纪录。德累斯顿银行的欧根·古特曼先生占了 35 个职位。一般说来，出任监事会成员的各种职业中，银行业出任最多，因此兼职最多的也是银行业。关于这一点的详细材料，参见奥伊伦堡的前述文章。（见本书第 455 页注 15。——译者）

当然，同样的现象也出现于美国。1906 年，约·皮·摩根公司出任了 5 个银行、50 条铁路、3 个航运公司、8 个信托公司、8 个保险公司和 40 个产业企业的董事会成员（施泰尼策尔：《股份公司的经济理论》，1908 年莱比锡版，第 158 页）。

19　相反地，法律虚拟意义上的监督，根本不起作用。例如“柏林电灯和电力设备股份公司”总会主席直截了当地说：“以为某监事会或监事会成员会做法律规定他们做的事情，那就错了。立法者制定这一法律时，并不知道他们做了些什么。想想看，竟要监事会的一员或整个监事会，仅仅在一天时间里，巡视我们的一个大公司的所有的企业部门！当一个人在一个地方进行监督的时候，而在其他十个地方可能铸成了大错。监事会只能指出管理公司的大的原则。它可以监督管理部门，使它们不做违反法律和章程的事。审查细节是检查委员会的事情。”(1908 年 11 月 28 日的《柏林日报》)

20　这里所说的社会资本指的是：私人企业家受个别资本量的限制，而股份公司则受整个在资本主义社会中存在的、为了新的使用而游离出来的货币资本的限制。

21　“股份公司是资本主义经济制度为贯彻自己的积聚趋势所掌握的最锐利、最可靠、因而也是最有效的武器。而股份公司本身已经是一种完成的积聚：把小额的和分散的、本身多多少少被生产性使用排除在外的财产部分集合为一笔巨大的总资本，这一总资本本身在统一管理下用于经济的即生产的目的，并且也是适宜于这种目的的。而由于股票容易让渡和承袭，其次由于股份公司通过差不多完全摆脱了企业家个人而比其他企业形式在高得多的程度上提供了较长寿命的可能性，最后由于对集合的资本所期待的股息(在理论上)没有限制，所以股份公司也实际地对可以支配的资本发生了异常强大的吸引力。因此，股份公司具有比任何其他企业形式更大的可能性，通过增加资本来满足自己的信用需要和扩张需要。而筹措资本的容易程度，当然又引起增大资本的趋势，而且是按照越来越大的比例，因为无论是在工商业领域还是在银行业领域，这似乎都成为一条经济规律：一倍的资本使一倍以上的生产和一倍以上的销售(注意：但并不直接也是一倍的盈利)成为可能，因此增大资本的趋势随这种资本的增长而加强，从而在较大资本的场合远比较小资本显著。”(里斯纳：《德国大银行发展史》，第 152 页)

22　“尤其是关于股份公司的竞争，1886 年委员会听到特别多的抱怨。许多见证人断言：商品价格降低的主要原因是，股份公司在许多生产部门内过度地普及。股份公司即使没有利润也能继续经营，因为领导事业的人(董事、监事等等)所关心的，是不考虑盈利而继续生产。”(杜冈-巴拉诺夫斯基：

《英国商业危机的理论和历史的研究》,1901 年耶拿版,第 162 页)

23　马克思:《资本论》第 1 卷,《马克思恩格斯全集》第 23 卷第 686 页。

24　关于这两个概念的区别,参见马克思:《资本论》第 1 卷,《马克思恩格斯全集》第 23 卷,第 687 页以下。

25　银行资本增大的这种趋势,还可以通过法律的干预而加强。例如,德国股票法规定:在私人企业向股份公司转化的时候,创业后一年,股票才允许进入交易所交易。其结果是:银行资本在一年间不能被动员,因而在这一年内继续向产业资本转化,不能再采取货币形式。因此,特别是对大企业来说,创业活动成为拥有巨额自有资本的整个大银行的垄断。同时,银行业集中的趋势也因此而受到促进。于是,创业利润也落到这些大银行手中。

26　见爱德华·舍伍德·米德:《托拉斯金融》,1907 年纽约版,第 243 页。

27　参见威·普里庸的富有教益的著作:《德国票据贴现业务》,1907 年莱比锡版。

28　注意:我们这里所说的完全不是所谓的差额交易,在这种交易中,不发生有价证券的实际转让,投机通过市价差额的支付而完成。相反地,任何投机盈利都是经济意义上的差额利润。在这方面,作为基础的交易所交易的技术是无关紧要的,正如资本家和一部分经济学家把所有资本主义利润看作差额,而对它是产业利润或商业利润、地租、利息、投机盈利都无所谓一样。

29　不仅在相同的方向上,而且也在相同的时间和相同的程度上。因为只有在一个人后来按比另一个人现在出卖时更高的价格购买证券时,或一个人现在付出比另一个人已经卖出的更高的价格的时候,投机盈利才能产生。

30　对此,这里举一个适当的例子:"最近,出现了关于芬尼克斯公司接受了美国一大批钢管订货的报道,据称价值达数百万马克。交易所轻信了这个报道,提高了我们国内矿山股票的市价,特别是芬尼克斯公司股票的市价。交易所的确知道,美国市场状况目前有不小的好转……但是,在国内其他地方,在工业区,特别是在芬尼克斯公司的管理部,都对这种离奇的报道付之一笑,而这一报道却在柏林的交易所里引起很大的振奋。一个连一吨钢管也不生产的、在德国钢铁同盟的钢管里连一根也不占有的企业,硬是被瞎说接受了一批订货,几百万马克的订货,而且还是美国付款的。这是一场拙劣的骗

局。”(1909 年 7 月 15 日《柏林日报》)

因此,当阿恩霍尔德先生(《德国交易所调查报告》第一部分第 444 页)侈谈投机的思想活动时,毋宁说是对听众的思想活动进行投机。此外,他自己也不得不承认,对大量小投机家和公众中的参加者来说,投机是偶然的和没有规则的。

31 关于狭义的生产劳动概念,参见马克思:《剩余价值理论》第 1 卷,《马克思恩格斯全集》第 26 卷第 1 册第 422 页以下。

32 按卡尔纳的用语,这是没有规范的同时变化的法律制度的职能变化(见《马克思研究》第 1 卷第 81 页)

33 最近时期的一个最显著的例子,恐怕就是钢铁托拉斯在 1907 年秋恐慌时接收了它的最主要的竞争者坦内西钢铁和煤炭公司。在 1907 年 11 月 17 日的《柏林日报》上,一名激愤的作者关于这一点写道:“现在,从消息灵通人士方面证实,数日前被派往华盛顿的约·皮尔庞特·摩根的两名代表(爱·亨·加里[钢铁托拉斯]和亨·查·弗里克)向罗斯福总统提交了下述最后通牒:要么安然听任摩根的托拉斯吸收坦内西的钢铁和煤炭公司,答应政府不再按现行的反托拉斯法采取预防行动;要么就得遭受国内所发生的最严重的恐慌,也许要伴随全部银行的歇业。

这种在最激烈和最危险的经济灾难时刻冒险向国家总统瞄准的火器,当然是不会不奏效的。总统屈从于危急情况,不得不拱手把自己的权力交给交易所。他被粗暴地胁迫,暂时放弃他作为国家头号人物的最高义务和忽视现行法律。最高行政权无以为害,勇敢的摩根尽可以为‘拯救’美国信托公司和林肯信托公司而把钢铁垄断纳入他的钢铁托拉斯联盟中。几天之后,他又通过他的拯救活动,一举成功地攫取了查·威·莫尔斯近海轮船联合公司。

这标明由乔治·华盛顿、本杰明·富兰克林、杰弗逊等忘我的爱国者和其他卓越人物所建造的美利坚合众国现状的特征。”

34 马克思:《资本论》第 3 卷,《马克思恩格斯全集》第 25 卷第 474 页。

35 《德国交易所调查速记报告》,1893 年,第 1 卷第 190 页。

36 例如,在伦敦,“自 1874 年以来就有了证券交换所,它把当时最重要的证券种类的交易尽可能地进行抵消,只需对剩余部分开具支票。对证券交易所的交易,结果是:只有大约 10%的交易通过支票支付,而 90%的相互间的债务是通过简单的抵消解决的。”(雅费:《英国的银行制度》,1909年莱比锡版,第95页)在其他的交易所所在地,也存在有类似的机构。

37 “交易所交易的各种形式,不仅仅对了解价格有意义。交易所交易的缔结和实行的条件,比交易所交易的简单的法律-技术的辅助手段有更多的意义。这些条件也是价格形成本身的因素,当然归根结底需要和储备、供给和需求是决定性的,但这些因素的重要性也不容忽视。证券或商品的交易是以现金还是按期货交易来进行,期限是长还是短,在怎样的缔约单位之间进行,商品以何种类型交易,有价证券在何种类型的交易所即是在黑市还是限定地点的正式交易所进行交易,所有这些和其他形式的措施,不仅对价格的正确了解,而且也对价格的形成,都是具有极大影响的因素。这些因素的任何变化,都影响价格在有组织的市场上按时间推移所经历的曲线。”(兰德施贝格尔:《德国农业交易所的改革》,载《国民福利、社会政策和管理杂志》1902年第Ⅺ卷第36页)

38 《德国交易所调查报告》第1卷:《委员会报告》第75页以下。

39 这也可以为其他目的而进行。“在大陆,(由银行)推行一种独特的延期交割政策的情况不少。银行在它例如准备进行较大的发行时,为了制造价值而造气氛,便压低延期交割贴费率。银行可以把由此遭受的损失,通过发行时的市价上的盈利加以抵偿。”(菲利波维奇:《政治经济学大纲》第2卷第2册第181页)

40 参见《德国交易所调查报告》第Ⅲ卷第1930页上所载专家柯尼希的叙述。他认为期货交易对于产业是不理想的,并对这一点作出如下论证:“所有这些处于期货交易中并在交易所游动的证券,大部分掌握在这样一些人手里:他们对事情本身没有长久的兴趣,而只对股票有兴趣;对作为企业的企业没有兴趣,有兴趣的是压低或提高股票价格。在期货交易中存在的一些措施下,影响企业以及在总会要召开的前一月底通过期货交易保证大量股票,对任何人都是非常容易的。人们作为根本不属于自己的几百万股票的所有者出现,突然出现在对此毫无所知的正派的股东面前。这些股东突然遭到袭击,强迫他们接受自己根本不曾料到的天大好事!”

41 见迈埃尔的叙述(《交易所调查报告》第Ⅱ卷第1608页)。他把英国期货交易的巨大发展,归结为那里随时都有大量浮动资本提供延期交割支配。

42 《交易所调查报告》第 1 卷第 347 页所载阿恩霍尔德的叙述。

43 参见例如 1908 年 2 月 25 日的《柏林日报》再现出来的“柏林银行界的卓越一员”的如下论述：“请不要忘记，以正式现金流通进行的交易，只是总交易中一个比较小的部分。德国银行业的集中，造成大部分买卖票据在大银行事务所里互相抵消。在柏林的交易所里，实际上不过是调整‘区区小数’罢了。”

同样的现象也在奥地利出现。在维也纳通汇和现金结算联合会的总会上，一位股东抱怨说：“由于王国的商业生活越来越集中到银行之中，以致所有的比较弱小的私人商号不得不销声匿迹，所以交易所的交易在很多情况下根本没有必要通过结算事务所。每一个银行都是一个不需要额外费用和职员的通汇和现金结算联合会。银行中证券交易的兴旺，是同限制通汇和现金结算联合会的结算中介联系在一起的。”（1905 年 2 月 1 日《新自由报》。）

44 《柏林工商年鉴》1905 年。

45 1907 年 6 月 21 日《法兰克福报》。

46 1906 年 1 月 28 日的《法兰克福报》这样写道：

“现在几乎谈不上真正的限月清算。当然，展期贴费率还是公布的，但大多数延期交割被在大银行内部调整，大银行也可以定它们自己的贴费率。关于浮动的交易额，一般是不能作判断的，因为像我们已经指出的，只有全部交易的极小部分才在交易所的清算中加以结算。”

外国的交易所则有部分地不同。特别是纽约的交易所，它作为财产转移即剥夺的手段，比欧洲的一些交易所有更大的意义。这里，特殊的货币制度也是同交易所技术联系在一起发挥作用的。纽约的交易所只知道现金交易，按这种方式，差额必须每天进行清算。在市价急剧波动的情况下，特别是当市价沿同一方向运动的时候，便产生了对货币的急剧增长的需求。如果货币市场紧张，美国的缺乏弹性的发行银行立法，便成为产生小投机家不能支付的法外利息率的有效手段。这正是大的货币贷出者“从投机中驱逐”小投机家并在强制清算时廉价获得证券的机会。

47 贴现公司的鲁塞尔作了如下定义：“商业投机的本质在于，观察行情的适当变化，有时通过期货交易事先已经保证这种变化。”（《交易所调查报告》第1卷第417页。）

48 《交易所调查报告》第Ⅱ卷第2072页。

49 这种人为作法是造成很多滥用和障碍的源泉。不过，在可互换性实际存在和总是能够容易确认的地方，例如在酒（酒精度）和部分地在糖（分级度）的场合，这些情况不会发生。

50 “因此，这种期货交易的特殊形式被创造出来，不仅仅是为促进实际的交易，而且归根结底也是为向资本家或投机家即现在还没有其他束缚的资本的所有者提供把资本暂时地（或长期地）投入各该商品部门的可能性服务的，尽管这种资本的所有者，缺少商品知识和该商业部门的外部技术的知识。因此，这种资本家……以自己的活动动机而同谷物商人根本区别开来”。后者想进行谷物交易，而前者想通过价格波动盈利。同时，资本家这里也承担风险。（富克斯：《商品期货交易》，载《德意志帝国立法、行政和国民经济施穆勒年鉴》1891年第1期第71页）但是，还必须指出：追求利润当然是一切资本主义活动的共同动机，区别仅仅在于能够获取利润的方式。

51 例如，哈弗雷羊毛交易所的奥费尔曼报告说：那里，1892年，实物交易是2 000包，在期货市场上卖掉的是16 300包。棉花也是一样，期货交易是实物交易的10倍。在800万到900万包收获量的情况下，期货市场上的交易量却达1亿包左右（《交易所调查报告》第3368页）。

52 当然，对商品期货交易的行家，也不能作特殊的奢想。“如果能从一些情报中看出市场今后如何发展，什么样的价格合适，那就是很了不起的事了。我只能根据过去的经验说：感觉就是一切。消息灵通则一切顺利，这不过是一个口号，仅仅从这个口号里是什么也得不到的。商人常常失误……商人也像农夫一样无知；如果他研究一切情报，那他就变得更蠢，结果常常是另一个样子”。这是诚实的商人达梅所供认的（《德国交易所调查报告》第Ⅱ卷第2858页）。

53 保护关税也没有使这种价格平均化，而只不过把德国的价格提高到世界市场价格以上，其数额应使谷物生产者即使在世界市场价格低的情况下也还能够获利。

54 关于参加一般期货交易，柏林商业协会主席肯普夫先生说：“浪高时，整个商业界都参加；浪不高时，则是从事这种交易的富人参加。”（《交易所

调查报告》第Ⅱ卷第 813 页)

55　关于商人在想到弱小者的损失时道义上所感受到的痛苦,弗·加姆普先生和霍维茨先生之间的对话是饶有趣味的:这不符合商人的本性。要么废除商人,要么让商人保持他所固有的本性(《交易所调查报告》第Ⅲ卷第 2459 页)。

对伦理国民经济学来说,交易所一般只执行道德厕所的职能。它的其他职能,对这种经济学仍然是隐藏着的。

56　见《交易所调查报告》:《委员会报告》第 90 页。

57　"小的和非职业的分子,从咖啡交易中隐退了,这种交易处在大的联合组织的领导之下。"(《交易所调查报告》第 2065 页)这由经验中得到说明,这种经验被行家范·居尔彭概括在下面一句话中:"如果大资本的力量被调度用于个别商品上,那它就能办成非常多的事情。"一些伦敦的大谷物商是实行期货交易的反对者,因为期货交易使商业民主化,把他们的统治地位废除了(同上,第 3542 页)。

58　亨·吕施:《德国交易所法之下的柏林的谷物贸易》,载《国民经济和统计康拉德年鉴》1907 年第 XXXIII 卷第Ⅲ期第 1 册第 53 页。

59　同上书,第 87 页。参见兰德斯贝格尔关于这种发展的预言:"具有特点的是,最大的谷物商人不参加期货交易,他们给自己作保证。因此,废除期货交易必然造成谷物贸易集中在资本力量最强的商号手里,正像禁止某些种类的有价证券的期货交易,也同样必然使证券交易的这一部门落到德国大银行手里。"(同上书,第 45 页)

60　《交易所调查报告》第Ⅲ卷第 3373 页以下奥费尔曼的叙述。

61　1907 年 10 月 19 日《柏林日报》。

62　《关于德国酒精制造业联盟的德国卡特尔调查对席审理》,酒精销售中心营业负责人布尔楚特斯基的陈述。

63　兰德斯贝格尔说得很对:"农业反对期货交易的斗争,也可以由重要的经济事实中得到说明。与某种其他生产部门相比,农业更多地受制于在时间上和地点上都是既定的生产条件。即是说,农业中生产费用因素的变化,比在其他经济部门中要小。这是与资本在农业中的束缚、土地抵押债务,哪怕只是在大体相同的程度和效果上使用其他生产部门抵御不景气的最重要的武器即生产专业化和生产的暂时伸缩的自然困难联系在一起的。一切经济生活的非人因素即行情变动，在任何其他生产部门里，都没有这样对人的因素即生产费用占压倒优势。而且，几十年来，行情变动对中欧的农业大多是不利的。但是，行情变动是以期货交易为中介的。不能避开行情变动、在其经济过程的两极即买进和卖出都受行情变动侵袭的商业，不得不以一种特殊的职能对行情变动作出反应。执行这一职能的机关就是期货交易。它的任务是使世界的行情变动成为在经济上可以把握的，并尽可能清楚地把这种行情变动反映出来。在其最完全的形式上的、摆脱了一切失误和滥用的期货交易，必然忠实地反映行情变动。但是，在这面镜子里，农业主要看到对自己不利的行情变动。要打碎这面镜子的当然努力，即是由此而来。”（兰德斯贝格尔：《德国农业交易所的改革》，载《国民福利、社会政策和管理杂志》1902年第Ⅺ卷第44页以下）。

众所周知，对于有资本的商人和投机家来说，由于利用他国的期货交易而避开了一国对期货交易的禁止。例如棉纺织业主库富勒尔博士说：“在差不多承担了整个中欧棉花进口贸易的不来梅，不存在期货交易；但是，每一项缔约都是建立在期货交易基础上的，即建立在利物浦或纽约期货交易基础上的。”（见《国民经济、社会政策和管理杂志》第Ⅺ卷第83页所载《关于奥地利国民经济学家协会座谈报告》）同样，奥地利对谷物期货交易的禁止，只不过造成投机转移到布达佩斯。

64　但是，另一方面，这也表明交易所执行它的所谓时间平衡的职能是多么不完全。

65　因此，当行家西蒙提出下述看法时，是完全正确的（《交易所调查报告》第Ⅱ卷第1584页）：“对差额的追求是每一个产业企业的真正创建者。”而帝国银行总裁科赫反驳说：在商业交易中，同差额交易不同，成为基础的是把一种商品从一个人手里转到另一个人手里的意图。这种反驳完全不着边际，也根本不能为西蒙所理解。因为两种交易的区别仅仅在于，这种差额一方是由平均利润形成的，另一方是由绝对意义上的差额利润形成的。

资产阶级经济学经常把经济行为的社会职能同行为的动机混淆起来，把执行这种职能作为行为者的动机加到行为者身上，这自然是行为者所不知道的。因此，资产阶级经济学根本看不到经济学的这种特殊问题。把社会生活必须借以实现的经济行为的这种职能上的联系作为整个其他动机的结果揭示出来，由必要的职能本身来理解资本主义生产当事人的动机。

66 《交易所调查报告》第Ⅱ卷第2079页。

67 《交易所调查报告》第2135页。下面还举出谷物和酒的类似例子，例如不能用精馏酒精代替原生酒精供货。

68 “商业和投机，像原料生产和材料加工工业那样，是特别的生产种类。商业是这样的生产种类，它的任务是从地区上克服经济财富的自然匮乏。而投机则在从时间上克服财富匮乏方面有着同样的作用。从私有经济的角度来看，商业利用地区差价，投机利用时间差价。”

“根据汇流于交易所的各种情报，包括真实的情报和错误的情报，已经发生的事实的情报和尚未发生的事实的情报，交易所得出的看法对价格产生影响。尚未发生的事实的意义，事先已经被交易所的看法估价过了。如果交易所的看法以这样的方式利用低的价格建立未来的储备，利用高的价格能够像支配现在的储备那样支配未来的储备，那它便起生产性的作用，否则就不起生产性的作用。”（里夏德·埃伦贝格：《交易所制度》词条，载《社会科学词典》第2版。）

69 见《交易所调查报告》第Ⅱ卷第3523页以下。

70 关于更详细的叙述，见《资本论》第3卷第4篇：《商品资本和货币资本转化为商品经营资本和货币经营资本》。

71 马克思：《资本论》第3卷，《马克思恩格斯全集》第25卷第352页。

72 同上书，第359—360页。

73 下列的数式计算有助于说明这一点。假定生产资本等于1 000。它生产出利润为200。商品经营资本占过大的比例为400，货币经营资本为100。利润分配于1 500的总资本上；因此，平均利润率为15%。在总利润200中，150归产业资本家，40归商业资本家，10归货币经营业者。

74 因此，期待某发行银行（例如德意志帝国银行）自有资本的增加必然导致利息率的下降，是一种极其幼稚的想法。

75 “当然，银行制度造成了社会范围的公共簿记和生产资料的公共分配的形式，但只是形式而已。……信用制度和银行制度把社会上一切可用的、甚至可能的、尚未积极发挥作用的资本交给产业资本家和商业资本家支配,以致这个资本的贷放者和使用者,都不是这个资本的所有者或生产者。因此,信用制度和银行制度扬弃了资本的私人性质,它本身,但也仅仅是就它本身来说,已经包含着资本本身的扬弃。……

"但是,毫无疑问,在由资本主义的生产方式向联合起来劳动的生产方式过渡时,信用制度会作为有力的杠杆发生作用;但是,它仅仅是和生产方式本身的其他重大的有机变革相联系的一个要素。与此相反,关于信用制度和银行制度的奇迹般的力量的种种幻想所以会被赋予社会主义的意义,是由于对资本主义生产方式和作为它的一个形式的信用制度完全没有认识。只要生产资料不再转化为资本……信用本身就不会再有什么意义……另一方面,只要资本主义生产方式继续存在,生息资本就作为它的一个形式继续存在,并且事实上形成它的信用制度的基础。……"(马克思:《资本论》第 3 卷,《马克思恩格斯全集》第 25 卷第 686—687 页)。

第三篇

1　霍布斯对这种努力作了如下概括:人类的普遍倾向是"得其一思其死而后已、永无休止的权势欲。造成这种情形的原因,并不永远是人们得陇望蜀,希望获得比现已取得的快乐更大的快乐,也不是他不满足于一般的权势,而是因为他不事多求就会连现有的权势以及取得美好生活的手段也保不住。"(《利维坦》,商务印书馆版,第 72 页。)

把社会范畴人格化的大师左拉,使资本主义的动机(为利润而利润)在贡德尔曼身上体现出来。贡德尔曼的全部消费需要已经缩减到只喝牛奶了,但他不顾这些,总是积极进取。因此,他对萨卡尔(贡德尔曼和萨卡尔是法国著名作家左拉的小说《金钱》中的两个主要人物。——译者)的胜利也就是资本主义原则的胜利。在萨卡尔身上,利润欲被同资本相异的杂质即权力欲、文化理念和个人奢侈的需要弄得浑浊不清了。在贡德尔曼身上,资本家的最不合理的形式即放债者、交易所投机家被作了最好的概括,比易卜生在《约翰·盖贝尔·布克曼》中的描写(在这里,社会需要被资本主义所抑制)要正确得多。因为布克曼的出发点不是利润利益,而是社会需要,即与资本家相反的动机。在关于资本家的戏剧中,这种社会利益和利润利益之间的矛盾始终是悲剧的动机，它们的非现实主义的效果常常由此而来。真正的资本家（他与守财奴不同，守财奴的个人不幸有时还能产生悲剧效果）不是戏剧的角色，而只是小说中的一段插曲。

2　从经济主体的行为动机（这本身又是由经济关系的性质决定的）中，只能推断出形成经济条件平均化的趋势：同量商品具有相同的价格，等量资本具有等量利润，等量劳动具有等量工资和等量的剥削率。但是，我绝不能以这种方式从主观动机出发得出量的关系本身。相反地，为了能够找出各个部分的量的规定性，我必须事先了解社会总产品的数量（上述平均化的趋势在社会总产品的分配中发生作用）。一定的量的结论决不能由心理因素推导出来。

3　在现代的轧钢厂中，活劳动份额被压低到何种程度，可以由下述情况来说明：

“在钢轨碾压中，仅仅升降机装置就使从业人数从15—17人压缩到4—5人。在美国，每吨产品的工资（用美分表示）下降如下：

	从1880年至1901年
钢轨碾压工	从15下降到1以下
钢丝碾压工	从212下降到12以下
钢丝坯加热工	从80下降到5以下”

（汉斯·吉德翁·海曼：《德国大钢铁工业中的混合工厂》，1904年斯图加特版，第23页）。

4　利润率平均化的趋势，对理解资本主义生产的运动和价值规律作为运动规律的作用方式，是重要的。因为价值规律并不直接支配个别的交换活动，而只是支配交换活动的总体，其中个别的交换活动仅仅是受总体制约的一个部分。另一方面，个人利润的不平等，对总利润的分配，对积累和集中以及最后对联合、兼并、卡特尔和托拉斯，都是重要的。

5　毋庸置疑，英国银行制度所经历的不同发展（这种银行制度使银行对产业的影响甚微），是造成英国卡特尔化困难以及英国卡特尔即使形成也只成为松散的价格协定的一个原因。这些卡特尔在景气时期实现特别高的价格，而在萧条时期便发生崩溃。（见亨利·麦克罗斯蒂《英国工业中的托拉斯运动》第 63 页以下为这种崩溃所提供的大量实例)英国产业组织的改进,特别是近年来联合制的扩大,应该归因于美国和德国的竞争。对世界市场的垄断使英国产业落后,这是资本主义制度内竞争必要性的最好证明。

此外,英国银行的发展也还显示出另外一个现象。在德国和美国,大部分由银行董事通过个人联合体现利益共同体。而在英国,这只起很小的作用;在那里,个人联合是由产业股份公司的董事实现的。

6　例如在 1907 年 6 月中旬,德国和英国的纺纱厂常常已经把 1908 年第一季度的产品预卖出去了。1907 年 1 月,德国的煤炭消费者已同煤炭辛迪加签订了到 1908 年 3 月也就是 15 个月之后的固定契约(1907 年 7 月 16 日《法兰克福报》)。

7　马克思:《资本论》第 3 卷,《马克思恩格斯全集》第 25 卷第 216 页。

马克思接着引用的段落也是颇有特色的,我这里把它翻译如下(马克思下面的引文在《资本论》中是英文。——译者):"如果一个集团中的每个人从来不能在总的收益和财产中取得多于一定部分或相应部分的东西,他就愿意联合起来去提高这个收益(只要供求关系许可,他就这样做):这就是垄断。但是,如果每个人都认为自己能够用某种方法增加自己这一份的绝对数额,即使这样做会使总额减少,他也常常会这样做:这就是竞争。"(《关于需求的性质和消费的必要性的原理》1821 年伦敦版第 105 页。)

在繁荣时期,份额是一定的,它等于单个企业家能够生产的全部产品。而在萧条时期,它就必须为争取自己的销路而斗争。

8　"经验告诉我们,即使卡特尔被描述为'必然的产物',尽管同业者联合的努力大都在经济活动衰落或危机时期有其最肥沃的土壤,但由于保持有利价格的希望同强大的需求连在一起而使卡特尔的形成在经营状况有利和高度繁荣时期最容易,都是共同利益联合的最强大的动机。相反地,为以任何价格,甚至是最低价格获得订货并从竞争者那里把它们夺走的努力,则阻碍共同行动。"(弗尔克尔博士关于德国印刷纸生产者协会的报告,载《关于德国卡特尔的纠纷案》;另参见海因里希·库诺夫关于卡特尔历史的叙述:《卡特尔的理论和实践》,载《新时代》第 22 卷第 2 期第 210 页。)

9　例如,列维指出,美国从 1901 年 5 月到 1905 年夏天,不顾世界市场价格和原料价格的一切波动,钢轨价格总是保持 28 美元不变。此后,他还指出："似乎这种联营的组织，总是在不景气时期失去力量，而在景气时期又重新赢得它。"

"例如，1892 年价格一下降，钢轨联营便由于它的两个主要成员卡内基钢铁公司和伊利诺伊斯钢铁公司的冲突而崩溃了。同样，在 1896 年经历了短暂的繁荣之后，第二个联营又于 1897 年崩溃了。接踵而至的是市场状况的普遍低落，这又使生产者在 1898 年年底采取共同的措施即建立新的钢轨卡特尔。"（海尔曼·列维：《美国钢铁工业》第 201 页）

10　在鲁尔矿区，建立矿山需要 5—7 年。在美国建成单独的钢厂和轧钢厂需要两年；如果附带高炉，则需要更长的时间（海曼：《德国大钢铁工业中的混合工厂》，1905 年柏林版，第 221 页）。

这里所描述的过程是一种纯粹的竞争现象。因此，对这种现象的分析便不再是《资本论》研究的范围。然而，马克思还是在另一种联系上顺便指出过类似的现象："按照事物的性质，植物性物质和动物性物质不能以像机器和其他固定资本、煤炭、矿石等等那样的规模突然增加，因为前两者的成长和生产必须服从一定的有机界规律，要经过一段自然的时间间隔，而后面这些东西在一个工业发达的国家，只要有相应的自然条件，在最短时间内就能增长起来。因此，由固定资本即机器等等组成的不变资本部分的生产和增加，可能会并且在发达的资本主义生产中甚至不可避免地会比由有机原料组成的不变资本部分快得多，结果对有机原料的需求会比它的供给增长得快，因此，它的价格会提高。"（马克思：《资本论》第 3 卷，《马克思恩格斯全集》第 25 卷第 135—136 页）这里所描述的差异是周转时间长短不同的结果。如果说这种差异在有机原料方面是由自然的原因产生的，那么，它在无机材料方面就是由资本量，特别是其固定资本部分的量产生的。

11　列维：《美国钢铁工业》第 31 页。

12　同上书，第 98 页。

13　同上书，第 121 页。

14　同上书，第 136 页。

15　海曼：《德国大钢铁工业中的混合工厂》第 223 页。

在美国，铁路的需要（它本身又取决于收获的结果）决定在其初期发展阶段上的钢铁工业的行情状况。在美国，经济周期过程中价格的急剧变化和巨大的波动幅度，以及对实行联合制的较早的冲动，即是由此而来（参见列维：《美国钢铁工业》第 77 页）。

16　马克思：《资本论》第 1 卷，《马克思恩格斯全集》第 23 卷第 385—386 页。

17　这里应当注意的是，如果联合对市场的价格决定具有决定性的影响，那么，这就已经是一种垄断的联合了。此外，还存在一些独立企业。它们在价格上总是遵从联合的价格规定。这种情况并不改变在经济理论意义上的自由竞争在这一生产部门中不再存在的事实。但是，为了不破坏学究们的思虑，我不把这种联合称作完全的利益共同体或兼并，而是称作垄断的联合（见利夫曼：《卡特尔和托拉斯》，1905 年斯图加特版，第 12 页）。

18　同上书，第 13 页。

19　列维：《美国钢铁工业》第 156 页以下。

列维用生铁生产的下列数字对上述说法作了说明。当然，这些数字中也包括铸铁和搅炼铁的生产，公司对这些生产只有最低限的参与。但是，它们作为上述说法的例证，是有说服力的。生铁生产量如下：

年份	公司（总吨）	单独的企业（总吨）	股份公司在总生产中所占的份额（%）
1902	7 802 812	9 805 514	44.3
1903	7 123 053	10 693 538	39.9
1904	7 201 248	9 286 785	43.9

因此，1903 年同 1902 年相比，公司的生产降低了，而局外企业的生产却有很大增加，以致公司在总生产中所占的份额从 44.3%下降到 39.9%。但是，在萧条的 1904 年，公司的生产仍稍有增长，而局外企业的生产却下跌了 14 万吨之巨，从而降到 1902 年的生产水平以下。

顺便提一下，那种把卡特尔之外的每个人都看作是精神上的怪物和经济上的罪犯的观点是何等的浅薄。即使从卡特尔的利润利益的角度来看，这种观点也是荒谬的，更不必说是从社会的角度来看。因为完全撇开消费者的利益不论，正是局外企业的竞争可以对垄断联合的技术上和组织上的发展具有极大的价值。

20　见《关于德国卡特尔的纠纷案》第Ⅰ册(1903年柏林版)第80页上的基尔多尔夫的陈述。

21　另一方面,如果通过占有专利获得的超额利润大到足以使维持竞争成为有利的话,那么,占有专利就又会在一定情况下使联合变得困难。

“纺织机械工业的每一个部门只包括很少几个企业。兰开夏的八大公司制造棉花机器,不仅垄断了国内市场,而且每年还出口45万英镑以上的价值。虽然反复提出过利益融合的建议,但它们总是遭到失败。机械工业很容易导致发明;这些发明如果获得专利,就造成许多年的垄断;而只要专利还有效,它就是反对联合的论据。不愿意将一个举世闻名的名字(特别是在它是由于个人的进取心和首创精神创造的时候)牺牲于非个人的匿名的联合,同样必然被看作是有效的威慑手段。”(麦克罗斯蒂:《英国工业中的托拉斯运动》第48页)

这里,小垄断是大垄断的敌手。然而,也正是交换专利的欲望,提供了结成利益共同体的动因。德国化学工业的协定,德国通用电力公司和美国威斯汀豪斯公司之间的协定就属于这种情况。

22　恩格斯所指的就是这种卡特尔形式。他写道:“迅速而巨大地膨胀起来的现代生产力,一天比一天厉害地超出了它们应当在其中运动的资本主义商品交换规律的范围——这个事实,资本家本人今天也越来越强烈地意识到了。这一点特别表现在下述两种征兆中。第一,普遍实行保护关税的新狂热。这种保护关税和旧的保护关税制度的区别特别表现在,它保护得最多的恰好是可供出口的物品。第二,整个大生产部门的工厂主组成卡特尔(托拉斯),其目的是调节生产,从而调节价格和利润。不言而喻,这种试验只有在经济气候比较有利的时候才能进行。风暴一到来,它们就会被抛弃,并且会证明,虽然生产需要调节,但是负有这个使命的,肯定不是资本家阶级。在此期间,这种卡特尔只有一个目的,那就是使小资本家比以前更快地被大资本家吃掉。”(马克思:《资本论》第3卷,《马克思恩格斯全集》第25卷第137—138页。脚注[16])

23　“卡特尔想要的是其质量、形式、材料等等不再有明显差别的批量商品。当然,这里也可以人为地加以促成,正像在商品交易所里所发生的那样。商品交易所同样是以商品的一定的可代替性为前提的,因此特殊的商业惯例便规定出，商品要能提供交易所交易必须具备某种属性。卡特尔达到这同一目的，或者通过仅仅选择该部门的交易主要依赖的一定标准商品，或者通过提出所有工厂主在制造他们的商品时必须遵守的规范，以消除质量的差别。例如，国际玻璃镜面卡特尔就遵从只生产 10—15 毫米厚的玻璃镜面的协定。”

“奥匈麻绳卡特尔首先对所生产的种类制定了样品，所有参加者有义务按该样品生产自己的商品。同样，奥匈黄麻卡特尔对要生产的麻袋提出了一定规范。”（格龙策尔：《关于卡特尔》，1902 年莱比锡版，第 32 页及以下）

24　例如，德国钢铁企业联合会董事会主席沙尔特布兰德的以下陈述，证明卡特尔也对企业的生产和技术产生一定的影响：“我们必须进一步考察，在联合会持续存在的条件下，为了使销售尽可能地有利，我们应该怎样指导销售？为了沿着不是每个工厂生产一切产品的方向更廉价地进行生产，我们应该采取怎样的分工？”（《关于德国卡特尔的纠纷案》第 10 册第 236 页）奥地利的机器制造业卡特尔也在各个企业之间推行了进一步的分工。利润流进公共金库，并按比例进行分配。

25　格龙策尔（《关于卡特尔》，第 14 页）认为：“卡特尔和托拉斯不是在程度上有很大不同，而是在本质上有很大不同。在欧洲如此活跃的卡特尔运动的 30 年中，我还不知道有一种形式过渡到另一种形式的情况。”因此，当他这样认为的时候，他恰恰是把法律形式当作本质。由卡特尔过渡到托拉斯并不经常发生，恰恰证明这两种形式具有同一内容。同时，也不应忽视，对卡特尔化企业独立性的进一步限制，使这些企业不断地靠近托拉斯。但是，形式的不同是与其他情况联系在一起的，首先是同银行的发展及银行同产业的关系联系在一起的，部分地也同立法上的干预联系在一起。众所周知，美国的反卡特尔立法促进了托拉斯的形式。

26　1908 年 7 月初，下面的消息充满了各种报纸：最近，众所周知，苏黎世的瑞士布劳恩百货商店集团在德国财团的参与下变成为两合公司。百货商店被“创立”起来，不再是稀有的现象。但瑞士的这种创立却由于其他原因而值得普遍注意。德国财团的管理掌握在柏林的黑希特、普法伊弗尔商行手中，这个商行属于德国最重要的出口商行。它已发展成为不同国家的许多百货商店的购买康采恩。与瑞士布劳恩百货商店的协议规定，黑希特、普法伊弗尔商行将来负责布劳恩百货商店的所有购买，并直接为布劳恩百货商店的购买进行支付。这个商行拥有广泛的购货组织。去年初，它与汉堡的MI.埃姆登·泽内商行结成利益共同体，这个共同体如此紧密，以致黑希特·普法伊弗尔商行现在也在国内为埃姆登中心所属的200家商店从事购买。此外，该康采恩也与纽约的一家百货商店有关系；根据德国的《服装设计师》杂志报道，它每年为纽约百货商店购入约6 000万马克的货物。大百货商店的经济优势（它的特别好处是能够大量购买），导致购物中心的建立，这些购物中心使大多数由它们供货的商店在金融上处于依附地位。

27　参见阿尔格农·勒《美国零售商业的托拉斯化》一文（载《新时代》第27年度第2卷第654页以下）中的有趣概述。为了保护自己的独立，卷烟商人组成了名为独立卷烟商业公司的商业联合会。与此相对立，烟草托拉斯建立了拥有20万美元资本的联合卷烟商业公司。"这个公司购买了许多现有的零售商店，而且开办了许多其他的提供比其竞争者更好的商品、更丰富的品种和具有与之相应的外观的零售商店。价格被降低，最后实行保证公司拥有长久顾客的有奖销售制度。斗争没有持续很久。在一年内，独立卷烟商业公司便被迫按托拉斯规定的价格把全部商品卖给联合卷烟商业公司。零售商人的反抗只是加速了他们灭亡的命运……毫无疑问，托拉斯将继续沿着这条路走下去，也许甚至以加速度进行，直至它征服了这个产业部门的零售商业中值得征服的一切。"

阿尔格农·勒然后论述了咖啡、茶叶、牛奶、冰淇淋、燃料、精美食品等零售商业中的集中情况，最后把集中的趋势确切地概括如下："集中在进行，独立的零售商人阶级按以下五种不同的、但却导致同一目标的方向，失掉了牢固的基础：

（1）一些产业托拉斯在获得了生产上的支配权后，把它们的业务扩展到零售商业的范围，完全排挤了零售商人，直接向消费者出售自己的产品。

（2）一些大的生产公司虽然还通过零售商人把他们的商品出卖给消费者，但与其说是把零售商人当作独立商人，不如说把他们当作代理商。

（3）在大城市里，百货商店已经从零售商人那里夺走了大部分零售商业，这个过程取得越来越大的进展。这样一些商店拥有数十万、甚至数百万美元的资本。许多这样的商店往往属于一个公司，已经形成集中原则在百货商店领域以更大规模表现出来的端倪。因此，百货商店与大金融集团、批发商业和产业托拉斯产生更为密切的联系。

(4)那些全部或差不多全部接受邮购委托的大商店,在农村地区侵蚀了零售商人的地盘,就像它的一些支店在城市所做的那样。电话业和电车业的巨大发展以及农村地区免费邮运供货的扩大,大大开拓了这一商业领域的范围。这些邮购商店大多属于城市里设有一个或数个支店的同一公司。

(5)就像资本主义发展初期产业领域里的竞争一样,零售商人自身范围内的竞争也使集中原则在很大的程度上发挥作用。一些商人善于保证自己对其竞争者的某种优势,因而能够扩大自己的业务,由此增加自己的新的优势并缩小其竞争者的业务范围。”(参阅维尔纳·桑巴特:《现代资本主义》第2卷第22章“排挤零售商业的努力”。)

28　销售代理人同时也是矿山所有者和他所代表的公司的共同所有者,这是波希米亚的褐煤贸易组织的特征。两个煤炭代理商J.佩特舍克和E.J.魏因曼都在奥辛建立了组织,“它们为大波希米亚公司负责褐煤销售……两个煤炭商行原先只是中间商。90年代初,这种情况发生了变化。这种变化是由布吕克斯矿山公司的强大发展开始的。过去一直是魏因曼商行为这个公司从事零售。布吕克斯公司以非常便宜的价格获得了被水淹没的奥塞格煤层,以此上升为波希米亚褐煤工业中的首要企业。这时,布吕克斯股票的所有权出现了变化,多数股票转到佩特舍克商行领导下的辛迪加。作为权力关系变化的表现,煤炭零售商转归这个商行。因此,一种新的关系建立起来了。煤炭代理商也成为这个企业的大股东。它好像是与自己签定销售合同,并在经营和生产中具有决定性的影响。竞争的商行也不得不走上同样的道路。它们也懂得通过占有股票对它们所代表的企业产生决定性的影响和长久的利害关系。”(1906年2月25日《新自由报》)

29　例如,《新自由报》(1805年6月18日)把信用银行对布拉格的一个大糖业商行的接管描述为具有典型意义,然后继续写道:

“糖业贸易几乎完全成为这些努力的牺牲品,早在90年代初,绝大多数波希米亚的糖厂的销售就已经是布拉格富有的糖业商人的势力范围。他们通过靠生产者承担责任进行销售中介,取得显著利益。他们常常也靠自己承担责任进行交易,而他们的大规模交易和与国外市场的联系在当地构成了一种独特的现象。银行的糖业交易限于以代理的方式为自己的糖厂进行销售,限于银行正常活动范围内的信用提供。在最近10年间，这样一些私人糖业商行完全销声匿迹，或被转归银行，其他的糖业商行则被迫大大缩减了自己的业务。在以前的糖业贸易巨头中，仅仅剩下布拉格唯一的一家大商行，它现在也还代表13家糖厂，每年销售数十万公担的白糖。生产扩大到帝国两半部分的一些最大的私人糖厂，在进行销售时根本不需要中介，而是自己组织批发销售。中等的和较小的企业与银行结成程度不同的紧密的联系，银行向它们提供必要的信用，代它们为出口和国内零售贸易销售产品，但也常常自己承担糖销售中的全部风险。这样，以前大规模的和利润丰厚的中间贸易便被完全排除了，波希米亚糖厂销售的三分之二由布拉格一些银行(大部分都只不过是维也纳银行的分行)的糖业部承担。

糖业贸易改组的起点是信用的提供和新糖厂的建立。80年代和90年代，波希米亚和摩那维亚地区建立了大量新糖厂，其中包括易北河岸的一些大的供出口的制糖厂。它们大部分是用外国资本兴建的，而提供必要资金的一些银行则要求这些新厂将产品的代理销售权转归自己。自卡特尔出现以来，小型粗糖厂如雨后春笋般地涌现出来，它们常常是用不足的资本建立起来的，因而完全依赖它们的信用提供者。即使是现有企业，为使自己现代化和扩大规模，也需要大量资金，并与资金提供者结成更为密切的关系，这常常导致整个销售的转移。例如，一些维也纳银行的布拉格分行以及一些地方银行，在糖业贸易中站稳了脚跟，并把自己活动重点移到这方面来。农业银行代表15个糖厂……英国银行承担11家粗糖厂的代理销售。信用银行集中了5个大企业的商业事务。齐弗罗斯泰因什卡银行是许多地方糖厂的销售所。银行购买粗糖厂的产品，把它们转运到精炼厂；它们又从精炼厂收购白糖，投入国内外的销售市场。当几年内出口对于奥地利工厂具有越来越大意义时，银行活动也具有了不同的性质。出口要求在各种国外市场上继续开展业务活动，有限的代理贸易佣金与获自套汇和投机交易的大量利润相比日益退居次要地位……但是靠自己承担责任的贸易与国际贸易紧密相联，因为只有极少的国内生产者能承担这种常常必须延展很长时间的业务活动。因此，作为糖业贸易的最后环节，糖便被银行稳稳地控制了。工厂把它们的产品卖给与自己有联系的银行，而银行又试图通过利用国内外市场上的最有利的条件来谋利。当然，依靠自己承担责任的贸易还不是一般原则，一些谨慎的银行还从根本上对它持有保留态度。但是，除了代理销售外，它也已经占有重要的地位。不能否认，事情正朝着这个方向发展。

那些与卡特尔有密切联系、并且承担它们所控制的产业的销售的银行，还有更大的商品交易。例如，农业银行承担火柴厂、糖浆厂、搪瓷器厂、包装纸厂、淀粉厂以及一些化工行业的卡特尔的销售。银行联合会与纸板厂有类似的关系，信用银行也承担联合黄铜厂的销售。这些都不过是代理关系，并不包括任何严格意义上的贸易，即不包括通过中央销售部中销售的卡特尔化和集中化把中间贸易排挤出去。由于银行之间的竞争，商品代理贸易的利润减少了，仅仅达到以前很大的代理佣金的较少部分。一般银行业务获利额的下降，在一些具有商品部的银行中引起更强烈的靠自己经营商品交易的想法，而且显示出沿这个方向扩大营业的新的尝试的一些征兆。”

30　在个别情况下，按各个领域中产业资本和商业资本的不同比例，价格会发生变化。假定在一个部门中，例如在机器制造业中，生产资本等于1 000，商业资本为200。在平均利润率为20%的条件下，则商业利润为40。对消费者的总价格等于1 000+200（产业资本家按这样的价格把自己的产品卖给商人）+240（它补偿商人的资本加利润），即整个等于1 440。但是在纺织工业中，商业资本400分摊在生产资本1 000上面。于是产品价格是1 680。现在假定卡特尔在两种情况下成功地消除了商业资本，并把商业非生产性费用压缩到一半，那么，机器制造业者靠1 100资本获得340利润，而纺织业者靠他们1 200资本获得480利润。利润率不等会导致平均化过程，这又通过价格的变化反映出来。但是，纺织品消费者所得即是机器购买者所失。而一般说来，由于卡特尔化，这种平均化将是非常困难的和不完全的过程。

如果独立商业被消费合作社、批量购买协会、农业购买合作社等所取代，那么，情况就不同了。这仅仅意味着被组织起来的消费者的活动代替商业资本家的活动，因此商业利润也归于这些消费者。同时，集中的加强也意味着流通费用的节约。

31　批发商人恩格尔说得很对：“辛迪加所追求的是实际垄断和直接消除批发商业。当然，购买者并不因此而能更便宜地进行购买。对工厂和辛迪加来说，如果目的不是取得与批发商业同样的利润，那么，整个活动将是盲目的。”(《德国印刷纸厂联合会的纠纷案》第Ⅳ期114页。)

煤炭辛迪加也是这样。它“也利用运输业和批发商业的垄断,以便在不通过抬高运费而造成煤炭价格显著提高的条件下,加重小消费者的负担;或者设法使消费者必须支付的较高价格,不像以前那样归于商业,而是归于生产者。”(利夫曼:《卡特尔和托拉斯》第98页)

32　《德国印刷纸厂联合会的纠纷案》第Ⅰ册第236页。

33　同上书,第235页。

34　同上书,第228页以下。

35　同上书,第230页。

36　同上书,第229页。

37　同上书,第230页。

38　同上书,第Ⅱ册第455页。

39　同上书,第Ⅱ册第380页。

40　勇敢的辛迪加代理人的伪善言辞真是妙不可言:“作为商行,我们也认为这是正当的,因为我们主要的目的是促进和保护国内商业。”掠夺本国,通过人为制造煤炭、焦炭和铁的短缺而阻碍加工业,通过向国外倾销而维持国内的高价——这就是利润欲的国民信念。

41　商业厅秘书格施泰因(哈根)的陈述。见《纠纷案》第六次会议,半成品协会,第444页。

42　格施泰因的陈述。同上书,第445页。

43　同上书,第447页。格施泰因的陈述也表明(同上书,第556页),另一方面,大工厂对待它们较小的供应者有时是多么严厉:“一家拥有矿山的大冶炼厂为订购自己的工具材料制定了苛刻的条件,其中包括报价,并进一步规定:在数量方面,我们根据1904年的需要,没有义务购买任何特定的数量。按我们的要求交货。”

44　《德国印刷纸厂联合会的纠纷案》第Ⅳ册,经理罗伊特的陈述,第110页以下。

45　“因此,辛迪加的任务是消除印刷纸贸易中的这种批发商。在成功地通过缔结辛迪加排除在其他纸张之外也经营印刷纸的大量代理商以后,却仍然存在大量的经营印刷纸的商人。因此,辛迪加的任务就不仅是拒绝向从事投机的商行提供印刷纸，而且也防止新的在印刷业范围内出现商人。于是，在许多情况下，辛迪加拒绝向那些在辛迪加存在时刚刚想把自己的商业扩大到印刷纸上的纸张商行出售印刷纸。”(同上书，第 111 页。)

46 《纠纷案》第 1 册，第 94 页以下。1899 年秋天，德国焦炭辛迪加迫使它的主顾购满 1900 和 1901 两年的需要量。顺便指出，辛迪加这时利用它的权力，把在 1899 年 2 月就已经确定为 14 马克的 1900 年的价格提高到 17 马克，作为上述两年的价格。在不如此就得不到焦炭的威胁下，各冶炼厂不得不同意缔约。

这一事例之所以使人感兴趣，是因为它表明，辛迪加对危机所能产生的影响是多么小。这些协定是在 1899 年即大约 27 个月之前签订的，1900 年中期行情低落，1901 年是一个危机年头，但焦炭的最高价格却得到保证。因此，危机对加工工业的影响异常严重。(《纠纷案》，第三次会议，第 638、655、664 页)

47 工业委员会：《关于托拉斯和产业联合的初步报告》，第 223 页。

48 同上书，第 63 页。“我毫不关心你们的伦理观”。他补充说，为排除竞争而制定低廉的价格，这是正确的商业原则。因为像他后来所认为的那样，托拉斯不是为竞争者的健康而设置的事业(第 223 页)。

49 请听听对农场主联盟比较亲近的《德国农业通信》(1899 年第 8 号)所报道的惩罚威胁：

“拒绝加入协会的德国酿造业者，丧失了要求受到职业尊重的权利。这帮先生们应被打上永久的烙印。如果后来他们的钱包被洗劫一空，对这些正人君子的惩罚也不会比他们理应受到的唾弃更严重。”

50 《纠纷案》。总书记克普克的陈述。

51 《德国交易所调查报告》第Ⅰ卷第 464 页。贴现公司总经理鲁塞尔的话。

52 《社会科学词典》第 181 页以下。

53 《德国交易所调查报告》第Ⅱ卷第 2151 页。范·居尔彭的陈述。但是，不仅仅是这种时候。V.瓜伊塔先克断言：“如果他们使他(地方银行家)的生计发生困难，那么，他就不得不经营比以前可能经营更多的纯投机证券。”(同上书，第 759 页)

54 《德国交易所调查报告》第Ⅱ卷第2169页。

55 美国糖业托拉斯是哈韦迈尔在1887年通过15个小公司的合并组建的，这些小公司申报它们的总资本为650万美元。托拉斯的股份资本被确定为5000万美元。托拉斯立即提高精糖的价格而降低粗糖的价格。1888年进行的调查表明，托拉斯在一吨精糖中约赚14美元，这可使它支付对全部股份资本10%的股息，即公司创立时实际付进的实际资本的70%左右。另外，托拉斯有时还能支付额外股息，并留存大量的准备金。现在，托拉斯拥有9 000万美元的股份资本，其中一半是有权获得7%的累积股息的优先股，另一半是现在同样挣得7%的普通股。（1909年7月1日《柏林日报》）在《产业调查委员会关于托拉斯和工业联合制企业的报告》中，也有大量事例。

56 这里所说的“资本价格”，等于资本化的利润。

57 实际上，“高利贷，即土地所有者的一部分收入转入高利贷者手中，是资本积累的主要手段之一。但是，工业资本和商业资本或多或少同土地所有者携手共同反对资本的这种古旧的形式”（马克思：《剩余价值理论》第Ⅰ册，《马克思恩格斯全集》第26卷第1册第395页）。

58 同时，卡特尔利润的性质也发生了变化。它是由无偿劳动、剩余价值构成的，但其中一部分是由其他资本家雇佣的工人生产出的剩余价值构成的。

59 这里不是指社会总资本的平均有机构成，而仅仅是指非卡特尔化产业中的平均有机构成。

60 在下述情况下，卡特尔的超额利润采取了一种有趣的形式。19世纪90年代以前，德国工业中制鞋机器的供应差不多全掌握在美国之手。向德国供货的美国制鞋机器制造厂联合成为“德国联合制鞋机器公司”（DVSG）。机器并不出卖，而是根据一定的租金出租。如果制鞋厂主希望获得机器，那就要签定5—20年的一份合同。“合同规定，供货公司有义务安装机器、免费修理、供应所有新的设备以及以廉价提供零部件。相反地，制鞋厂主支付大约相当于机器制造价格的一次性基本费，此外还继续支付机器每运转1 000次的一定付费。……这种付费……意味着，制鞋厂主向DVSG支付每双长靴15—25芬尼。这是一笔贡金，其大小在我们获悉下述情况时才能理解:例如,在 1907 年,埃尔富特的三个总共拥有 885 个工人和主要利用这种机器的制鞋厂,为这种利用一年支付 61 300 马克。”(卡尔·雷埃:《德国制鞋大工业》第 32 页)饶有兴趣的是:这些机器的利用给德国制鞋厂主提供了超额利润,因为它以此赋予他们以压倒其竞争者的优势。美国托拉斯强迫他们把这种超额利润的一部分(不是全部,否则使用这种机器的动机就不存在了)转让给托拉斯。每年支付租金的契约,使购买机器比较容易,也加强了制鞋厂主对托拉斯的依赖,因为他们被束缚于这种机器上。这种机器的一切改良被立即加以应用,提高了超额利润,从而增加了制鞋厂主的销售额,也增加了向托拉斯的付费。这样,托拉斯便把别人的超额利润的一部分转化为自己的超额利润。因此,改良技术所获得的利益,最大部分归于托拉斯,较小部分归于机器的使用者,最小的部分归于消费者。

第四篇

1　撇开特别是在农民经济中所保留的以前自给经济的残余不论,自给生产在资本主义社会里也起某种作用。在这里,企业产品本身又成为再生产的一个要素,例如,作为种子的谷物,煤矿所使用的煤等等。这种自给生产的范围随着企业联合的发展而增大。它之所以是自给生产,因为商品不是为了市场,而是作为本企业的不变资本要素来使用的。但是,它同以前社会形态的旨在满足需要的自给生产根本不同,因为它不是为消费服务的,而是为商品生产服务的。

2　“认为危机是由于缺少有支付能力的消费或缺少有支付能力的消费者引起的,这纯粹是同义反复。除了需要救济的贫民的消费或‘盗贼’的消费以外,资本主义制度只知道进行支付的消费。商品卖不出去,无非是找不到有支付能力的买者,也就是找不到消费者(因为购买商品归根结底是为了生产消费或个人消费)。但是,如果有人想使这个同义反复具有更深刻论据的假象,说什么工人阶级从他们自己的产品中得到的那一部分太小了,只要他们从中得到较大的部分,即提高他们的工资,弊端就可以消除,那么,我们只须指出,危机每一次都恰好有这样一个时期作准备,在这个时期,工资会普遍提高,工人阶级实际上也会从供消费用的那部分年产品中得到较大的一份。

按照这些具有健全而'简单'(!)的人类常识的骑士们的观点,这个时期反而把危机消除了。因此,看起来,资本主义生产包含着各种与善意或恶意无关的条件,这些条件只不过让工人阶级暂时享受一下相对的繁荣,而这种繁荣往往只是危机风暴的预兆。"恩格斯对此加了一个注:"供可能出现的洛贝尔图斯危机学说的信徒们参考。"(马克思:《资本论》第2卷,《马克思恩格斯全集》第24卷第456—457页。)

3 《资本论》第3卷,《马克思恩格斯全集》第25卷第272—273页。

4 "但是,现在的问题是要彻底考察潜在的危机的进一步发展(现实危机只能从资本主义生产的现实运动、竞争和信用中引出),要就危机来自作为资本的资本所特有的,而不是仅仅在资本作为商品和货币的存在中包含的资本的各种形式规定,来彻底考察潜在的危机的进一步发展。"(马克思:《剩余价值理论》第2卷,《马克思恩格斯全集》第26卷第2册第585页。)

5 杜冈-巴拉诺夫斯基的贡献是:他在他著名的《关于英国商业危机的理论和历史研究》中,指出对危机问题的这种研究的意义。值得注意的仅仅是需要有这样一个提示。

6 《资本论》第2卷,《马克思恩格斯全集》第24卷第526—527页。

7 进一步的例子参见马克思《资本论》第2卷,《马克思恩格斯全集》第24卷第576页以下。

8 《资本论》第2卷,《马克思恩格斯全集》第24卷第556—557页。

9 同上书,第557—558页。

10 同上书,第561页。

11 同上书,第561—562页。

12 同上书,第562页。

13 马克思:《资本论》第2卷,《马克思恩格斯全集》第24卷第206—207页。

14 乍一看来,繁荣时期的特征似乎是价格的普遍和一致的上涨,而萧条时期的特征是价格的普遍和一致的下降。这就是人们如此长期不懈地在货币价值的变动中寻找危机根源的原因。对货币数量论的迷信也在这里找到自己最坚强的支柱。

15 "毫无疑问,正是在洛林-卢森堡地区,采矿业和冶铁业的经济发展极其迅速，其影响十分显著，一些新工厂后来开始营建，因此在高涨时期长时间地促进了需求的增长。但是，在1899年底和1900年春，当这些新工厂开始投产时，发展的高峰已经过去，以致它们现在只是促进供给的增加……由于它们退出消费者的行列和带着自己的产品出现在市场上，生产能力日益提高，生产过剩也就不可避免了。”(《1900年以后德国经济生活的纷扰》第2卷，见《矿业和制铁业》第48页。)

16　马克思:《资本论》第3卷，《马克思恩格斯全集》第25卷第134—136页。另参见马克思《剩余价值理论》第Ⅱ册，《马克思恩格斯全集》第26卷第Ⅱ册第588页以下。

17　马克思:《资本论》第3卷，《马克思恩格斯全集》第25卷第138页。

18　当然，我们这里只考察交易所危机，这种危机作为一般商业危机的一个因素而出现。交易所危机和投机危机，也可以孤立地发生。例如，交易所危机常常出现在产业繁荣的最初阶段，当投机在高涨开始出现之前实现的时候。1895年维也纳的情况就是如此。

19　例如，在最近的美国货币危机时期，向欧洲的棉花和谷物出口便全力加速进行，以期能够从欧洲赚得黄金。

20　当然，这是陈旧的经验。一位匿名的大陆商人对著名的金条委员会(1810年)成员说了这样的话:“事实上，我只知道清偿贸易收支逆差的两种方法，即或者付黄金或者破产。”

21　这是在皮尔时期;当今无准备的银行券数额约为1 850万英镑。

22　“当货币外流时，法兰西银行经常加算一份贴水;在国外需求增强时，贴水提高到千分之八，甚至到千分之十。因为外国只能使用黄金，所以贴现者必须把这一数额加算于国内贴现率。一般说来，可以肯定，在外国贴现率高而巴黎的贴现率很低时，就会使用黄金贴水。它使一张千分之五利息的为期三个月的票据，提高到年息为2%。”(萨尔托里乌斯:《国外投资的国民经济制度》第263页。)

23　不仅杜冈-巴拉诺夫斯基，而且奥托·鲍威尔也在他的对马克思危机理论作了如此敏锐和令人兴奋的论述中(《新时代》第23卷第1期第133页以下)，被这个由经济现象本身所产生的诱惑所蒙骗。

24　例如，1890年以后的萧条时期，情况就是这样。整个1893年是一个具有异常充裕的货币供给和利息低微的年头。1894 年 2 月底，伦敦银行的贴现率为 2%；而 3 月中旬，私人贴现率为 1%。1895 年 1 月中旬，伦敦的私人贴现率在 0.5%至 0.875%之间。尽管在长时间内存有异常大的闲散货币，但高涨期只是从 1895 年下半年才开始。

25　近来，一般地说，由于忽视理论考察方法，一种恶习大大流行起来：根据短短几年间的一些观察中便推导出一般结论，把一个产业周期某部分阶段的现象，充其量是一定特殊周期的现象，提高为普遍"规律"。由于这种原因，其他人便拒绝任何一般的认识，并以等着瞧(qui vivra verra)的处世之道来宽慰自己。他们故意把政治经济学的认识贬低到低级趣味的笑话的水平。

26　杜冈-巴拉诺夫斯基的危机理论中的这种混淆达到了极点。这种理论只看到资本主义生产的特殊经济的形式规定性，而忽略了一切生产(不管它们的历史形式如何)共有的自然条件；因此，便得出仅仅为生产而存在生产的奇怪概念，消费则仅仅成为一种累赘的附属物。如果说这已经是"荒唐的想法"，那它却有"方法论"，而且是马克思主义的方法论，因为这种对资本主义生产的历史的形式规定性的分析正是特殊的马克思主义的。这是疯狂的马克思主义，但却是马克思主义。它使杜冈的理论如此奇特而同时又如此令人振奋。此外，杜冈本人也感觉到这一点，虽然他不了解它。他对自己论敌的"健全的理智"展开如此激烈的攻击，即是由此而来。

27　这不仅是自今日始。"政治经济学的浅薄也表现在，它把信用的膨胀和收缩，把工业周期各个时期更替这种单纯的征兆，看作是造成这种更替的原因。"(马克思：《资本论》第 1 卷，《马克思恩格斯全集》第 23 卷第 694 页。)

28　下述例子证明，高利息率并不造成危机：1864 年，英国的国际收支出现逆差。由于美国内战，棉花供给中断。因此，由东部印度和埃及供给的棉花增加，从这两个国家的进口迅速膨胀起来：从东印度的进口额由 1860 年的 1 500 万英镑增加到 1864 年的 5 200 万英镑；从埃及的进口额由 1 000 万英镑增加到差不多 2 000 万英镑。于是，银行提高自己的贴现率以阻碍黄金外流。在 1864 年间，贴现率在 6%至 9%之间波动。尽管如此，危机仍仅仅限于货币市场。商品市场上，价格提高不大。"尽管存在着过去只是在货币奇缺时才碰到的高贴现率，商业和工业却没有受到重大的震动。”“虽然发生持续的棉荒，英国贸易在这整个时期内丝毫也没有受到压抑。”（杜冈-巴拉诺夫斯基：《英国商业危机的理论和历史研究》第139页。）

29　顺便提一下，杜冈-巴拉诺夫斯基仅仅从他关于英国危机史的卓越的和令人信服的论述中得出自己的结论，看来总也避免不了犯这种错误。

30　“1857年的危机在冶铁业袭击了一大批企业，1873年的危机则对这些企业的影响更严重，这些企业的生产能力彼此并无很大差别。因此，在普遍崩溃之中，许多本身从纯技术上来看是有生存能力和有生存价值的工厂倒闭了。1900年的危机，除了触及基本产业的大企业之外，还触及众多的按今天的概念看已属过时组织的企业，这些‘单纯’的工厂过去曾被高涨的浪潮卷上高峰。价格降低和需求减少使这些‘单纯’工厂陷入困境，而联合的大企业有时根本未陷于困境，有时出现这种情况也只是很短的时间。因此，最近的危机以与以前的危机完全不同的程度导致产业的集中。例如，1873年的危机，尽管它作了淘汰，但在技术状况方面却没有达到使胜利者企业形成垄断的程度。然而，由于自己的复杂技术、巨大的组织和资本力量，当今的冶铁、电气工业的大工厂在很大程度上建立了长期垄断；机器制造业和某些金属、交通以及其他产业的大工厂，在较小的程度上建立了这种垄断。如果这种情况不适用于某些‘轻’工业部门，危机对这些产业部门的影响同以前并没有根本的变化，那么，由此可以更清楚地看到，银行业的最新发展在很大程度上受上述其他产业的影响。”（耶德尔斯：《德国大银行同产业的关系》第108页。）

31　只需这一个条件就足以造成货币危机，尽管还有一些更深刻的原因。在关于1773年阿姆斯特丹交易所崩溃的记述中，对一次大破产的后果作了如下描述：“没有人知道这次破产的全部损失有多大，也不知道哪些其他厂家由于这次崩溃而毁灭。普遍的混沌状态使信用消失，一时间再也找不到现金。某些人害怕看到他们的票据被退还，另一些人担心收不回他们有权要求的债款，还有一些人试图利用普遍的困境从中牟利。因此，每个人都在寻求机会以最低价格购买，每个人又害怕付出自己的现金，于是流通几乎完全中断。”（《荷兰的财富》，译自法文，1877年莱比锡版，第2卷第444页以下，引自萨尔托里乌斯·冯·瓦尔特斯豪森：《国外投资的国民经济制度》第

377页。）

试将这一点与下列1870年战争爆发之际德国交易所情况的描述比较一下：1870年7月4日，柏林交易所的气氛极佳，而以后几天出现动乱，7月8日变得很不安宁，7月11日失去控制。恐慌持续了8—10天，随后恢复自信，下跌的运动停止……好像魔杖一挥，货币便从交易所消失不见了。普鲁士银行的贴现率提高到9%，莱比锡的抵押贷款利息率上升到10%。卢贝克上升到9%，不来梅上升到8%。那些在几天前以3%或3.5%的利息就能得到的绰绰有余的货币，现在到哪儿去了呢？国家为动员的目的吸收了货币的说法，已经为下述事实所排除：当时德国的发行银行业是分散化的，此外，一定货币贮藏在许多非发行银行和私人银行家手里。大部分货币仍然待在它原来所在的地方，但没有从钱柜里拿出来。谁能收取货币，谁就能把它放归别处。例如，来自慕尼黑的报道说："曾经有一段时间，以最佳证券和最大的抵押都不能筹措500盾。相反地，甚至连私人都认为必须设立一笔现金储备，以备万一，尽管这样做会有很大牺牲。"在法兰克福，"银行家们一心想收回他们的债权，因为公众也迫不及待地索还存款。银行清算债权的迅速增加表明，银行家和公众双方都试图筹措较大的现金储备，以应付一切偶然的事件。"

下面是来自汉诺威的关于现金贴水的报告："每一个银行家，首先是汉诺威银行，只为自己打算……德国私人银行的票据和银行券被贬斥，持有通用证券和普鲁士证券的富有人物不得不蒙受5%的损失，而那些害怕以随意的价格进行销售的农民也不得不支付10%，甚至更多。"

这种情况以缩的程度反映了最近美国货币危机的所有典型特征，克服的方法也是同样的。"在7月下半月货币困难时期，人们试图通过各种措施以自救。在不来梅，参议院和市民会议通过关于赋予某些外国金币以法定支付手段的决议，但这并没有多大帮助，因为这种货币如同该城市的本位货币一样被贮藏起来。在斯图加特，成立了一个银行同盟，该同盟发行了自己的3%利息和6个月偿还期的面值为50—500盾的证券。在慕尼黑，抵押银行和汇兑银行也把类似的债券投入流通。在美茵河畔的法兰克福，为当地的发行银行提供了集体担保。只要有可能，贵金属就被从外国输入。截止到七月底，不莱梅银行和进口公司便拥有大量索维林。法兰克福从英国获得了黄金，从维也纳获得了白银。这些措施表明，它们在应付支付交易中的货币短缺上还算是有效的，但却不能给借贷市场提供资本以满足国家的需要。”（萨尔托里乌斯·冯·瓦尔特斯豪森，同上书，第 323 页以下。）

32　就这方面来说，针对目前的情况，马克思的下列论述应当加以限制：“在现代信用制度下，商人资本支配着社会总货币资本的一个很大部分，因此，它在已买物品最终卖掉以前可以再进行购买。……除了由于商品性质造成的 W-G 和 G-W 的分离以外，这里将会产生一种虚假的需求……因此，在危机中可以看到这样的现象：危机最初不是在和直接消费有关的零售商业中暴露和爆发的，而是在批发商业和向它提供社会货币资本的银行中暴露和爆发的。”（《资本论》第 3 卷，《马克思恩格斯全集》第 25 卷第 340 页。）

33　在银行和企业之间间或插入一个独特的创业公司（信托公司），也不会有什么变化，因为后者仍然直接依赖银行。

34　以上所述通过钢铁托拉斯的行为得到说明。这个托拉斯 1907—1908 年把自己的生产缩减到极限，以便维持价格。一年以后，生铁市场出现市价暴跌，所有其他金属市场也都被卷进去了。

第五篇

1　因为揭示经济规律是政治经济学的内容，所以反对重商主义经济政策的斗争便成为推动理论经济学发展的强大动力之一。另一个以前发生的、还更直接触及本质的动力，是解决现代资本主义初期经济立法的主要问题即正确的货币制度的努力。配第提出的货币问题使他成为古典政治经济学的奠基者，因为这个问题直接导致价值问题，从而导致政治经济学的基本规律。

2　“荷兰在航海和贸易上的霸权，在从东印度公司的建立到同克伦威尔查理二世的战争期间，即从 1600 年到 1675 年，达到全盛期。在这一时期结束时，据科尔贝特估计，欧洲国家的商船总数达 2 万艘，其中 1.6 万艘完全属于荷兰人所有。因此，荷兰人被称为欧洲货运业者。一个无边无际的殖民帝国在亚洲、南北美洲和非洲被建立起来，大规模的保险业务也产生了。阿姆斯特丹交易所是最早的交易所，那里是货币的世界市场，货币的较低的利息率总是不断给工商业带来益处。在鲱鱼和鲸鱼的捕捞方面是任何其他国家所不能企及的。商业政策在当时是最自由的,不存在值得荷兰担心的竞争者"(萨尔托里乌斯:《国外投资的国民经济制度》,第369页。)

3　仅仅每年从印度流入英国的俸金额现在计有32 000万马克。此外,还有很大数额用于支付英国官吏、维持军队和英国在亚洲进行的一部分殖民战争。

4　"相反地,英国不顾科布登的主张,没有放弃它自己的殖民地。当时自由主义政治家首领约翰·拉塞尔勋爵声明放弃殖民地的时间还没有到来,也许是想表达自己党派的意见。英国在这期间应该采取一切措施促使殖民地实行自治,事实上,在曼彻斯特学派的影响下,英国放弃了先前认为占有殖民地是有利的观点。罗伯特·皮尔爵士还曾指出:'在我们的每一个殖民地,我们都占领了第二个爱尔兰。'现在英国同它的海外移民在自愿基础上建立了联系,并向他们提供了议会制度。这样曼彻斯特学派(尽管不想如此)变成不能靠红衫士兵维系的新的英帝国的建立者。"(舒尔策-格弗尔尼茨:《不列颠帝国主义》,第75页。)

5　见鲁道夫·希法亭:《保护关税职能的转变》,载《新时代》第22卷第2期;罗伯特·利夫曼:《保护关税和卡特尔》,1903年耶拿版。在赫尔曼·莱维:《关税政策对美国经济发展的影响》(《康拉德年鉴》,1905年)中有丰富的例证资料。

6　由动产信用公司的建立开辟了道路的法国的类似的发展遭到的中断,可以由一般阻碍法国产业发展的原因来解释。这些原因包括:不利于资本主义发展的土地分配及其后果(双子女制度和缺少足够的产业后备军),过度的保护关税政策以及过度的资本输出(这本身又是建立在小资产阶级、小农阶级和奢侈品工业基础上的食利者阶级而引起的)。

亚历山大在《德国交易所调查报告》(第1部分第449页)中阐述了由于资本民族化和由于德国产业资本家缺少资本力量而造成银行对产业影响的加强之间的联系。据他的叙述,一部分煤矿,例如赫尔内、波鸿等等,直到最近(1892年)还为法国和比利时的股东所占有。与此同时,煤矿的集中也发生了。购买股票的中介由银行承担,因为这些公司还不占有用于此目的的流动资金。银行之所以能接受,仅仅因为银行确信,他们能通过期货交易,把自己的资金固定其上的证券很快再脱手。

此外，可以认为，由于法律的限制，特别是对期货交易的限制而造成的交易所的削弱，有扩大银行对产业影响的趋势，因为这时，同交易所发挥有利作用时相比，产业在更大的程度上依赖于银行的中介。实际上，德国交易所立法的影响对大银行非常有利。

7　当然，工厂主已经意识到这种使卡特尔的形成变得困难的自由贸易的影响。一位英国工厂主在1906年10月10日的《泰晤士报》上提出建立一个英国电力公司的卡特尔的建议。建议者在这里承认，"在实行自由贸易的国家里，高物价和对生产的限制只能把贸易转到外国竞争者手里。"另一位工厂主回答说："如果我们实行保护关税，我们或许能够按建议中所提出的方式做些事情。但是，经验告诉我们，在现有情况下，企图通过联合使物价保持在贵报通信者的建议的高度上的一切尝试，都是无望的。我们大家都在遭受生产过剩之苦，而在生产过剩通过工厂主缩减自己的生产或完全放弃生产进行救治之前，我们将继续受苦。"（麦克罗斯蒂：《英国工业中的托拉斯运动》，第319页以下。麦克罗斯蒂自己也在该书第342页上写道："联合王国各种形式联合的弱点，都归咎于对外国竞争的自由放纵。如果这一点能够消除，他们的力量便大大增强，问题的所有条件都将改变。"）

8　这种可能性本身最初在多大程度上成为卡特尔化的动机，从下述事实可以看出来：当砂糖关税由于布鲁塞尔会议被降低到6法郎时，德国和奥地利的糖业卡特尔受到严重震撼。例如奥地利22克朗的关税为结成卡特尔的工厂提供了很高的超额利润，以致大大超过了即便是最大的或技术最完善的工厂从竞争和排挤小工厂中所能得到的利益。这造成缔结卡特尔的趋势。同时分配生产定额的条件也更容易承受，即使这实际上恰恰使最大的和技术上最完善的企业遭受较大的牺牲，因为关税水平和由此而可能引起的国内价格上涨，绰绰有余地补偿了由此而造成的损失。由此可以看出，不仅关税本身，而且还包括关税水平，对卡特尔化是多么重要。

9　见奥托·鲍威尔：《民族问题和社会民主主义》，载《马克思研究》第Ⅱ卷，第178页以下。

10　下面是一个说明国际卡特尔同时也说明资本输出影响的典型例证。"在大不列颠，特别是在苏格兰，一个很重要的、很久以来就存在的本地的产业部门是缝纫线的生产。直接统治这一产业的四个最大的公司，即科茨公司、克拉克公司、布鲁克兄弟公司和乔德威思兄弟公司，自1906年以来，以J. P. 科茨有限公司的名义联合成为一个著名的企业共同体。这个共同体还包括一系列较小的英国工厂和一个拥有15个美国公司的联合公司。这个所谓'线业集团'，有55万英镑资本，是世界上最大的产业集团之一。甚至在联合之前，美国的保护主义政策就促使科茨公司和克拉克公司在美国建立自己的工厂，以便避开加在其产品上的当地的高关税率。新集团继续实行这样的办法，并且通过获取北美和其他国家该产业的一些公司的多数股票（从而通过大规模的资本输出）保证对这些公司的控制。因此，英国的产业资本家便在国外进行生产。劳动机会的减少，使英国工人阶级蒙受损害，最后使整个民族蒙受损害。线业托拉斯有一切理由继续实行这项政策。因为可以不容争辩地说，它1903—1904营业年度所获得的258万英镑的利润，恰恰主要来自设在国外的工厂。但是，日益强大的外国产业摆脱英国'控制'的枷锁并减少自己的利息贡赋，只是个时间问题。"（施瓦布：《张伯伦的商业政策》，1905年耶拿版，第42页。）

11　因而，例如匈牙利地租的一部分流入奥地利，用来支付在奥地利流通的匈牙利抵押公司的抵押债券的利息。

12　按照帕尔符斯的确切表述（《商业危机和工会》，1901年慕尼黑版）。

13　见帕尔符斯所举的例子（《殖民政策及崩溃》，1907年莱比锡版，第63页以下）。

14　请想想，例如在这个诗人和思想家的国度里，对一个名叫卡尔·彼得（卡尔·彼得（1856—1918），曾经帮助建立了坦噶尼喀的德国东非保护关系。——译者）的人所表现出来的可耻的热情。这种关系对英国自由贸易者已经是很明显的。强调这种关系是反对殖民政策的一种很好的鼓动手段。例如，科布登说："如果我们的品性在国内没有败坏，我们能在那里（印度）扮演暴君和刽子手的角色吗？"（引自舒尔策-格弗尔尼茨：《不列颠帝国主义》注104。）

15　参见《新时代》第26卷第1期中关于移民问题的讨论，尤其是奥托·鲍威尔的《无产者的移民》和马克斯·席佩尔的《外国劳动力和不同国家的立法》。

16　见保尔·蒙贝尔特《德国人口运动研究》(1907 年)一书提供的材料。例如,欧洲按每 1 000 居民计算的年平均出生率为:

1841—1850 年	37.8	1881—1885 年	38.4
1851—1860 年	37.8	1886—1890 年	37.8
1861—1870 年	38.6	1891—1895 年	37.2
1871—1875 年	39.1	1896—1900 年	36.9
1876—1880 年	38.7	1901 年—	36.5

同样,出生率下降在美国十分显著,在澳大利亚则令人吃惊。例如,在新南威尔士,1861 年,每 1 000 个年龄在 15—45 岁的已婚妇女的婚生子女为 340.8,1901 年为 235.3(同样见舒尔策-格维尔尼茨《英帝国主义》第 195 页提供的材料。他引用了官方统计学家科格伦的紧急呼吁:"出生率下降的问题具有首要的意义,对澳大利亚比对某其他国家更重要。我们国家能否在世界大民族中占一席地位,取决于解决这个问题的圆满程度。")。

因此,上述地区中的人口增加可以完全归结为死亡率的显著下降,死亡率比出生率下降得更快。迄今为止,德国死亡率下降比出生率下降要快得多。"如果出生率继续下降,那就必定会达到一点(这符合事物的本性):死亡率下降更缓慢,两者下降的比例颠倒了过来。因此,既使出生有超过死亡的余额,但它也显示出下降的趋势。"(前引蒙贝尔特一书,第 263 页)这种趋势对例如英格兰和威尔士、苏格兰以及瑞典已经发生了影响。

蒙贝尔特的结论也适用于资本主义扩张的现阶段:"人们也许在不远的将来就会看到,在其他国家也像在法国一样,人口问题的关键与其说是人口增加过强,不如说是人口增加太弱。"(同前引书第 280 页。)

17　英国在国外所投资本,1900 年估计为 250 000 万英镑,每年以 5 000 万英镑的速度增长,其中 3 000 万英镑是证券。很明显,它在国外投资比国内投资增长得快;英国在 1865—1898 年之间的总收入仅仅大约翻了一番,而它同期从国外得到的收入,却增加了 9 倍(据吉芬提供的材料)。具体材料见《皇家统计协会杂志》1909 年 9 月份发表的乔治·佩什的演讲。根据这个材料,1906—1907 年间从印度国债得到的收入为 8 768 237 英镑,从其余殖民地得到的有 13 952 722 英镑，从所有其他国家得到的有 8 338 124 英镑。与 1897—1898 年的总量 25 374 192 英镑相比，总计为 39 039 083 英镑。从其他证券（铁路!）中所得收入达 48 521 000 英镑。在国外所投资本量计为 270 000 万英镑，其中 170 000 万英镑投在铁路上。这部分资本的收入估计为 14 000 万英镑，它相当于 5.2%的利息。这些估计还可能远远小于实际数字。

法国在国外的资本，据 P. 勒鲁瓦-博利耶估计，达 3 400 000 万法郎。1905 年，它增长到 4 000 000 万法郎。年新投资额估计为 150 000 万法郎。

德国在国外的财产，据施英勒在其著名的给交易所调查委员会的报告中估计，1892 年达 1 000 000 万马克，而据克里斯蒂安斯估计达 1 300 000 万马克，由此产生的年利润在 50 000 万—60 000 万马克之间。扎托里乌斯估计，1906 年有 1600 000 万马克的证券和 1 000 000 万马克其他的在国外的财产，年收入约 124 000 万马克。详细材料见扎托里乌斯《对外投资的国民经济体系》第 88 页以下。

18　甚至在欧洲资本以美国股票形式投资的地方，它得到的常常不多于利息，因为企业主收入已先期纳入美国银行的创业利润里。

19　“在最近 20 年里，从外国进口的小麦和其他谷物的金额增长了 400 万英镑或 9%，从英国占领区的进口增长了 925 万英镑或 84%。从外国进口的肉类增长了 1 650 万英镑或 79%，从英国占领区的进口增长了 800 万英镑或 230%。从外国进口的黄油和奶酪增长了 950 万英镑或 60%，而从英国占领区的进口增长了 630%。

“从英国占领区进口的各种谷物，1890 年为 7 722 000 英镑，1905 年为 20 345 000英镑，增长了 12 623 000 英镑或 163%。在同一时期，外国的进口只从 45 359 000 英镑增长到 49 684 000 英镑，增长了4 325 000英镑（原文为 4 323 000 英镑，显然为笔误或印刷错误。——译者）或 9.5%。1895 年，外国提供了联合王国所需谷物的 85.4%，英国殖民地提供了 14.6%。1905 年，外国提供了 71%，英国殖民地提供了 29%。”（W. A. S 黑温斯：《不列颠帝国》，载恩斯特·冯·哈勒编《世界经济》第 1 年度，1906 年第 2 卷第 7 页。）

20　根据张伯伦关税委员会的材料（引自舒尔策-格弗尔尼茨《不列颠帝国主义》第 216 页），下列国家从大不列颠进口的人均价值为：

国　家	英　镑
德国、荷兰、比利时	0.11.8
法国	0.8.0
美国	0.6.3
纳塔尔	8.6.0
殖民角	6.19.6
澳大利亚	5.5.6
新西兰	7.5.7
加拿大	1.18.4

1901 年英国殖民地进口(百万英镑)：

从宗主国	123.5
其他英国占领区	68.0
外国	90.0

联合王国出口为(百万英镑)：

	1866	1872	1882	1902
向英国占领区	53.7	60.6	84.3	109.0
欧洲	63.8	108.0	85.3	96.5
非英属亚、非和南美	42.9	47.0	40.3	54.1
美国	28.5	40.7	31.0	23.8

21　因此，这个观点也总是被张伯伦在鼓动中加以强调。“我认为，时间沿着把所有权力集结于列强之手的方向前进。没有进步的弱小国家，似乎注定要降到从属地位。但是，如果大不列颠仍然保持统一，那么，世界上就没有任何帝国能在面积、人口、财富以及资源的丰富多样上超过它。”(张伯伦 1897 年 3 月 31 日的讲话，引自玛丽·施瓦布编：《张伯伦的商业政策》，1905 年耶拿版，第 6 页。)

22　关于对关税改革和帝国主义的整个资本主义的利益(这里，一向是或者现在还是赞成自由贸易的加工工业的利益被突出了出来)，黑温斯教授作了如下概括：

“现在，联合王国从某些与自己没有双边关系的国家进口自己的食物。因此，它为了支付自己的食物账，必须依赖国际贸易的复杂机构，不断地在全世界为自己的产品寻找新的销售市场，并通过一些国家间的相互关系清偿自己的债务。看来，这种产业政策由于以下原因不可能长久继续下去：

(1)通过这种方式进口英国制品的国家数目不断减少。例如，在远东市场上，我们确定无疑地并且在不久的将来就会遇到日本的不可抗拒的竞争。

(2)撇开殖民地不论，不断为我们的产品寻求诸如德、美等国之外的其他市场的必要性，对英国的经济发展进程产生有害的影响。自然发展的进程是：推动英国产业达到越来越高的阶段，雇用更熟练的工人以及发挥更高的技术才干。但是，实际上，发展进程可能发生很大的偏离。文明的和进步的市场关闭了。由于不得不与世界落后地区进行贸易，英国企业必须生产适合它们需要的商品。

(3)这里，在两个对立的趋势之间发生了直接冲突。正是在这些大宗商品领域里，年轻的工业国家也可以取得很大进步。德国、比利时、美国、奥地利，甚至日本，都能在这些领域里与我们竞争，并同样跻身到上述国家。另一方面，英国产业也显示出一种倾向，即更多地发展特产，而不是发展大路货，从而生产更昂贵的商品。因此，在为支付自己的食品而经常依赖的那些领域里，大不列颠越来越退到后面去了。但是，出于这种考虑，组织大不列颠产业生活的努力，在整个帝国范围内就有了自己的意义。”(黑温斯：《不列颠帝国》第 37 页。)

23　下述材料表明，殖民地铁路建设对英国具有何等的重要性：

“1880 年，英帝国有 4 万英里铁路，其中八分之三在联合王国内，八分之五在海外占领区和殖民地。1904 年，铁路网增加到 9.5 万英里，其中只有九分之二在联合王国内。因此，国内铁路长度增加 26%，海外增加 223%。当然，殖民地的迅速发展是建立在这样一些地区的迅速开发的基础上的，这些地区早先没有铁路，或者只有一些原始的铁路。自 1880 年以来，印度和加拿大的铁路增加了两倍，澳大利亚增加了三倍，南非增加了四倍。

在联合王国以外，与人口密度相比，铁路密度最大的是澳大利亚联邦。在那里，每 1 000 居民有 3.86 英里铁路，而加拿大为 3.76 英里，印度为 0.19 英里。

值得注意的是，联合王国的铁路网本身虽很大，但与美国的铁路网比起来就显得小了。据普尔的铁路手册所载，美国 1904 年有 212 349 英里的铁路在运营，是不列颠帝国铁路长度的两倍多，尽管后者的人口有美国的五倍之多。由此便得出帝国内铁路广泛地、几乎可以无限地扩大和发展的前景。

在联合王国内，为建造所有这些铁路的全部资本差不多都筹集起来了。投在宗主国之外的英国铁路上的资本总额估计约 85 000 万英镑，年总收入为 7 500 万英镑，年纯收入为 3 000 万英镑。如果考虑到联合王国本身的数字，我估计投在不列颠帝国铁路上的总资本达 210 000 万英镑左右。这比在长度上更大大接近美国的数字（280 000 万英镑）。每年的铁路纯收入约 7 000—7 500 万英镑，或为所投资本的 3%。”（黑温斯：《不列颠帝国》第 34 页）

24　德恩堡先生在他的鼓动演说中，一再强调德国殖民地在棉花和铜上把德国资本家从对美国的依赖中解放出来的可能性。因此，他非常了解资本家的心理。

25　对俄国这种现象的结果所作的透彻分析，见考茨基：《美国工人》，载《新时代》第 24 卷第 676 页以下。

26　俄国的情况也是如此。不过，它的资本民族同化（已经部分地实行）由于地区广大十分容易成功。为达到这个目的，最激进的手段就是国家破产。

27　相反地，在进行贷款谈判时，小国只能受制于供货的困难条件，部分地是由于他们的产业效率不高。“荷兰银行受到指责，也许是不无道理的：它们把资本提供给外国，常常不附带某些条件……”交易所“把大量资本提供给外国，最近（指 1905 年）提供给南美，但没有像在比利时、德国和英国常常发生的那样，约束有利于荷兰产业的条件。”（G. 黑泽林克：《荷兰》，载哈勒编：《世界经济》第 3 卷第 118 页。）

28　关于大经济区在这方面所享有的优势，见里夏德·许勒尔：《保护关税和自由贸易》，1905 年维也纳版，第 247 页：“一个小区的对外贸易，同它的生产相比是大的，因而对该国来说是重要的；而对那些它从其进口商品并想向其出口的大国来说，这种通商贸易同它们的生产相比意义很小。因此，小国很少能在贸易协定上相应地保护自己的利益，或促使其他国家的贸易政策适应自己的需要。”

29　见卡尔·埃米尔(希法亭早期著作中所使用的笔名之一。——译者):《德国帝国主义和对内政策》,载《新时代》第26卷第1期。

30　摩洛哥争端的暂时结果,为这种发展提供了一个实例。这时,克虏伯和施奈德-克罗伊措特为共同开发摩洛哥和阿尔及利亚的矿藏而结成的联盟,使两国(指德国和法国。——译者)之间达成一项协议。在摩洛哥似乎能利用两国的矛盾从中渔利时,却很少能逃避它们的压力。

31　试想想,俄国的政治权力由于远东的纠纷而变得如此之弱,以至于不能施加政治压力,这对最近德国的商约在国际上的实行是何等重要。

32　见奥托·鲍威尔:《民族问题和社会民主主义》,载《马克思研究》第Ⅱ卷第30节(《帝国主义和民族主义原则》)第491页以下。

33　美国小麦出口,1901年为小麦总产量的33%,1902年为29%,1903年为19.5%,1904年为10.5%(J. M. 鲁宾诺:《俄国的小麦贸易》,1908年华盛顿版)。

玛丽·施瓦布在《张伯伦的商业政策》一书第73页上引用华盛顿商业和劳工部的报告:"粮食、食品和棉花的出口量近年来下降了,特别是上年的1903—1904年年度。这既不能归于国内的歉收,也不能归于国外的价格低廉。去年的玉米、小麦和棉花的收获量不低于平均水平,在大多数情况下甚至非常高。农产品占出口总额的份额持续下降的主要原因,显然是美国需求量的提高。为美国国内消费保留的小麦量,1880年以前从未达到27 500万蒲式耳。但是,在1883年,它突破了30 000万蒲式耳的大关,并随人口的增加而逐渐增长。在1889年,它超过40 000万蒲式耳;1902年,超过50 000万蒲式耳;在以1904年6月30日结束的会计年度中,它达到51 700万蒲式耳。这曾是到某年为止的总数最高的数字。"

"从1880年到1900年这段时间内,美国的人口从5 000万增加到7 600万,即是说增长了52%。而该国小麦种植面积仅仅从3 400万英亩增加到4 200万英亩,即是说增长了23.5%。各种谷物种植总面积,仅仅从13 600万英亩增加到15 800万亩,即是说增长了16.5%。"(同上书,第72页)

34　关于普鲁士,参见F. 屈纳特教授《普鲁士独立农场主的资产》一文,载《普鲁士皇家统计署杂志》1908年第48年度。在这里作为基础的是,根据1902年征收所得税和附加税的材料计算的至少缴纳60马克土地税的土地所有者(即一般的独立农场主)的普鲁士统计材料。这里所说的“真正资产”不是指地产、农业和林业的经营资本,也不是指工业和矿山的固定资本和流动资本,而是指各种资本要求权,例如股票、储蓄存款以及矿业股票等等。因此,它是指农业和工业中的固定资本和流动资本之外的资产。这里得出的结果是:至少缴纳 60 马克土地税的土地所有者总数为 720 067,总共占有 7 920 781 703马克的资产。其中 3 997 549 251 马克或 50.5%属于 628 876 个以农业或林业为主要收入的所有者,即一般的以此为主要职业的独立的农场主,3 923 232 452 马克或 49.5%属于 91 191 个以农业和林业为辅助收入的所有者,基本上是以此为副业的独立的农场主。

720 067 个独立的普鲁士农场主的总财产额为 39 955 313 135 马克,74.1%是地产,19.8%是资产,5.9%是工业的固定资本和流动资本,0.2%是享有专有权和特许权的独立财产;特别是在 628 876 个本业农场主的 28 541 502 216马克的总财产中,与上述相应的比例数是:84.9%,14.0%,1.0%和 0.1%;而在 91 191 个副业农场主的 11 413 811 919 马克总财产中,相应的比例数是 47.1%,34.4%,18.3%和 0.3%。

35　汉堡-阿尔托纳区雇主联合会总书记和混合雇主联合会原则的主要辩护人冯·赖斯维茨男爵的态度表明,大产业资本家已经多么明确地意识到这一点。他列举了混合雇主联合会的好处:首先,它对雇主有“很大的教育”作用,因为一个参加进来的部门几乎随时都会遭到罢工的袭击,所以联合会“可以说一直不断地处于战争状态”;而另一方面(这是主要的),它可以使大产业、小企业和手工业采取统一的共同行动。因为政治上的缘故,冯·赖斯维茨男爵特别强调各种产业的这种共同行动。在反对社会民主党的小规模的战争中,手工业者是最好的先锋战士;因此,大产业对保持它在经济上的生存能力有很大兴趣(参见赖斯维茨:《建立雇主联合会》第 22 页以下。引自格哈德·克斯勒博士:《德国雇主联合会》,载《社会政治协会文集》第 124 卷,1907 年莱比锡版,第 106 页以下)。

36　前引克斯勒的著作,第 15 页。

37　例如,据 1909 年 6 月 14 日《柏林日报》的报道,在德国银行职员协会会议上,执行委员会主席菲尔斯滕贝格(柏林)说:“幸而银行业集中的努力得到停止。但是,无论如何,现在德国所有银行职员的 90%还是没有达到独立自主的希望。”

38　威士忌酒托拉斯的形成，使 300 名商品推销员过剩；钢铁托拉斯的形成，使 200 名商品推销员过剩。（见 J. W. 詹克斯：《托拉斯问题》，1902 年纽约版，第 24 页。）

39　这里不是更详细考察移民问题的地方；鉴于前面已经谈到的《新时代》杂志上的详细论述，这里也没有详细考察的必要。

40　因此，在工会发展较晚并且从一开始就面对高度发展的大产业的国家里，大产业部门里的工会组织通常比像英国这样的国家要弱；在英国，它们的发展和产业的发展保持同步。

41　参见格哈德·克斯勒：《德国雇主联合会》，载《社会政治著作集》第 124 卷，1907 年莱比锡版，第 40 页。

42　同上书，第 37 页。

43　同上书，第 20 页。“只要一个企业的工人还是无组织的群众，个别雇主也就对他们完全占上风。他不需要雇主联合会……因此，只要德国的工会运动还在艰难地为自己的生存而斗争（一般到 19 世纪 80 年代末），在德国也就没有成立雇主联合会的必要。但是，自 80 年代来以来，特别是自反社会党人非常法废除以来，工会运动蓬勃发展，工资运动和罢工的浪潮接连不断，这时企业家阶级开始结成特殊的雇主联合会——一种对工会活动的自然反动。工会到处都是第一位的现象，雇主联合会是第二位的现象。按其性质来说，工会是进攻性的，雇主联合会是防御性的（这种关系偶然被颠倒过来，但并不改变这一事实的普遍正确性）。工会在其青年期主要是一个罢工团体，雇主联合会则是一个反罢工团体。在一个产业部门中，强有力的工会出现得越早，坚强的雇主联合会建立得也就越早。因此，雇主协会是产业企业家阶级为调节他们与有组织的工人的关系而建立的组织。”

44　参见下面关于美国状况的评论：“在美国，雇主组织或许比在其他国家更巩固和更富于战斗性。几乎每个行业都有它的全国的、州的和地方的联合会，更不用说这些联合会的联盟。两个最重要的联合会是‘全国制造业者联合会’和‘美国市民产业联合会’。前者几乎全部由制造商组成，成立于 1895 年，主要为美国产品扩充国外市场。在最近的五年里，它积极参加了反对工人组织的斗争，力图为企业家阶级的利益影响舆论和联邦立法。1905

年，它又阻止根据工人联合会的要求向国会提出的两个重要法案的通过。一个法案旨在对所有由联邦政府或为联邦政府而进行的劳动实行8小时工作日制，另一个法案旨在限制劳动争议中'法庭禁令'的权限。

'市民产业联合会'同上述协会不同地方在于，它是美国所有地方的、州的和全国的雇主联合会和市民联合会的联盟。它根据'全国制造业者联合会'的倡议，于1903年建立。它的目的是：把所有个人和团体联合成为一个战斗组织，抵制工会的要求，特别是抵制实行'封闭工厂'制度（'closed shop'）即抵制在企业中只雇用工会会员的制度。它迅速发展起来，在自己全国的、地区的和地方的联合会中，拥有总共数十万会员。它同所有对产业事务的干预作斗争，不管是来自政府，还是来自工会。1905年11月在圣路易斯召开的它的第三次年会上，通过了建立产业学校和劳动介绍所的决议，后者在自己联合会的监督之下，为企业家提供工人，而不考虑他们是否属于某工会。

除了'全国制造业者联合会'以外，与这个'市民产业联合会'有联系的两个最重要的联合会是，机器制造者的'全国金属业联合会'和在冶铁厂之外的铸造业者的'全国铸造业者联合会'。当五年前它们开始组织起来的时候，便首先与机械和铸造工人工会缔结了协议。但是，从那时起，这些协议又被取消了。1905年，'铸造业者联合会'开始和强有力的铸造工人工会展开了斗争，尔后这种斗争蔓延到美国的所有工厂。"（哈勒：《世界经济》第3卷第62页）

45　在企业家组织及其策略的发展暂时还处于初期阶段、这种推移时间的作用还没有完全表现出来的时候，这种情况就不会改变。像克斯勒（"德国雇主联合会"，载《社会政治著作集》第124卷第259页）提供的统计资料表明的：(1)同盟歇业的数字迅速增加；(2)它们的数字在高涨时期比萧条时期要大。这直接由下述事实得到证明：作为反对罢工对策的同盟歇业，在罢工最频繁的高涨时期，自然急剧地增加起来。但是，由此还驳斥了这样一种观点：随着企业家组织的发展，对同盟歇业的攻击越来越发展，斗争由于企业家的意愿也就越来越经常地推延到萧条时期。克斯勒在上引书的第243页上谈到这一点："除了对同盟歇业的同情以外，有计划的同盟歇业经常发生，特别是在最近时期。笔者所说的有计划的同盟歇业，是指事先没有罢工发生而解雇所有工人,以便把由雇主阶级提出的带有一定工资率、一定工作时间、不平等的劳动介绍制度或某些其他一般的和特殊的劳动条件的计划纲领强加于工人阶级。……在最近的将来,有计划的同盟歇业的意义可能还会增加,因为工资率更新的谈判失败以后,雇主联合会常常比工会更关心尽可能快地强制缔结新的工资率协议,哪怕是通过斗争强制缔结也好。有计划的同盟歇业有时可以同工会的攻击性罢工相比拟,有时可以同工会的防御性的罢工相比拟,但按雇主联合会的性质来说,在大多数场合与后者相当。雇主联合会试图通过同盟歇业直接使劳动条件恶化的情况是很少的,以后也大概是很少的。更经常发生的是,为在若干年中不加改善地重新鉴定工资率协定以及预防可能发生的工资提高等等而实行同盟歇业。"

在对这些统计资料进行估价以后,克斯勒得出这样的结论:"几乎所有较大规模的同盟歇业行动,都以雇主阶级的胜利(有时是完全的,有时是部分的)而告终……同盟歇业是工人阶级通常无法抗拒的一种武器。这就是工人领导人尽可能抑制它的队伍的罢工热情,并把轻率的罢工制止于萌芽状态的充足理由。它也是雇主阶级对工会的发展并非不无道理地感到惊恐的原因。此外,同每次同盟歇业联系在一起的胜利的雇主阶级的巨大代价和损失,必将阻止经常地和在明显不合理的情况下使用这种尖锐的武器。双方都不会想入非非,超越各自的限界。"(第 263 页)

46　"如果说雇用作为雇佣兵骨干的职业工贼以便随时根据需要有偿地提供给某个企业家支配在美国已经成为一种特殊的职业部门,那么,在我们的大企业里则是通过福利机构供养一批工贼的常备军。因此,这些福利机构不是表现为促进社会和平的手段,而是引起社会斗争并加强两派中的一派的优势的斗争手段。"(卢约・布伦塔诺,载:《社会政治协会的讨论》,1905 年版第 115 卷第 142 页)

47　另一方面,工资率协定的缔结,加强了工会的力量,使大量以前远离工会的工人涌向工会。这种情况使企业家的抵抗增加了。例如最强大的德国制造商组织,即德国实业家中央联合会于 1905 年 5 月通过了下面的决议:"德国实业家中央联合会认为,在雇主组织和工人组织之间缔结工资率协定,对德国产业及其卓有成效的发展是非常危险的。工资率协定既剥夺了单个雇主为企业的正常经营而决定使用自己工人的自由,又使单个工人不可避免地置于工人组织的统治之下。本中央联合会确信，工资率协定是德国产业技术和组织发展的严重障碍，这一点也已经由英国和美国的经验完全证实。”（引自阿道夫·布劳恩：《工资率协定和德国工会》，1908年斯图加特版，第47—48页。）

48　参见《社会政治协会的讨论》(1905年)所载政府委员莱蒂希的演说(第156页)，以及大学讲师啥姆斯博士的演说(第201页)。

49　关于产业同盟也遭到工人阶级的一般观点的指责，阿道夫·布劳恩作了如下论述：“应该指出的是，企业家开始把下述深远的意图同工资率协定联系起来：消除所有不利的竞争，保证较高价格以及剥削消费者公众。企业家们不久以前，部分地直到今天，还在对罢工、阻止移民以及工会对劳动市场的影响大发雷霆，而他们现在却在考虑能否在缔结工资率协定时，要求工会组织提供对严守所制造的商品的一定最低价格的保证。因此，除了制约向劳动力支付的工资率外，还应该有一个部分，这个部分规定消费者必须支付的价格比例。于是，受这种工资率约束的工会组织，在某企业家按比一般价格规定中由企业家组织决定的更为便宜的价格销售自己的商品时，应该举行普遍地罢工，或停止劳动介绍。这样，工会组织不仅能被迫大大促进和明确地参与决定使一切必需品变贵的趋势，而且它们由此也变成企业家利益的自觉代表，被舆论指责应对生活费用上涨负责。当然，也可以考虑这些例外情况：工会的目标不能通过任何其他手段达到，有关的妥协不影响群众的消费，因此这种妥协看来是可以解释的。但是，把这种妥协作为规则，作为缔结工资率协定的条件和前提，看来是同工人运动的原则和工会的目的不相容的。”（阿道夫·布劳恩《工资率协定和德国工会》第5页以下。）

50　因此，当瑙曼(《社会政治协会的讨论》，1905年版第187页)作如下论述时，是把孩子连脏水一块儿泼掉：“罢工能够达到这种正常结束(即工资率协定)的领域，其上限是中等企业。虽然缔结工资率协定的个别尝试超出了这个界限，但这却是另一个领域，在那里，人们可以以古老的方式，按自由主义的药方向工人推荐罢工，以便能够由此达到工资率协定。超过这一范围，便是一个完全不同的领域，在那里，工资率协定不能仅仅通过罢工而达成。理由很简单，因为‘我们两者当中谁坚持得最久？’这个原始性的问题，对每一个进行思考的人来说，从一开始就被决定了。如果我们曾经经历过矿工的罢工……那么，不论是参加者或是未参加者，从一开始就都知道，工人不可能赢得昔日和平谈判意义上的胜利，这种罢工本来就属于一种新的示威罢工。因为即使我们假定，某一次这样的罢工一度赢得胜利（一个完全的假定），那么，建立武装抵制这种事件再发生的可能性，在很大程度上掌握在联合起来的大产业手上。不久以前，一个年轻的银行家当面向我作了简要的计算：'如果我们保持一个经常的储备达某某个月，它在这一时期绝对保护我们免遭任何罢工（指原先意义上的罢工）斗争中的失败，这算什么利息损失。'由此可以作出什么样的结论？这个结论是：如果工人想从根本上改善自己的状况，他只能从向其他人民呼吁的观点来理解罢工。"

51　"现代保护关税制度开始了资本主义的最后阶段（这是它的历史意义）。为了抑制利润率的下降这一资本主义运动规律，资本消除了自由竞争，组织起来并通过自己的组织占有国家权力使之直接服务于自己剥削的利益。不仅工人阶级，而且整个居民都屈于资本家阶级的利润欲。社会所支配的一切权力手段都被自觉地结合起来，变成资本对社会的剥削手段。它是社会主义社会的直接前提，因为它是社会主义社会的完全否定；它自觉地把一切现今社会中存在的经济潜力社会化，但这种结合不是为了社会全体的利益，而是为了以前所未闻的方式提高对整个社会的剥削程度。但是正是这种情况的明确无误，使它的继续存在成为不可能的事了。这种情况唤起只有意识到自己的力量才能使其成为不可抗拒的无产阶级的行动，去反对生产资料的积聚为之带来意识和行动的积聚的资本家阶级的行动。"（鲁道夫·希法亭：《保护关税职能的转变》，载《新时代》第21卷第2期。）

52　见卡尔·考茨基：《通往权力的道路》，特别是最后一章《新的革命时代》。

图书在版编目(CIP)数据

金融资本/(德)鲁道夫·希法亭著;福民等译.—北京:商务印书馆,2017
(汉译世界学术名著丛书:120年纪念版:珍藏本)
ISBN 978-7-100-14056-0

Ⅰ.①金… Ⅱ.①鲁… ②福… Ⅲ.①金融资本—研究 Ⅳ.①F038.1

中国版本图书馆CIP数据核字(2017)第132358号

汉译世界学术名著丛书
(120年纪念版·珍藏本)
金融资本
——资本主义最新发展的研究
〔德〕鲁道夫·希法亭 著
福民 等译
王辅民 校

商 务 印 书 馆 出 版
(北京王府井大街36号 邮政编码100710)
商 务 印 书 馆 发 行
南京爱德印刷有限公司印刷
ISBN 978-7-100-14056-0

2017年12月第1版 开本 710×1000 1/16
2017年12月第1次印刷 印张 33¾
定价:162.00元